财政部规划教材
全国高等院校会计系列教材

特殊行业会计

陈　昊　主　编
汤　岩　詹毅美　副主编

中国财经出版传媒集团
中国财政经济出版社

图书在版编目（CIP）数据

特殊行业会计/陈旻主编．—北京：中国财政经济出版社，2018.6
财政部规划教材 全国高等院校会计系列教材
ISBN 978－7－5095－8228－2

Ⅰ．①特… Ⅱ．①陈… Ⅲ．①会计学－高等学校－教材 Ⅳ．①F230

中国版本图书馆 CIP 数据核字（2018）第 095464 号

责任编辑：张 铮　　责任校对：胡永立
封面设计：孙俪铭　　版式设计：录文通

中国财政经济出版社 出版
URL：http：//www.cfeph.cn
E－mail：cfeph@cfeph.cn

社址：北京市海淀区阜成路甲 28 号 邮政编码：100142
营销中心电话：88190406 北京财经书店电话：64033436 84041336
北京富生印刷厂印刷 各地新华书店经销
787×1092 毫米 16 开 21.5 印张 524 000 字
2018 年 6 月第 1 版 2018 年 6 月北京第 1 次印刷
定价：49.00 元
ISBN 978－7－5095－8228－2
（图书出现印装问题，本社负责调换）
本社质量投诉电话：010－88190744
打击盗版举报热线：010－88191661 QQ：2242791300

编写说明

本书是财政部规划教材，由财政部教材编审委员会组织编写并审定，作为全国高等院校财经类教材使用。本教材编写的宗旨在于完善会计专业本科生的专业知识结构，提高实际操作应用能力，增强从事各种行业会计工作的适应能力。

财政部颁布的《企业会计准则》包括普遍适用于一般工商企业的31项一般业务准则、6项财务报告列报准则，还有4项针对生物资产行业、保险行业和石油天然气行业的特殊行业会计准则。目前财务会计系列教材中缺乏针对特殊行业准则的教材。生物资产、保险、油气行业关乎国民经济发展，相关行业会计核算与信息披露显得越发重要。传统财务会计系列教材针对一般工商企业具有同质性的业务，基于一般业务准则、财务报告列报准则编制，然而即使是一般工商企业，不同行业间特殊业务也存在相当大的差异性。

本教材分“特殊行业会计准则”、“一般工商企业特殊业务会计”两篇，突出各行各业特殊业务，不仅紧跟制度规定，及时反映2016年全面“营改增”、2017年政府补助准则、收入准则修订的影响，而且结合上市公司实务，有利于提高实操能力。

本教材以科学性、务实性、互补性为原则，内容扎根于会计理论，总结行业实践规律，突出行业特殊业务核算，反映行业经济业务本质，与传统财务会计教材形成互补。本教材由陈旻担任主编，汤岩、詹毅美担任副主编，各章编写具体分工如下：

陈旻（副教授、博士、硕导）	第一、四章
汤岩（副教授、博士）	第三、五章
詹毅美（讲师、硕士）	第二、六章
林娜（讲师、硕士）	第七章
李丽昆（讲师、硕士）	第八章

本教材是在借鉴、参考国内其他诸多教材的基础上编写的，特向那些给本教材提供“养分”的教材编写者表示诚挚的谢意。由于编者水平有限，教材中难免出现错漏和失误，请各位专家、读者批评指正，以便我们能够在本教材修订时及时修正。

为方便读者使用本书，编者特意制作了电子课件，需要者可以电子邮件的形式向中国财政经济出版社索取（请注明：学校、全书名、版次），E－mail：caijing jiaocai @ 163.com。也可通过如下网址下载：http：//cjjc.cfeph.cn。

编　者
2018 年 3 月

目录

第一篇　特殊行业会计准则

第一章
农业生物资产会计

引导案例

獐子岛集团“冷水团”事件①

2014 年 10 月獐子岛集团（002069）公告受冷水团灾害，虾夷扇贝近乎绝收，巨亏 8.12 亿元。2011、2012 两年獐子岛集团公告过的投入虾夷扇贝底播的募集资金就超过 5 亿元，而遭遇“冷水团”几近绝收的虾夷扇贝，正是这两年进行底播的。“冷水团事件”使獐子岛集团股价暴跌 30%，从之前的 16 元附近下跌到了 11 元。獐子岛集团因此成为 2014 年股市“黑天鹅”。2014 年 12 月，大连证监局给獐子岛集团出示了“责令改正的决定”和“警示函”。于是獐子岛集团董事长吴厚刚自愿承担一亿元的灾害损失，“11 名总裁办成员计划在股票复牌后拿 2 000 万元增持股票，2 年内不减持”。

时隔半年后，“冷水团”事件再次被提及。2015 年的 6 月 1 日晚，獐子岛集团发布公告称，于 2015 年 5 月 15 日启动春季底播虾夷扇贝抽测活动，抽测涉及 2012 年、2013 年、2014 年底播未收获的海域 160 余万亩，抽测调查结果显示，公司底播虾夷扇贝“尚不存在减值的风险”。这引起大量投资者质疑，“难道因冷水团失踪的扇贝又游回来了”？

2016 年 1 月，獐子岛上 2 000 多居民终于按捺不住实名举报，称冷水团就是个弥天大谎，是獐子岛集团为了遮掩前几年因为虾夷扇贝播苗造假、偷工减料、播撒量虚报以及过度采捕而导致虾夷扇贝断代、产量下降的刺破气球的行为。

獐子岛集团主要的水产品是虾夷贝，养殖面积和产量居业内首位，是公司利润的主要贡献产品，虾夷贝一般需要三年生长期。据獐子岛集团采捕队一位大副透露“受灾的扇贝实际上是被提前采捕完了”。约 20 艘船参加了提前采捕，采捕最为集中的时间是 2014 年春节前夕，采捕区域就是 2011 年、2012 年底播海域，但是采捕时间比正常采捕时间整整提前了一年。

---

① 李超，苏建军：《2000 人实名举报称獐子岛“冷水团事件”系弥天大谎》，搜狐财经频道：http：//business. sohu. com/20160111/n434131902. shtml

据举报，獐子岛在2015年抽测的存货区域是獐子岛有准备的区域，并不能代表獐子岛集团存货真实情况。獐子岛集团前高管也表示，自2010年开始，海底的扇贝存量就出现问题，这几年一直过度采捕，再加上播苗造假，断代、减产是必然的，当减产到一定程度，无法自圆其说了，于是便炮制了“冷水团”事件。

獐子岛“冷水团”事件凸显出生物资产核算与审计的困境。獐子岛仅是近年爆发生物资产财务舞弊案的冰山一角。前有蓝田股份、绿大地、万福生科，后有辽宁振隆、参仙源，生物资产企业财务造假前仆后继。有券商保代表示，坚决不碰农业股。那么生物资产究竟应该如何核算才能反映其真实财务状况和经营业绩呢？生物资产哪些特征导致其财务造假“一枝独秀”呢？

【学习目标】了解生物资产的概念、特征、分类；掌握生物资产初始确认与计量核算；掌握生物资产后续历史成本计量核算；了解生物资产后续公允价值计量核算；掌握生物资产收获与处置核算。

【关键概念】生物资产、生物转化、消耗性生物资产、生产性生物资产、公益性生物资产、郁闭、公允价值、消耗性生物资产跌价准备、生产性生物资产减值准备、生产性生物资产累计折旧。

第一节 农业生物资产会计概述

进入21世纪，随着生物技术在农业领域的推广与应用，传统农业逐渐转型成为具有广阔市场和利润空间的产业。然而涉农企业投融资存在很多困难和障碍。2016年深沪两市3 167家上市公司中仅有50家农业上市公司。我国《企业会计准则第5号——生物资产》与《国际会计准则第41号——农业》趋同，规范了与农业生产相关的生物资产的确认、计量和相关信息披露，有助于海内外投资者对我国生物资产企业财务报告的理解，为我国生物资产领域引进更多的发展资金创造了条件。

一、农业生物资产业务概述

（一）生物资产的概念

我国《企业会计准则第5号——生物资产》与《国际会计准则第41号——农业》对生物资产（biological asset）的定义一致，即“生物资产是指有生命的动物和植物”（living animal or plant）。我国生物资产准则规范了与农业生产相关的有生命的动物和植物的会计处理，并涵盖收获时点的农产品。

与农业生产有关的资产根据其在农业生产过程中的不同状态可分为生物资产、农产品和收获后的加工品。收获后的加工品与生物资产容易区分，生物资产和农产品的区分要依据“有生命”这一标准。生物资产“有生命”是因其具有生物转化的能力，一旦原动植物停止其生命活动就不再是生物资产。农产品附着在生物资产上时，作为生物资产的一部分，不需要单独进行会计处理。当其从生物资产上收获，从离开生物资产的母体开始，不再具有生命和生物转化能力，如奶牛产出的牛奶、绵羊产出的羊毛、肉猪宰杀后的猪肉、收获后的蔬菜、果树采摘的水果等等，就需要单独进行会计处理。

生物资产准则对收获时点的农产品的会计处理进行了规范。收获时点的农产品的成本，应当采用生物资产准则规定的方法，从消耗性或生产性生物资产生产成本中转出，确认为收获时农产品的成本。收货时点之后的农产品的会计处理则适用存货准则。生物资产、农产品和收获后的加工品的例子见表1－1。

表1－1　　生物资产、农产品和收获后的加工品举例

生物资产	农产品	收获后的加工品
绵羊	羊毛	毛线、地毯
人工林场的林木	原木	木料
农作物	棉花、茎果	棉线、衣服、食糖
奶牛	牛奶	乳酪、奶粉
猪	宰杀后的猪肉	猪肉肠、熏制火腿
灌木	茎叶	茶叶、焙制的烟草
葡萄树	鲜葡萄	葡萄酒
果树	采摘的水果	水果干、水果酱

近年来，有学者对生物资产的概念提出异议。生物学理论按照生物资源的自然属性将生物资源分为三大类，植物资源、动物资源和微生物资源。如果生物资产仅定义为活的动物和植物，仅包含生物资源的前两类，未将微生物纳入，生物资产的定义是不完整的。目前食用菌的栽培在我国农业生产中占很大比重，如果严格遵循生物资产的定义，那么食用菌企业的会计核算就会缺乏依据。

【实务链接】

众兴菌业（002772）的食用菌是否是生物资产?

众兴菌业（002772）专业从事食用菌的研发、生产与销售，是农业部、国家发展和改革委员会、财政部、证监会等八大部委评选认定的“农业产业化国家重点龙头企业”。2016年众兴菌业年报披露的营业收入高达5.8502亿元，期末消耗性生物资产4 838万元。如果严格遵循生物资产的定义，众兴菌业的食用菌不能归入生物资产，其会计核算就会缺乏依据。

（二）生物资产的特殊性

生物资产与金融资产、固定资产、无形资产的区别在于其特殊的自然增值等属性，导致其在会计确认、计量和相关信息披露等方面与一般资产有很大差异。

1. 生物资产具有生物转化性和自然增值性特征

生物资产与非生物资产的根本区别在于生物资产能够通过生物转化进行自然增值。生物转化，指导致生物资产质量或数量发生变化的生长、蜕化、生产和繁殖的过程。生长，指动物或植物体积、重量的增加或质量的提高，例如农作物从种植开始到收获前的过程；蜕化，指动物或植物产出量的减少或者质量的退化，例如奶牛产奶量的下降；生产，指动物或者植物本身产出农产品，例如蛋鸡产蛋、奶牛产奶、果树产水果等；繁殖，指产生新的动物或植物，例如奶牛产牛犊、母猪产仔猪等。生物转化产生下列结果：第一，通过生长、蜕化、生产和繁殖资产发生变化；第二，产生农产品。

生物资产是自然生产与经济生产相互交织作用的结果，生物资产在生长过程中不断地自然增值。有些生物资产的价值是一次性转移到农产品中，如肉用动物屠宰取得的肉品、棉花等农作物收获的棉花。有些生物资产的价值是逐渐转移到农产品中，例如各种果树、茶树等可连续采摘水果、茶叶，奶牛可多次产奶等。人类通过改善生长环境，结合人类生产劳动，增强生物资产的生物转化能力，加速生长速度，提高生长质量，收获更多符合市场需要的农产品。

2. 生物资产具有多样性特征

不同行业的生物资产具有不同的生长发育规律，且差异非常明显。种植业的农作物生长发育经过播种、栽培、收获的过程，畜牧养殖业的牲畜须经过孵化/产犊、饲养、屠宰的过程，林业的经济林木须经过育苗、抚育、采割的过程，水产业须经过播苗、养殖、采捕的过程。

生物资产功能具有多样性，呈现多样的价值。例如森林资产不仅具有多种多样的经济功能，而且具有极大的社会功能和生态功能。森林持续经营的过程中，森林能够净化空气、保持水土、涵养水源、保护动物、防风固沙、调节气候、改善生态环境，同时具有生态效益、社会效益和经济效益。

3. 生物资产具有周期性和季节性特征

生物资产具有生命周期，长短各不相同。生命周期长的如林木，长达几十年、上百年，生命周期短的只有几十天或几个月。生物资产的生命周期一般不能随意改变，而非生物资产如工业品的生产周期可以人为控制。农业生产受自然条件影响大，生物资产具有明显的季节性。例如农作物耕种强调“不违农时”，否则“人误地一时，地误人一年”。

4. 生物资产具有地域性差异特征

所谓“橘生淮南为橘，生于淮北为枳”。动植物有自己生长、发育、繁殖的自然规律，要求有适宜的外界条件。动物和植物均依赖于自然环境而存在，不同地区自然条件导致了生物资产的地域性。即使是同一种生物资源分布在不同的地区，因该地区的温度、湿度、光照、降水、土壤肥沃程度等自然条件的差异，导致其资源数量和质量具有显著差异。

5. 生物资产具有流动和非流动双重特征

生物资产具有流动性资产（消耗性生物资产）和长期性生物资产（生产性生物资产和公益性生物资产）的双重特性，并且在一定情况下可以相互转化。以取得肉、皮等产品为目的的牛、羊只能利用一次，价值一次性地转移，具有流动性资产的性质；以取得毛、乳等产品为目的的牛羊可以反复利用，价值逐步转移，具有长期性资产的性质。一般来说，公益性资产都具有长期性资产的性质，如防风固沙林、水源涵养林等，都具有很长的生长周期和价值收回期。

6. 生物资产具有未来经济利益获取不确定性特征

生物资产在存续期间存在很多不确定因素。生物资产的季节性导致其市场价格波动较大：收获集中的旺季农产品供过于求，市场价格较低，所谓“谷贱伤农”；收获淡季农产品供不应求，市场价格较高。农业生产受自然条件的制约，特别是洪水、飓风、海啸等自然灾害对农作物、林木、水产品的生长发育以及产出有很大的危害。动物疾病的发生等也使得生物资产的未来经济利益具有很大的不确定性、高风险性。如禽流感一旦来袭，禽类销售量价齐跌，很多禽类养殖企业受到冲击。

7. 生物资产具有非标准性特征

由于自然环境、生物资产自身生长发育特性和人类投入与管理状况的差异，导致生物资产个体具有非标准特征。尽管现代化农业也逐渐生产相对同质的农产品，但生物资产不可能像工业一样在生产线上生产标准化的产品。

（三）生物资产的分类

1. 根据生物学科分类

生物学学科按照生物资源的自然属性将生物资源分为三大类，植物资产（plant asset）、动物资产（animal asset）和微生物资产（micro - organism asset）。

（1）植物资产。植物主要利用太阳能进行光合作用产出产品，植物生产属于第一性生产。植物资产最主要特征是必须根植于或附着于土壤，与土地资源紧密相连、不可分割。由于植物与土地不可分离，植物资产通常不能发生位移。植物资产的生产部门包括种植业和林业，主要分为农作物资产和林业资产。植物资产的数量和质量主要取决于土地面积以及土壤肥力。

（2）动物资产。动物资产是在第一性生产基础上的第二性生产，动物利用其自身生长发育机能将植物转化为动物资产。动物资产生产经营部门主要是畜牧业和水产养殖业。动物资产性能受各种因素影响，如畜禽品种、饲养技术、管理方式、饲料营养、疾病防治以及饲养环境等。动物资产与植物资产相比，最主要特征在于其“动”。对于陆地上的动物，土地要素对其生产经营而言仅是一个场所而已。但对于渔业生物资产则不能离开水体而存在，这些渔业资产因此具有隐蔽性，资产数量难以精确计量，导致审计师监盘困难。

（3）微生物资产。微生物资产包括符合资产确认标准的能够为企业带来未来经济利益的菌类生物资产以及其他微生物资产。食用菌指各种人工栽培的蘑菇、香菇、木耳、银耳等。目前我国已成为全球食用菌产量第一大国，占世界总产量的70%。食用菌生产过程主要利用秸秆等农业废弃物，形成培养料使用后又能作为优质有机肥，促进了有机农业的发展。

2. 根据会计准则分类

会计准则对生物资产的分类依据的是生产目的和价值转移方式。IAS41 将生物资产分类为消耗性生物资产和生产性生物资产两大类，我国生物资产准则相比国际准则多增加了一种类型——公益性生物资产。

（1）消耗性生物资产（consumable biological assets）。消耗性生物资产，指为出售而持有的，或在将来收获为农产品的生物资产。消耗性生物资产是劳动对象，包括生长中的大田作物、蔬菜、用材林及存栏待售的牲畜、育肥畜等。消耗性生物资产通常是一次性消耗并终止其服务能力或未来经济利益，持有的目的有两个，一是收获农产品，二是准备出售。消耗性生物资产具有存货的特征，应当作为存货在资产负债表中列报，属于流动资产。

（2）生产性生物资产（bearer biological assets）。生产性生物资产，指为产出农产品、提供劳务或出租等目的而持有的生物资产。生产性生物资产具备自我生长性，能够在持续基础上予以消耗并在未来一段时间内保持其服务能力或未来经济利益，属于劳动手段，包括经济林、薪炭林、产畜和役畜等。生产性生物资产具有能在生产经营中长期、反复产出畜农产品或者长期役用的特征，其价值是分次转移到收获的农产品价值或新增的生物资产价值中。生产性生物资产具有固定资产的特征，属于非流动资产。

生产性生物资产通常需要生长到一定阶段才开始具备生产的能力。根据其是否具备生产能力（即是否达到预定生产经营目的），可以对生产性生物资产进行进一步的划分。所谓达到预定生产经营目的，指生产性生物资产进入正常生产期，可以多年连续稳定产出农产品、提供劳务或出租。由此，生产性生物资产可以划分为未成熟和成熟两类。前者指尚未达到预定生产经营目的，还不能连续多年稳定产出农产品、提供劳务或出租的生产性生物资产，例如尚未开始挂果的果树、尚未开始产奶的奶牛。后者指已经达到预定生产经营目的的生产性生物资产。

（3）公益性生物资产（public welfare biological assets）。公益性生物资产，指以防护、环境保护为主要目的的生物资产，包括防风固沙林、水土保持林、水源涵养林和风景林等。公益性生物资产与消耗性生物资产和生产性生物资产有本质区别。后两者的目的是为了直接给企业带来经济利益，而公益性生物资产主要是出于防护、环境保护等目的，尽管其不能给企业带来经济利益，但其具有服务潜能，有助于企业从相关资产获得经济利益。

二、农业生物资产会计概述

（一）核算生物资产会计科目设置

1. “消耗性生物资产”科目

“消耗性生物资产”科目核算企业持有的消耗性生物资产的实际成本。本账户可按消耗性生物资产的种类、群别等进行明细核算，期末借方余额，反映企业消耗性生物资产的实际成本。

消耗性生物资产发生减值的，可以单独设置“消耗性生物资产跌价准备”科目，比照“存货跌价准备”科目进行处理。

2. “生产性生物资产”科目

设置“生产性生物资产”科目核算农业企业持有的生产性生物资产原价。按“未成熟生产性生物资产”和“成熟生产性生物资产”设置二级科目，再分别按照生物资产的种类、群别、所属部门等进行明细核算，期末借方余额反映企业生产性生物资产的原价。

设置“生产性生物资产减值准备”科目核算生产性生物资产发生的减值，比照“固定资产减值准备”科目进行处理。

设置“生产性生物资产累计折旧”科目核算农业企业成熟生产性生物资产的累计折旧。可按生产性生物资产的种类、群别、所属部门等进行明细核算。企业按期计提成熟生产性生物资产的折旧，借记“农业生产成本”“管理费用”等科目，贷记“生产性生物资产累计折旧”科目。处置生产性生物资产还应同时结转生产性生物资产累计折旧。

3. “公益性生物资产”科目

设置“公益性生物资产”科目核算企业持有的公益性生物资产的实际成本。可按公益性生物资产的种类或项目进行明细核算。账户期末借方余额，反映企业公益性生物资产的原价。

4. “农业生产成本”科目

设置“农业生产成本”科目核算企业在生产各种农产品过程中发生的各项生产费用。分别按种植业、畜牧业、林业和水产业确定成本核算对象（消耗性生物资产、生产性生物资产、公益性生物资产和农产品）和成本项目，进行费用的归集和分配。

生产性生物资产在产出农产品过程中发生的各项费用，借记“农业生产成本”科目，贷记“库存现金”“银行存款”“原材料”“应付职工薪酬”“生产性生物资产累计折旧”等科目。生产性生物资产收获农产品验收入库时，按其实际成本，借记“农产品”科目，贷记“农业生产成本”科目。

农业生产过程中发生的应由农产品、消耗性生物资产、生产性生物资产和公益性生物资产共同负担的费用，借记“农业生产成本—共同费用”科目，贷记“库存现金”“银行存款”“原材料”“应付职工薪酬”等科目。待期（月）末按一定分配标准对上述共同负担的费用进行分配，借记“农业生产成本—农产品”“消耗性生物资产”“生产性生物资产”“公益性生物资产”等科目，贷记“农业生产成本—共同费用”科目。

5. “农产品”科目

设置“农产品”科目核算企业收获的各种库存农产品的实际成本或计划成本。收获的农产品入库时，借记“农产品”科目，贷记“农业生产成本”“消耗性生物资产”等科目。发出农产品时，借记“主营业务成本”等科目，贷记“农产品”科目。可按农产品的种类、品种和规格等进行明细核算。期末借方余额反映企业库存农产品的实际成本或计划成本。

（二）生物资产的计量属性

生物资产准则规定，生物资产应当按照成本进行初始计量。生物资产的后续计量，通常也按照成本计量。在我国处于不同生长阶段的各类生物资产的公允价值一般难以取得，但有确凿证据表明能够持续可靠取得的，也可以按照公允价值计量。一般情况下，企业对生物资产的计量模式一经确定，不得随意变更。

1. 历史成本模式

历史成本是生物资产传统的计量模式。生物资产采用历史成本进行计量的情况下，生产性生物资产需计提折旧。如果生物资产发生减值，还需计提相应的减值准备或跌价准备。公益性生物资产按成本计量。

【实务链接】

***ST 獐岛（002069）生物资产会计政策**

*ST 獐岛 2016 年年报中关于生物资产会计政策的信息披露如下：

“消耗性生物资产采用成本计量模式进行后续计量。消耗性生物资产成本构成为苗种费、浮筏摊销、工资性薪酬、海域使用费、利息等，底播养殖产品成本按照收获亩数结转；浮筏养殖产品等成本按照蓄积量比例法结转。”

2. 公允价值模式

在公允价值模式下，企业不再对生物资产计提折旧和计提跌价准备或减值准备，应当以资产负债表日生物资产的公允价值减去估计销售时所发生费用后的净额计量，各期变动计入当期损益。

【实务链接】

晨鸣纸业（000488）生物资产会计政策

晨鸣纸业（000488）是以造林、制浆、造纸为主业的大型企业集团，属于制造业企业，因造纸业原材料的特殊性而持有生物资产。晨鸣纸业 2016 年年报中关于生物资产会计政策的信息披露如下：

“消耗性生物资产是指为出售而持有的生物资产，包括生长中的用材林等。消耗性生物资产在形成蓄积量以前按照成本进行初始计量，形成蓄积量以后按公允价值计量，公允价值变动进入当期损益。……消耗性生物资产的公允价值采用预期现金流量折现，采用收益法评估计量消耗性生物资产的公允价值。”

（三）生物资产的信息披露

企业应当在附注中披露与生物资产有关的下列信息：（1）生物资产的类别以及各类生物资产的实物数量和账面价值；（2）各类消耗性生物资产的跌价准备累计金额，以及各类生产性生物资产的使用寿命、预计净残值、折旧方法、累计折旧和减值准备累计金额；（3）天然起源生物资产的类别、取得方式和实物数量；（4）用于担保的生物资产的账面价值；（5）与生物资产相关的风险情况与管理措施。

企业应当在附注中披露与生物资产增减变动有关的下列信息：（1）因购买而增加的生物资产；（2）因自行培育而增加的生物资产；（3）因出售而减少的生物资产；（4）因盘亏或死亡、毁损而减少的生物资产；（5）计提的折旧及计提的跌价准备或减值准备；（6）其他变动。

第二节

生物资产初始确认与计量

生物资产同时满足下列条件的，才能予以确认：（1）企业因过去的交易或者事项而拥有或者控制该生物资产；（2）与该生物资产有关的经济利益或服务潜能很可能流入企业；（3）该生物资产的成本能够可靠地计量。生物资产准则规定，生物资产应当按照成本进行初始计量。

一、外购生物资产

无论是消耗性生物资产、生产性生物资产还是公益性生物资产，外购的生物资产成本包括购买价款、相关税费、运输费、保险费以及可直接归属于购买该资产的其他支出。其中，可直接归属于购买该资产的其他支出包括场地整理费、装卸费、栽植费、专家人员服务费等。企业外购的生物资产，按应计入生物资产成本的金额，借记“消耗性生物资产”“生产性生物资产”或“公益性生物资产”科目，贷记“银行存款”“应付账款”“应付票据”等科目。企业一次性购入多项生物资产时，购买过程中发生的相关税费、运输费、保险费等可直接归属于购买该项资产的其他支出，应当按照各项生物资产的价款比例进行分配。

【例1－1】不考虑增值税

20×7年2月，甲农业企业从市场上一次性购买了12头种牛、30头种猪、300头猪苗，单价分别为5 000元、2 500元和300元，支付价款共225 000元。此外发生的运输费为5 000元、保险费为4 000、装卸费为2 250元，款项全部以银行存款支付。

确定运输费、保险费、装卸费的分摊：

应分摊的运输费、保险费和装卸费＝5 000＋4 000＋2 250＝11 250（元）

12头种牛应分摊费用＝11 250×（12×5 000÷225 000）＝3 000（元）

30头种猪应分摊费用＝11 250×（30×2 500÷225 000）＝3 750（元）

300头猪苗应分摊费用＝11 250×（300×300÷225 000）＝4 500（元）

借：生产性生物资产—种牛	63 000	
—种猪	78 750	
消耗性生物资产—猪苗	94 500	
贷：银行存款		236 250

【拓展阅读】

2016 年全面“营改增”改革

2012 年，国家税务总局在北京等 8 省市开展交通运输业和部分现代服务业营业税改征增值税试点。试点 4 年以后，经国务院批准，自 2016 年 5 月 1 日起，在全国范围内全面推开营业税改征增值税试点，最后 4 个行业——建筑业、房地产业、金融业、生活服务业等全部营业税纳税人，纳入试点范围，由缴纳营业税改为缴纳增值税。自此，现行营业税纳税人全部改征增值税。至此已试点 4 年的“营改增”改革在“十三五”开局之年全面收官，营业税退出历史舞台。

为了简化增值税税率结构，财政部于 2017 年 7 月 1 日起，取消 13% 档税率，增值税税率由四档减至三档。为进一步减轻市场主体税负，2018 年 5 月 1 日起，制造业等行业增值税税率从 17% 降至 16%，交通运输、建筑、基础电信等行业及农产品等货物增值税税率从 11% 降至 10%。调整后各行业增值税一般纳税人适用增值税率见下图1－1：

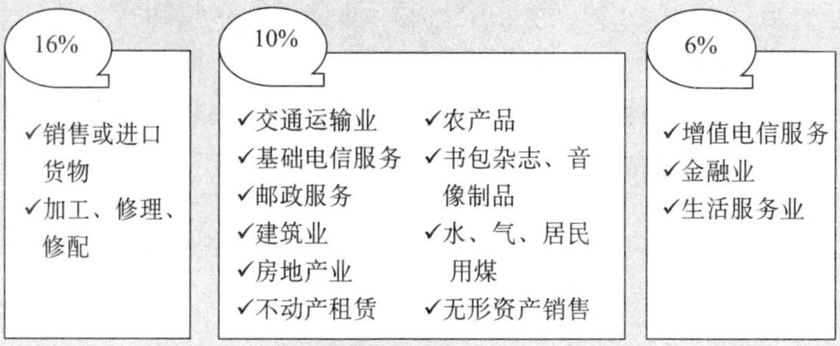

图 1－1　各行业增值税一般纳税人适用增值税率

小贴士

农产品收购的增值税抵扣

与其他采购中取得增值税专用发票不同，农产品收购发票不写税额与不含税价款。税法规定一般纳税人购进农产品也可凭取得的普通发票按票面金额抵扣 10% 的进项税额，余额计入采购成本。

【例 1－2】 考虑增值税

甲农业企业为增值税一般纳税人。20×7 年 6 月，甲农业企业从市场上一次性购买了 12 头种牛、30 头种猪、300 头猪苗，单价分别为 5 000 元、2 500 元和 300 元，支付购买价款共 225 000 元，取得了普通发票。向一般纳税人购买服务，取得增值税专用发票，发生运输费 5 500 元（含 10% 增值税）、保险费 4 240（含 6% 增值税）、装卸费 2 385 元（含 6% 增值税），款项全部以银行存款支付。

（1）增值税的计算。

运输费：增值税 =5 500 ÷1.1 ×0.1 =500（元）

不含增值税的运输费 =5 500 –500 =5 000（元）

保险费：增值税 =4 240 ÷1.06 ×0.06 =240（元）

不含增值税的保险费 =4 240 –240 =4 000（元）

装卸费：增值税 =2 385 ÷1.06 ×0.06 =135（元）

不含增值税的装卸费 =2 385 –135 =2 250（元）

种牛：增值税 =12 ×5 000 ×10% =6 000（元）

不含增值税的购买款 =12 ×5 000 –6 000 =54 000（元）

种猪：增值税 =30 ×2 500 ×10% =7 500（元）

不含增值税的购买款 =30 ×2 500 –7 500 =67 500（元）

猪苗：增值税 =300 ×300 ×10% =9 000（元）

不含增值税的购买款 =300 ×300 –9 000 =81 000（元）

进项税额 =500 +240 +135 +6 000 +7 500 +9 000 =23 375（元）

（2）确定运输费、保险费、装卸费的分摊。

应分摊的不含增值税的运输费、保险费和装卸费 =5 000 +4 000 +2 250 =11 250（元）

12 头种牛应分摊费用 $=11\ 250\ \frac{54\ 000}{54\ 000+67\ 500+81\ 000}=3\ 000$（元）

30 头种猪应分摊费用 $=11\ 250\ \frac{67\ 500}{54\ 000+67\ 500+81\ 000}=3\ 750$（元）

300 头猪苗应分摊费用 $=11\ 250\ \frac{81\ 000}{54\ 000+67\ 500+81\ 000}=4\ 500$（元）

（3）甲企业账务处理。

种牛初始计量成本 =54 000 +3 000 =57 000（元）

种猪初始计量成本 =67 500 +3 750 =71 250（元）

仔猪初始计量成本 =81 000 +4 500 =85 500（元）

借：生产性生物资产—种牛	57 000	
—种猪	71 250	
消耗性生物资产—猪苗	85 500	
应交税费—应交增值税（进项税额）	23 375	
贷：银行存款		237 125

二、自行繁殖、营造生物资产

企业自行繁殖、营造的生物资产，应当按照不同的种类核算，分别按照消耗性生物资产、生产性生物资产和公益性生物资产确定其取得的成本，借记“消耗性生物资产”“生产性生物资产”或“公益性生物资产”科目，贷记“银行存款”等科目。

（一）自行繁殖、营造的消耗性生物资产

对自行繁殖、营造的消耗性生物资产，其成本确定的一般原则是按照自行繁殖或营造

（即培育）过程中发生的必要支出确定，既包括直接材料、直接人工、其他直接费用，也包括应分摊的间接费用。

1. 不同类型消耗性生物资产的成本构成

自行栽培、营造、繁殖或养殖的消耗性生物资产的成本的确定方式如下：

（1）自行栽培的大田作物和蔬菜的成本，包括在收获前耗用的种子、肥料、农药等材料费、人工费和应分摊的间接费用等必要支出。

（2）自行营造的林木类消耗性生物资产的成本，包括郁闭前发生的造林费、抚育费、营林设施费、良种试验费、调查设计费和应分摊的间接费用等必要支出。

（3）自行繁殖的育肥畜的成本，包括出售前发生的饲料费、人工费和应分摊的间接费用等必要支出。

（4）水产养殖的动物和植物的成本，包括在出售或入库前耗用的苗种、饲料、肥料等材料费、人工费和应分摊的间接费用等必要支出。

【例1-3】甲企业20×7年3月使用一台拖拉机翻耕土地100公顷，用于小麦和玉米的种植，其中30公顷种植玉米、70公顷种植水稻。该拖拉机原值60 300元，预计净残值300元，按照工作量法计提折旧，预计可以翻耕土地3 000公顷。

有关计算如下：

3月份应当计提的拖拉机折旧＝（60 300－300）÷3 000×100＝2 000（元）

玉米应当分配的机械作业费＝2 000÷100×30＝600（元）

水稻应当分配的机械作业费＝2 000÷100×70＝1 400（元）

甲企业的账务处理如下：

借：消耗性生物资产—玉米　　600

　　　　　　　　—水稻　　1 400

　贷：累计折旧　　2 000

【例1-4】某养殖企业以养殖淡水鲈鱼为主，该企业有一个养鱼规模为1 000平方米的养鱼场，该养鱼场水深1米，相关养殖费用如下：

（1）建养鱼场需要资金30万元，折旧期为10年，配置1台水泵500元、1台增氧机1 000元，水泵与增氧机折旧期均为5年，固定资产与设备年折旧费合计为30 300元；

（2）国内鲈鱼养殖密度的标准是每立方米4尾鱼，则1 000立方米的养鱼场可养鲈鱼数量为4 000尾，鲈鱼的成活率约80%，则需要购买鲈鱼苗数量为5 000尾，每尾鲈鱼苗价格0.5元，则购买鲈鱼苗款为2 500元。

（3）由于鲈鱼很少寻食塘底的剩饵，故每1 000立方米要投放150尾鲫鱼和50尾鲢鱼，以减轻水质的污染和增加养殖效益，鲫鱼、鲢鱼的成活率约90%，则需要购买鲢鱼苗数量167（150÷90%）尾，需要购买鲢鱼苗数量56（50÷90%）尾。由于该买数量少，每尾鲫鱼苗价格2元，每尾鲢鱼苗价格1元，则购买鲫鱼苗、鲢鱼苗款390（167×2＋56×1）元。

（4）养鱼池中每尾鱼每年需要颗粒饵料0.6千克，饵料的价格为每千克10元，每尾鱼需要6元，共需饵料费用25 200元。

（5）每尾鲈鱼长到0.5千克需要一年，每天换水量按25%，养鱼池水深1米，则每天换水量250（1 000×1×25%）立方米，那么需要一个10.4（250÷24）方/小时的水泵，该水泵功率为0.5千瓦/小时，配置底部曝气式增氧机功率0.2千瓦/小时，则每年耗费电量6 132（0.7×24×365）度，电费为0.5元/度，则每年电费3 066（6 132×0.5）元，以银行存款支付。

（6）养鱼场有两名工人，每人每年工资48 000元。

（7）其他药品、水泵维修、增氧机维修以及照明设施设备等管理成本每年需支出20 000元，以银行存款支付。

借：消耗性生物资产—鱼苗（鲈鱼）	2 500	
—鱼苗（鲫鱼）	334	
—鱼苗（鲢鱼）	56	
贷：银行存款	2 890	
借：消耗性生物资产—鲈鱼	2 500	
—鲫鱼	334	
—鲢鱼	56	
贷：消耗性生物资产—鱼苗（鲈鱼）		2 500
—鱼苗（鲫鱼）		334
—鱼苗（鲢鱼）		56

每年养鱼场的支出总额＝30 300＋25 200＋3 066＋96 000＋20 000＝174 566（元）

鲈鱼分摊费用＝174 566÷4 200×4 000＝166 253（元）

鲫鱼分摊费用＝174 566÷4 200×150＝6 235（元）

鲢鱼分摊费用＝174 566÷4 200×50＝2 078（元）

借：消耗性生物资产—鲈鱼	166 253	
—鲫鱼	6 235	
—鲢鱼	2 078	
贷：累计折旧		30 300
原材料—饵料		25 200
银行存款		23 066
应付职工薪酬		96 000

2. 林木类消耗性生物资产成本确定的特殊问题

林木类消耗性生物资产的典型代表是用材林。用材林，指以生产木材为主要目的的森林和林木，包括以生产竹材为主要目的的竹林。我国生物资产准则以郁闭为标准把营林生产全过程划分为两个阶段，郁闭前的营林发生的直接费用作为营林成本予以资本化，郁闭后发生的营林费用作为期间费用处理。

（1）郁闭及郁闭度。郁闭通常指林木类消耗性生物资产的郁闭度达0.20及以上。郁闭度，指森林中乔木树冠遮蔽地面的程度，它是反映林分密度的指标，以林地树冠垂直投影面积与林地面积之比表示，完全覆盖地面为1。根据联合国粮农组织规定，郁闭度达0.20及以上的为郁闭林，0.20以下的为疏林（未郁闭林）。

不同林种、不同林分等对郁闭度指标的要求有所不同，如以降低雨水冲刷为主要目标的水土保持林要求郁闭度相对较高；以培育珍贵大径材为主要目标的林木要求郁闭度相对较低。企业应当结合历史经验数据和自身实际情况，确定林木类消耗性生物资产的郁闭度标准。南方主要速生树种达到郁闭的时间见表 1－2。

表 1－2　　南方主要速生树种达到郁闭时间

马尾松	杉木	南酸枣	杨树	桉树
6～7 年	4～5 年	3～4 年	3～4 年	2～3 年

资料来源：石道金，《我国林地与森林生物资产会计研究》，中国林业出版社，2008 年版。

【实务链接】

景谷林业（600265）的林木郁闭度

*ST 景谷（600265）2016 年报披露的林木类生物资产的郁闭度信息：

"公司的林木主要为思茅松、桉树、杂栎木，根据林木自身生长特点和对郁闭度指标的要求，思茅松、杂栎木的郁闭度确定为 0.6，每年实地勘测确定一次；桉树的郁闭度确定为 0.8，每年实地勘测确定一次；因择伐、间伐或抚育更新等生产性采伐而进行补植所发生的支出，予以资本化。"

（2）资本化与费用化。郁闭是判断林木类消耗性生物资产相关支出（包括借款费用）资本化或者费用化的时点。郁闭之前的林木类消耗性生物资产处在培植阶段，需要发生较多的造林费、抚育费、营林设施费、良种试验费、调查设计费相关支出，这些支出应当予以资本化计入林木成本。

当林木类消耗性生物资产达到郁闭后的林木类消耗性生物资产基本上可以比较稳定地成活，一般只需要发生较少的管护费用，应计入当期费用。

【例 1－5】某林场自行营造用材林，杉木 20 公顷、松木 10 公顷。杉木 4 年后达到郁闭，松木 6 年后达到郁闭。假设每年消耗化肥农药 3 000 元，人工薪酬 9 万元，未郁闭的用材林的营林设施费和抚育费平均每公顷 5 万元由银行存款支付。

（1）第 1 年～第 4 年。

借：消耗性生物资产—用材林（杉木）	1 062 000	
—用材林（松木）	531 000	
贷：原材料		3 000
应付职工薪酬		90 000
银行存款		1 500 000

第 4 年末杉木林达到郁闭时，"消耗性生物资产—用材林（杉木）" 期末累计余额为 4 248 000 元。

（2）第 5 年～第 6 年。

借：管理费用	62 000	
消耗性生物资产—用材林（松木）	531 000	

　　贷：原材料　　3 000

　　　　应付职工薪酬　　90 000

　　　　银行存款　　500 000

第6年末松木林达到郁闭时，“消耗性生物资产—用材林（松木）”期末累计余额为3 186 000元。

(3) 第7年。

借：管理费用　　93 000

　　贷：原材料　　3 000

　　　　应付职工薪酬　　90 000

【例1－6】 甲林业有限责任公司下属的某护林班组培植管护一片森林，20×7年3月，发生森林管护费用共计4万元：人员工资2万元，尚未支付；使用库存肥料16 000元；管护设备折旧4 000元。管护总面积为5 000公顷，其中作为用材林的杨树林共计4 000公顷，已郁闭的占75%，其余的尚未郁闭；作为水土保持林的马尾松共计1 000公顷，全部已郁闭。假定管护费用按照森林面积比例进行分摊。有关计算如下：

未郁闭杨树林应分摊共同费用的比例＝4 000×(1－75%)÷5 000＝0.2

已郁闭杨树林成应分摊共同费用的比例＝4 000×75%÷5 000＝0.6

已郁闭马尾松应分摊共同费用的比例＝1 000÷5 000＝0.2

未郁闭杨树林应分摊的共同费用＝40 000×0.2＝8 000（元）

已郁闭杨树林成应分摊的共同费用＝40 000×0.6＝24 000（元）

已郁闭马尾松应分摊的共同费用＝40 000×0.2＝8 000（元）

作为水土保持林的马尾松林是公益性生物资产，由于马尾松全部已郁闭，分摊的费用计入当期损益。

借：消耗性生物资产—用材林（杨树）　　8 000

　　管理费用　　32 000

　　贷：应付职工薪酬　　20 000

　　　　原材料　　16 000

　　　　累计折旧　　4 000

（二）自行繁殖、营造的生产性生物资产

对自行繁殖、营造的生产性生物资产，以是否达到预定生产经营目的为分界点，区分未成熟生产性生物资产和成熟生产性生物资产。生产性生物资产在达到预定生产经营目的之前，若未来用途不确定，应先作为消耗性生物资产核算和管理，待确定用途后，再按照用途转换进行处理。

1. 预定生产经营目的

生产性生物资产达到预定生产经营目的，指生产性生物资产进入正常生产期，可以多年连续稳定产出农产品、提供劳务或出租。企业应当根据具体情况结合正常生产期的确定，对生产性生物资产是否达到预定生产经营目的进行判断。例如，一般就海南橡胶园而言，同林段内离地100厘米处、树围50厘米以上的芽接胶树，占林段总株数的50%以上时，该橡胶园就属于进入正常生产期，即达到预定生产经营目的。

2. 资本化与费用化

达到预定生产经营目的是区分生产性生物资产成熟和未成熟的分界点，也是判断其相关费用停止资本化的时点。生产性生物资产，如企业自己繁育的奶牛、种猪；自行营造的橡胶树、果树、茶树等，在达到预定生产经营目的之前发生的必要支出在“生产性生物资产—未成熟生产性生物资产”科目归集。

自行繁殖、营造的生产性生物资产达到预定生产经营目的前发生的必要支出确定，包括直接材料、直接人工、其他直接费和应分摊的间接费用，具体如下：（1）自行营造的林木类生产性生物资产的成本，包括达到预定生产经营目的前发生的造林费、抚育费、营林设施费、良种试验费、调查设计费和应分摊的间接费用等必要支出；（2）自行繁殖的产畜和役畜的成本，包括达到预定生产经营目的（成龄）前发生的饲料费、人工费和应分摊的间接费用等必要支出。

未成熟生产性生物资产达到预定生产经营目的时，按其账面余额，借记“生产性生物资产—成熟生产性生物资产”科目，贷记“生产性生物资产—未成熟生产性生物资产”科目，未成熟生产性生物资产已计提减值准备的，还应同时结转已计提的减值准备。

为了维持已经达到预定生产经营目的的成熟生产性生物资产进行正常生产而发生的有关费用，例如为果树剪枝发生的费用、为果树灭虫发生的人工和药物费用、对产奶奶牛的饲养管理费用等。生产性生物资产达到预定生产经营目的后发生的管理抚育费用，计入当期“农业生产成本”。

【例1-7】 甲企业自20×7年开始自行营造200公顷橡胶树，当年发生种苗费378 000元，平整土地和定植所需的机械折旧费111 000元，定植当年抚育发生肥料及农药费501 000元、人员工资等90万元。该橡胶树达到正常生产期为6年，从定植后6年间每年发生管护费用805 000元，共以银行存款支付483万元。达到预定生产经营目的后每年采用肥料农药为30万元、人员工资40万元。

（1）开始自行营造。

借：生产性生物资产—未成熟生产性生物资产（橡胶树）	1 890 000	
贷：原材料—种苗		378 000
—肥料及农药		501 000
应付职工薪酬		900 000
累计折旧		111 000

（2）定植后6年间。

借：生产性生物资产—未成熟生产性生物资产（橡胶树）	805 000	
贷：银行存款		805 000

（3）该200公顷橡胶树的成本 = 1 890 000 + 4 830 000 = 6 720 000（元）。

借：生产性生物资产—成熟生产性生物资产（橡胶树）	6 720 000	
贷：生产性生物资产—未成熟生产性生物资产（橡胶树）		6 720 000

（4）达到预定生产经营目的后的支出：

借：农业生产成本	7 000 000	
贷：原材料—肥料及农药		3 000 000

应付职工薪酬　　　　　　　　　　　　　　　　　　　　4 000 000

达到预定生产经营目的同时也是区分生产性生物资产是否具备生产能力，从而是否计提折旧的分界点。成熟的生产性生物资产的计提折旧将在第三节中详述。

（三）自行繁殖、营造的公益性生物资产

自行营造的公益性生物资产成本确定的一般原则是按照郁闭前发生的造林费、抚育费、森林保护费、营林设施费、良种试验费、调查设计费和应分摊的间接费用等必要支出确定。

三、其他方式取得的生物资产核算

（一）天然起源的生物资产

天然林等天然起源的生物资产，仅在企业有确凿证据表明能够拥有或者控制该生物资产时，才能予以确认。企业拥有或控制的天然起源的生物资产，通常企业并未进行相关的农业生产，主要通过政府补助的方式取得，如政府向企业直接无偿划拨天然林等，或者政府向企业无偿划拨土地、河流湖泊，从而企业间接取得其间天然生长的天然林、水生动植物等。

对于天然起源的生物资产，企业通常几乎没有投入，其成本难以按照外购、自营方式下发生的必要支出等来确定。天然起源的生物资产的公允价值无法可靠地取得，应按名义金额确定生物资产的成本，同时计入当期损益，以名义金额为1元人民币借记“消耗性生物资产”“生产性生物资产”或“公益性生物资产”科目，贷记“其他收益”“营业外收入”科目①。

（二）投资者投入的生物资产

投资者投入的生物资产的成本，应该按照合同或者协议约定的价值确定，但合同或者协议约定的价值不公允除外。企业收到生物资资产作为投资入股的，按合同或协议的价值加上应支付的相关税费，借记“消耗性生物资产”“生产性生物资产”或“公益性生物资产”科目，按照协议所占企业所有者权益的份额，贷记“股本”“实收资本”科目，二者之间的差额直接计入“资本公积”科目。

【例1-8】甲企业是一家农业企业，主要经营奶牛养殖业，20×7年1月与乙企业达成协议，内容为乙企业以60头处于产奶期的奶牛每头作价6 200元投资入股占10%。乙企业奶牛原账面价值为6 500元，已计提折旧21 000元，没有计提减值准备。甲企业接受乙企业投资前的所有者权益为180万元。

甲企业的账务处理如下：

60头奶牛作价总额＝60×6 200＝372 000（元）

投资入股占股本总额＝1 800 000÷90%×10%＝200 000（元）

借：生产性生物资产—成熟生产性生物资产（奶牛）　　　　372 000

　　贷：股本　　　　　　　　　　　　　　　　　　　　　　200 000

---

① 根据2017年新修订的《政府补助》准则，与日常经营活动有关的政府补助计入“其他收益”或冲减相关成本费用，与日常经营活动无关的政府补助计入“营业外收入”。

资本公积　　172 000

（三）企业合并取得的生物资产

通过企业合并取得生物资产，应当按照《企业会计准则第19号——企业合并》规定区分同一控制下企业合并、非同一控制下企业合并分别确定其初始确认入账价值。同一控制下企业合并取得的生物资产按照被合并方原账面价值入账，非同一控制下企业合并取得的生物资产按照该生物资产的公允价值入账。

（四）非货币性交换取得的生物资产

通过非货币性交换取得的生物资产，应当按照《企业会计准则第7号——非货币性资产交换》规定确定其初始入账价值。

对于具有商业实质、并且换入和换出资产公允价值能够可靠计量的非货币性交换，以换出资产的公允价值和应付相关税费作为换入生物资产的入账价值，换出资产的公允价值与其账面价值之间的差额计入当期损益，但有确凿证据表明换入资产的公允价值更加可靠的除外。

对于不具有商业实质，或换入与换出资产公允价值无法可靠计量的非货币性交换，应当以换出资产的账面价值和应支付的相关税费作为换入资产的成本，不确认损益。

（五）债务重组取得的生物资产

债权人通过债务重组取得生物资产，应当按照《企业会计准则第12号——债务重组》规定确定其初始确认成本入账价值。债权人应当对受让的生物资产按其公允价值入账，重组债权的账面余额与受让的生物资产的公允价值之间的差额，计入当期损益。债权人已对债权计提减值准备的，应当先将该差额冲减减值准备，减值准备不足以冲减的部分，计入当期损益。

第三节

生物资产的后续计量

一、生物资产后续计量概述

生物资产的后续计量有历史成本与公允价值两种模式。《国际会计准则第41号—农业》规定，除了公允价值无法可靠计量的情况之外，在初始确认和各个资产负债表日，生物资产均应按其公允价值减去预计至销售将发生的费用计量。我国企业会计准则对于公允价值的总体原则是稳健采用，对于生物资产运用公允价值采取了更为谨慎的态度。我国生物资产准则规定，有确凿证据表明生物资产的公允价值能够持续可靠取得的，应当对生物资产采用公允价值计量。由此可见，国际准则与我国准则对两种后续计量模式的推荐上有所差异，国际准则推崇公允价值模式，我国则以历史成本模式为优先。

（一）历史成本计量模式

历史成本计量模式下，资产通常根据经济业务发生时所取得的交换价格入账，然后根据这项取得成本或者摊销后的成本列报于财务报表中。我国生物资产准则采用的是修正的历史成本计量模式，引入“成本与市价孰低”允许考虑生物资产减值因素。

生物资产后续计量采用历史成本计量模式的优势在于：（1）可靠性高。生物资产历史成本信息建立在过去交易的基础上，既定发生的事实可以被检验，无法任意操纵或歪曲，可靠性有保障；（2）操作性强。历史成本数据容易取得，可以大大简化核算手续，容易操作，无须考虑入账后的增值变动，节约核算成本；（3）稳健性。允许计提资产减值的历史成本计量模式，但不确认价值增加，提供更稳健的会计信息，有利于防止企业会计利润操纵。

生物资产后续计量采用历史成本计量模式的局限性在于：（1）相关性较差。由于生物资产的特性，生物生长发育与人类劳动或投入时间不一致，容易造成信息滞后，历史成本往往不能准确及时地反映生物资产价值的变化，无法为投资者提供决策有用的相关信息；（2）可比性弱。生物资产取得来源多样，外部购入、自行营造、天然起源等，其历史成本有较大差异，无法反映相关资产的预期未来经济利益，缺乏可比性；（3）收入与费用的配比问题。某些生物资产生长周期非常长，收入是现时价格，费用成本是长期累计历史数据，二者不能合理配比。如用材林，生物资产取得的现时价格收入与历史成本的费用配比，可能会导致利润虚增。

（二）公允价值计量模式

公允价值，指在计量日发生的有序交易中，市场参与者之间出售一项资产所能收到的价格或者转移一项负债所需支付的价格。在公允价值计量模式下，生物资产在初始确认和各个资产负债表日，都要依照公允价值扣除估计到售卖时会产生的支出计量，公允价值变动计入当期损益。

相比于历史成本计量，生物资产公允价值计量的优势在于：（1）价值相关性。生物资产的价值不会稳定在最初的交易价格上，公允价值计量动态地反映生物资产的价值变动，不仅体现生物资产自然生长发育繁殖导致的增值与减值，也包括了市场价格波动导致的增值与减值，能更恰当地反映企业财务状况，提高会计信息的价值相关性；（2）可比性。公允价值信息反映了现行经济情况对生物资产的市场评价，是有序交易中市场参与者的心里预期价值的公平反映，具有较高的可比性；（3）解决了收入与费用的配比问题。现时价格的收入与现行成本的费用合理配比，不受物价变动的影响。

理论上而言，公允价值是理想的生物资产计量模式，然而生物资产公允价值计量却存在很多应用局限性：（1）部分生物资产不存在活跃市场。活跃市场是生物资产公允价值运用的前提。但是很多生物资产不存在活跃市场，使得公允价值运用缺乏必要的基础和环境；（2）降低会计信息可靠性。可靠性与相关性往往是一对矛盾。若缺乏活跃市场，公允价值将充满了估计、判断，若市场交易处于无序状态，市场价格将偏离内在价值，这些情况下得到的会计信息缺乏可靠性；（3）计量的可操作性。生物资产公允价值数据、资料不易获取，还有赖于会计人员自身的职业判断，实务中的应用与操作困难成为公允价值应用的障碍。

企业进行生物资产会计政策选择时，应当先考虑所拥有的生物资产的市场活跃程度、公允价值信息的存在性和计量可操作性，谨慎选用公允价值计量模式。

二、采用历史成本模式计量生物资产

生物资产采用历史成本进行计量的情况下，消耗性生物资产、未成熟的生产性生物资产按成本减累计跌价准备计量；成熟的生产性生物资产按成本减累计折旧及累计减值准备计量；公益性生物资产按成本计量，不计提减值准备。

（一）消耗性生物资产

1. 林木类消耗性生物资产郁闭后采伐补植

林木类消耗性生物资产郁闭后，为了充分利用阳光、使其更好地生长，可以按照森林法实施条例规定申请林木采伐许可证。对于用材林的成熟林和过熟林，可以实行主伐，主伐方式为择伐、皆伐和渐伐。对于某些森林，例如大型水库、湖泊周围山脊以内和平地150米以内的森林，只能进行抚育采伐或更新采伐。对于采伐入库的木材，借记“农产品—木材”科目，贷记“消耗性生物资产”科目，必要时需要摊销已计提的消耗性生物资产跌价准备。

注意采伐不可影响林木的郁闭状态，例如要求伐后林木郁闭度应当保留在0.5以上，在采伐之后须进行相应的补植。因采伐而进行补植所发生的支出，则应予以资本化，计入林木类生物资产的成本，借记“消耗性生物资产”科目，贷记“库存现金”“银行存款”“其他应付款”等科目。

【例1－9】20×7年5月，甲林业有限责任公司对乙林班用材林择伐地进行更新补植造林，应支付临时人员工资3万元，领用材料25 000元。甲企业的账务处理如下：

借：消耗性生物资产—用材林	55 000	
贷：应付职工薪酬		30 000
原材料		25 000

2. 消耗性生物资产计提跌价准备

生物资产准则规定，企业至少应当于每年年度终了对消耗性生物资产进行检查，有确凿证据表明上述生物资产发生减值的，应当计提消耗性生物资产跌价准备。企业首先应当注意消耗性生物资产是否有发生减值的迹象，在此基础上计算确定消耗性生物资产的可变现净值。消耗性生物资产存在下列情形之一的，通常表明可变现净值低于账面价值：

（1）因遭受火灾、旱灾、水灾、冻灾、台风、冰雹等自然灾害，造成消耗性生物资产或生产性生物资产发生实体损坏，影响该资产的进一步生长或生产，从而降低其产生经济利益的能力。

（2）因遭受病虫害或者疯牛病、禽流感、口蹄疫等动物疫病侵袭，造成消耗性生物资产或生产性生物资产的市场价格大幅度持续下跌，并且在可预见的未来无回升的希望。

（3）因消费者偏好改变而使企业的消耗性生物资产或生产性生物资产收获的农产品的市场需求发生变化，导致市场价格逐渐下跌。与工业产品不同，一般情况下技术进步不会对生物资产的价值产生明显的影响。

（4）因企业所处经营环境，如动植物检验检疫标准等发生重大变化，对企业产生不利影响，导致消耗性生物资产或生产性生物资产的市场价格逐渐下跌。

（5）其他足以证明消耗性生物资产或生产性生物资产实质上已经发生减值的情形。

消耗性生物资产的可变现净值低于其成本或账面价值时，企业应当按照可变现净值低于账面价值的差额，计提消耗性生物资产跌价准备，借记“资产减值损失”科目，贷记“存货跌价准备消耗性生物资产”科目。消耗性生物资产的可变现净值，指消耗性生物资产的估计售价减去至出售时估计将要发生的成本、估计的销售费用以及相关税费后的金额，其确定应当遵循存货准则。

【例1－10】甲农业企业种植棉花150公顷，已发生成本440 000元。20×7年7月遭受冰雹，致使玉米严重受灾，期末棉花的可变现净值估计为400 000元。

借：资产减值损失—消耗性生物资产（棉花）　　40 000

　　贷：存货跌价准备—消耗性生物资产（棉花）　　40 000

3. 消耗性生物资产的减值转回

消耗性生物资产的减值属于存货跌价性质，《企业会计准则第1号——存货》允许存货跌价准备转回。因此，企业每年年度终了对消耗性生物资产进行检查时，如果消耗性生物资产减值的影响因素已经消失，减记的金额应予以恢复，并在原已计提的跌价准备金额内转回，转回的金额计入当期损益，借记“存货跌价准备—消耗性生物资产”科目，贷记“资产减值损失”科目。

【例1－11】甲企业养殖河田鸡1万只，已发生成本23万元。20×7年2月遭受“禽流感”事件影响，月末河田鸡可变现净值估计为10万元。20×7年5月，“禽流感”事件影响消除，河田鸡价值回升至19万元。假设该期间无发生家禽销售。

（1）计提跌价准备。

借：资产减值损失　　130 000

　　贷：存货跌价准备—消耗性生物资产　　130 000

（2）减值转回。

借：存货跌价准备—消耗性生物资产　　90 000

　　贷：资产减值损失　　90 000

（二）生产性生物资产

1. 成熟生产性生物资产计提折旧

成熟的生产性生物资产进入正常生产期，可以多年连续稳定产出农产品、提供劳务或出租，应当按期计提折旧，以与其给企业带来的经济利益流入相配比。例如，已经开始挂果的苹果树的折旧额与从苹果树上采摘的苹果取得的收入相配比，役牛每期的折旧额与其犁地为企业带来的经济利益流入相配比等。

（1）需要计提折旧的生产性生物资产范围。企业应当自成熟生产性生物资产投入使用月份的次月起计算折旧；停止使用的生产性生物资产，应当自停止使用月份的次月起停止计算折旧。成熟生产性生物资产一旦提足折旧，不论能否继续使用，均不再计提折旧。

注意，以融资租赁租入的生产性生物资产和以经营租赁方式租出的生产性生物资产，应当计提折旧；以融资租赁租出的生产性生物资产和以经营租赁方式租入的生产性生物资产，不应计提折旧。

（2）生产性生物资产折旧政策。生产性生物资产的折旧，指在生产性生物资产的使用寿命内按照确定的方法对应计折旧额进行系统分摊。应计折旧额，指应当计提折旧的生产性生物资产的原价扣除预计净残值后的余额；如果已经计提减值准备，还应当扣除已计提的生产性生物资产减值准备累计金额。预计净残值，指预计生产性生物资产使用寿命结束时，在处置过程中所发生的处置收入扣除处置费用后的余额。

企业应当结合本企业的具体情况，根据生产性生物资产的类别，制定适合本企业的生产性生物资产目录、分类方法。对于达到预定经营目的的生产性生物资产，还应根据生产性生物资产的性质、使用情况和有关经济利益的预期实现方式，合理确定生产性生物资产的预计净残值、使用寿命和折旧方法，作为进行生产性生物资产核算的依据。

企业确定生产性生物资产的使用寿命，应当考虑下列因素：①该资产的预计产出能力或实物产量；②该资产的预计有形损耗，如产畜和役畜衰老、经济林老化等；③该资产的预计无形损耗，如因新品种出现而使现有生产性生物资产的产出能力和产出质量等方面相对下降、市场需求变化使产出农产品相对过时等。我国《企业所得税实施条例》规定了生产性生物资产折旧的最低年限：林木类生产性生物资产为 10 年；畜类生产性生物资产为 3 年。实务中，企业应在考虑这些因素的基础上，结合不同生产性生物资产的具体情况做出判断。在相同的环境下，同样的生产性生物资产的预计使用寿命应该基本相同。

生物资产准则规定了企业可选用的折旧方法包括年限平均法、工作量法、产量法等。在具体运用时，企业应当根据生产性生物资产的具体情况，合理选择相应的折旧方法。

企业制定的生产性生物资产折旧政策经股东大会或董事会，或经理（场长）会议或类似机构批准，按照法律法规报送有关各方备案，一经确定不得随意变更，并在报表附注中予以说明。

企业至少应当于每年年度终了对生产性生物资产的使用寿命、预计净残值和折旧方法进行复核。复核结果有变动的应当作为会计估计变更，按照《企业会计准则第 28 号——会计政策、会计估计变更和差错更正》的规定进行会计处理，调整生产性生物资产的使用寿命或预计净残值或者改变折旧方法。

【实务链接】

东阿阿胶（000423）生物资产折旧政策

东阿阿胶（000423）2016 年年报中关于生产性生物资产种驴使用寿命、预计净残值率和年折旧率的信息披露如下：

类别：种驴；使用寿命：20；预计净残值：5%；年折旧率：19%

上述生产性生物资产的使用寿命和预计净残值系根据种驴产出能力、消耗及残值等历史经验为基础确定。

企业应当按期对达到预定生产经营目的的生产性生物资产计提折旧，并根据受益对象分别计入将收获的农产品成本、劳务成本、出租费用等。对成熟生产性生物资产按期计提折旧时，借记“生产成本”“管理费用”等科目，贷记“生产性生物资产累计折旧”科目。

【例1-12】甲企业20×4年初自行营造100亩苹果树。当年平整土地所需机械折旧费2万元，当年库存支取种苗18万元、肥料9万元、农药1万元，人工费8万元尚未支付，以银行存款支付管护费5万元。苹果树3年后挂果：从20×5年起，年抚育发生化肥费用7万元，农药1万元，人费15 000元，管护费2万元。该苹果树20×7年开始挂果。

(1) 20×4年种苹果树苗。

借：生产性生物资产—未成熟生产性生物资产	430 000	
贷：原材料—种苗		180 000
—化肥		90 000
—农药		10 000
应付职工薪酬		80 000
累计折旧		20 000
银行存款		50 000

(2) 20×5年及20×6年挂果前。

借：生产性生物资产—未成熟生产性生物资产	115 000	
贷：原材料—化肥		70 000
—农药		10 000
应付职工薪酬		15 000
银行存款		20 000

(3) 20×7年苹果树开始挂果，即达到预期经营目的。

其成本=430 000+115 000+115 000=660 000（元）

借：生产性生物资产—成熟生产性生物资产	660 000	
贷：生产性生物资产—未成熟生产性生物资产		660 000

(4) 20×7年开始计提折旧。

20×7年折旧额=660 000÷12=55 000（元）

借：农业生产成本	55 000	
贷：生产性生物资产累计折旧		55 000

2. 成熟生产性生物资产的后续支出资本化问题

有些生产性生物资产生长周期比较缓慢，历经生长期、成长期、成熟期和衰退期，以火龙果为例，一般其生长期2年、成长期2年、成熟期20年、衰退期6年①。这类生产性生物资产并非等到进入成熟期才划转为“成熟生产性生物资产”。成熟生产性生物资产，指已达到预定生产经营目的，进入正常生产期，可以多年连续稳定产出农产品、提供劳务或出租，例如果树开始挂果、奶牛开始产奶。生产性生物资产成长期时点界定容易，进入成长期就应该视为达到预定生产经营目的，开始计提折旧。

处于成长期、还未进入成熟期的生长性生物资产，为满足其生长需要，后续管理抚育支出仍然较大。这部分投入一是为了满足生物资产自身生长、价值增值的要求，属于生产性生物资产的增值成本，应予以资本化；二是为了满足生物资产实现其产能的需要，属于

① 柯耀波，《果树生产性生物资产折旧方法初探——以火龙果为例》，市场论坛，2011年第9期。

生产性生物资产的产能成本，应确认为“农业生产成本”。这两者需求中，前者效用大于后者，导致生产性生物资产在成长期价值快速升值，而且能延长生产性生物资产的使用寿命，满足资产支出资本化的条件。成长期的投入，能够分清上述两类投入的，分别予以资本化和费用化。不能分清两类投入的，依据重要性原则，全部作为生产性生物资产的增值成本予以资本化。

于是，成长期的生产性生物资产往往会出现折旧计提与支出资本化并行的问题。由于生产性生物资产成长期支出资本化，其账面价值在不断增加，成长期生产性生物资产折旧计提，应分年度、根据应计折旧额、按选定折旧方法计算折旧。

生产性生物资产进入成熟期后支出停止资本化。生产性生物资产进入成熟期，其自身价值趋于稳定，其后的支出主要是维持生物资产实现其产能的需要，属维护性支出。该支出由于不再增加生物资产自身价值，所以不进行资本化处理，应费用化处理，记入“农业生产成本”或期间费用。进入成熟期后，由于其后续支出费用化处理，其账面价值趋于稳定，且其产能多年连续稳定，生产性生物资产成熟期后折旧也易于操作。

【例1－13】沿用【例1－12】资料，甲企业20×4年初自行营造的100亩苹果于20×7年开始挂果。挂果后仍有2年成长期，即开始挂果至稳产成熟期需要两年时间。成长期年抚育发生化肥费47 000元，农药1万元，人工费1万元，管护费1万元。该苹果树从挂果时起，预期经济收费经济寿命12年。（假定该苹果树采用成本模式计量，采用年限平均法计提折旧，假定该苹果树期满无残值）。苹果树20×9年进入成熟期，成熟期后年支出化肥2万元、农药1万元、人工费3 000元、其他管护费2 000元。

（1）20×7年开始计提折旧。

20×7年折旧额＝660 000÷12＝55 000（元）

借：农业生产成本	55 000	
贷：生产性生物资产累计折旧		55 000

（2）20×7年有关支出予以资本化，作为生产性生物资产增值成本处理。

借：生产性生物资产—成熟生产性生物资产	77 000	
贷：原材料—化肥		47 000
—农药		10 000
应付职工薪酬		10 000
银行存款		10 000

（3）20×8年生产性生物资产的折旧。

年初成长期生物资产成本＝660 000＋77 000＝737 000（元）

20×8年年折旧额＝(737 000－55 000)/(12－1)＝62 000（元）

借：农业生产成本	62 000	
贷：生产性生物资产累计折旧		62 000

（4）20×8年有关支出予以资本化，作为生产性生物资产增值成本处理。

借：生产性生物资产—成熟生产性生物资产	77 000	
贷：原材料—化肥		47 000
—农药		10 000

应付职工薪酬　　10 000

银行存款　　10 000

（5）20×9 年进入成熟期。

其账面成本为 814 000（=660 000+77 000+77 000）元。

20×9 年开始各年折旧额=（814 000－55 000－62 000）÷10=69 700（元）

借：农业生产成本　　69 700

　贷：生产性生物资产累计折旧　　69 700

（6）成熟期后各年后续支出不符合资本化条件，予以费用化处理。

借：农业生产成本　　35 000

　贷：原材料—化肥　　20 000

　　农药　　10 000

　　应付职工薪酬　　3 000

　　银行存款　　2 000

3. 生产性生物资产计提减值准备

生物资产准则规定，企业至少应当于每年年度终了对生产性生物资产进行检查，有确凿证据表明上述生物资产发生减值的，应当计提生产性生物资产减值准备。企业首先应当判断生产性生物资产是否有发生减值的迹象，生产性生物资产是否有发生减值的迹象如上所述，不再累赘。

当生产性生物资产的可收回金额低于其成本或账面价值时，企业应当按照可收回金额低于账面价值的差额，计提生产性生物资产跌价准备，借记“资产减值损失”科目，贷记“生产性生物资产减值准备”科目。生产性生物资产的可收回金额是根据其公允价值减去处置费用后的净额与资产预计未来现金流量现值两者之间的较高者确定。根据《企业会计准则第 8 号——资产减值》的规定，生产性生物资产减值准备一经计提，不得转回。

【例 1－14】 20×7 年 8 月，甲企业的橡胶园曾遭受过一次台风袭击，12 月 31 日甲企业对橡胶园进行检查时认为可能发生减值。该橡胶园公允价值减去处置费用后的净额为 1 200 000 元，尚可使用 5 年，预计在未来 5 年内产生的现金净流量分别为 400 000 元、360 000 元、320 000 元、250 000 元、200 000 元（其中第 5 年的现金流量已经考虑使用寿命结束时进行处置的现金净流量）。在考虑有关风险的基础上，甲企业决定采用 5% 的折现。该橡胶园 20×7 年 12 月 31 日的账面价值为 1 500 000 元，以前年度没有计提减值准备。有关计算过程见表 1－3。

表 1－3　　甲企业生物资产未来现金流量现值计算表

年度	预计未来现金流量（元）	折现率（%）	折现系数	现值（元）
第 1 年	400 000	5	0.9524	380 960
第 2 年	360 000	5	0.9070	326 520
第 3 年	320 000	5	0.8638	276 416
第 4 年	250 000	5	0.8227	205 675
第 5 年	200 000	5	0.7835	156 700
合计				1 346 271

未来现金流量现值 1 346 271 元 > 销售净价 120 万元，因此该橡胶园的可收回金额为 1 346 271 元。

应计提的减值准备 = 1 500 000 - 1 345 271 = 153 729（元）

借：资产减值损失—生产性生物资产（橡胶）　　153 729

　　贷：生产性生物资产减值准备—橡胶　　153 729

（三）公益性生物资产

公益性林木类生物资产在郁闭前的管护费用应资本化，计入公益性生物资产成本，郁闭后的管护费用等后续支出应当予以费用化，计入当期损益。

公益性林木类生物资产郁闭后，也需要进行择伐、间伐或抚育更新采伐，并且采伐之后进行相应的补植。补植发生的后续支出同样应当予以资本化，计入公益性林木类生物资产的成本。

对于公益性生物资产而言，由于其持有目的与消耗性生物资产和生产性生物资产有本质不同，主要是出于防护、环境保护等特殊公益性目的，具有非经营性的特点，因此生物资产准则规定公益性生物资产不计提减值准备。

【例 1 - 15】 甲林业有限公司下属的乙林班统一组织培植管护一片水土保持林的马尾松 100 公顷，已郁闭占 75%，其余尚未郁闭。20×7 年发生森林管护费用共计 4 万元，其中人员工资 2 万元，尚未支付；使用库存肥料 16 000 元；管护设备折旧 4 000 元。20×7 年其对马尾松择伐更新造林，应支付临时人员工资 15 000 元，领用 1 万元材料。

（1）20×7 年的账务处理。

借：公益性生物资产——马尾松林　　10 000

　　管理费用　　30 000

　　贷：应付职工薪酬　　20 000

　　　　原材料　　16 000

　　　　累计折旧　　4 000

（2）20×7 年的账务处理。

借：公益性生物资产——马尾松林　　25 000

　　贷：应付职工薪酬　　15 000

　　　　原材料　　10 000

三、采用公允价值模式计量生物资产

（一）采用公允价值计量的条件

根据生物资产准则的规定，生物资产通常按照成本计量，但有确凿证据表明其公允价值能够持续可靠取得的除外。对于采用公允价值计量的生物资产，生物资产准则规定了严格的条件，应当同时满足下列两个条件：

（1）生物资产有活跃的交易市场，即该生物资产能够在交易市场中直接交易。所谓活跃的交易市场，是指同时具有下列特征的市场：①市场内交易的对象具有同质性；②可随时找到自愿交易的买方和卖方；③市场价格信息是公开的。

（2）能够从交易市场上取得同类或类似生物资产的市场价格及其他相关信息，从而对生物资产的公允价值作出科学合理的估计。同类或类似的生物资产，是指品种相同、质量等级相同或类似、生长时间相同或类似、所处气候和地理环境相同或类似的有生命的动物和植物。这一规定表明，企业能够客观而非主观随意地使用公允价值。

此外，对于不存在活跃交易市场的生物资产，采用下列一种或多种方法，有确凿证据表明确定的公允价值是可靠的，也可以采用公允价值计量：（1）从交易日到资产负债表日经济环境未发生重大变化的情况下，最近期的交易市场价格；（2）对资产差别进行调整的类似资产的市场价格；（3）行业基准，比如以亩表示的果园价值、千克肉表示的畜牧价格等；（4）以使用该项生物资产的预期净现金流量按当前市场确定比率折现的现值（应当反映市场参与者预期该资产在其最相关市场产生的净现金流量）作为该资产当前的公允价值。

（二）公允价值模式下的会计处理

在公允价值模式下，企业不再对生物资产计提折旧和计提跌价准备或减值准备，应当按照生物资产的公允价值减去出售费用后的净额计量，各期变动计入当期损益。一般情况下，企业对生物资产的计量模式一经确定，不得随意变更。

【实务链接】

晨鸣纸业（000488）公允价值后续计量

山东晨鸣纸业（000488）消耗性生物资产的公允价值采用预期现金流量折现，采用收益法评估计量消耗性生物资产的公允价值。

晨鸣纸业消耗性生物资产计入当期损益的公允价值变动损益金额，2014 年为 6 856 815. 32元，2015 年为 -19 078 538. 02 元，2016 年为 -20 084 425. 90 元。

第四节 生物资产的收获与处置

一、生物资产的收获

收获，是指消耗性生物资产生长过程的结束，如收割小麦、采伐用材林等，以及农产品从生产性生物资产上分离，如从苹果树上采摘下苹果、奶牛产出牛奶、绵羊产出羊毛等。

（一）收获农产品成本核算的一般要求

农产品按照所处行业，一般可以分为种植业产品（如小麦、水稻、玉米、棉花、糖料、叶等）、畜牧养殖业产品（如牛奶、羊毛、肉类、禽蛋等）、林产品（如苗木、原木、水果等）和水产品（如鱼、虾、贝类等）。企业应当按照成本核算对象（消耗性生物资产、生产性生物资产、公益性生物资产和农产品）设置明细账，并按成本项目设置专栏，进行明细分类核算。

从收获农产品成本核算的截止时点来看，由于种植业产品和林产品一般具有季节性强、生产周期长、经济再生产与自然再生产相交织的特点，种植业产品和林产品成本计算期因不同产品的特点而异。因此，企业在确定收获农产品的成本时，应特别注意成本计算的截止时点，而在收获时点之后的农产品应当适用存货准则，按照成本与可变现净值孰低计量。例如，粮豆的成本算至入库或能够销售；棉花算至皮棉；纤维作物、香料作物、人参、啤酒花等算至纤维等初级产品；草成本算至干草；不入库的鲜活产品算至销售；入库的鲜活产品算至入库；年底尚未脱粒的作物，其产品成本算至预提脱粒费用等。再如，育苗的成本计算截至出圃、采割阶段；林木采伐算至原木产品；橡胶算至加工成干胶或浓缩胶乳；茶的成本计算截至各种毛茶；水果等其他收获活动计算至产品能够销售等。

（二）收获农产品的会计处理

1. 消耗性生物资产收获农产品

从消耗性生物资产上收获农产品后，消耗性生物资产自身完全转为农产品而不复存在，如肉猪宰杀后的猪肉、收获后的蔬菜、用材林采伐后的木材等，企业应当将收获时点消耗性生物资产的账面价值结转为农产品的成本。借记“农产品”科目，贷记“消耗性生物资产”科目，已计提跌价准备的，还应同时结转跌价准备，借记“存货跌价准备—消耗性生物资产”科目；对于不通过入库直接销售的鲜活产品等，按实际成本，借记“主营业务成本”。

【例1－16】 甲种植企业20×7年6月入库小麦20吨，成本为12 000元。甲企业的账务处理如下：

借：农产品——小麦　　12 000

　　贷：消耗性生物资产——小麦　　12 000

2. 生物性生物资产收获农产品

生产性生物资产具备自我生长性，能够在生产经营中长期、反复使用，从而不断产出农产品。从生产性生物资产上收获农产品后，生产性生物资产这一母体仍然存在，如奶牛产出牛奶、从果树上采摘下水果等。农业生产过程中发生的各项生产费用，按照经济用途可以分为直接材料、直接人工等直接费用以及间接费用，企业应当区别处理。

（1）直接费用。农产品收获过程中发生的直接材料、直接人工等直接费用，直接计入相关成本核算对象，借记“农业生产成本—农产品”科目，贷记“库存现金”“银行存款”“原材料”“应付职工薪酬”“生产性生物资产累计折旧”等科目。

（2）间接费用。农产品收获过程中发生的间接费用，如材料费、人工费、生产性生物资产的折旧费等应分摊的共同费用，应当在生产成本归集，借记“农业生产成本—共同费用”科目，贷记“库存现金”“银行存款”“原材料”“应付职工薪酬”“生产性生物资产累计折旧”等科目；在会计期末按一定的分配标准，分配计入有关的成本核算对象，借记“农业生产成本—农产品”科目，贷记“农业生产成本—共同费用”科目。

实务中，常用的间接费用分配方法通常以直接费用或直接人工为基础，直接费用比例法以生物资产或农产品相关的直接费用为分配标准，直接人工比例法以直接从事生产的工人工资为分配标准，其公式为：

$$\text{某项生物资产或农产品应分配的间接费用额}=\text{间接费用总额}\times\frac{\text{该项资产相关的直接费用或直接人工}}{\text{直接费用总额或直接人工总额}}$$

除此之外，还可以直接材料、生产工时等为基础进行分配，企业可以根据实际情况加以选用。例如蔬菜的温床费用分配计算公式如下：

$$\text{蔬菜应分配的温床（温室）费用}=\text{温床（温室）费用总数}\times\frac{\text{实际使用的格日（平方米日）总数}}{\text{该种蔬菜占用的格日（平方米日）数}}$$

其中，温床格日数是指某种蔬菜占用温床格数和在温床生产日数的乘积，温室平方米日数是指某种蔬菜占用位的平方米数和在温室生长日数的乘积。

【例1－17】 甲农场利用温床培育丝瓜、西红柿两种秧苗，温床费用为3 200元，采用格日数比例分配其中丝瓜占用温床40格，生长期为30天；西红柿占用温床10格，生长期为40天。秧苗育成移至温室栽培后，发生温室费用15 200元，采用平方数比例分配其中丝瓜占用温室1 000平方米，生长期为70天；西红柿占用温室1 500平方米，生长期为80天。两种蔬菜发生的直接生产费用为3 000元，其中丝瓜1 360元，西红柿1 640元。应负担的间接费用共计4 500元，采用直接费用比例法分配。丝瓜和西红柿两种蔬菜的产量分别为38 000千克和29 000千克。

温床费用分配如下：

$$\text{丝瓜应分配的温床费用}=3\ 200\times\frac{40\times30}{40\times30+10\times40}=2\ 400\text{（元）}$$

$$\text{西红柿应分配的温床费用}=3\ 200\times\frac{10\times40}{40\times30+10\times40}=800\text{（元）}$$

温室费用分配如下：

$$\text{丝瓜应分配的温床费用}=15\ 200\times\frac{1\ 000\times70}{1\ 000\times70+1\ 500\times80}=5\ 600\text{（元）}$$

$$\text{西红柿应分配的温床费用}=15\ 200\times\frac{1\ 500\times80}{1\ 000\times70+1\ 500\times80}=9\ 600\text{（元）}$$

间接费用分配如下：

$$\text{丝瓜应分配的间接费用}=4\ 500\times\frac{1\ 360}{1\ 360+1\ 640}=2\ 040\text{（元）}$$

$$\text{西红柿应分配的间接费用}=4\ 500\times\frac{1\ 640}{1\ 360+1\ 640}=2\ 460\text{（元）}$$

（三）成本结转方法

在收获时点企业应当将该时点归属于某农产品生产成本的账面价值结转为农产品的成本，借记“农产品”科目，贷记“农业生产成本—农产品”科目。具体的成本结转方法包括加权平均法、个别计价法、蓄积量比例法、轮伐期年限法、折耗率法等。企业可以根据实际情况选用合适的成本结转方法，但是一经确定，不得随意变更。

【例1－18】 甲畜牧养殖企业20×7年5月末养殖的肉猪账面余额为24 000元，共计40头；6月6日花费7 000元新购入一批肉猪养殖，共计10头；6月30日屠宰并出售肉猪20头，支付临时工屠宰费用100元，出售取得价款16 000元；6月份共发生饲养费用

500 元（其中，应付专职饲养员工资 300 元，饲料 200 元）。甲企业采用移动加权平均法结转成本。

平均单位成本 =（24 000 + 7 000 + 500）÷（40 + 10）= 630（元）

出售猪肉的成本 = 630 × 20 = 12 600（元）

借：消耗性生物资产—肉猪	7 000	
贷：银行存款		7 000
借：消耗性生物资产—肉猪	500	
贷：应付职工薪酬		300
原材料		200
借：农产品—猪肉	12 700	
贷：消耗性生物资产—肉猪		12 600
库存现金		100
借：库存现金	16 000	
贷：主营业务收入		16 000
借：主营业务成本	12 700	
贷：农产品—猪肉		12 700

蓄积量比例法、轮伐期年限法、折耗率法等方法都是林业中通常使用的方法，具有林业的特殊性，以下分述之：

1. 蓄积量比例法

蓄积量比例法以达到经济成熟可供采伐的林木为“完工”标志，将包括已成熟和未成熟的所有林木按照完工程度（林龄、林木培育程度、费用发生程度等）折算为达到经济成熟可供采伐的林木总体蓄积量，然后，按照当期采伐林木的蓄积量占折算的林木总体蓄积量的比例，确定应该结转的林木资产成本。该方法主要适用于择伐方式和林木资产由于择伐更新使其价值处于不断变动的情况下，相应计算公式如下：

$$\text{某期应结转的林木资产成本} = \text{期初林木资产账面总值} \times \frac{\text{当期采伐林木的蓄积量}}{\text{林木总体蓄积量}}$$

【实务链接】

晨鸣纸业（000488）的林木蓄积量

山东晨鸣纸业（000488）的“消耗性生物资产—成材林”在经过生长期后，存活良好，且出材达到 0.8 立方米以上，判断为形成蓄积量。

2. 轮伐期年限法

轮伐期年限法将林木原始价值按照可持续经营的要求，在其轮伐期的年份内平均摊销，并结转林木资产成本。其中，轮伐期是指将一块林地上的林木均衡分批、轮流采伐一次所需要的时间（通常以年为单位计算）。计算公式如下：

某期应结转的林木资产成本 = 林木资产原值 ÷ 轮伐期

3. 折耗率法

折耗率法也是林业上常用的方法之一。该方法按照采伐林木所消耗林木蓄积量占到采伐为止预计该地区、该树种可能达到的总蓄积量摊销、结转所采伐林木资产成本。计算公式如下：

采伐的林木应摊销的林木资产价值 = 折耗率 × 所采伐林木的蓄积量

折耗率 = 林木资产总价值 ÷ 到采伐为止预计的总蓄积量

其中的折耗率应分树种、地区分别测算；林木资产总价值是指该地区、该树种的营造林历史成本总和；预计总蓄积量是指到采伐为止预计该地区、该树种可能达到的总蓄积量。

二、生物资产的处置

（一）生物资产出售

生物资产出售时，企业应按实际收到的金额，借记“银行存款”等科目，贷记“主营业务收入”等科目；应按其账面余额，借记“主营业务成本”等科目，贷记“生产性生物资产”“消耗性生物资产”等科目，已计提跌价或减值准备或折旧的，还应同时结转跌价或减值准备或累计折旧。

【例 1－19】 甲畜牧养殖企业于 20×7 年土月将育成的 40 头仔猪出售给乙食品加工厂，价款总额为 2 万元，货款尚未收到。出售时仔猪的账面余额为 12 000 元，未计提跌价准备。

甲企业的账务处理如下：

借：应收账款—乙食品加工厂	20 000	
贷：主营业务收入		20 000
借：主营业务支出	12 000	
贷：消耗性生物资产—育肥猪		12 000

（二）生物资产盘亏或死亡、毁损

生物资产盘亏或死亡、毁损时，应当将处置收入扣除其账面价值和相关税费后的余额先计入“待处理财产损溢”科目，待查明原因后，根据企业的管理权限，经股东大会、董事会、经理（场长）会议或类似机构批准后，在期末结账前处理完毕。生物资产因盘亏或死亡、毁损造成的损失，在减去过失人或者保险公司等的赔款和残余价值之后，计入当期管理费用；属于自然灾害等非常损失的，计入营业外支出。

【例 1－20】 甲企业于 20×7 年 8 月 4 日丢失三头种牛，账面原值为 11 600 元，已经计提折旧 600 元；8 月 29 日经查实，饲养员赵五应赔偿 3 000 元。甲企业的账务处理如下：

借：待处理财产损溢	11 000	
生产性生物资产累计折旧	600	
贷：生产性生物资产—种牛		11 600
借：其他应收款—赵五	3 000	
管理费用	8 000	
贷：待处理财产损溢		11 000

（三）生物资产转换

生物资产改变用途后的成本应当按照改变用途时的账面价值确定，即转出生物资产的账面价值作为转入资产的实际成本。

1. 生产性生物资产与消耗性生物资产之间的转换

生产性生物资产转为消耗性生物资产的情形，产畜或役畜淘汰转为育肥畜，或者林木类生产性生物资产转为林木类消耗性生物资产。按照转变用途时的账面价值，借记“消耗性生物资产”科目，按已计提的累计折旧，借记“生产性生物资产累计折旧”科目，按其账面价值，贷记“生产性生物资产”科目。已计提减值准备的，还应同时结转已计提的减值准备。

消耗性生物资产转为生产性生物资产的情形，育肥畜转为产畜或役畜，或者林木类消耗性生物资产转为林木类生产性生物资产时，应按照其账面价值，借记“生产性生物资产”科目，贷记“消耗性生物资产”科目。已计提的跌价准备的，还应同时结转。

【例1－21】 甲企业是位于北京郊区的规模化的生猪养殖企业额，以饲养三元、长白猪为主要业务。20×7年，决定将育肥猪转为种猪，育肥猪的账面价值，包括原始购买的全部购买价值和结转的饲养过程的全部成本共10万元，育肥猪群已提取跌价准备5 000元。

借：生产性生物资产—成熟生产性生物资产（种猪）　　95 000
　　存货跌价准备—消耗性生物资产　　5 000
　　贷：消耗性生物资产—育肥猪群　　100 000

【例1－22】 20×7年，甲企业将淘汰的种猪转为育肥猪，淘汰的种猪的原值为4万元，已计提折旧3万元。

借：消耗性生物资产—育肥猪群　　10 000
　　生产性生物资产累计折旧　　30 000
　　贷：生产性生物资产—成熟生产性生物资产（种猪）　　40 000

2. 消耗性、生产性生物资产与公益性生物资产之间的转换

由于公益性生物资产不计提资产减值，因此在将消耗性生物资产、生产性生物资产转为公益性生物资产前，应首先测试消耗性生物资产、生产性生物资产是否发生减值。如若发生减值，应首先计提减值准备，并以计提减值准备后的账面价值作为公益性生物资产的入账价值。

【例1－23】 20×7年7月，由于区域生态环境的需要，甲林业有限责任公司的12公顷造纸原料林（杨树）被划为防风固沙林，仍由公司负责管理，该林的账面余额9万元，已经计提的跌价准备为6 000元。

借：资产减值损失—消耗性生物资产（造纸原料林）　　6 000
　　贷：存货跌价准备—消耗性生物资产（造纸原料林）　　6 000
借：公益性生物资产—防风固沙林（杨树）　　84 000
　　存货跌价准备—消耗性生物资产　　6 000
　　贷：消耗性生物资产—造纸原料林（杨树）　　90 000

公益性生物资产转为消耗性生物资产或生产性生物资产时，应按其账面余额，借记“消耗性生物资产”或“生产性生物资产”科目，贷记“公益性生物资产”科目。

【例1－24】20×7年9月，甲林业有限责任公司根据所属区域的林业发展规划相关政策调整，将以马尾松为主的800公顷防风固沙林，全部转为以采脂为目的的商林，该马尾松的账面价值为400万元。其中，已经具备采脂条件的为600公顷，账面价值为32万元，其余的尚不具备采脂条件。20×7年11月，甲公司根据国家政规定，将乙林班100公顷作为防风固沙林的杨树转为作为造纸原料的商品林，该杨树账面余额为26万元。

（1）20×7年9月。

借：生产性生物资产—成熟生产性生物资产（马尾松）　　3 200 000
　　生产性生物资产—未成熟生产性生物资产（马尾松）　　800 000
　　贷：公益性生物资产—防风固沙林（马尾松）　　4 000 000

（2）20×7年11月。

借：消耗性生物资产—造纸原料林（杨树）　　260 000
　　贷：公益性生物资产—防风固沙林（杨树）　　260 000

课后习题

一、思考题

1. 生物资产分为哪几类？各有什么特点？
2. 外购生物资产的成本构成要素有哪些？
3. 自行营造生物资产的成本构成要素有哪些？
4. 生物资产后续计量由哪些模式？分别有哪些优劣势？
5. 哪些生物资产需要进行减值的会计核算？如何处理？有何差异？

二、单项选择题

1. 以下内容不构成外购生物资产成本的是（　　）。

A. 装卸费　　B. 栽培费
C. 人员培训费　　D. 专业人员服务费

2. 既可以公允价值计量又可以使用名义金额计量的生物资产是（　　）。

A. 外购的生物资产　　B. 自行繁殖、营造的生物资产
C. 非货币性交换的生物资产　　D. 天然起源的生物资产

3. 消耗性林木类生物资产发生的借款费用在何时停止资本化（　　）。

A. 郁闭前　　B. 郁闭时
C. 郁闭后　　D. 达到使用目的时

4. 甲企业于20×7年9月15日丢失三头种牛，账面原值为11 600元，已经计提折旧600元；9月29日经查实，饲养员赵五应赔偿3 000元，该项业务对损益的影响金额为（　　）。

A. 8 000　　B. 11 600
C. 3 000　　D. 600

5. 甲奶牛养殖企业20×7年1月发生奶牛（已进入产奶期）的饲养费用如下：领用

饲料5 000千克，计1 200元，应付饲养人员工资3 000元，以现金支付防疫费500元，则牛奶的生产成本为（　　）。

A. 1 200　　B. 4 200

C. 4 700　　D. 3 500

三、多项选择题

1. 下列各项中，属于生产性生物资产的有（　　）。

A. 薪炭林　　B. 产畜

C. 经济林　　D. 待售的羊

2. 生产性生物资产达到预定生产经营的目的是（　　）。

A. 区分生产性生物资产成熟和未成熟的分界点

B. 判断其相关费用停止资本化的时点

C. 区分其是否具备生产能力的分界点

D. 区分是否计提折旧的分界点

3. 企业在报表附注中披露与生物资产的相关信息包括（　　）。

A. 天然起源生物资产的类别、取得方式和实物数量

B. 与生物资产有关的风险情况与管理措施

C. 与生物资产有关的增减变动的信息

D. 用于担保的生物资产的账面价值

4. 在收获时点企业应当将该时点归属于某农产品生产成本的账面价值结转为农产品的成本，林业中通常使用的方法有（　　）。

A. 个别计价法　　B. 蓄积量比例法

C. 折耗率法　　D. 轮伐期年限法

5. 可收回金额是按照（　　）两者较高者确定的。

A. 长期资产的账面价值减去处置费用后的净额

B. 长期资产的公允价值减去处置费用后的净额

C. 未来现金流量

D. 未来现金流量现值

E. 长期资产的账面价值

四、判断题

1. 消耗性生物资产的减值一旦计提不允许转回。（　　）

2. 生产性生物资产可以选用的折旧方法包括年限平均法、工作量法、产量法等。（　　）

3. 历经生长期、成长期、成熟期和衰退期的生产性生物资产等到进入成熟期才划转为“成熟生产性生物资产”。（　　）

4. 消耗性生物资产则无须提取折旧，生产性生物资产不论成熟的还是未成熟的生产性生物资产均需要提取折旧。（　　）

5. 生物资产出售、盘亏和死亡、毁损时，应当将处置收入扣除其账面价值和相关税费后的余额计入所有者权益。（　　）

五、业务核算题

1. 20×7 年 8 月末有存栏的育肥牛 50 头，账面成本为 45 万元。9 月份新购进 30 头育肥牛，购进成本 27 万元。9 月份共发生饲养费 12 万元，其中饲料成本 10 万元、人工成本 2 万元。9 月份屠宰菜牛 40 头，材料费 2 000 元，以库存现金支付临时工屠宰费 4 000 元。该养殖场按宰、存重量比例分摊育肥牛的成本，已屠宰菜牛屠宰前总重量 4 万千克，9 月末存栏育肥牛的总重量为 3 万千克。已屠宰菜牛的牛肉及副产品有 80% 已于当月出售，20% 进入冷库储备。9 月份肉产品出售总收入 56 万元。

要求：编制上述业务的会计分录。

2. 某奶牛场 20×7 年 6 月从市场上一次性购买了 50 头奶牛，20 头育肥菜牛。单价分别为 5 000 元和 1 000 元，共支付买价 27 万元，其中奶牛 25 万元，菜牛 2 万元。此外还发生运费 4 800 元，保险费 3 100 元，运输途中饲料费及其他费用 2 900 元。以上款项均以银行存款支付。

菜牛与奶牛进入产奶期前的饲养期间从仓库领用饲料 5 万元，发生人工费用 12 000 元，用银行存款支付其他防疫费等其他费用 8 000 元。

奶牛进入产奶期后发生饲料费 3 万元，菜牛发生饲料费 8 000 元，人工费用 14 000 元。奶牛预计产奶期为 5 年，产奶期前共发生的成本 31 万元，预计产奶期后转为育肥畜的价值 7 万元，该养殖场采用年限平均法计提奶牛的折旧。饲养期间发生的饲养费按奶牛与菜牛的数量比例分摊。

要求：编制上述业务的会计分录。

第二章 保险行业会计

引导案例

AIG 遭丑闻自清门户，79 岁 CEO 兼董事长引咎辞职①

2005 年，在财务丑闻和刑事调查的重重阴云下，世界上最大的保险公司美国国际集团（AIG）不得不“自曝家丑”并试图通过内部“清洗”逃过一场劫难。

2005 年 3 月 30 日，AIG 发表声明，宣布推迟原定 3 月 31 日公布的 10 - K 财务报表，以便使董事会和管理层有更充分的时间审查账目。同时，在执掌 AIG 将近 40 年之后，79 岁的 CEO 兼董事长、美国保险业传奇人物莫里斯格林伯格已被迫辞去上述职务。

AIG 这份声明的引人注目之处，在于主动说明其账目存在多处失误，表示公司正在进行内部审查，并将配合美国证监会（SEC）、纽约州总检察长埃利奥特斯皮策和纽约州保险监管部门的调查。声明公布的次日，AIG 股价应声下跌 3.6%。

迫使 AIG“主动交代”上述“丑闻”的缘起，是 AIG 与通用再保险公司（General Re，下简称通用再保险）签订于 2000 年的一份合同。2005 年 2 月，这桩交易引起了监管者的注意，被怀疑是一份虚假的再保险合同，其实质目的并非为了转移风险，而是粉饰 AIG 公司财务状况的一种欺诈手段。AIG 的声明印证了以上怀疑。

2000 年，莫里斯格林伯格亲自导演了与通用再保险的这笔交易。当时，根据交易条款，AIG 承担了通用再保险预付的 5 亿美元理赔金，并收取了 5 亿美元作为保费收入，用这 5 亿美元收入补充了自己的准备金。实际上，AIG 这笔交易顶多是“不赔不赚”，两者相抵，5 亿美元不应该被记为保费收入；况且，AIG 为此交易还向通用再保险付出了 500 万美元的佣金。

AIG 声明称，由于缺乏风险转移的证据，上述交易不应该被记作保险。因此 AIG 的财务记录也需作相应调整，将保费收入改为保证金（deposit）。调整后，AIG 的准备金将减

① “AIG 遭丑闻自清门户 79 岁 CEO 兼董事长引咎辞职［Z］新浪首页财经纵横” http://finance.sina.com.cn/stock/c/20050402/15551483022.shtml

少2.5亿美元，负债额增加2.45亿美元。

非传统保险当时正逐渐成为美国政府调查的重点。而“有限风险再保险”产品（finite－risk reinsurance）被监管者尤其关注，特别是其被利用来伪造财务数字等问题。2004年12月，SEC开始对美国至少12家保险和再保险公司进行调查。确定“有限风险再保险”的关键，在于交易结构及公司和客户在财务报表上如何反映。在SEC提出调查后，通用再保险的律师梳理了公司的“有限风险再保险”交易，发现有十多起没有足够的证据显示为保险交易，其中即包括与AIG的交易。

AIG主动披露的问题，还包括通过控制多家再保险公司转移债务，并涉及保单损失、投资收益等记录的一系列财务不当行为，总共使AIG的财务报表上出现数亿美元的损失。

上述案例将引导我们思考以下问题：AIG账目存在哪些失误？对于非传统保险产品如何确定“有限风险”，即如何对混合保险合同进行分拆？如何对再保险合同进行重大保险风险测试？对于不符合重大保险风险测试的合同能否确认为保费收入？再保险的分入业务如何计提保险责任准备金？期末如何进行保险准备金充足性测试？通过本章的学习，你将会找到答案。

【学习目标】 了解保险公司保险合同的分类；掌握保险合同分拆及重大保险风险测试的要求；掌握非寿险原保险合同收入及成本费用的核算；掌握寿险原保险合同收入及成本费用的核算；掌握再保险合同分出业务的核算；掌握再保险合同分入业务的核算。

【关键概念】 原保险合同、再保险合同、非寿险原保险合同、寿险原保险合同、保费收入、已赚保费、未到期责任准备金、保险责任准备金、保险合同分拆、重大保险风险测试、分保账单、比例再保险合同、非比例再保险合同、分入业务、分出业务。

保险业，指从事保险业务的保险公司及其他保险组织。为了加强保险公司的会计核算，规范保险公司信息披露，与保险业核算相关的法规也在不断的完善和出台。我国现行的保险业会计核算规范体系主要包括保险会计准则、企业会计准则解释第2号、保险合同相关会计处理规定等。为了与国际财务报告准则趋同，我国在2006年2月颁布的会计准则体系中，专门针对保险行业颁布了两项会计准则，即《企业会计准则第25号——原保险合同》和《企业会计准则第26号——再保险合同》，合称保险会计准则。2007年实行新的会计准则后，国内在香港上市的公司中出现差异的98%来自保险公司，成为了与香港会计准则“等效”的主要障碍。2008年8月财政部正式发布了《企业会计准则解释第2号》，明确规定同时发行A股和H股的上市公司，除了部分长期资产减值损失的转回以及关联方批露两项差异外，应当在A股和H股的财务报告中采用相同的编报规则。为了规范保险混合合同分拆、重大保险风险测试和保险合同准备金计量等问题，2009年12月财政部发布了《保险合同相关会计处理规定》。此外，为了加强对保险业的监管，保监会也发布了相关的法规，如为了加强保险公司依法缴纳保险保障基金的管理，2008年9月保监会公布了保监会、财政部、人民银行三部委共同制定的《保险保障基金管理办法》；2009年先后下发了《关于保险业实施〈企业会计准则解释第2号〉有关事项的通知》（保监发［2009］1号）及《重大保险风险测试实施指引》，2010年2月《关于保险企业做好〈企业会计准则解释第2号〉实施工作的通知》（保监发［2010］6号）。

由于保险业务的特殊性，保险业在会计核算上具有其自身特点。本章将针对保险公司的保险业务核算问题，结合上述相关的法律法规进行阐述。

第一节 保险行业会计概述

保险公司的业务包括保险业务及国务院保险监督管理机构批准的与保险有关的其他业务，如企业年金受托人、账户管理人等企业年金管理业务，本章只阐述保险业务及其会计核算。

一、保险行业业务概述

（一）保险业务分类

1. 原保险业务与再保险业务

我国保险公司的保险业务按承保方式的不同包括原保险业务和再保险业务。原保险业务，指投保人根据合同约定，向保险人支付保险费，保险人对于合同约定的可能发生的事故因其发生所造成的财产损失承担赔偿保险金责任，或者当被保险人死亡、伤残、疾病或者达到合同约定的年龄、期限等条件时承担给付保险金责任的商业保险行为。

再保险（reinsurance）业务，也称分保，指保险人在原保险业务的基础上，通过签订分保合同，将其所承保的部分风险和责任向其他保险人进行保险的行为。再保险业务包括分出保险业务和分入保险业务。原保险是发生在保险人和投保人间的保险行为，而再保险是发生在保险人与保险人之间的保险行为。简单地说，再保险即“保险人的保险”。

2. 人身保险业务和财产保险业务

原保险业务按保险标的的不同，分为人身保险业务和财产保险业务。人身保险业务是以人的寿命和身体为保险标的的一种保险，包括人寿保险、健康保险、意外伤害保险等保险业务。

财产保险业务是以财产及其有关利益为保险标的的一种保险，包括财产损失保险、责任保险、信用保险、保证保险等保险业务。

（二）保险业务特点

1. 保险业分业经营

在我国，保险业务由保险公司以及法律、行政法规规定的其他保险组织经营，其他单位和个人不得经营保险业务。我国《保险法》明确规定：保险业和银行业、证券业、信托业实行分业经营、分业管理，保险公司与银行、证券、信托业务机构分别设立。保险人不得兼营人身保险业务和财产保险业务。但是，经营财产保险业务的保险公司经国务院保险监督管理机构批准，可以经营短期健康保险业务和意外伤害保险业务。这是因为短期健康保险业务和意外伤害保险业务保费收支都在短期内发生，保险期间一般在一年及一年以下且不含有保证续保条款的保险，跟财产险的经营性质比较接近。

2. 保险业务具有公共性

保险公司在承保业务阶段，通过收取保费从多方面聚集资金，在保险公司资金增加的同时，被保险人的危险责任向保险公司集中。在保险理赔阶段，通过审理各种保险事故，以支付赔款给付方式运用保险资金，承担保险公司经济补偿职能，发挥保险“社会稳定器”的作用。

3. 保险业务收支顺序具有特殊性

保险业务的收支顺序与一般商品相反，保险公司取得保费时，其保险服务尚未开始，在权责发生制下，其保费收入全部属于尚未实现的收入。随着保费服务的逐步提供，未实现的收入逐步转为已实现的收入。

二、保险行业会计核算概述

（一）保险行业会计核算特点

1. 保险业务核算遵循和执行的财务会计法规不同

由于保险业务的公共性，保险业是一个受监管的行业，保险公司在遵循国家统一的会计法、会计准则等法律规章制度的基础上，还应遵循监管法规，如《保险法》、《保险公司非寿险业务准备金管理办法》、《保险保障基金管理办法》、《金融企业财务规则——实施指南》等相关规定进行会计核算和监督。

2. 按各险种类别独立建账，独立核算盈亏

保险公司经营的各项业务在经营期限、收费赔付方式各不同，因此在会计核算中应按险种类别划分，如寿险、财产险、健康险、人身意外险，按各险种类别独立建账，独立核算盈亏。

【实务链接】

中国平安（601318）保险产品经营信息

中国平安（601318）2016 年年度报告披露的关于保险产品经营信息如表 2－1 所示。

2016 年，平安产险经营的所有商业保险产品中，保费收入居前五位的险种是车险、保证保险、责任保险、企业财产保险和意外伤害保险，这五大类商业险种保费收入合计占平安产险 2016 年保费收入的 96.0%。

表 2－1　　保险产品经营信息　　单位：百万元

险种	保费收入	赔款支出	承保利润	准备金负债余额
车险	148 501	72 487	2 704	110 737
保证保险	8 136	3 091	2 696	19 265
责任保险	5 183	2 106	376	4 816
企业财产保险	4 856	1 552	－42	5 028
意外伤害保险	4 157	1 156	1 141	1 732

3. 在会计核算与监管上，保险业务区分为寿险业务与非寿险业务

我国2005年开始施行的《保险公司非寿险业务准备金管理办法》以及2006年出台的保险会计准则，在会计处理以及保险准备金的监管上，都是将保险公司的保险业务区分为寿险业务与非寿险业务。寿险业务，即人寿保险，不包括意外伤害保险和健康保险。非寿险业务，指除人寿保险业务以外的保险业务，包括财产损失保险、责任保险、信用保险、短期健康保险和意外伤害保险业务以及上述业务的再保险业务。人寿保险是长期经营业务，具有储蓄性质和现金价值，长期寿险的费率主要是依据生命表计算。短期健康保险和意外伤害保险业务与财产保险业务具有相同的补偿性质和精算基础，保险费率计算主要依据是损失率，期限一般都是在一年或一年以内，期限短，不具有储蓄性质和现金价值，因而不能向保户提供保单质押贷款。寿险与非寿险两者对于财务管理、会计核算来说差别很大，保险准备金要求和监管要求都不同。

4. 保险准备金的确认和计量需要运用保险精算和各种假设

保险业务的收入费用无法准确配比，保险业务的成本需要进行估算，负债金额必须采用复杂精算技术计算。保险公司在资产负债表日计量保险责任准备金过程中须对履行保险合同相关义务所需支出的金额作出合理估计，须对计量保险责任准备金所需要的假设作出估计，如在计量长期人身险保险合同的保险责任准备金过程中须对折现率、投资收益率、死亡率、发病率、退保率、保单红利假设及费用假设等作出重大判断。

（二）保险公司各会计要素内容特点

1. 资产

保险业资产构成有其鲜明特点：第一，出于盈利与保值增值的目的，保险公司收到的保费绝大部分用于投资，主要投资对象为银行存款、拆出资金、不动产、依法发行的证券投资基金、债券、股票及中国保监会允许投资的其他金融工具，所以金融工具、保单质押贷款等投资资产比重较大。第二，保险公司的产品是以保单形式表现的信用承诺，除了有少量日常经营用品及企业承担赔偿保险责任后取得的损余物资外，无其他存货，所以存货比重较小。第三，保险公司有一项特殊的资产即存出资本保证金。根据《保险法》等有关规定，保险公司从事保险业务以及从事保险代理业务的子公司分别按其注册资本的20%及5%提取资本保证金，存放于符合中国保监会规定条件的全国性中资商业银行，除保险公司或保险代理子公司清算时用于清偿债务外，不做其他用途。

【实务链接】

中国人寿（601628）存出资本保证金

中国人寿保险股份有限公司（601628），是中国领先的个人和团体人寿保险与年金产品、意外险和健康险供应商。其2016年年报中关于“存出资本保证金”会计政策披露如下：

“根据《保险法》规定，本公司及中国人寿养老保险股份有限公司按照注册资本总额的20%提取保证金，并存入符合中国保监会规定的银行，除本公司或养老保险子公司清算时用于清偿债务外，不作其他用途。”

2. 负债

保险公司的负债除了一般结算的金融负债外，还包括为履行其将来赔付或给付责任而从保费中提存的各种准备金，包括未到期责任准备金、未决赔款准备金、寿险责任准备金、长期健康险责任准备金。保险准备金在保险公司的负债中占有很大的比重，而且与一般企业债务不同，保险准备金负债的立足点不在于过去发生的交易或事项，而在于未来期间保险合约的履行，未来保险事故是否发生以及损失金额的大小具有不确定性。保险准备金的计提依赖于保险精算和大量的保险精算假设，与一般企业相比，负债的计算更为复杂。

【实务链接】

中国人寿（601628）保险合同准备金

中国人寿（601628）2016 年年度报告所附审计报告指出："截至 2016 年 12 月 31 日，中国人寿保险股份有限公司的保险合同准备金为人民币 18 479.9 亿元，占总负债的 77.34%。评估保险合同准备金需要对包括保险合同赔付时间和赔款金额在内的未来不确定的现金流出作出重大判断。保险合同准备金通常采用精算模型来计算。精算模型设计或应用不当，或者模型所使用的数据不完整或不正确均可能导致错误。精算模型中假设（死亡率、发病率、费用率以及退保率等）的设定，均依赖于管理层基于经验分析和未来预期作出的估计和判断。"

此外，保险公司还有一项特殊负债"其他应付款—保险保障基金公司"。《保险保障基金管理办法》（2008 年）规定，保险公司应当向依法设立的保险保障基金公司缴纳保险保障基金，在保险公司被依法撤销或者宣告破产，其清算财产不足以偿付保单利益，或保险公司存在重大风险，可能严重危及社会公共利益和金融稳定时，用以救助保单持有人、保单受让公司或者处置保险业风险的非政府性行业风险救助基金（表 2－2）。

表 2－2　　保险业务保险保障基金缴纳率

保险业务类型			保险保障基金缴纳率
寿险业务	人寿保险	有保证收益	0.15%
		无保证收益	0.05%
非寿险业务	非投资型财产保险		0.8%
	投资型财产保险	有保证收益	0.08%
		无保证收益	0.05%
	短期健康保险		0.8%
	长期健康保险		0.15%
	非投资型意外伤害保险		0.8%
	投资型意外伤害保险	有保证收益	0.08%
		无保证收益	0.05%

保险公司应当及时、足额将保险保障基金缴纳到保险保障基金公司的专门账户，有下列情形之一的，可以暂停缴纳：(1) 财产保险公司的保险保障基金余额达到公司总资产6%的；(2) 人身保险公司的保险保障基金余额达到公司总资产1%的。下列业务不属于保险保障基金的救助范围，不缴纳保险保障基金：(1) 保险公司承保的境外直接保险业务；(2) 保险公司的再保险分入业务；(3) 由国务院确定的国家财政承担最终风险的政策性保险业务；(4) 保险公司从事的企业年金受托人、账户管理人等企业年金管理业务；(5) 中国保监会会同有关部门认定的其他不属于保险保障基金救助范围的业务。

保险公司提取保险保障基金时，借记“业务及管理费”科目，贷记“其他应付款—保险保障基金公司”科目。保险公司向保险保障基金公司的专门账户缴存时，借记“其他应付款—保险保障基金公司”科目，贷记“银行存款”等科目。

3. 所有者权益

保险公司的所有者权益项目中，除了实收资本、资本公积、盈余公积和未分配利润等一般的所有者权益构成项目外，还包括按规定从净利润中提取的一般风险准备。根据中国财政部2007年3月颁布的《金融企业财务规则——实施指南》的规定，保险公司应按净利润的10%提取一般风险准备，用于巨灾风险的补偿，不能用于分红或转增资本。

4. 收入

保险公司的营业收入与一般企业一样，分为主营业务收入和其他业务收入，区别在于保险公司的主营业务收入主要来源于保费收入和投资收入。保费收入是保险公司最主要的收入来源，是为了履行合同义务而向投保人收取的对价收入。保费收入又称为保险业务收入，与一般企业收入性质不同。保险公司签发保单时按收到或者尚未收到的保费总额确认为保费收入，由于保险服务尚未开始，因此入账的保险业务收入并未实现，具有负债的性质。承保后，随着保险服务的提供，未实现的保费收入逐渐转为已实现保费收入。由于保险业务是跨年度经营，在会计期末，保险企业应提取未到期责任准备金，即从入账的保费中提取一部分用于支付以后会计年度发生的赔付，所提存的这部分资金是未赚保费（未实现的保费收入）。会计期末，保险公司通过提取未到期责任准备，将已入账的保费收入调整为已赚保费。已赚保费也称为已到期保费，指某一会计年度中可以用于当年赔款支出的保费收入。已嫌保费才是保险公司的实际保费收入。保险公司利润表中的已赚保费计算公式如下：

已赚保费 = 保费收入(包含分保费收入) - 分出保费 - 提取未到期责任准备

5. 费用

保险公司的费用一般有保险金给付的赔付支出，保险营销与佣金等保单取得成本，日常行政支出等保险间接费用。除此之外，保险公司还有一项特殊的成本费用，即提取的各种保险责任准备金所形成的费用。对于赔付支出，与一般企业一样，根据实际发生数计量，而对于数额巨大的保险责任准备金，则是根据保险精算估计数来计量。因此保险精算是保险计量的一个重要特点。

6. 利润

保险公司的利润总额由营业利润和营业外收支净额两部分组成。营业利润再由承保利润和投资利润等构成。保险公司主营业务利润是承保利润，它等于保险业务收入减各项保险业务支出，再减各种责任准备金提转差（当期提取的准备金减去上期转回的准备金）。

各种责任准备金的估计影响承保利润的形成是保险利润最大特点。

（三）保险行业特殊会计科目表

保险公司的科目设置与一般企业不同，为了核算保险行业特殊业务，我国会计准则应用指南规定了与保险行业特殊业务对应的会计科目，根据《企业会计准则应用指南附录——会计科目和主要账目处理》规定，保险公司应设置“业务及管理费”科目，不再设置“销售费用”和“管理费用”科目；保险公司不设置“主营业务收入”和“主营业务成本”，而是根据业务的实质设置“保费收入”和“赔付支出”。保险公司特殊业务具体对应的会计科目见表2－3。

表2－3　保险行业特殊会计科目一览表

编号	会计科目名称	编号	会计科目名称
	一、资产类	2602	保险责任准备金
1031	存出保证金	2611	保户储金
1122	应收保费	2621	独立账户负债
1123	预付赔付款、预付分出保费		四、所有者权益类
1201	应收代位追偿款	4102	一般风险准备
1211	应收分保账款		六、损益类
1212	应收分保合同准备金	6021	手续费及佣金收入
1303	保户质押贷款	6031	保费收入
1451	损余物资	6201	摊回保险责任准备金
1471	损余物资跌价准备	6202	摊回赔付支出
1541	存出资本保证金	6203	摊回分保费用
1821	独立账户资产	6421	手续费及佣金支出
	二、负债类	6501	提取未到期责任准备金
2002	存入保证金	6502	提取保险责任准备金
2202	应付赔付款、应付手手续费及佣金	6511	赔付支出
2203	预收保费、预收分出保费、预收赔付款	6521	保单红利支出
2241	其他应付款－保险保障基金	6531	退保金
2251	应付保单红利	6541	分出保费
2261	应付分保账款	6542	分保费用
2601	未到期责任准备金	6601	业务及管理费

第二节
原保险合同

一、原保险合同概述

（一）保险合同的定义及分类

保险合同，指保险人与投保人约定保险权利义务关系，并承担源于被保险人保险风险的协议。投保人，指与保险人订立保险合同，并按照合同约定负有支付保险费义务的自然人、法人或其他组织。保险人，指与投保人订立保险合同，并按照合同约定承担赔偿或者给付保险金责任的保险公司。被保险人，指其财产或者人身受保险合同保障，享有保险金请求权的自然人、法人或其他组织。投保人可以为被保险人。

保险合同的本质特征是保险人承担了被保险人的保险风险，这是保险合同区别于其他合同的关键。保险人承担的保险风险是被保险人已经存在的风险，其表现形式有多种。例如，可能对被保险人财产造成损害或毁坏的水灾的发生或不发生、被保险人是否能生存到合同约定的年龄、被保险人是否会患合同约定的重大疾病等。如果保险人承担了被保险人的保险风险，双方签订的合同是保险合同；如果保险人没有承担被保险人的保险风险，承担的是其他风险，如金融工具价格、商品价格、汇率、费率指数、信用等级、信用指数等可能发生变化的风险，则双方签订的合同不是保险合同。判断保险人与投保人签订的合同是否属于保险合同，应当关注合同的经济实质而不是法律形式，并根据合同条款判断保险人是否承担了被保险人的保险风险。

保险合同强调了保险风险转移，按照危险损失转移的层次分类，保险合同分为原保险合同和再保险合同。

（二）原保险合同的定义及分类

1. 原保险合同的定义

原保险合同，指保险人向投保人收取保费，对约定的可能发生的事故因其发生所造成的财产损失承担赔偿保险金责任，或者当被保险人死亡、伤残、疾病或者达到约定的年龄、期限时承担给付保险金责任的保险合同。

保险人与投保人签订的合同是否属于原保险合同，应当在单项合同的基础上，根据合同条款判断保险人是否承担了保险风险。发生保险事故可能导致保险人承担赔付保险金责任的，应当确定保险人承担了保险风险。保险事故，指保险合同约定的保险责任范围内的事故，例如，被保险人死亡、伤残、疾病或者达到约定的年龄、期限仍生存；火灾、爆炸、暴雨、台风、洪水、雷击、泥石流、雹灾、碰撞、自燃等可能造成财产损失的事故，均可在合同中约定作为保险事故。

2. 混合风险合同的分拆

根据《保险合同相关会计处理规定》，保险人与投保人签订的合同，有可能使得保险人既承担保险风险，又承担其他风险。对于既含有保险风险又含有其他风险的混合合同，保险人应当分别情况进行处理：

第一，保险风险部分和其他风险部分能够区分，并且能够单独计量的，保险人应当将保险风险部分和其他风险部分进行分拆，以提供有关保险人财务状况和经营成果等更可靠、更相关的会计信息。通常情况下，在保险人根据合同条款就可以清楚地区分保险风险部分和其他风险部分。保险人将保险风险部分和其他风险部分进行分拆的，保险风险部分应确定为原保险合同，按照保险会计准则进行会计处理；其他风险部分不应确定为原保险合同，保险合同中非保险成分（如储蓄成分、投资成分）与保险风险没有直接联系，按照金融工具等其他会计准则处理。保险合同分拆的目的是对保险合同中的保险成分和非保险成分采取不同会计处理方法。中国平安占比较多的万能险、投连险以及中国人寿占比较多的分红险，都需要对保费收入进行分拆。

【实务链接】

中国平安（601318）经营业绩

中国平安（601318）2016年年报披露的保费收入业绩如表2-4所示。

表2-4　保费收入　单位：百万元

业绩	2016	2015
规模保费	373 781	299 814
减：未通过重大保险风险测试的规模保费	(5 311)	(5 174)
减：万能、投连产品分拆至保费存款的部分	(77 206)	(72 583)
保费收入	291 264	222 057

第二，保险风险部分和其他风险部分不能够区分，或者虽能够区分但不能够单独计量的，保险人应当进行重大保险风险测试。如果保险风险重大，应当将整个合同确定为原保险合同，按照原保险合同和再保险合同会计准则进行会计处理；如果保险人承担源于被保险人的保险风险不重大，即保险风险有限，不应将整个合同确定为保险合同，应按照其他相关会计准则进行会计处理。

小贴士

分红险、万能险、投连险

分红险、万能险、投连险是保险公司开展的新型产品业务，均具有保险保障及投资双重功能的保险，属于混合风险合同。但分红险不设单独的投资账户，分红险的保障和分红账户是混合的，投资收益相对稳定，风险最小。万能保险是可以任意支付保险费、任意调整死亡保险金给付金额的一种投资型寿险，设有保障账户和一个单独的投资账户，投资收益与风险由保险公司与客户共同承担，风险介于分红险与投连险之间。投连险是保障账户和投资账户分离，并设置有几个不同投资账户，其投资账户的形态有激进型、稳健性、保守型可供选择，投资收益与风险由保单持有人承担，所以风险性较高。

3. 重大保险风险测试

保险人与投保人签订的需要进行重大保险风险测试的合同，应当在合同初始确认日进行重大保险风险测试，并在财务报告日进行必要的复核。保险人应当以单项合同为基础进行重大保险风险测试；不同合同的保险风险同质的，可以按合同组合为基础进行重大保险风险测试。

测试结果表明，发生合同约定的保险事故可能导致保险人支付重大附加利益的，即认定该保险风险重大，但不具有商业实质的除外。附加利益，指保险人在发生保险事故时的支付额，超过不发生保险事故时的支付额的金额。合同的签发对交易双方的经济利益没有可辨认的影响的，表明该合同不具有商业实质。

根据保监会 2009 年 12 月 31 日起发布施行的《重大保险风险测试实施指引》规定，保险人可以采取以下步骤判断原保险保单是否转移重大保险风险：

第一步，判断原保险保单是否转移保险风险。原保险保单转移的保险风险是被保险人已经存在的风险，其表现形式有多种，例如，被保险人是否能生存到保单约定的年龄，被保险人是否会患上保单约定的重大疾病等。如果保险人没有转移被保险人的保险风险，转移的是其他风险，如金融工具价格、商品价格等可能发生变化的风险，则双方签订的合同不是保险合同。

第二步，判断原保险保单的保险风险转移是否具有商业实质。如果保险事故发生可能导致保险人承担赔付保险金责任，则原保险保单具有商业实质。如果原保险保单包含有多项互斥的保险事故，保险人应根据合同设计初衷、合同条款和经验数据进行判断，选择合理的具有商业实质的保险事故进行重大保险风险测试。

第三步，判断原保险保单转移的保险风险是否重大。对于非年金保单，以原保险保单保险风险比例来衡量保险风险转移的显著程度。如果原保险保单保险风险比例在保单存续期的一个或多个时点大于等于 5%，则确认为保险合同，其中：

$$\begin{matrix}\text{原保险保单}\\\text{保险风险比例}\end{matrix}=\left[\frac{\text{保险事故发生情景下保险公司支付的金额}}{\text{保险事故不发生情景下保险公司支付的金额}}-1\right]\times 100\%$$

上述金额的计算不考虑现值和概率。非寿险保单通常满足转移重大保险风险的条件，往往可以不用计算原保险保单保险风险比例，直接将大多数非寿险保单判定为保险合同。

对于年金保单，转移保险风险是否重大的判断较复杂，且通常情况下，长寿风险的转移是重大的，因此，在实务中可以简化处理，转移了长寿风险的，通常可确认为保险合同。

4. 原保险合同的分类

根据保险人在原保险合同延长期内是否承担赔付保险金责任，应将原保险合同分为寿险原保险合同和非寿险原保险合同。如果在原保险合同延长期内承担赔付保险金责任的，应当确定为寿险原保险合同；在原保险合同延长期内不承担赔付保险金责任的，应当确定为非寿险原保险合同。

原保险合同延长期，指投保人自上一期保费到期日未交纳保费，保险人仍承担赔付保险金责任的期间。原保险合同延长期不同于宽限期，宽限期是保险人给予投保人延期缴费的一种优惠，由合同加以约定，被保险人在宽限期内发生保险事故，保险人应负保险责任。原保险合同是否存在延长期取决于保单是否存在现金价值。在保单存在现金价值时，即使投保人后期未交保费，保险人仍可以保单现金价值自动垫缴保费，从而延长原保险合同有效期，直至保单现金价值用完为止。保单现金价值，指寿险原保险合同具有的价值，通常体现为投保人解除原保险合同时，由保险人向投保人退还的金额。对于寿险原保险合同而言，保险人通常采取均衡保费的方法收取保费，将投保人交纳的全部保费在整个交易期内均摊，在被保险人年轻时，死亡概率低，投保人交纳的保费比实际需要的多，多交的保费由保险人逐年积累；在被保险人年老时，死亡概率高，投保人当期交纳的保费不足以支付当期赔付款，不足的部分将正好由被保险人年轻时多交的保费予以弥补。这部分多交的保费加上每年产生的利息滚存累积的金额，就是保单现金价值。

寿险保险业务签定的保单存在现金价值，寿险原保险合同存在延长期，因此定期寿险、终身寿险、两全保险、年金保险、长期健康保险等均属于寿险原保险合同。非寿险业务签定的保单不存在现金价值，非寿险原保险合同不存在延长期，对应的保险合同为非寿险原保险合同，如企业财产保险、家庭财产保险、工程保险、责任保险、信用保险、保证保险、机动车交通事故责任强制保险、船舶保险、货物运输保险、农业保险、短期健康保险和意外伤害保险等。

【拓展阅读】

保险业的“营改增”改革

根据中国财政部和中国国家税务总局颁布的《关于全面推开营业税改征增值税试点的通知》（财税［2016］36号文）的规定，自2016年5月1日起，在全国范围内全面推开营业税改征增值税（以下简称“营改增”）试点，建筑业、房地产业、金融业、生活服务业等全部营业税纳税人，纳入试点范围，由缴纳营业税改为缴纳增值税。自2016年5月1日起，金融保险服务收入适用增值税，税率为6%。营改增后，对于寿险公司，只有一年以下短期人身保险产品（主要是短期健康险、意外险）的保费收入将纳入增值税的征收范围。一年以上人身保险产品的保费收入被列为增值税免税政策适用范围。人身险公司免税的一年期以上人身保险，是指保险期间为一年期及以上返还本利的人寿保险、养老年金保险，以及保险期间为一年期及以上的健康保险。对于财险公司，经营的绝大部分财产保险产品的保费收入都将纳入增值税的征收范围；财险公司经营的免税产品，主要包括农险、一年期及以上健康险、大病保险、出口信用保险、出口货运险、航运保险（主要是远洋船舶险）及特险中的卫星发射及在轨运行保险。营改增后，附加税费以增值税为基础缴纳，适用税率不变。

二、非寿险原保险合同的会计核算

（一）非寿险原保险合同保费收入的核算

1. 保费收入的确认条件

非寿险原保险合同保费收入的确认适用保险会计准则的规定。原保险合同保费收入同时满足下列条件才能予以确认。

（1）原保险合同成立并承担相应保险责任。保险人和投保人在签订原保险合同时，通常会约定一个保险责任起讫时间。非寿险原保险合同一般是签单生效，即保险合同签订日与生效日同一天，保单签定日即应确认保费收入。非寿险原保险合同存在签单日与承担保险责任日不一致的情况，即保险合同签订日与生效日不是同一天，如货物运输保险合同，保险人在合同生效日前收到的保费，不应确认为当期保费收入，应先确认为一项负债（预收保费），等承担保险责任时再转为保费收入。

（2）与原保险合同相关的经济利益很可能流入。很可能是指保费收回的可能性超过50%，即原保险合同相关的保费收回的可能性大于不能收回的可能性。

（3）与原保险合同相关的收入能够可靠地计量。保险人签发的原保险合同，保费金额通常已经确定，这表明保费收入金额能够可靠计量。保险会计准则对于保费收入确认条件是基于权责发生制原则来确认收入，将产生“应收保费”项目。与一般企业确认收入不同，由于保险的成本费用需要保险精算估计，因此保险收入的确认不要求与原保险合同相关的成本能够可靠计量。

2. 保费收入的计量

非寿险原保险合同的保险期间一般较短，保费通常一次性收取，分期收取保费的情况较少，即使分期收取，投保人一般也不能单方面取消合同。保险人在签订原保险合同时，可认为保费收回的可能性大于不能收回的可能性。因此，无论一次性缴费还是分期缴费，非寿险原保险合同保费收入一般在签订保单时一次性确认收入，保费收入金额为原保险合同约定的保费总额。

保费收入的计量应考虑保险合同的分拆结果，对于合同中纯保障部分计入“保费收入”，对于收到的非保险风险的资金应作为托管资金，不计入保费收入。对于不具有“重大保险风险”的合同收入，如保险责任很小的投连险、万能险、分红型等投资理财型险种保险合同收入不应计入保费收入，应记在“保户储金及投资款”，将该资金在未来期间产生的利息计入“保费收入”。将寿险保险风险资金及其产生的收益作为托管资金，计入“独立账户资产”及“独立账户负债”。

3. 账务处理

（1）实收保费的会计核算

【例2-1】 20×7年5月1日，平安财产保险公司与张某签订一份汽车保险合同，保险金额为60万元，保险期间为1年，保费为6 000元。合同规定，该汽车保险自20×7年5月1日零时起开始生效。合同签订当日，平安财产保险公司收到张某缴纳的全部保费并存入银行。平安财产保险公司的账务处理如下：

5月1日收到保费6 000元。

增值税属于价外税，保险行业增值税率为6%

增值税 = 6 000 ÷ 1.06 × 6% = 339.6（元）

借：银行存款	6 000	
贷：保费收入		5 660.4
应交税费—应交增值税（销项税额）		339.6

（2）预收保费的会计核算

【例2-2】 20×7年1月1日，A公司与王某签订一份家庭财产保险合同，保险金额为100万元，保险期间为1年，保险费率为1%。合同规定，A公司自2月1日零时起开始承担保险责任。A公司的账务处理如下：

（1）1月1日收到全部保费并存入银行。

借：银行存款	10 000	
贷：预收保费		10 000

（2）2月1日开始承担保险责任。

借：预收保费　　10 000

　贷：保费收入　　9 434

　　应交税费—应交增值税（销项税额）　　566

（3）应收保费的会计核算

【例2-3】20×7年1月1日，甲公司与丙公司签订一份工程保险合同，保险金额为600万元，保险期间为20×7年1月1日零时至20×8年12月31日24时；保费总额为6 000元，分两年于每年年初等额收取。合同生效当日，甲公司收至到第一期保费并存入银行。甲公司的账务处理如下：

（1）20×7年1月1日收到保费。

借：银行存款　　3 000

　应收保费　　3 000

　贷：保费收入　　5 660.4

　　应交税费—应交增值税（销项税额）　　339.6

（2）20×8年1月1日收取保费3 000元。

借：银行存款　　3 000

　贷：应收保费　　3 000

（4）以保户储金收益作为保费的会计核算。投保人在投保时，按照保险金额与保险人规定的储金比率，一次交存保户储金。保险企业将保户的储金存入银行或进行投资，以储金的利息收入或投资收益作为保险人的保费收入；无论保险期内是否发生保险事故，保险期满后，保险人将原交的保险储金全部退还给投保人，因而保户储金具有保险、储蓄双重性质，通常称为“两全保险”。设置“保户储金”科目核算保险企业收到投保人以储金本金增值作为保费收入的储金，也可以设置“保户投资款”科目核算保险企业收到投保人投资型保险业务的投资款或两者合为“保户储金及投资款”，本质上是一项金融负债。保险企业在期末时根据保户储金平均余额乘以预定收益率来计算当期的保费收入。

【实务链接】

中国太保（601601）保户储金业务会计政策

中国太保（601601）2016年年报中关于“保户储金业务”会计政策信息披露如下：

“保户储金业务，是本集团收到保户缴存的储金、以部分储金增值金作为保费，并在合同期满时向保户返回储金本金并支付合同确定的增值金（ 非保费部分）的业务。保户投资款主要为本集团保险混合合同中经分拆能够单独计量的承担其他风险的合同部分以及未通过重大保险风险测试的保单对应的负债等。对于与保户投资款相关的账户中的可供出售金融资产公允价值变动，本集团采用合理的方法将归属于保单持有人的部分确认为保户投资款，将归属于本集团股东的部分确认为其他综合收益”。

【例2-4】20×7年1月1日，中国人民财产保险公司与李某签订一份家庭财产两全保险合同，收到保户储金为200万元。保险公司将保户储金存入银行，三年期，预定年利率为3.0‰，不计算复利，3年后一次还本付息。中国人民财产保险公司账务处理如下：

（1）20×7年1月1日收到保户储金，存入银行专户。

借：银行存款—储金专户　　2 000 000
　　贷：保户储金—家财两全险　　2 000 000

（2）20×7年12月31日，按预定年利率计算应收利息并转作保费收入。

借：应收利息　　6 000
　　贷：保费收入　　5 660.4
　　　　应交税费—应交增值税（销项税额）　　339.6

（3）20×9年12月31日，保单到期，将3年期专户存款转为活期存款，并归还保户储金。

借：银行存款—活期户　　2 018 000
　　贷：银行存款—储金户　　2 000 000
　　　　应收利息　　12 000
　　　　保费收入　　5 660.4
　　　　应交税费—应交增值税（销项税额）　　339.6
借：保户储金—家财两全险　　2 000 000
　　贷：银行存款—活期户　　2 000 000

（二）非寿险原保险合同准备金的核算

保险公司在确认保费收入的同时也承担了相应的保险责任，保险准备金是保险公司为了履行其承担的保险责任或应付未决赔款，从所收取的保费中提存的资金准备。原保险合同准备金包括未到期责任准备金、未决赔款准备金、寿险责任准备金和长期健康险责任准备金。保险会计准则对不同种类的保险合同规定计提不同性质的准备金。非寿险原保险合同准备金包括未到期责任准备金和未决赔款准备金，寿险原保险合同准备金包括寿险责任准备金和长期健康险责任准备金。保险准备金分类如图2-1所示。

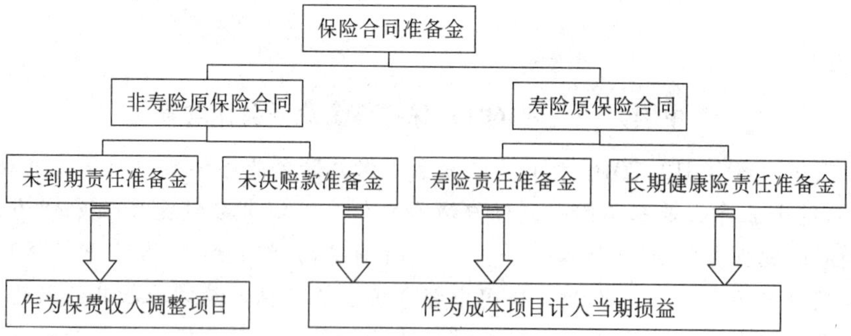

图2-1　保险合同准备金分类及计量

1. 未到期责任准备金的核算

未到期责任准备金，指保险公司为尚未终止的非寿险保险责任提取的准备金，通常是指损益核算期在一年以内的财产险、意外伤害险、健康险业务为承担跨期责任，按规定从应属于下一年度的部分保险费中提取出来形成的准备金（未赚取的保费）。保险人应当在确认非寿险保费收入（已入账的保费）的当期，按照保险精算确定的金额，提取未到期责任准备金，作为当期保费收入的调整，将已入账的保费调整为当期已赚保费，并确认未到期责任准备金负债。

保险人应当在资产负债表日，按照保险精算重新计算确定的未到期责任准备金金额与已提取的未到期责任准备金余额的差额，调整未到期责任准备金余额。由于上期未到期保费在本期将转为已到期保费，因此对尚未终止的非寿险保险责任而言，保险人在资产负债表日按照保险精算重新计算确定的未到期责任准备金金额应当小于上一资产负债表日已确认的未到期责任准备金余额。已赚保费实际上就等于本会计年度入账的保费减去本会计年度提取的未到期责任准备金（未赚取的保费），再加上上一个会计年度在本会计年度转回的未赚取的保费。

保险公司应设置"提取未到期责任准备金"和"未到期责任准备金"科目核算未到期责任准备金。"提取未到期责任准备金"是"保费收入"的抵减科目，提取时计入该科目借方，保险合同提前解除转销或月末调减时记入该科目贷方。年末，将"提取未到期责任准备金"科目余额全部转入"本年利润"科目。"未到期责任准备金"是负债类账户，提取时记入该科目贷方，非寿险原保险合同提前解除转销或月末调减时记入该科目借方。

【例 2-5】 20×7 年 11 月 1 日，甲公司确认丁公司投保的 A 财产保险合同保费收入 96 000 元；11 月 30 日，甲公司保险精算部门计算确定 A 财产保险合同未到期责任准备金金额为 88 000 元；12 月 31 日，甲公司保险精算部门计算确定 A 财产保险合同未到期责任准备金金额为 80 000 元。

(1) 11 月 1 日确认原保费收入 96 000 元

借：银行存款　　96 000

　贷：保费收入　　90 566

　　　应交税费—应交增值税（销项税额）　　5 434

(2) 11 月 30 日确认未到期责任准备金 88 000 元

借：提取未到期责任准备金　　88 000

　贷：未到期责任准备金　　88 000

(3) 12 月 31 日调减未到期责任准备金 8 000 元

借：未到期责任准备金　　8 000

　贷：提取未到期责任准备金　　8 000

2. 未决赔款准备金的核算

未决赔款准备金，指保险人为非寿险保险事故已发生尚未结案的赔案提取的准备金。对于非寿险原保险合同，在保险事故发生之前，保险人承担的向受益人赔付保险金的责任是一种潜在义务，不满足负债的确认条件，不应当确认为负债。保险事故一旦发生，保险人承担的向受益人赔付保险金的责任变成一种现时义务，满足负债的确认条件，应当确认为负债。因此，保险人应当在非寿险保险事故发生的当期，按照保险精算确定的未决赔款准备金额，提取未决赔款准备金，并确认未决赔款准备金负债。

未决赔款准备金包括已发生已报案未决赔款准备金、已发生未报案未决赔款准备金和理赔费用准备金。已发生已报案未决赔款准备金，指保险人为非寿险保险事故已发生并已向保险人提出索赔、尚未结案的赔案提取的准备金。已发生未报案未决赔款准备金，指保险人为非寿险保险事故已发生、尚未向保险人提出索赔的赔案提取的准备金。理赔费用准备金，是指保险人为非寿险保险事故已发生尚未结案的赔案可能发生的律师费、诉讼费、损失检验费、相关理赔人员薪酬等费用提取的准备金。

保险公司的保险责任准备金包括未决赔款准备金、寿险责任准备金、长期健康险责任准备金。为了核算和监督保险责任准备金，保险公司应设置"保险责任准备金"和"提取保险责任准备金"科目，并按保险责任准备金类别进行明细核算。"保险责任准备金"是负债类科目，"提取保险责任准备金"是费用类科目。保险事故发生的当期，按照保险精算确定的未决赔款准备金额，借记"提取保险责任准备金"，贷记"保险责任准备金"。随着理赔案件调查的深入，原定保险精算假设可能发生变化，从而导致已确认的保险责任准备金金额与保险人应承担的赔付保险金责任不一致。此时，如果不对已确认的保险责任准备金金额进行调整，就不能真实地反映保险人承担的赔付保险金责任。保险人至少应当于每年年度终了，对未决赔款准备金，保险人按照保险精算重新计算确定的相关准备金金额超过充足性测试日已提取的相关准备金余额的，应当按照其差额补提相关准备金；反之，不调整相关准备金。年末，将"提取保险责任准备金"余额全部转入"本年利润"科目。

【例2-6】20×7年10月31日，甲公司保险精算部门计算确定的某类财产保险合同未决赔偿准备金金额为10万元，其中，已发生已报案未决赔款准备金为6万元，已发生未报案未决赔款准备金为2万元，理赔费用准备金为2万元。12月31日，保险精算师精算确定未决赔偿准备金金额为12万元。甲公司的账务处理如下：

（1）20×7年10月31日提取未决赔偿准备金。

借：提取保险责任准备金—未决赔款准备金	100 000	
贷：保险责任准备金—未决赔偿准备金		100 000

（2）20×7年12月31日，补提未决赔款准备金。

借：提取保险责任准备金—未决赔款准备金	20 000	
贷：保险责任准备金—未决赔款准备金		20 000

（3）20×7年12月31日，结转提取保险责任准备金。

借：本年利润	120 000	
贷：提取保险责任准备金—未决赔款准备金		120 000

（三）非寿险原保险合同提前解除

对于非寿险原保险合同，投保人在保险责任开始后要求提前解除原保险合同的，保险人可以收取自保险责任开始之日起至合同解除之日止期间的保险费，剩余的应当退还投保人的保险费即为退保费。保险人在确认非寿险原保险合同保费收入的当期，通过确认未到期责任准备金，其实已将保费收入调整为已赚取的保费收入。

投保人在保险责任开始前要求提前解除原保险合同的，投保人应当向保险人支付手续费，保险人应当退还保险费。保险人在这种情况下退还的保险费不是退保费，是预收保费的退还。尚未赚取的保费收入已经不可能再赚取，保险人应转销相关的尚未赚取的保费收入，即转销相关未到期责任准备金余额。

对于非寿险原保险合同确认的未决赔款准备金，其确认的前提条件是发生非寿险保险事故。在发生非寿险保险事故的情况下，理性的投保人是不可能要求解除合同的，因此，一般也就不存在转销相关的未决赔款准备金余额。

【例2－7】 20×7年10月8日，甲公司收到丙公司通知，要求提前解除投保的企业财产保险合同。甲公司按约定计算应退还丙公司保费5 000元，并于当日以银行存款转账支付。假定甲公司已为该企业财产保险合同确认未到期责任准备金4 000元。

借：保费收入	5 000	
贷：银行存款		5 000
借：未到期责任准备金	4 000	
贷：提取未到期责任准备金		4 000

（四）非寿险原保险合同成本的会计核算

非寿险原保险合同成本主要包括发生的手续费或佣金支出、赔付成本，以及提取的未决赔款准备金等。

1. 保单取得成本

保单取得成本，指保险人在取得原保险合同过程中发生的支出，包括发生的手续费或佣金支出、保单签订费、医药费、检查费等。保险人在取得原保险合同过程中发生的手续费及佣金支出，指保险企业支付给其委托并在授权范围内代为办理保险业务的保险代理人或保险经纪人的手续费，是保单取得成本的主要内容。如果是保险公司代理保险业务获得的手续费或佣金，则构成保险公司手续费及佣金收入，应计入“手续费及佣金收入”。

我国保险会计准则对保单取得成本采用费用化处理，保险公司应设置“手续费及佣金支出”和“应付手续费及佣金支出”两个科目核算。“手续费及佣金支出”是费用科目，借方登记发生或应计提的费用，期末结转至“本年利润”科目。“应付手续费及佣金支出”是负债类科目，贷方登记应付手续费及佣金，借方登记实际支付的应付手续费及佣金，余额代表尚未支付的手续费及佣金。

【例2－8】 某保险代理人本月共收到机动车辆保险费10万元，全部划到平安保险公司账户，平安保险公司按7%计提手续费，手续费于下个月支付并代扣个人所得税100元。同时平安保险公司代为办理查勘理赔业务，收到代理收入2 000元，已存入银行，增值税税率为6%。

（1）平安保险公司收到保费及代理收入时。

借：银行存款	102 000	
贷：保费收入		94 339.6
手续费及佣金收入		1 886.8
应交税费—应交增值税（销项税额）		5 773.6

（2）计提手续费。

借：手续费及佣金支出	7 000	
贷：应付手续费及佣金		7 000

（3）支付手续费并代扣个人所得税。

借：应付手续费及佣金支出　　7 000
　　贷：银行存款　　6 900
　　　　应交税费—应交个人所得税　　100

2. 赔付成本

赔付成本包括保险人支付的赔款、给付，以及在理赔过程中发生的律师费、诉讼费、损失检验费、相关理赔人员薪酬等理赔费用。保险事故发生后，保险人为了确定应承担赔付保险金责任的金额，需要经过一系列的调查核实过程，如现场查勘、审查有关单证、审核责任、核定赔偿范围等。在这一过程中发生的律师费、诉讼费、损失检验费、相关理赔人员薪酬等，即为理赔费用。

设置“赔付支出”科目核算赔付成本，该科目属于费用科目，借方登记赔付成本的增加，贷方登记代位追偿款和损余物资的冲减额以及期末结转到“本年利润”的数额。保险人在确定了实际应支付赔偿款项金额及发生理赔费用的当期，首先应当将确定支付的赔偿款项金额及理赔费用计入当期赔付支出；其次，应当按照确定支付的赔偿款项金额及理赔费用，冲减相应的保险责任准备金（未决赔款准备金）余额。保险人将赔付成本确认为赔付支出单独核算，而不是直接冲减未决赔款准备金余额，主要是为了满足赔付率监管的需要。

在实务中，为了简化核算，发生赔付支出时可以只作赔付支出的分录，不需要冲减相应的保险责任准备金。因为期末保险精算部门是根据有效保单定期计算未决赔款准备金余额，已决保单没有包括在有效保单内。在资产负债表日，会计部门根据保险精算结果按差额确认未决赔款准备金时，已经自动将已决保单相关的未决赔款准备金转销。

【例2－9】20×7年4月12日，甲公司确定应赔偿张某投保的家庭财产保险款10万元，款项尚未支付。20×7年4月30日，甲公司为该保险事故确认的未决赔款准备金金额为8万元，发生相关理赔人员薪酬13 000元，尚未支付。

（1）确认赔款金额及理赔费用。

借：赔付支出　　93 000
　　贷：应付赔付款　　80 000
　　　　应付职工薪酬　　13 000

（2）冲减相应的保险责任准备金。

借：保险责任准备金—未决赔款准备金　　93 000
　　贷：提取保险责任准备金—未决赔款准备金　　93 000

（3）实际支付赔付款。

借：应付赔付款　　80 000
　　贷：银行存款　　80 000

保险人在保险事故发生后较短的时间内（通常为保险事故发生当月）即能够结案定损的，保险人不需要先确认未决赔款准备金，再予以转销，而可以直接将确定支付的赔付款项金额计入当期损益。

【例2－10】20×7年5月15日，甲公司某被保险人发生交通事故死亡；5月20日，甲公司确定应赔偿该保险受益人保险款10万元并于当日支付。

借：赔付支出　　100 000

　　贷：银行存款　　100 000

在处理赔案的过程中，有些赔案损失较大且案情复杂，往往需要很长的时间，保险公司为了使被保险人及时恢复生产，经常采用先预付估计损失一定比例的赔款，等损失核定后再补足差额的办法。

【例2-11】 20×7年5月15日，甲公司某被保险人机动车发生交通事故，为了紧急抢救，甲公司预付赔付款2万元。下个月结案时定损为15万元，余款以转账支票支付。

（1）预付赔款。

借：预付赔付款　　20 000

　　贷：银行存款　　20 000

（2）结案定损。

借：赔付支出　　150 000

　　贷：银行存款　　130 000

　　　　预付赔付款　　20 000

3. 损余物资

损余物资，指保险人对非寿险保险事故承担赔偿保险金责任后取得的原保险标的受损后的财产。通常情况下，保险人承担赔偿保险金责任时，一般将取得的有关财产折价给受益人，该财产不属于保险人的损余物资，应当将其从应支付的赔偿款项中扣除。如果保险人没有将取得的原保险标的受损后的有关财产折价给受益人，则该资产属于保险人的损余物资，应当按照同类或类似资产的市场价格计算确定的金额确认为资产，同时冲减赔付支出。保险人处置损余物资时，收到的金额与相关损余物资账面价值的差额，应当调整当期赔付支出。

【例2-12】 张某投保的卡车发生被盗保险事故，甲公司已结案并支付保险金。20×7年4月12日，甲公司通过公安部门找回了该被盗卡车，甲公司一时无法出售该卡车，同类资产的市场价格确定的入账价值为6万元。

借：损余物资　　60 000

　　贷：赔付支出　　60 000

以后，甲公司将该卡车出售，变卖价款为5万元，款项存入银行。

借：银行存款　　50 000

　　赔付支出　　10 000

　　贷：损余物资　　60 000

4. 代位追偿款

代位追偿款，指保险人承担赔偿保险金责任后，依法从被保险人取得代位追偿权向第三者责任人索赔而应取得的赔款。如果与该代位追偿款有关的经济利益很可能流入，且该代位追偿款的金额能够可靠地计量，保险公司应当确认为应收代位追偿款，并冲减当期赔付成本。收到应收代位追偿款时，保险人应当按照收到的金额与相关应收代位追偿款账面价值的差额，调整当期赔付支出。

【例2-13】20×7年5月15日，李某投保的机动车发生碰撞保险事故，甲公司赔偿保险金责任后，取得向责任方张某代位追偿的权利，估计能够收回的代位追偿款为1万元。8月2日，甲公司从责任方收到代位追偿款9 000元，款项已存入银行。

(1) 5月15日确认应收代位追偿款1万元。

借：应收代位追偿款　　10 000

　　贷：赔付支出　　10 000

(2) 8月2日收到应收代位追偿款9 000元。

借：银行存款　　9 000

　　赔付支出　　1 000

　　贷：应收代位追偿款　　10 000

三、寿险原保险合同的会计核算

（一）寿险原保险合同保费收入的核算

寿险原保险合同保费收入的确认同样应当同时满足原保险合同保费收入确认的三个条件。但是寿险原保险合同的保险期间一般较长，保费通常分期收取，一次性趸交较少；投保人可以单方面取消合同，保费的收回存在不确定性。因此，保险人应当按照下列规定计算确定保费收入金额：分期收取保费的，应当根据当期应收取的保费确定；一次性收取保费的，应当根据一次性应收取的保费确定。

1. 趸交保费的会计核算

趸交保费是在保险合同签订时，投保人就约定的整个保险责任期间应交的保费一次性付清。

【例2-14】20×6年12月31日，新华人寿保险公司与王某签订一份定期寿险合同，保险金额为40万元，保费总额为6万元，保险期间为20×7年1月1日开始为期10年。合同生效当日，公司收到王某缴纳的保费总额6万元，假设该寿险产品免税。

借：银行存款　　60 000

　　贷：保费收入　　60 000

2. 分期收取保费的会计核算

分期收取保费应当根据当期应收取的保费确定。对于寿险保单，保单宽限期内欠缴保费的保单，公司在宽限期仍承担相应保险责任，因此当保费金额可以可靠地计量，该经济利益很可能流入公司时，公司应计提应收保费并确认保费收入。

【例2-15】20×6年12月31日，B公司与李某签订一份定期寿险合同，保险金额为200万元，保险期间为20×7年1月1日开始为期10年；保费总额为12万元，分5期于前5年每年1月1日等额收取，宽限期为3个月。合同生效当日，B公司收到李某缴纳的第一期保费24 000元（120 000÷5），假设20×8年1月1日，缴费期已到，但是李某因资金紧张尚未缴费，直到20×8年3月1日，李某才交来保费24 000元。

(1) 20×7年1月1日收到首期保费时。

借：银行存款　　24 000

　　贷：保费收入　　24 000

(2) 20×8 年 1 月 1 日，保户欠缴保费时。

借：应收保费　　24 000
　　贷：保费收入　　24 000

(3) 20×8 年 3 月 1 日，收到欠缴保费时。

借：银行存款　　24 000
　　贷：应收保费　　24 000

3. 失效保单的会计核算

根据人寿保险条款的规定，宽限期外仍未缴费的保单丧失效力，如果投保人在 2 年之内缴付欠缴的保费和相应的利息，该保单仍可恢复效力。否则保单永久失效。收到补缴的保费确认为保费收入，补缴的利息确认为利息收入。

【例 2 -16】 接上例，假设李某直到 20×9 年 3 月才交来保费 24 000 元，同时补缴了利息 540 元，款项已存入银行。

借：银行存款　　24 540
　　贷：保费收入　　24 000
　　　　利息收入　　540

4. 自动垫缴保费的会计核算

对于寿险保单，保单保费缴足 2 年，已有现金价值。如投保人逾期未继续缴费，在保险条款有约定自动垫缴保费的，保险公司应按保单现金价值自动垫缴并确认保费收入。收到投保人补足欠缴保费，直接冲减垫缴保费。对于自动垫缴保费，保险公司应设置“垫缴保费”科目，该科目属于资产类科目，借方登记垫缴保费，贷方登记收回的垫缴保费。

【例 2 -17】 接上例，假设李某交了前两年保费费，由于经济困难，公司为其垫缴保费 5 000 元，半年后收回，月利率 0.3%。

(1) 垫缴保费时。

借：垫缴保费　　5 000
　　贷：保费收入　　5 000

(2) 收回垫缴保费及利息。

借：银行存款　　5 090
　　贷：垫缴保费　　5 000
　　　　利息收入　　90

（二）寿险原保险合同准备金的核算

寿险原保险合同准备金，指保险企业根据其售出的保单中约定的保险责任，在向受益人支付赔偿或给付以前而提取的偿付准备。对于寿险保险合同，收取保费在前，而给付保险金的责任在若干年之后，如果寿险准备金不足，会影响保险公司的偿付能力。因此，为了保证投保人的利益，保险监督机构通过保险监督法规规定保险公司应提留的准备金，以确保保险公司的最低偿付能力。

寿险原保险合同准备金包括寿险责任准备金和长期健康险责任准备金。寿险责任准备金，指保险人为尚未终止的人寿保险责任准备提取的准备金。长期健康险责任准备金，指保险人为尚未终止的长期健康保险责任准备金。通常情况下，对于定期寿险、终身寿险、两全寿险、年金寿险等原保险合同，保险人应当在确认保费收入的当期，根据保险精算部门确定的寿险责任准备金金额，提取寿险责任准备金，并确认为负债。对于长期健康保险等原保险合同，保险人应当在确认保费收入的当期，根据保险精算部门确定的长期健康险责任准备金金额，提取长期健康险责任准备金，并确认为负债。

寿险原保险合同准备金的核算与非寿险原保险合同准备金的核算类似，明细科目不同，寿险准备金核算的科目为“保险责任准备金—寿险责任准备金”、“保险责任准备金—长期健康险责任准备金”、“提取保险责任准备金—寿险责任准备金”、“提取保险责任准备金—寿险责任准备金”。

1. 保险责任准备金计提

【例2－18】 20×7年12月31日，乙公司保险精算部门计算确定的某团体终身寿险合同寿险责任准备金金额为12万元。

借：提取保险责任准备金—寿险责任准备金　　120 000
　　贷：保险责任准备金—寿险责任准备金　　120 000

2. 保险责任准备金充足性测试

保险人在确认寿险保费收入的当期，已经根据保险精算部门确定的寿险责任准备金、长期健康险责任准备金金额确认了保险责任准备金（寿险责任准备金、长期健康险责任准备金）。但是，随着时间的推移，原定保险精算假设可能发生变化，从而导致已确认的保险责任准备金金额与保险人应承担的赔付保险金责任不一致。保险人应当至少于每年年度终了，以掌握的有关资料为依据，选择恰当的方法对保险责任准备金进行充足性测试。如果保险人按照保险精算重新计算确定的相关保险责任准备金金额超过充足性测试日已确认的相关保险责任准备金余额的，应当按照其差额补提相关保险责任准备金；反之，不调整相关保险责任准备金。

【例2－19】 20×7年12月31日，甲公司保险精算部门计算确定的某团体终身寿险合同寿险责任准备金金额为10万元，前期已确认的相关寿险责任准备金金额为6万元。

（1）甲公司补提寿险责任准备金4万元。

借：提取保险责任准备金—寿险责任准备金　　40 000
　　贷：保险责任准备金—寿险责任准备金　　40 000

（2）年末将“提取保险责任准备金—寿险责任准备金”科目余额10万元转入“本年利润”。

借：本年利润　　100 000
　　贷：提取保险责任准备金—寿险责任准备金　　100 000

（三）保户质押贷款业务的会计核算

寿险业务中的多数险种具有储蓄性，即保单经过一定时期后将积累一定量的现金价值。如果投保人发生临时经济困难，可以向保险公司申请保单质押贷款。一般普通寿险保单保险费交足2年，保险期满2年，可持“保险单”申请保单质押贷款，货款金额不得超过保单现金价值的90%，借款期限最长为6个月。

为了核算和监督保户质押贷款业务，应设置“保户质押贷款”科目，该科目是资产类科目，借方登记发生的保户质押贷款，贷方登记收回的保户质押贷款。

【例2-20】20×7年5月1日，某保户因经济困难，持有效保险单等凭证申请保单质押贷款，保险公司审核后同意发放期限为4个月的、年利率为6%的保单质押贷款1万元，保险公司的账务处理如下：

(1) 20×7年5月1日，发放贷款。

借：保户质押贷款　　10 000
　　贷：银行存款　　10 000

(2) 20×7年9月1日，到期收回本息。

借：银行存款　　10 200
　　贷：保户质押贷款　　10 000
　　　　利息收入　　200

(四) 寿险原保险合同提前解除

寿险业务是长期业务，由于种种原因，可能会发生保户要求退保的情况。为了反映寿险和长期健康险业务的退保情况，应设置“退保金”科目，用来核算按规定应支付给寿险和长期健康险业务投保人或受益人的保单现金价值。该科目属于费用科目，借方登记退保实际支付金额，贷方登记期末结转至“本年利润”的金额。意外伤害险和短期健康险的退保费不通过“退保金”科目核算，而是冲减已收的保费收入。

对于寿险原保险合同，投保人在保险责任开始后提前解除原保险合同的，如果在犹豫期内，保险人应当在扣除手续费后退还保险费，退还的保险费作为退保费，应直接冲减保费收入。如果过了犹豫期，保险人应当按照合同约定退还保险单的现金价值，计入退保金。同时，保险人在确认寿险原保险合同保费收入的当期，已经将未来应承担的赔付保险金责任确认为寿险责任准备金、长期健康险责任准备金。在寿险原保险合同提前解除时，保险人原确认的未来应承担的赔付保险金责任已经不复存在，应当同时转销相关准备金余额。

【例2-21】20×7年5月1日，某定期寿险保户因迁居国外要求退保，保险业务部门核定应退退保金5 000元，但须扣除保户的借款2 000元及利息50元，保险公司审核无误后以银行存款支付。假定保险公司已为该定期寿险保险合同确认寿险责任准备金4 000元。保险公司的账务处理如下：

(1) 支付退保金。

借：退保金　　5 000
　　贷：保户质押贷款　　2 000
　　　　利息收入　　50
　　　　银行存款　　2 950

(2) 转销已计提寿险责任准备金

借：保险责任准备金—寿险责任准备金　　4 000
　　贷：提取保险责任准备金—寿险责任准备金　　4 000

(五) 寿险原保险合同成本的会计核算

寿险原保险合同成本主要包括发生的手续费及佣金支出、赔付成本，以及提取的寿险责任准备金、长期健康险责任准备金等。

1. 手续费及佣金支出

佣金支出，指保险企业向专门推销寿险业务的个人代理人和经纪人公司支付的佣金。对于佣金支出的核算与非寿险原保险合同的手续费及佣金支出类似的，这里不再赘述。

【例2-22】保险公司计算应付某终身寿险代理人本月佣金2 800元，下个月月初以银行存款支付。保险公司会计处理如下：

（1）计提佣金时。

借：手续费及佣金支出 2 800

　　贷：应付手续费及佣金 2 800

（2）实际支付时。

借：应付手续费及佣金 2 800

　　贷：银行存款 2 800

2. 赔付成本

赔付成本包括保险人支付的赔款、给付，以及在理赔过程中发生的律师费、诉讼费、损失检验费、相关理赔人员薪酬等理赔费用。

寿险保险金的给付包括满期给付、死伤医疗给付和年金给付。满期给付，指寿险业务被保险人生存到保险期满，保险企业按保险合同条款约定支付给被保险人或受益人的保险金。死伤医疗给付，指寿险业务被保险人在保险期内发生保险责任范围内的死亡、伤残和医疗事故，保险企业按保险合同条款约定支付给被保险人或受益人的保险金。年金给付，指寿险业务被保险人生存至保险条款规定的年限，保险企业按保险合同条款约定支付给被保险人或受益人的保险金。

保险人在确定了实际支付给付款项金额的当期，首先应当将确定支付的给付款项金额，计入当期赔付支出；其次，应当按照确定支付的给付款项金额，冲减相应的保险责任准备金（寿险责任准备金、长期健康险责任准备金）余额。保险人发生的理赔费用，应当在实际发生的当期计入赔付支出，同时冲减相应的保险责任准备金（寿险责任准备金、长期健康险责任准备金）余额。

（1）满期给付。

【例2-23】20×7年6月30日，乙公司确定应给付李某投保的两全保险期满寿险款项50万元，款项尚未支付。

借：赔付支出—满期给付 500 000

　　贷：应付赔付款 500 000

借：保险责任准备金—寿险责任准备金 500 000

　　贷：提取保险责任准备金—寿险责任准备金 500 000

（2）年金给付。

【例2-24】20×7年1月30日，某终身年金保险的被保险人生存至约定的年金取款年龄，中国人寿保险公司审核后确认每月发给年金500元，直到被保险人死亡为止。每月发放年金时：

借：赔付支出—年金给付 500

　　贷：银行存款 500

借：保险责任准备金—寿险责任准备金　　500
　　贷：提取保险责任准备金—寿险责任准备金　　500

(3) 死伤医疗给付。

【例2-25】20×7年3月30日，某长期健康险保单的被保险人发生重大疾病，保险公司审核后同意支付全部保险金5万元。

借：赔付支出—医疗给付　　50 000
　　贷：银行存款　　50 000
借：保险责任准备金—长期健康险责任准备金　　50 000
　　贷：提取保险责任准备金—长期健康险责任准备金　　50 000

(4) 理赔费用

【例2-26】20×7年6月30日，乙公司分配相关理赔人员薪酬13 000元，其中与寿险责任准备金有关的金额为3 000元，与长期健康险责任准备金有关的金额为1万元。

借：赔付支出—理赔费用　　13 000
　　贷：应付职工薪酬　　13 000
借：保险责任准备金—寿险责任准备金　　3 000
　　　　　　　　　—长期健康险责任准备金　　10 000
　　贷：提取保险责任准备金　　13 000

(六) 寿险保单红利支出的核算

保单红利支出，指人寿保险业务按保险合同约定支付给投保人的保单红利。我国寿险公司于1997年首次推出利差返还型寿险产品，即当保险人运用寿险责任准备金的实际利率高于预定利率时，保险人以红利形式将利差返还给投保人。

为了核算和监督保单红利支出，应设置“保单红利支出”和“应付保单红利”两个科目，“保单红利支出”是费用科目，发生保单红利支出记入该账户的借方，期末余额应转入“本年利润”。“应付保单红利”是负债类科目，贷方登记计提的应支付红利，借方登记实际支付的保单红利。

【例2-27】20×7年6月30日，保险公司根据保险精算，应支付给保户的保单红利为8万元。保险公司账务处理如下：

(1) 期末计提保单红利支出。

借：保单红利支出　　80 000
　　贷：应付保单红利　　80 000

(2) 实际向保户支付红利。

借：应付保单红利　　80 000
　　贷：银行存款　　80 000

(3) 期末结转。

借：本年利润　　80 000
　　贷：保单红利支出　　80 000

(七) 投资连接保险产品的核算

投资连接保险产品，指具有保险保障及投资双重功能的保险，属于混合风险合同。我国保险会计准则规定，对于混合风险合同，保险风险部分和其他风险部分能够区分，并且能够单独计量的，保险人应当将保险风险部分和其他风险部分进行分拆。分拆后的保险风险部分按照保险合同进行会计处理，在保险责任准备金中核算；分拆后的其他风险部分按照非保险合同进行会计处理，在独立账户负债中核算。

依照保监会《投资连结保险管理暂行办法》等有关规定，保险公司应设置“独立账户资产”和“独立账户负债”两个科目进行核算。独立账户资产，指企业对分拆核算的投资连接产品不属于风险保障部分确认的独立账户资产价值。独立账户负债，指当企业对分拆核算的投资连接产品不属于风险保障部分确认的独立账户负债。向独立账户划入资金时，一方面形成独立账户资产，另一方面形成独立账户负债，账务处理如表 2－5 所示：

表 2－5　　投资连结保险独立账户核算

经济业务	账务处理
向独立账户划入资金	借：独立账户资产—银行存款及现金 　　贷：独立账户负债
独立账户进行投资	借：独立账户资产—债券、股票等 　　贷：独立账户资产—银行存款及现金
对独立账户投资估值	估值增值 借：独立账户资产—估值 　　贷：独立账户负债 估值减值，相反的会计分录
独立账户计提保险费	借：银行存款 　　贷：保费收入 借：独立账户负债 　　贷：独立账户资产—银行存款及现金
对独立账户计提账户管理费	借：银行存款 　　贷：手续费及佣金收入 借：独立账户负债 　　贷：独立账户资产—银行存款及现金
支付独立账户资产	借：独立账户负债 　　贷：独立账户资产—银行存款

【例 2－28】 20×7 年 1 月 1 日，甲客户购买保险公司 100 份投资连接保险产品，合同约定，每份保险金额为 1 万元，每份保险金额对应的保险投资金为 2 000 元，每份保险的年保费为 12 元。保费由保险人从投资收益中获得（年收益率预计为 2.2%），投保人无须再交纳保险投资金外另行支付。年末保险公司收取账户管理费 500 元，本报告年度独立账户获得投资收益 4 400 元，保险公司从独立账户划转保费 1 200 元，保户领取 3 200 元。

本例中，甲客户购买投资连接保险产品既有保险风险部分又有投资风险部分。根据合同条款可以清楚地认定保险风险部分为年保费 12 元，其他风险部分为保险投资金额 2 000 元。因此，保险公司可以将保险风险部分和其他风险部分进行分拆，将保险风险部分确定为原保险合同，将其他风险部分不确定为原保险合同。

(1) 保险合同成立，向独立账户划入资金时。

借：独立账户资产—银行存款	200 000	
贷：独立账户负债		200 000

(2) 年末从独立账户计提保险费。

借：银行存款	1 200	
贷：保费收入		1 132
应交税费—应交增值税（销项税额）		68
借：独立账户负债	1 200	
贷：独立账户资产—银行存款		1 200

(3) 独立账户获得投资收益。

借：独立账户资产—银行存款	4 400	
贷：独立账户负债		4 400

(4) 对独立账户计提账户管理费。

借：银行存款	500	
贷：手续费及佣金收入		500
借：独立账户负债	500	
贷：独立账户资产—银行存款		500

(5) 保户领走款项。

借：独立账户负债	3 200	
贷：独立账户资产—银行存款		3 200

【实务链接】

中国平安（601318）投资连结保险投资账户

中国平安（601318）2016年年度报告披露的关于投资连结保险投资账户基本情况如下：

“本集团的投资连结保险包括平安世纪理财投资连结保险、平安世纪才俊投资连结保险、平安赢定金生投资连结保险、平安聚富步步高两全保险（投资连结型）、平安E财富两全保险（投资连结型）、平安聚富年年投资连结保险、平安聚富年年终身寿险（投资连结型，2012）、平安世纪才俊终身寿险（投资连结型，2012）、平安汇盈人生团体投资连结保险以及平安团体退休金投资连结保险。同时，本集团为上述投资连结保险共设置9个投资账户：平安发展投资账户、保证收益投资账户、平安基金投资账户、平安价值增长投资账户、平安精选权益投资账户、平安货币投资账户、稳健投资账户、平衡投资账户以及进取投资账户。上述各账户是依照中国保监会《投资连结保险管理暂行办法》等有关规定及上述投资连结保险的有关条款，并经向中国保监会报批后设立”。

第三节
再保险合同

一、再保险合同概述

为加强风险管理、均衡业务、稳定经营，保险人需要将超过自身业务承受能力的一部分风险责任转嫁给其他保险人来分担，由此产生再保险业务。保险人之间的再保险关系是通过签订再保险合同确立的。

（一）再保险合同的概念及特征

再保险合同，指一个保险人（再保险分出人）分出一定的保费给另一个保险人（再保险接受人），再保险接受人对再保险分出人由原保险合同所引起的赔付成本及其他相关费用进行补偿的保险合同。为了转嫁风险，再保险接受人可以将分入的再保险业务转分给其他保险人，称为转分保业务，对应所签定的合同为转分保合同。再保险合同属于保险合同，与原保险合同相比较，具有以下特征：

（1）再保险合同是保险人与保险人之间签订的合同，一方为再保险分出人（分出公司），另一方为再保险接受人（分入公司）。而原保险合同是投保人与保险人之间签订的合同。

（2）再保险合同是补偿性合同。不论原保险合同是寿险合同还是非寿险合同，再保险合同的标的都是再保险分出人所承担的保险责任。原保险合同标的发生保险事故所产生的损失，先由再保险分出人全额进行赔偿或给付，再将应由再保险接受人承担的部分摊回，然后由再保险接受人向再保险分出人进行补偿。

（3）再保险合同独立于原保险合同，再保险合同的再保险接受人与原保险合同的投保人和保险受益人之间不发生任何法律或业务关系。原保险合同的保险人不得以再保险接受人不对其履行补偿义务为借口而拒绝、减少或延迟履行其对保险受益人的赔偿或给付义务。

（二）再保险保单的重大保险风险测试

保险人可以采取以下步骤判断再保险保单是否转移重大保险风险：

1. 判断再保险保单是否转移保险风险。对于再保险保单，转移保险风险指再保险分入人支付分保赔款的金额和时间应取决于原保险合同已决赔款的支付金额和支付时间，并且直接地随着已决赔款金额和支付时间的变化而变化。如果再保险分入人支付分保赔款的金额或时间发生重大改变的可能性是微乎其微的，则认为该再保险保单没有转移保险风险，不确认为再保险合同。

2. 判断再保险保单的保险风险转移是否具有商业实质。对于再保险保单，如果再保险交易未对交易双方产生可辨认的经济影响，则该再保险保单不具有商业实质。例如，某再保险保单规定再保险分入人需要对分出人进行赔偿，但同时，再保险分出人又通过另一个保单直接或间接地、以其他形式赔偿再保险分入人，则该再保险保单不具有商业实质。

3. 判断再保险保单转移的保险风险是否重大，以再保险保单保险风险比例来衡量保险风险转移的显著程度，其计算公式为：

$$\begin{array}{c}\text{再保险保单}\\\text{保险风险比例}\end{array}=\frac{\sum\left(\begin{array}{c}\text{再保险分入人发生}\\\text{净损失时损失金额现值}\end{array}\times\text{发生概率}\right)}{\text{再保险分入人预期保费收入现值}}\times 100\%$$

再保险保单保险风险比例大于1%的，确认为再保险合同。对于确实难以适用上述公式的再保险保单，保险人可以制定合理的替代性测试方案，报中国保监会备案后施行。

对于显而易见满足转移重大保险风险条件的再保险保单，保险人往往可以不计算再保险保单保险风险比例，直接将再保险保单判定为再保险合同。判断再保险保单是否转移重大保险风险，需要全面理解再保险保单的实质及其他相关合同和协议。再保险交易双方对同一保单的重大保险风险测试结果应互相通报。

（三）再保险合同分类

再保险合同按自留额和分保额计算基础的不同，可分为比例再保险合同和非比例再保险合同。自留额，指再保险分出人对于每一危险单位或一系列危险单位的责任或损失，承担自负责任的限额；分保额，指对于再保险分出人每一危险单位或一系列危险单位的责任或损失，再保险接受人承担分保责任的限额。每一危险单位，指保险标的发生一次灾害事故可能造成最大损失范围（图2－2）。

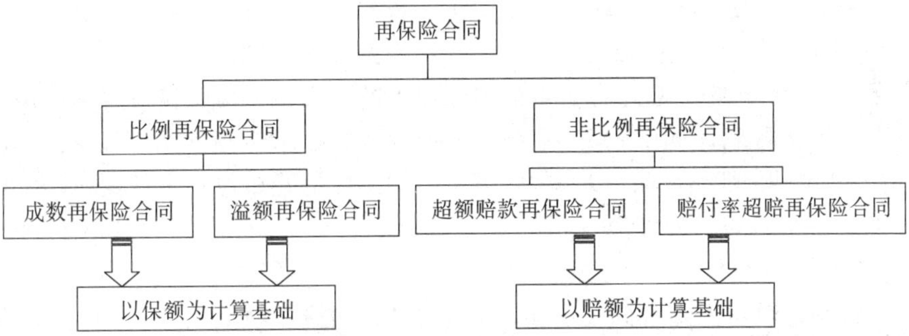

图2－2　再保险合同分类

1. 比例再保险合同

比例再保险合同，指以原保险合同保险金额为自留额和分保额计算基础的一种再保险合同。该种再保险方式下，再保险分出人与再保险接受人按照保险金额的一定比例分担责任，并按此比例分出保费和分摊赔付款。比例再保险合同又分为成数再保险合同和溢额再保险合同。

（1）成数再保险合同。成数再保险合同签约双方一般对某种业务的每一危险单位自留额和分保额约定固定的比例，再保险分出人对约定的业务一律按分保比例向再保险接受人分出保费和摊回赔付款。成数再保险合同有时还约定再保险接受人所承担分保额的最高限额。

（2）溢额再保险合同。溢额再保险合同签约双方一般约定再保险分出人对某种业务每一危险单位保险金额自己所承担的自留额，当保险金额超出自留额时，超出部分（即溢额）由再保险接受人承担，但再保险接受人承担的溢额不超过合同约定的最高限额（在最高限额之内承担的溢额为分保额）。签约双方以自留额和分保额为基础，计算确定每一危险单位的自留额和分保额之间的比例，分别称为自留比例和分保比例。再保险分出人按分保比例向再保险接受人分出保费和摊回赔付款。对于溢额超出再保险接受人最高承担限额的部分，再保险分出人不作分保或另作分保安排。与成数分保不同的是，溢额分保的比例不是固定的，而是根据每一标的的保额大小而变动，分出保费和赔付款项的摊回金额也随之相应变化。

2. 非比例再保险合同

非比例再保险合同，指以再保险分出人赔付款金额（实际损失）为自留额和分保额计算基础的一种再保险合同。该种再保险方式下，再保险分出人首先规定自己承担的赔付限额，其次规定再保险接受人承担的最高赔付限额。当原保险发生保险事故后的赔付金额或全年赔付率不超过再保险分出人自负责任限额时，相关损失全部由再保险分出人自行承担；对于超过部分由再保险接受人承担，但不超过约定应承担的最高限额。在非比例再保险方式下，再保险分出人按合同规定在期初向再保险接受人预付一定的保费，合同责任期满后再对预付保费进行调整；非比例再保险合同分为超额赔款再保险合同和赔付率超赔再保险合同。

（1）超额赔款再保险合同。超额赔款再保险合同一般约定，以再保险分出人每一危险单位所发生的赔款金额或者一次巨灾事故中多数危险单位的责任累积赔款为基础，确定再保险分出人的自负责任限额和再保险接受人承担的分保限额，自负责任限额以内的损失由再保险分出人自行承担，超过自负责任限额以上的损失由再保险接受人负担最高限额内的部分。其中，以再保险分出人每一危险单位所发生的赔款金额为基础确定自留额和分保额的，为险位超赔再保险合同；以一次巨灾事故中多数危险单位的责任累积赔款额为基础确定自留额和分保额的，为事故（或巨灾）超赔再保险合同。安排超额赔款再保险时，可将所要求的整个超赔保障数额分割为几层。

（2）赔付率超赔再保险合同。赔付率超赔再保险合同一般约定，按再保险分出人年度赔付率为基础计算自负责任额和分保责任额，当再保险分出人赔付率超过规定赔付率时，超过部分的赔付款由再保险接受人负担至一定的限额。

（四）再保险合同会计处理的基本要求

我国《企业会计准则第26号——再保险合同》和《保险合同相关会计处理规定》规范了再保险合同分出业务和分入业务的会计确认、计量和相关信息列报，转分保合同的会计处理比照再保险合同。

1. 按分保业务账单进行结算

保险人之间履行再保险合同的约定、办理再保险业务和进行再保险资金结算的主要凭据是分保业务账单（基本格式及内容见表2－6）。分保业务账单一般由再保险分出人按季度编制。为了减少付款次数和不必要的汇款费用，再保险合同双方通常约定按照账单上各项应收应付款相抵后的净额结算。表2－6中“应付你方余额”为账单贷方金额合计减去借方金额合计后的净额，是再保险分出人应向再保险接受人实际支付的金额；“应付我方余额”为账单借方金额减去贷方金额合计后的净额，是再保险接受人应向再保险分出人实际支付的金额。

表2-6　分保业务账单

分出公司名称：　　　　分入公司名称：
账单期：　　　　业务年度：
合同名称：　　　　币种：

借方		贷方	
项目	金额	项目	金额
分保手续费		分保手续费	
分保赔付费		分保赔付费	
保费准备金扣存		保费准备金扣存	
应付你方余额		应付我方余额	
合计		合计	
备注			

经办人：　　　　复核人：　　　　批准人：
日期：
盖章：

2. 按权责发生制原则进行会计处理

再保险分出人和接受人应根据权责发生制原则，采用预估法而不是账单法对再保险业务进行及时确认与计量。分保业务账单的编制是再保险合同双方结算的凭证，但不是核算凭证。我国再保险合同会计准则要求，再保险分出人分出保费和摊回分保费用，应当在确认原保险合同保费收入的当期确认，再保险分出人摊回赔付成本应当在确认原保险合同赔付成本的当期确认；再保险接受人分保费收入应当在满足准则规定的确认条件时予以确认，并在确认分保费收入的当期确认分保费用。这种做法消除了与国际惯例的差异，要求保险公司加强基础工作，提高相关技术手段，有利于保险公司业绩的准确反映。

3. 再保险合同与有关原保险合同分开确认和计量

虽然再保险合同的确定依赖于原保险合同，但再保险合同必须独立于原保险合同单独地确认计量和报告。我国再保险合同准则明确规定：再保险分出人不应当将再保险合同形成的资产与有关原保险合同形成的负债相互抵销；再保险分出人不应当将再保险合同形成的收入或费用与有关原保险合同形成的费用或收入相互抵销。

4. 再保险合同的债权债务应单独确认和计量

为了真实公允地反映公司的财务状况，与再保险合同有关的债权债务应单独确认和计量。同一保险人可能同时有再保险分出业务与分入业务，分出业务与分入业务应单独核算，债权债务不得相互抵销，不得以净额列报。为了更充分提示分保业务的信用风险，对于同一笔分保业务产生的债权债务应单独核算和列示，不得相互抵销。

【实务链接】

中国平安（601318）保险风险的再保险

中国平安（601318）2016 年年报披露的关于保险风险的再保险信息如下：

"本集团主要通过订立再保险合同控制保险业务的损失风险。大部分分保业务为成数分保及溢额分保，并按产品类别设立不同自留额。对于可从再保险公司摊回的赔款金额，使用与原保单一致的假设进行估计，并在资产负债表内列示为应收分保账款或应收分保未决赔款准备金。"

二、分出业务的会计核算

再保险分出业务涉及分出保费、摊回分保手续费、应收分保准备金、摊回赔付成本、存入分保保证金等基本业务。

（一）分出保费的会计核算

同原保险转嫁风险需要支付保费相同，再保险分出人转嫁保险风险责任也要向再保险接受人支付一定的保费，称为分保费或再保险费。

1. 分出保费的确认与计量

按照权责发生制原则，再保险分出人应当在确认原保险合同保费收入的当期，按照相关再保险合同的约定，计算确定分出保费，计入当期损益。在确认原保险合同保费收入当期，虽然已采用预估法进行估算，但在确定分保账单时，由于各种情况会导致账单数与估算数不一致，再保险分出人应当在与再保险接受人确定分保账单当期，按照账单数与前期估算数的差额，调整当期分出保费，调整金额计入调整当期的损益。在原保险合同提前解除的当期，原保险合同责任终止，对应的再保险责任也同时终止。按权责发生制，再保险分出人应当按照再保险合同的约定，计算被解除的原保险合同对应的应冲减的分出保费，计入当期损益。

2. 分出保费的会计处理

再保险分出人应设置"分出保费"科目核算分出保费，该科目属于费用科目。分出保费时，借记"分出保费"科目，贷记"应付分保账款"科目。按分保业务账单标明金额对分出保费进行调整时，按调整增加金额，借记"分出保费"科目，贷记"应付分保账款"科目。调减金额做相反的会计分录。原保险合同提前解除冲减分出保费时，借记"应付分保账款"科目，贷记"分出保费"科目。该科目期末余额结转到"本年利润"科目，结转后无余额。保费收入是保险公司的毛保费，保费收入扣除分出保费，称为净毛保费。

（二）摊回分保费用的会计核算

由于再保险分出人在销售原保险保单以及维护和管理保险业务过程中发生了一定的费用，再保险分出人需要向再保险接受人摊回一部分费用予以补偿，这种由再保险接受人支付给再保险分出人的费用称为分保手续费。再保险接受人与再保险分出人之间还有支付和收取纯益手续费的业务。纯益手续费，指再保险接受人为鼓励再保险分出人谨慎地选择原保险合同所承保的业务，在其取得纯益基础上付给再保险分出人一定比例（即纯益手续费率）的报酬。“纯益”指某个业务年度的再保险分人业务获得的纯收益，即该年度分入业务收入项目合计减去支出项目合计的差额。

1. 摊回分保费用的确认和计量

再保险分出人应当在确认原保险合同保费收入的当期，按照相关再保险合同的约定，计算确定应向再保险接受人摊回的分保费用，计入当期损益。纯益手续费与分保手续费性质相类似，确认应取得的纯益手续费时应作摊回分保费用处理。再保险分出人应当根据相关再保险合同的约定，在能够计算确定应向再保险接受人收取的纯益手续费时，将该项纯益手续费作为摊回分保费用计入当期损益。

再保险分出人应当在与再保险接受人确定分保账单当期，按照账单数与前期估算数的差额，调整当期摊回分保手续费，调整金额计入调整当期的损益。如再保险分出人与再保险接受人约定采用浮动（或累进）分保手续费方式下，再保险分出人依据合同规定在能够计算确定实际分保手续费率而调整分保手续费时，应将调整金额计入当期损益。再保险分出人确认入账的分保手续费调整金额应为经再保险接受人确认一致后的金额。

在原保险合同提前解除的当期，按照权责发生制原则，再保险分出人应当按照再保险合同的约定，计算被解除的原保险合同对应的应冲减的摊回分保费用，计入当期损益。

2. 摊回分保费用的会计处理

再保险接受人应设置“摊回分保费用”科目核算摊回分保手续费，该科目属于收入科目。但从结构和用途来看，属于费用抵减科目，用于抵减原保险业务发生的手续费。确认摊回分保费用时，借记“应收分保账款”科目，贷记“摊回分保费用”科目。收到分保业务账单时，按账单标明金额对分保费用进行调整，调整增加金额时，借记“应收分保账款”，贷记“摊回分保费用”科目，调整减少金额做相反的会计分录。原保险合同提前解除冲减摊回分保费用时，借记“摊回分保费用”科目，贷记“应收分保账款”科目。该科目期末余额结转到“本年利润”科目，结转后无余额。

【例 2－29】 20×7 年 2 月 1 日，A 公司与客户刘某签订一份人身意外伤害保险合同，保险金额为 720 万元，当日生效，保险期间为 1 年；刘某于合同生效当日一次性交纳保险费 1.44 万元，A 公司当即就该份人身意外伤害保险合同与 B 保险公司签订了溢额再保险合同。该再保险合同约定：每一被保险人的意外险自留额为 200 万元，B 公司的分保额最高限额为 600 万元，分保手续费率为 25%。20×7 年 7 月 10 日，被保险人刘某发生车祸死亡，A 公司确定该事故属于全额赔偿责任范围，于事故发生当月确认并支付了赔付成本 720 万元，该保险事故结案，当月能够结案定损的，不需计提未决赔款准备金。A 公司就上述业务计算出应向 B 公司分出的保费金额为 1.04 万元［1.44 ×（720 － 200）÷720］，分保手续费金额为 0.26 万元（1.04 ×25%），应从 B 公司摊回赔款金额为 520 万元（720 － 200）。

（1）20 ×7 年 2 月，确认分出保费及摊回分保费用。

借：分出保费	10 400	
贷：应付分保账款—B 公司		10 400
借：应收分保账款—B 公司	2 600	

贷：摊回分保费用 2 600

(2) 20×7 年 7 月，确认应摊回的赔付成本。

借：应收分保账款—B 公司 5 200 000

贷：摊回赔付成本 5 200 000

【例 2-30】 甲公司与乙公司签订一份成数分保财产再保险合同，合同约定分保手续费采用浮动分保手续费率制，预付分保手续费率为 30%。假定甲公司对该再保险合同业务年度的业务进行结算时实际计算确定的分保手续费率为 35%，据此计算的分保手续费调整金额为 200 万元并经乙公司确认一致。此时，甲公司调整分保手续费的账务处理如下：

借：应收分保账款—乙公司 2 000 000

贷：摊回分保费用 2 000 000

【例 2-31】 沿用【例 2-30】的资料，假定再保险合同签订 3 年后甲公司按照合同约定计算出应向乙公司收取的纯益手续费金额为 14 万元，双方确认一致的纯益手续费金额为 14.4 万元。甲公司应于双方确认一致时作如下账务处理：

借：应收分保账款—乙公司 144 000

贷：摊回分保费用 144 000

（三）分出业务准备金的会计核算

在签订再保险合同的情况下，再保险分出人提取相关原保险合同各项准备金确认应付保险受益人负债的同时，也产生了向再保险接受人收取补偿金额的权利，即产生了应收分保准备金资产。再保险分出人应收分保合同准备金资产包括应收分保未到期责任准备金、应收分保未决赔款准备金、应收分保寿险责任准备金、应收分保长期健康险责任准备金。原保险合同准备金反映再保险分出人应付保险受益人的负债，而应收分保准备金反映的则是再保险分出人应收再保险接受人的债权。应收分保准备金的确认应符合与有关原保险合同准备金不相互抵销的要求，即再保险分出人不应仅以各项原保险合同准备金扣除相关应收分保准备金后的金额列示于资产负债表。

1. 应收分保合同准备金的确认和计量

(1) 应收分保未到期责任准备金。再保险分出人应当在确认非寿险原保险合同保费收入的当期，按照相关再保险合同的约定，计算确认相关的应收分保未到期责任准备金资产，并冲减提取未到期责任准备金。应收分保未到期责任准备金实质属于分出的未赚保费，确认应收分保未到期责任准备金是对当期分出保费的调整，并非收入的实现。提取未到期责任准备金（含分保未到期责任准备金）和确认应收分保未到期责任准备金的最终结果都是对当期自留保费（原保险合同保费收入加上分保费收入再减去分出保费后的金额）的调整，即将当期的自留保费调整为已赚保费。因此，确认应收分保未到期责任准备金时应作冲减提取未到期责任准备金处理，通过“提取未到期责任准备金”科目集中反映将当期自留保费调整为已赚保费的调整金额。

再保险分出人在资产负债表日按照重新计算确定的未到期责任准备金额与已提取的未到期责任准备金余额的差额调整未到期责任准备金余额时，应按照相关再保险合同约定计算确定应收分保未到期责任准备金的相应调整额，调整应收分保未到期责任准备金和提取未到期责任准备金的账面余额。再保险分出人应当在原保险合同提前解除而转销相关未到期责任准备金当期，转销相关应收分保未到期责任准备金余额。

（2）其他应收分保合同准备金。在签订再保险合同的情况下，再保险分出人提取相关原保险合同各项准备金确认应付保险受益人负债的同时，也产生了向再保险接受人收取补偿金额的权利，该权利所带来的经济利益很可能流入保险人并且权利金额能够可靠地计量，符合资产要素的定义及确认条件，应当确认为应收分保准备金资产，同时该金额具有收入性质，确认时应作为摊回保险责任准备金处理。即再保险分出人应当在提取原保险合同未决赔款准备金、寿险责任准备金、长期健康险责任准备金的当期，按照相关再保险合同的约定，计算确定应向再保险接受人摊回的相应准备金，确认为相应的应收分保未决赔款准备金、应收分保寿险责任准备金、应收分保长期健康险责任准备金资产。再保险分出人对未决赔款准备金、寿险责任准备金、长期健康险责任准备金进行充足性测试而补提相关准备金时，应按照相关再保险合同约定计算确定相关应收分保准备金的增加金额，调整增加相关应收分保准备金和摊回保险责任准备金的账面余额。

再保险分出人在确定支付赔偿款项或实际发生理赔费用而冲减原保险合同未决赔款准备金、寿险责任准备金、长期健康险责任准备金余额的当期，应按照相关再保险合同约定计算确定相关应收分保准备金的相应冲减金额，冲减相关应收分保准备金和摊回保险责任准备金的账面余额。再保险分出人应当在原保险合同提前解除而转销寿险责任准备金、长期健康险责任准备金余额的当期，转销相关应收分保准备金余额。

2. 应收分保合同准备金的会计处理

再保险分出人应设置“应收分保合同准备金”和“摊回保险责任准备金”科目。“应收分保合同准备金”是资产科目，核算再保险分出人从事再保险业务确认的应收分保准备金资产。再保险分出人也可以单独设置“应收分保未到期责任准备金”“应收分保未决赔款准备金”、“应收分保寿险责任准备金”、“应收分保长期健康险责任准备金”。“摊回保险责任准备金”属于收入科目，核算再保险分出人从事再保险业务应向再保险接受人摊回的保险责任准备金，包括该未决赔款准备金、寿险责任准备金、长期健康险责任准备金。贷方登记应向再保险接受人摊回的保险责任准备金，借方登记期末结转“本年利润”科目的金额，结转后该科目无余额。再保险分出人也可以单独设置“摊回未决赔款准备金”、“摊回寿险责任准备金”和“摊回长期健康险责任准备金”科目。

再保险分出人确认应收分保未到期责任准备金时，借记“应收分保未到期责任准备金”科目，贷记“提取未到期责任准备金”科目，资产负债表日调整增加金额时，借记“应收分保未到期责任准备金”科目，贷记“提取未到期责任准备金”科目，调整减少金额时做相反的会计分录。原保险合同提前解除而转销应收分保未到期责任准备金余额时，借记“提取未到期责任准备金”科目，贷记“应收分保未到期责任准备金”科目。

再保险分出人提取原保险合同保险责任准备金当期，应按相关再保险合同约定计算应向再保险接受人摊回保险责任准备金，借记“应收分保未决赔款准备金”、“应收分保寿险责任准备金”、“应收分保长期健康险责任准备金”，贷记“摊回未决赔款准备金”、“摊回寿险责任准备金”和“摊回长期健康险责任准备金”科目。在对原保险合同准备金充足性测试补提保险责任准备金，相应调增应收分保准备金金额时，应编制与计提保险责任准备金相同的会计分录。在确定支付赔付款项或实际发生理赔费用以及解除原保险合同而冲减转销原保险合同保险责任准备金时，按应冲减转销的应收分保责任准备金，借记“摊回未决赔款准备金”、“摊回寿险责任准备金”和“摊回长期健康险责任准备金”科目，贷记“应收分保未决赔款准备金”、“应收分保寿险责任准备金”、“应收分保长期健康险责任准备金”。

【例2-32】 20×6年12月2日，甲保险公司与A保险股公司签订一份成数分保财险再保险合同，将合同规定范围内的原保险业务向A公司办理分保。合同约定，分保比例为10%；分保手续费以分出保费作为计算基础，分保手续费率为25%；合同起期日为20×7年1月1日，保险责任期间为1年。20×7年1月1日，甲公司就该再保险合同规定业务范围内的×企业财产保险合同确认保费收入12万元；1月31日，甲公司就×企业财产保险合同提取未到期责任准备金21万元；3月18日，A企业财产保险合同约定的保险事故发生，至3月31日尚未结案定损，甲公司就该合同提取未决赔款准备金5 500万元。甲公司确认应收分保准备金的会计处理如下：

（1）20×7年1月31日，确认应收分保未到期责任准备金。

甲公司应确认的对A公司应收分保未到期责任准备金=21×10%=2.1（万元）

借：应收分保未到期责任准备金　　21 000

　　贷：提取未到期责任准备金　　21 000

（2）20×7年3月31日，确认应收分保未决赔款准备金。

甲公司应确认的对A公司应收分保未决赔款准备金=5 500×10%=550（万元）

借：应收分保未决赔款准备金　　5 500 000

　　贷：摊回未决赔偿准备金　　5 500 000

（四）摊回赔付成本的核算

当被保险人发生保险责任范围内的保险事故时，再保险分出人按原保险合同约定负责向保险受益人提供赔偿或给付，再将应由再保险接受人承担的份额摊回，此为摊回赔付成本。

1. 摊回赔付成本的确认和计量

再保险分出人应当在确定支付赔付款项金额或实际发生理赔费用同时，按照相关再保险合同的约定，计算确定应向再保险接受人摊回的赔付成本，计入当期损益。再保险分出人应当在因取得和处置损余物资、确认和收到应收代位追偿款等而调整原保险合同赔付成本的当期，按照相关再保险合同的约定，计算确定摊回赔付成本的调整金额，摊回赔付成本是以原保险合同的赔付成本为基础计算确定的，因此，在原保险合同赔付成本减少的同时，应相应冲减摊回赔付成本。

2. 摊回赔付成本的会计处理

再保险分出人核算摊回赔付成本时，应设置“摊回赔付支出”科目。该科目属于损益类中的收入科目，但从结构和用途来看，属于费用抵减科目，用于抵减原保险业务发生的赔付成本。摊回时借记“应收分保账款”科目，贷记“摊回赔付支出”科目。调整增加金额时，借记“应收分保账款”科目，贷记“摊回赔付支出”科目，调整减少金额时做相反的会计分录。期末余额转入“本年利润”科目，结转后该科目无余额。

【例2－33】20×6年12月22日，B保险股份有限公司与A保险股份有限公司签订一份成数再保险合同，向B公司分出原保险业务。合同约定的分保比例为40%，分保手续费率为35%。合同起期日为20×7年1月1日，保险责任期间为1年。假设B公司分出的原保险业务为B公司为C公司仓库的一批存货进行投保。20×7年2月1日C公司仓库发生火灾，造成存货大部分毁损，B公司定损后，估计理赔金额为400万元。20×7年5月20日，本案结案，实际理赔金额为500万元，B公司于20×7年5月20日向A公司发出第一季度分保业务账单中标明的分保赔款金额为200万元。20×7年6月5日B公司收到损余物资50万元，同时确认对火灾责任人代位追偿权，估计可收回100万元。20×7年7月3日B公司转认存货的收入为60万元，20×7年8月3日，向责任人收回补偿款80万元。B公司相关账务处理如下：

（1）20×7年2月1日，向再保险接受人摊回的未决赔偿准备金400×40%＝160（万元）。

借：应收分保未决赔款准备金　　1 600 000

　　贷：摊回未决赔偿准备金　　1 600 000

（2）20×7年5月20日，摊回赔付成本时。

借：应收分保账款　　2 000 000

　　贷：摊回赔付支出　　2 000 000

同时冲减相应的应收分保未决赔款准备金

借：摊回未决赔偿准备金　　1 600 000

　　贷：应收分保未决赔款准备金　　1 600 000

（3）20×7年6月5日收到损余物资，因原保险合同赔付成本减少，应相应冲减摊回赔付成本50×40%＝20（万元）。

借：摊回赔付支出　　200 000

　　贷：应收分保账款　　200 000

确认代位追偿权，应冲减摊回赔付成本100×40%＝40（万元）

借：摊回赔付支出　　400 000

　　贷：应收分保账款　　400 000

（4）20×7年7月3日B公司转认存货，进一步冲减摊回赔付成本10×40%＝4（万元）。

借：摊回赔付支出　　40 000

　　贷：应收分保账款　　40 000

（5）20×7年8月3日，收回补偿款80万元，应调增摊回赔付支出（100－80）×40%＝8（万元）。

借：应收分保账款　　80 000

　　贷：摊回赔付支出　　80 000

（五）再保险合同形成的债权债务的会计核算

再保险合同形成的债权债务主要包括应收分保账款、应收分保合同准备金、应付分保账款、存入保证金、预收赔付款、预付分出保费等。

1. 应收和应付分保账款的会计处理

应收和应付分保账款，指保险公司由于分保业务而形成的各种应收应付等结算款项。

再保险分出人应当按权责发生制原则，在计算摊回分保费用和赔付成本时，同时确认应收分保账款；再保险分出人应当在确认原保险合同保费收入的当期，按照相关再保险合同的约定，计算确定分出保费时，确认应付分保账款。在编制分保业务账单时，按账单标明的金额对分出保费和摊回分保费用进行调整，同时调整应收和应付分保账款。再保险分出人和再保险接受人根据分保业务账单的余额进行结算时，冲销应收和应付分保账款，借记“应付分保账款”科目，贷记“应收分保账款”科目，同时按差额借记或贷记“银行存款”科目。

2. 预付分出保费的会计处理

预付分出保费，指在超赔业务中，再保险分出人提前支付给再保险接受人的预付性质的分出保费。为了核算预付分出保费的发生情况，应设置“预付分出保费”科目，该科目属于资产类科目。对于超额赔款再保险等非比例再保险合同，再保险分出人应当根据再保险合同的约定，计算确定预付分出保费，借记“预付分出保费”科目，贷记“银行存款”科目。每期按超赔合同计算或估算当期分出保费时，借记“应付分保账款”科目，贷记“预付分出保费”科目，同时将分出保费计入当期损益。合同责任期满后调整预估分保费时再编制分保费调整账单，再保险分出人调整分出保费时，应当将调整金额计入当期损益。再保险分出人应当在能够计算确定应向再保险接受人摊回的赔付成本时，将该项应摊回的赔付成本计入当期损益。

【例2－34】 20×6年12月20日，甲公司与G公司签订一份事故超赔再保险合同，将由台风引发的保险赔款向G公司办理分保。合同起始日为20×7年1月1日，保险责任期间为1年。20×7年1月3日，甲公司向G公司提前一次性预付保费金额为1 280万元。20×7年1月末，甲公司按超赔合同估算当期分出保费为1 280万元。20×7年12月31日，由台风引起的索赔案件基本结案定损，甲公司计算出应向G公司摊回的赔款余额为3 560万元，同时按照实际年度毛净保费计算出应向G公司支付的实际保费金额为1 500万元。

(1) 20×7年1月3日，确认预付分出保费：

借：预付分出保费	12 800 000	
贷：银行存款		12 800 000

(2) 20×7年1月31日，估算分出保费时：

借：分出保费	12 800 000	
贷：应付分保账款—G公司		12 800 000
借：应付分保账款—G公司	12 800 000	
贷：预付分出保费		12 800 000

(3) 20×7年12月31日，调整预付保费：

借：分出保费	2 200 000	
贷：应付分保账款—G公司		2 200 000

确认摊回赔款：

借：应收分保账款—G公司	35 600 000	
贷：摊回赔付成本		35 600 000

3. 预收分保赔款的处理

预收分保赔款，指从事再保险业务所预收的分保赔款。有些再保险合同约定再保险分出人承保的每一张保险单项下或每一次事故的估计损失达到或超过合同约定的限额时，再保险分出人可根据已决赔款或预付赔款的结付金额向再保险接受人发出现金赔款通知书及相关理赔资料，要求再保险接受人预先支付分保份额相对应的现金赔款；

再保险分出人应设置“预收赔付款”科目核算预收分保赔款，该科目属于负债类科目。再保险分出人收到再保险接受人预付的现金赔款时，借记“银行存款”科目，贷记“预收赔付款”科目；再保险分出人收到该现金赔款后，视为已决赔款，在当季度账单中进行冲销，分保业务账单的贷方栏中会增加“现金赔款（冲销）”等类似项目。发出分保业务账单时，按照账单中转销的现金赔款金额，借记“预收赔付款”科目，贷记“应收分保账款”科目。

【例2－35】 20×7年3月20日，A公司与B公司签订一份溢额再保险合同，A公司承保金额为5 000万元，自留额为1 000万元，分保比例为80%。20×7年4月，A公司本月预付赔款600万元，按合同规定，A公司向B公司提供理赔材料，B公司向A公司预付了240万元赔款。20×7年5月，A公司发出分保业务账单，账单标明摊回赔付成为480万元。A公司相关会计处理如下：

（1）预收分保赔款时：

借：银行存款	2 400 000	
贷：预收赔付款		2 400 000

（2）摊回赔付款时：

借：应收分保账款	4 800 000	
贷：摊回赔付支出		4 800 000

同时：

借：预收赔付款	2 400 000	
贷：应收分保账款		2 400 000

4. 存入分保保证金的处理

分保保证金，指再保险分出人从应付给再保险接受人的分保费中以一定比例扣存，作为再保险接受人履行分保未了责任的保证金。该保证金留存期一般为12个月，至次年同期归还，归还时要支付利息。再保险分出人扣存分保保证金的交易具体体现在分保业务账单中，相关分保业务账单借方栏中会增加“扣存分保保证金”项目，贷方栏中会增加“转回上年度扣存的分保保证金”“分保保证金利息”等项目。

再保险分出人应设置“存入保证金”科目核算扣存的保证金，该科目是负债类科目，再保险分出人应当在发出分保业务账单时，依据账单标明的相关金额记入该账户的贷方，按照账单标明的返还上期扣存分保保证金转销相关存入分保保证金记入该账户的借方。再保险分出人应当根据相关再保险合同的约定，按期计算存入分保保证金利息，计入当期损益。

【例2－36】 A保险公司根据20×7年度第二季度发生的分保业务编制分保业务账单并寄送给B保险公司，账单格式如表2－7所示。

表2－7　　分保业务账单

分出公司名称：A保险公司　　分入公司名称：B保险公司
账单期：第2季度　　业务年度：20×7年度
币种：人民币　　单位：万元

借方		贷方	
项目	金额	项目	金额
分保手续费	2.5	分保费	250
分保赔付费	640	保费准备金返还	125
保费准备金扣存	150	准备金利息	4
应付你方余额		应付我方余额	413.5
合计	792.5		792.5
备注			

经办人：　　复核人：　　批准人：
日期：
盖章：

A保险公司根据上述账单应编制的会计分录如下：

（1）按账单标明的扣存本期分保保证金时：

借：应付分保账款　　1 500 000
　　贷：存入保证金　　1 500 000

（2）按账单标明的返还上期扣存的分保保证金时：

借：存入保证金　　1 250 000
　　贷：应付分保账款　　1 250 000

（3）计算存入保证金利息时：

借：利息支出　　40 000
　　贷：应付分保账款　　40 000

（4）结算分保账款时，应收分保账款640＋2.5＝642.5（万元），应付分保账款250＋125＋4－150＝229（万元），实际收到分保账款642.5－229＝413.5（万元）。

借：应付分保账款　　2 290 000
　　银行存款　　4 135 000
　　贷：应收分保账款　　6 425 000

三、分入业务的会计核算

与再保险分出业务相对应，再保险分入业务涉及收取分保费、支付分保手续费、支付分保赔付款等基本业务。

（一）分保费收入的会计核算

1. 分保费收入的确认与计量

分保费收入同时满足下列条件的，才能予以确认。

（1）再保险合同成立并承担相应保险责任

再保险合同一般自签订日起成立，但自合同规定的起讫日起才开始承担保险责任。两个日期可能一致，也可能不一致。

（2）与再保险合同相关的经济利益很可能流入

对于再保险接受人而言，与再保险合同相关的经济利益即为分保费。如果再保险接受人能够确定分保费收回的可能性超过50%，则表明经济利益很可能流入。一般情况下，如果再保险分出人信用良好，能够按照合同规定如期发送分保业务账单，并能够按约定及时进行分保往来款项的结算，则意味着与再保险合同相关的经济利益很可能流入再保险接受人。

（3）与再保险合同相关的收入能够可靠地计量

再保险合同按自留额和分保额计算基础的不同，可分为比例再保险合同和非比例再保险合同。合同一般只是规定自留额和分保额的计算基础、分保费及手续费的计算方法等，并不直接明确分保费的具体金额，分保费的具体金额将根据原保险合同保险金额或再保险分出人赔付款金额（实际损失）来计算确定，因此，根据再保险接受人在判断“与再保险合同相关的收入能够可靠地计量”条件时的不同情况，分保费收入确认方法有以下两种：一是采用预估方法确认每期的分保费收入；二是采用收到分保业务账单时才确认分保费收入。

采用预估方法确认每期的分保费收入，即再保险接受人可以在每一会计期间对该期间的分保费收入金额做出合理估计。如对于比例再保险合同，再保险分出人要估计再保险合同的保费（估计保费收入 EPI），并报告给再保险接受人。对于非比例再保险合同，保费收入除依赖于再保险分出人保费规模之外，还与其损失赔付经验有关。再保险接受人通常以合同中列明的最低保费收入（MDP）作为数据基础进行估计。如果再保险接受人具有长期积累的丰富经验和大量数据资料，能够以估计保费收入（EPI）或最低保费收入（MDP）为数据基础，借助专门的技术手段，采用先进的估算方法，进而按照再保险合同约定计算出相关分保费收入金额，且该估计金额与收到的分保业务账单标明的分保费金额比较接近，则表明再保险接受人可以在每一会计期间对该期间内的分保费收入金额进行可靠计量。这种情况下，如果分保费收入确认的其他条件均满足，再保险接受人应在每一会计期间按照估计金额确认当期分保费收入，待后期收到该期间的分保业务账单时，再按照账单标明的金额进行调整，将调整金额计入调整当期的损益。按账单金额调整估计金额属于资产负债表日后事项的，按《企业会计准则第 29 号——资产负债表日后事项》进行处理。

采用收到分保业务账单时才确认分保费收入，即再保险接受人只有收到分保业务账单时才能对分保费收入进行可靠计量。如果再保险接受人由于缺乏丰富的经验数据资料和先进的技术方法、手段，而无法对再保险合同项下每一会计期间分保费收入金额进行估计，或估计金额可能与实际金额产生重大差异，则表明再保险接受人只能于收到分保业务账单时才能对分保费收入进行可靠计量。这种情况下，如果分保费收入确认的其他条件均满足，再保险接受人应当于收到分保业务账单时根据账单标明的金额确认分保费收入。

2. 分保费收入的会计处理

再保险接受人应设置“保费收入”科目核算保费收入，该科目属于损益类的收入科目。在能够合理估计分保费收入时，借记“应收分保账款”科目，贷记“保费收入”科目。实际收到分保业务账单时，按账单标明金额对分保费收入进行调整，按调整增加金额，借记“应收分保账款”，贷记“保费收入”。调整减少金额做相反的会计分录。

（二）分保费用的会计核算

分保费用，是指在承担分保业务的过程中，应由再保险接受人承担的手续费、税款及各种杂项费用，其中，手续费包括分保手续费和纯益手续费。分保手续费按再保险分出人与再保险接受人双方约定的比例计算，纯益手续费是再保险接受人同意在其取得利润的基础上付给再保险分出人一定比例的报酬。

1. 分保费用的确认与计量

在采用预估法确认分保费收入情况下，再保险接受人应在每一会计期间按照再保险合同约定计算确认当期分保费用，如对于采用固定手续费率的再保险合同，根据分保合同列明的手续费率在分保费收入预估的基础上预估，对于采用浮动手续费率的再保险合同，可根据估计的业务终极赔付率计算实际的手续费率。待后期收到该期间的分保业务账单时，再按照账单标明的金额进行调整。采用收到分保业务账单时才确认分保费收入的情况下，再保险接受人应当于收到分保业务账单时根据账单标明的金额确认分保费用。因纯益手续费计算的特殊性，再保险接受人应当根据相关再保险合同的约定，在能够计算确定应向再保险分出人支付的纯益手续费时，将该项纯益手续费作为分保费用，计入当期损益。再保险接受人确认入账的纯益手续费支出金额应为经双方确认一致后的金额。

2. 分保费用的会计处理

在核算分保费用时，再保险接受人应设置“分保费用”科目，该科目属于损益类的费用科目。确认分保费用时，借记“分保费用”科目，贷记“应付分保账款”科目。收到分保业务账单时，按账单标明金额对分保费用进行调整，调整增加金额时，借记“分保费用”科目，贷记“应付分保账款”科目，调整减少金额做相反的会计分录。

【例 2－37】 20×6 年 12 月 22 日，A 保险股份有限公司与 B 保险股份有限公司签订一份成数再保险合同，接受 B 公司分出的原保险业务。合同约定的分保比例为 40%，分保手续费率为 35%。合同起讫日为 20×7 年 1 月 1 日，保险责任期间为 1 年。A 公司经验、技术等方面比较成熟，采用预估方法确认每期的分保费收入。假定 A 公司预估 20×8 年第一季度各月份与 B 公司再保险合同项下的分保费收入金额为：1 月份 340 万元，2 月份 730 万元，3 月份 300 万元。A 公司于 5 月 20 日收到 B 公司发来的第一季度的分保业务账单，账单标明的分保费为 1 460 万元，分保手续费为 511 万元，纯益手续费支出 100 万元。采用账单期分保费收入预估法，A 公司相关账务处理如下：

（1）20×7 年 1 月：

借：应收分保账款—B 公司	3 400 000	
贷：保费收入—分保费收入		3 400 000

分保费用 = 340 × 35% = 119（万元）

借：分保费用	1 190 000	
贷：应付分保账款—B 公司		1 190 000

（2）20×7 年 2 月：

借：应收分保账款—B 公司　　7 300 000
　　贷：保费收入　　7 300 000
借：分保费用　　2 555 000
　　贷：应付分保账款　　2 555 000

(3) 20×7 年 3 月：

借：应收分保账款—B 公司　　3 000 000
　　贷：保费收入　　3 000 000
借：分保费用　　1 050 000
　　贷：应付分保账款—B 公司　　1 050 000

(4) 20×7 年 4 月预估确认分保费收入和分保费用的会计分录略。

(5) 20×7 年 5 月 20 日，收到账单时调整第一季度确认的分保费收入和分保费用：

分保费收入调整金额 = 1 460 - (340 + 730 + 300) = 90（万元）

分保手续费调整金额 = 511 - (119 + 255.5 + 105) = 31.5（万元）

借：应收分保账款—B 公司　　900 000
　　贷：保费收入　　900 000
借：分保费用　　315 000
　　贷：应付分保账款—B 公司　　315 000

A 公司确认纯益手续费支出：

借：分保费用　　1 000 000
　　贷：应付分保账款—B 公司　　1 000 000

此例中，若 A 公司不具备对分保费收入进行预估确认的条件，则 A 公司应在 20×7 年 5 月 20 日收到分保业务账单时直接作如下账务处理：

借：应收分保账款—B 公司　　14 600 000
　　贷：保费收入　　14 600 000
借：分保费用　　5 110 000
　　贷：应付分保账款—B 公司　　5 110 000

（三）分入业务准备金的会计核算

分入业务准备金包括分保未到期责任准备金、分保未决赔款准备金、分保寿险责任准备金、分保长期健康险责任准备金。再保险接受人提取分保未到期责任准备金、分保未决赔款准备金、分保寿险责任准备金、分保长期健康险责任准备金，以及进行相关分保准备金充足性测试，均比照原保险合同的相关规定处理。

由于再保险账单一般滞后，根据权责发生制原则的要求，需要对分入业务进行预估，并以预估后的分保费收入和分保赔款作为评估责任准备金的基础，其会计处理比照原保险合同的相关规定处理。

【例 2-38】 沿用【例 2-37】的资料，假设 B 公司分出的原保险业务为 B 公司为 C 公司仓库的一批存货进行投保。经精算后确定，A 公司针对未到期责任准备金的提取金额为：1 月份 40 万元，2 月份 130 万元，3 月份 30 万元。20×7 年 2 月 C 公司仓库发生意外火灾，造成存货大部分毁损，A 公司定损后，估计理赔金额为 400 万元。暂不考虑分保准备金充足性测试，A 公司账务处理如下：

（1）1 月末提取未到期责任准备金时：

借：提取未到期责任准备金 400 000

贷：未到期责任准备金 400 000

2 月、3 月比照上述处理，金额分别为 130 万元和 30 万元。

（2）2 月份提取未决赔款准备金时：

借：提取未决赔款准备金 ［400 万元 ×40% =］1 600 000

贷：未决赔款准备金 1 600 000

（四）分保赔付成本的会计核算

再保险接受人确认分保赔付成本的会计处理与保险人确认原保险合同赔付成本的会计处理相类似，即再保险接受人应当在收到分保业务账单的当期，按照账单标明的分保赔付款项金额，作为分保赔付成本，计入当期损益；同时，冲减相应的分保准备金余额。

为了反映分保的赔付支出发生情况，再保险接受人应在“赔付支出”科目下按再保险合同和险种设置明细账，也可单独设置“分保赔付支出”科目，该科目属于损益类的费用科目。

【例 2 -39】沿用【例 2 -37】的资料，A 公司于 20×8 年 5 月 20 日收到 B 公司发来的第一季度分保业务账单中标明的分保赔款金额为 200 万元，A 公司已提取的相应分保未决赔款准备金为 160 万元。20×8 年 6 月 5 日 B 公司收到损余物资 50 万元，同时确认对火灾责任人代位追偿权，估计可收回 100 万元。20×8 年 7 月 3 日 B 公司处置损余物资的收入为 60 万元，20×8 年 8 月 3 日，B 公司向责任人收回补偿款 80 万元。A 公司相关账务处理如下：

（1）20×8 年 5 月 20 日，分担赔付成本时：

借：分保赔付支出 2 000 000

贷：应付分保账款—B 公司 2 000 000

（2）20×8 年 5 月 20 日，冲减应付的未赔款准备金时：

借：未决赔款准备金 1 600 000

贷：提取未决赔款准备金 1 600 000

（3）20×8 年 6 月 5 日，B 公司收到损余物资，应调减赔付支出 50×40% =20（万元）

借：应付分保账款—B 公司 200 000

贷：分保赔付支出 200 000

B 公司确认对火灾责任人代位追偿权，应调减赔付支出 100×40% =40（万元）

借：应付分保账款—B 公司 400 000

贷：分保赔付支出 400 000

（4）20×8 年 7 月 3 日，B 公司处置损余物资时，应调减赔付支出 10×40% =4（万元）

借：应付分保账款—B 公司 40 000

贷：分保赔付支出 40 000

（5）20×8 年 8 月 3 日，B 公司向责任人收回补偿款，应调增赔付支出（100 -80）×

40% =8（万元）

借：分保赔付支出 80 000

贷：应付分保账款—B公司 80 000

（五）再保险合同形成的债权债务的会计核算

再保险合同形成的债权债务包括应收分保账款、应付分保账款、预付赔付款、存出分保保证金、预收分出保费等。

1. 应收和应付分保账款的会计处理

应收和应付分保账款，指保险公司由于分保业务而形成的各种应收应付等结算款项。再保险接受人应当按权责发生制原则，在满足确认的条件下确认分保费收入，同时确认应收分保账款；按照再保险合同约定确认分保费用，同时确认应付分保账款。在收到实际分保业务账单时，按账单标明的金额对分保费收入和分保费用进行调整，同时调整应收和应付分保账款。再保险接受人和再保险分出人根据分保业务账单的余额进行结算时，冲销应收和应付分保账款，借记“应付分保账款”科目，贷记“应收分保账款”科目，同时按差额借记或贷记“银行存款”科目。

2. 预付赔付款的会计处理

预付赔付款，指再保险接受人向再保险分出人预付的赔款。应设置“预付赔付款”科目核算预付赔付款，该科目属于资产类科目。支付预付赔款时，借记“预付赔付款”科目，贷记“银行存款”科目；收到分保业务账单时，按照账单上转销的赔付款，借记“应付分保账款”科目，贷记“预付赔付款”科目。

3. 存出分保保证金的会计处理

存出分保保证金是指再保险接受人按约定存出的分保准备金。再保险接受人应当在收到分保业务账单时，依据账单标明的相关金额进行存出分保保证金的会计处理。为了反映存出分保保证金的发生情况，应设置“存出分保保证金”科目，该科目属于资产类科目。按账单标明的再保险分出人扣存本期分保保证金，借记“存出分保保证金”科目，贷记“应收分保账款”科目；同时，按照账单标明的返还上期扣存分保保证金转销相关存出分保保证金，借记“应收分保账款”科目，贷记“存出分保保证金”科目。再保险接受人应当根据相关再保险合同的约定，按期计算存出分保保证金利息，计入当期损益。账务处理为借记“应收分保账款”科目，贷记“利息收入”科目。

4. 预收分出保费的会计处理

预收分出保费是指再保险接受人收到的不符合保费收入确认条件的分出保费，如在超赔业务中，再保险接受人提前向再保险分出人收取的分出保费。为了反映预收分出保费的发生情况，应设置“预收分出保费”科目，该科目属于负债类科目，提前收取分出保费时，借记“银行存款”科目，贷记“预收分出保费”科目。估算分保费收入时，借记“预收分出保费”科目，贷记“保费收入”。

【例2-40】B保险公司收到A保险公司发来的第二季度分保业务账单，账单金额如表2-8所示：

表 2－8　　分保业务账单

分出公司名称：A 保险公司　　分入公司名称：B 保险公司
账单期：第 2 季度　　业务年度：20×7 年度
币种：人民币　　单位：万元

借方		贷方	
项目	金额	项目	金额
分保手续费	2.5	分保费	250
分保赔付费	640	保费准备金返还	125
保费准备金扣存	150	准备金利息	4
应付你方余额		应付我方余额	413.5
合计	792.5		792.5
备注			

经办人：　　复核人：　　批准人：
日期：
盖章：

B 保险公司应进行如下账务处理：

（1）按账单标明的扣存本期分保保证金时：

借：存出保证金　　1 500 000
　　贷：应收分保账款　　1 500 000

（2）按账单标明的返还上期的分保保证金时：

借：应收分保账款　　1 250 000
　　贷：存出保证金　　1 250 000

（3）计提存出保证金利息时：

借：应收分保账款　　40 000
　　贷：利息收入　　40 000

（4）结算分保账款时，应付分保账款 640＋2.5＝642.5（万元），应收分保账款 250＋125＋4－150＝229（万元），实际支付分保账款 642.5－229＝413.5（万元）

借：应付分保账款　　6 425 000
　　贷：应收分保账款　　2 290 000
　　　　银行存款　　4 135 000

课后习题

一、思考题

1. 我国保险公司的保险业务按承保方式的不同可分为几种？
2. 如何确认保费收入？
3. 什么是寿险业务和非寿险业务？

4. 什么是保险合同准备金？保险合同准备金有几种？

5. 什么是寿险原保险合同和非寿险原保险合同？什么是保单现金价值？

6. 独立账户资产及独立账户负债核算什么内容？

7. 再保险合同如何分类？

8. 什么是保户储金及投资款？

9. 再保险合同会计处理有何特点？

10. 分保费收入如何确认和计量？

二、单项选择题

1. 下列属于保险公司资产的是（　　）。

A. 存出资本保证金　　B. 提取的保险保障基金

C. 一般风险准备　　D. 未到期责任准备金

2. 对于非年金保单，如果原保险保单保险风险比例在保单存续期的一个或多个时点大于等于（　　），则确认为保险合同。

A. 1%　　B. 5%

C. 10%　　D. 15%

3. 下列不构成保险公司的成本费用的是（　　）。

A. 提取保险责任准备金　　B. 提取未到期责任准备金

C. 赔付支出　　D. 保单红利支出

4. 保险人应当按照下列（　　）规定计算确定非寿险原保险合同保费收入金额。

A. 分期收取保费的，应当根据当期应收取的保费确定

B. 一次性收取保费的，应当根据一次性应收取的保费确定

C. 一次性缴费或是分期缴费，保费收入金额都是原保险合同约定的保费总额

D. 以上都错

5. 作为保费收入调整项目的准备金是（　　）。

A. 未到期责任准备金　　B. 未决赔款准备金

C. 寿险责任准备金　　D. 长期健康险责任准备金

6. 下列项目不会影响利润表“已赚保费”项目计算的是（　　）。

A. 提取未到期责任准备金　　B. 提取的保险责任准备金

C. 保险业务收入　　D. 分出保费

7. 下列属于保险公司负债项目的是（　　）。

A. 提取未到期责任准备金　　B. 保户储金及投资款

C. 一般风险准备　　D. 保户质押贷款

8. 下列不属于保险公司所有者权益项目的是（　　）。

A. 存出资本保证金　　B. 资本公积

C. 一般风险准备　　D. 其他综合收益

9. 非寿险原保险合同，保费收入确认方法正确的是（　　）。

A. 无论一次性缴费还是分期缴费，保费收入一般在签订保单时一次性确认收入

B. 分期收取保费的，应当根据当期应收取的保费确定；一次性收取保费的，应当根

据一次性应收取的保费确定

C. 无论一次性缴费还是分期缴费，一般在收到保费时确认保费收入

D. 以上都错

10. 下列关于再保险合同会计核算应遵循基本要求，错误的是（　　）。

A. 再保险合同的债权债务应单独确认和计量

B. 再保险合同与有关原保险合同分开确认和计量

C. 按分保业务账单进行结算

D. 按收到分保业务账单时进行收入、费用、债权债务的会计处理

三、多项选择题

1. 保险公司的保险准备金包括（　　）。

A. 未到期责任准备金　　B. 未决赔款准备金

C. 寿险责任准备金　　D. 长期健康险责任准备金

2. 保险公司提取保险保障基金时，应借记贷记的科目是（　　）。

A. 业务及管理费　　B. 其他应付款

C. 保险保障基金　　D. 提取保险保障基金

3. 下列属于寿险原保险合同的是（　　）。

A. 终身寿险　　B. 长期健康保险

C. 短期健康保险　　D. 意外伤害保险

4. 下列属于保险公司成本费用抵减项目的有（　　）。

A. 摊回赔付支出　　B. 摊回保险责任准备金

C. 摊回分保费用　　D. 提取保险责任准备金

5. 原保险合同保费收入同时满足下列（　　）条件的，才能予以确认。

A. 原保险合同成立并承担相应保险责任

B. 与原保险合同相关的经济利益很可能流入

C. 与原保险合同相关的收入能够可靠地计量

D. 与原保险合同相关的成本能够可靠计量

6. 分保费收入确认方法可能是（　　）。

A. 采用预估方法确认每期的分保费收入

B. 收到分保业务账单时确认分保费收入

C. 收到保费收入时确认保费收入

D. 以上都对

7. 下列属于保险公司营业支出的是（　　）。

A. 退保金　　B. 赔付支出

C. 分保费用　　D. 保单红利支出

8. 下列属于保险公司资产的是（　　）。

A. 存出资本保证金　　B. 保户质押贷款

C. 应收分保合同准备金　　D. 保险合同准备金

9. 保险公司应设置（　　）两个科目核算投资连接产品中不属于风险保障部分。

A. 独立账户资产　　　　　　　　　　B. 保户质押贷款
C. 独立账户负债　　　　　　　　　　D. 保险合同准备金

10. 分入业务准备金包括（　　）。
A. 分保未到期责任准备金　　　　　　B. 分保寿险责任准备金
C. 分保未决赔款准备金　　　　　　　D. 分保长期健康险责任准备金

四、判断题

1. 保险保障基金从保费收入中提取，计入当期损益。（　　）

2. 对于保险合同中保险风险部分和其他风险部分能够区分，并且能够单独计量的，保险人应当将保险风险部分和其他风险部分进行分拆。（　　）

3. 判断再保险保单转移的保险风险是否重大时，再保险保单保险风险比例大于1%的，确认为再保险合同。（　　）

4. 寿险业务签定的保单不存在现金价值。（　　）

5. 再保险分出人应将再保险合同形成的收入或费用与有关原保险合同形成的费用或收入相互抵销。（　　）

6. 独立账户资产即企业对分拆核算的投资连接产品不属于风险保障部分确认的独立账户资产价值。（　　）

7. 保险人之间履行再保险合同的约定、办理再保险业务和进行再保险资金结算的主要凭据是分保业务账单。（　　）

8. 原保险合同的保险人可以再保险接受人不对其履行补偿义务为借口而拒绝、减少或延迟履行其对保险受益人的赔偿或给付义务。（　　）

9. 保险公司应设置“业务及管理费”科目，不设置“销售费用”和“管理费用”科目。（　　）

10. 保险人应当在非寿险保险事故发生的当期，按照保险精算确定的未决赔款准备金额，提取未决赔款准备金，并确认未决赔款准备金负债。（　　）

五、业务核算题

1. 20×6年11月1日，甲公司与丁公司签定一份A财产保险合同立即生效，当日收到并确认保费收入56 000元；11月31日，甲公司保险精算部门计算确定A财产保险合同未到期责任准备金金额为48 000元，已发生已报案未决赔款准备金为1万元；12月31日，甲公司保险精算部门计算确定A财产保险合同未到期责任准备金金额为4万元，确定未决赔款准备金金额为12 000元。20×7年4月30日，甲公司确定应赔偿丁公司投保的财产保险款11 000元，发生相关理赔人员薪酬1 000元，尚未支付，假设增值税为6%。

要求：根据经济业务，为甲公司编制相关会计分录。

2. 20×7年12月8日，甲公司作为分出人与H公司签订一份溢额再保险合同，合同起期日为20×8年1月1日，保险责任期间为1年。合同约定，甲公司在每季度账单中，从应付给H公司的分保费中按照一定比例计算扣存分保保证金，扣存期为12个月，次年同期归还，归还同时支付利息，保证金年利率为4%。假定甲公司20×8年4月15日发出的当年第一季度账单中，“扣存本期分保保证金”项目金额为600万元。甲公司于20×8

年4月发出的本年度第一季度对H公司的分保业务账单中，“转回上年同期扣存分保保证金”项目金额为300万元。

要求：（1）编制甲公司关于分保保证金计提及转销、利息计提的会计分录；

（2）编制H公司关于存出分保保证金及返还、利息计提的会计分录。

3. 再保险分入人A公司20×7年4月20日收到分保业务账单上列明分保费收入100万元，分保费用10万元，假设A公司不具备对分保费收入进行预估确认的条件，请写出A公司20×7年4月20日收到分保业务账单时确认分保收入及分保费用的账务处理。

4. 20×7年8月1日，某保户因经济困难，持有效保险单等凭证申请保单质押贷款，保险公司审核后同意发放期限为6个月的、年利率为6%的保单质押贷款10万元，本金和利息到期一并收回。

要求：请写出保险公司发放贷款及到期收回本息的账务处理。

第三章
石油天然气行业会计

引导案例

中海油服的困境[①]

在持续低油价的环境下，三桶油之一的中海油旗下的5家上市公司（中国海洋石油、中海石油化学、山东海化、中海油服和海油工程）中有4家2016年半年业绩预告变脸。这家中国最大的海上油气生产商，已经陷入提质增效、降本扭亏的生死存亡之战。

- 中海油服的困境

中海油服（601808）的业务主要是为油田勘探开发提供钻井、油田技术、船舶和物探勘察服务。公司2015年同期归属于上市公司股东的净利润为人民币8.95亿元。但2016年上半年，却预亏84亿元，一度被公众称为A股“预亏王”，其中计提资产减值损失约人民币71亿元，其位于挪威的CDE公司（COSL Drilling Europe AS）项目，计提商誉减值34.55亿元。

- 尴尬的资产收购

中海油服怎么也想不到，8年前的一宗海外资产收购，会让其戴上尴尬的“预亏王”帽子。其实CDE前期的业绩并不差，中海油服把它买过来之后，正好碰到油价下跌，一跌跌两三年。因此受宏观经济环境及其对行业的影响等原因，中海油服认为CDE相关资产存在减值迹象。

当时中海油服收购要约价为每股85克朗，比CDE当时收盘价约71.6挪威克朗溢价约18.7%，收购其全部约1.49亿股，共需资金约171亿元。中海油服当时主要看中了CDE已有和在建的钻井平台共13艘，以及拥有在建2艘半潜式平台的选择权。

资产减值只是CDE项目的一方面，中海油服还因收购CDE而被追讨巨额税款。2013年11月8日，中海油服公告称，针对CDE某些子公司的补交税额及罚金，挪威税务机关

---

① 根据http：//money.163.com/16/0802/10/BTF5DGKI002524SO.html，《中海油旗下公司大半亏损　开会探讨能不能活下来》整理。

最终认定共需补缴所得税约1.75亿挪威克朗（约1.79亿元）。

- 海外并购何去何从

2016年6月29日，审计署在其官网披露了多条关于中海油的审计问题，其中涉及海外资产收购、投资等多方面。即便如此，这些依然无法动摇这家巨无霸石油央企国际化的步伐。中海油服方面透露：“本次减值后，公司的业务模式不会发生变化，且无实际现金流出，公司经营也不会受到实质影响。公司将坚持国际化发展战略。”

【学习目标】了解油气资产的特点；熟悉成果法、完全成本法与储量认可法；掌握石油天然气开采各个阶段的会计核算；掌握石油天然气资产减值、折耗、弃置、转让的会计核算。

【关键概念】成果法、完全成本法、储量认可法、以价值为基础的披露模式、“历史成本+储量价值”的披露模式、产量法、年限平均法

石油天然气行业是为国民经济提供重要能源的矿产采掘行业，生产对象是不可再生的油气资源，生产活动所依赖的主要是埋藏于地下的油气储量。石油天然气行业的销售活动与一般工商企业无显著差异，但生产系统则复杂得多。石油天然气行业生产系统包括油气勘探、油气开发、油气储运和油气炼化等四个阶段。一般而言，通常把油气勘探和油气开发称为上游生产系统，把油气储运和油气炼化称为下游生产系统。本章主要依据《企业会计准则第27号——石油天然气开采》，从事石油天然气开采企业的矿区权益取得、勘探、开发和生产等活动的会计处理和相关信息披露，不包括油气的储运、炼化、销售等下游活动的处理。

第一节 石油天然气行业会计概述

一、石油天然气行业业务概述

（一）油气资产

1. 油气资产的构成

从事石油天然气开采（以下简称“油气开采”）的企业所拥有或控制的井及相关设施和矿区权益统称油气资产。

（1）井及相关设施。井及相关设施，主要包括油气井、套管、油管、抽油设备和井口装置；提高采收率设施、矿区内集输设施、分离处理设施、计量设备、储存设施、各种海上平台、海底及陆上电缆等设施。

（2）矿区。矿区，指企业开展油气开采活动所处的区域，具有相同的油藏地质构造或储层条件，以及独立的压力系统和独立的集输系统，可作为独立的开发单元。矿区的划

分应遵循以下原则：①一个油气藏可作为一个矿区；②若干相邻且地质构造或储层条件相同或相近的油气藏可作为一个矿区；③一个独立集输计量系统为一个矿区；④一个大的油气藏分为几个独立集输系统并分别计量的，可以分为几个矿区；⑤采用重大、新型采油技术并工业化推广的区域可作为一个矿区；⑥一般而言，划分矿区应优先考虑国家的不同，在同一地理区域内不得将分属不同国家的作业区划分在同一个矿区或矿区组内。

(3) 矿区权益。矿区权益，指企业取得的在矿区内勘探、开发和生产油气的权利。矿区权益又可分为探明矿区权益和未探明矿区权益。探明矿区权益，指已发现探明经济可采储量的矿区；未探明矿区权益，指未发现探明经济可采储量的矿区。

2. 油气资产的特点

(1) 油气资产是长期资产。企业取得探矿权后，勘探油气要经过预查、普查、详查、勘探等多个阶段，而开发建设有开采价值的矿区要经过论证、规划、设计、施工、基础设施等多道工序，从勘探到正式生产需要几年甚至十几年的时间。油气从正式确认到资源枯竭需要很长的时间，能够在较长时期内给矿业权的所有者带来可观的经济利益。探明的矿藏在企业存续期内将带来持续的现金或现金等价物的流入，成为企业生存和发展的基础。因此，油气资产应当归类为长期资产。

(2) 油气资产是递耗资产。递耗资产（wasting assets），指通过开掘、开采和利用，以致逐渐耗竭而难以恢复、更新或按原样重置的自然资源，如矿藏、油田、气田、原始森林等。油气资源会随着采掘活动的进行逐渐耗减并至枯竭，不是取之不尽，用之不竭的。油气资源价值也随储量资产的减少逐渐降低，并且不能通过人力和自然的力量进行重置，难以恢复，不可再生。油气资产的折耗只有在被采掘时才会发生，其折耗额直接构成可供企业销售的商品，并与所采出的储量资产数量成正比变动。

(3) 油气资产价值计量困难。油气深埋于地下，无法直接观测资源储量，油气资产定价非常困难。油气开采受制于地质构造、开采技术的影响，开采成本差异巨大。作为重要的战略资源，油气市场价格还受到地缘政治、国际供求等诸多因素的影响。由于油气的耗竭性和地质条件的复杂性等原因，油气资源储量和价值会随着时间的推移、开采技术的提高或者某些意外情况的发生而变化。油气企业需要根据其实物量和单位价值的变动情况，在生产经营过程中进行多次计量。因此，油气资产价值具有可变性，要对油气进行精确计量比较困难。例如2014年美国能源信息署将页岩油开采地加利福尼亚蒙特利的可采储量预测量猛砍96%，从原先预期的137亿桶直降为6亿桶。

（二）石油天然气开采特点

油气行业是典型的高技术、高投入、高风险的行业，投资周期长，与一般竞争性行业有较大区别，行业壁垒程度高，具有天然垄断性。

1. 高技术

油气资源埋藏在地下，只能通过物理勘探和钻井、测井等间接手段来掌握地下油气资源情况，勘探工作复杂而艰巨。油气开采还面临自然环境恶化、资源品质劣化、油气目标复杂化、安全环保严格化和能源结构多元化的严峻挑战。油气开采难度不断增加，油气资源发现和产量增加有赖于技术的不断突破与革新。页岩气、致密油等非常规油气资源以及深水资源的勘探开发寄希望于新技术、新方法、新装备、新工具的迅速发展。

2. 高投入

石油天然气开发投资巨大，是资金密集型行业。无论是矿区权益取得、油气勘探、技术研发投入，还是生产性投入，都需要大量的资金支持。油气行业的投资额动辄都是以亿计。在我国每找到1亿吨石油储量至少要花10亿元左右的投资。自2014年下半年国际原油价格大幅下跌以来，全球石油行业已大幅削减2015－2020年的上游油气投资计划，削减额超过1万亿美元。油气开采的成本还受地质构造、开采技术的影响，差异巨大。中海油的工作对象在海洋，投入成本比在陆地上的中石油、中石化高很多。

3. 高风险

多种因素促成了油气开采行业的高风险性。其一，勘探结果的不确定性。油气资源不可观测，勘探充满未知，有可能发现具有工业开采价值的油气资源，也可能无功而返而无法弥补勘探成本，从而造成大量的勘探费用损失。其二，油气勘探成本与油气资源价值不存在必然联系。投入大量资金勘探油气资源，不见得都能发现储量丰富、地理位置好、开采条件佳、矿产品位高的油气资源。其三，油气资源丰富的地域容易受地缘政治影响，政治风险高。中东和非洲等地产油国，独裁统治屡见不鲜，在国际形势动荡时期更易滋生战乱，从而导致油气开采企业的投入面临巨大风险。其四，产量递减而成本递增。石油天然气投入开采以后，其产量会因资源耗竭而下降，而且经常是加速的趋势，开采成本也会逐步上升。

【拓展阅读】

中国及世界大石油公司

对于中国的石油行业来说，其已经被三大石油公司：中国石油天然气股份有限公司（简称中石油）、中国石油化工股份有限公司（简称中石化）和中国海洋石油总公司（简称中海油）所垄断，这三大石油公司都已经在国外上市。

根据美国《石油情报周刊》（Petroleum Intelligence Weekly，PIW）公布的2015年全球最大50家石油公司综合排名（PIW Top 50），2015年全球前十大石油公司依次是沙特阿拉伯国家石油公司（沙特阿美）、伊朗国家石油公司（NIOC）、中国石油天然气集团公司（CNPC）、埃克森美孚公司、委内瑞拉国家石油公司（PDVSA）、皇家荷兰壳牌集团、英国石油公司（BP）、俄罗斯石油公司、俄罗斯天然气工业公司和道达尔公司。虽然国际油价低迷、市场需求不旺，但全球前十大石油公司排名基本稳定。据统计，全球前十大石油公司的合计油气储量、油气产量、炼油能力和油品销售量均占世界30%至50%的份额。①

4. 长周期

石油天然气行业从资源勘探到投入商业性开采，全过程的周期非常长。一方面，企业要花费几年的时间进行地质勘探，以确定该地区是否存在商业可采储量；另一方面，当勘

① 全球最大50家石油公司排行榜，http：//mt. sohu. com/20160516/n449661560. shtml

探成功后，企业还要花费大量时间钻凿开发井，铺设集输油气管线，建设联合站、储油库、水电讯路等配套设施，最终才能将石油天然气开采出来。石油天然气企业的生产周期越长，投资无效的可能性就越大，其成本也就越难以确定。

二、石油天然气行业会计核算概述

石油天然气开采的高技术、高投入、高风险、长周期等特点，决定了石油天然气资产会计在计量油气资产、资产减值、损耗及摊销、拆除和恢复确定以及信息披露方法的特殊性。

（一）油气资产勘探支出资本化计量

1. 计量方法

在长期的石油天然气会计实践过程中，形成了历史成本基础下的两种会计计量方法，即成果法和完全成本法。鉴于历史成本法的缺陷，美国还曾经出现过储量认可法。

（1）成果法。成果法的基本原理是如能直接找到石油天然气储量，勘探和开发石油天然气的支出就应该资本化。反之，它们就应该作为费用列入当期损益。

成果法计量的会计资产和收益符合经济学上的资产和收益概念。成果法强调了采掘业中隐藏的风险和不确定性，将那些与未来收益没有关系的成本作为费用处理。成果法以单个油田为成本中心，能够更加准确地反映企业的经营成果和业绩，并且成果法的概念和配比的概念相一致，避免了将不成功的成本资本化，避免了财务报告被歪曲。鉴于油气开采的高风险性，成果法计量具有一定实际意义。

成果法的缺点主要表现为强调了企业的勘探风险，这会打击管理者勘探的积极性，也会诱发管理者操纵利润的动机。如果当年失败的勘探或者已经确定无探明储量的勘探比较多，那么当年的利润就会有大幅的下降，甚至比不勘探的年份还要小。管理者可以通过控制勘探规模来调整阶段性支出，从而达到控制利润的效果，而大油气公司还可以利用成果法进行合理避税。对于新成立的油田企业，初期的勘探工作成功率一般较低，如果采用成果法会使公司当期利润下降，从而给投资者传递一个不良的信号，不利于企业的筹资。而当勘探工作趋于稳定时，又会导致报告的净收益偏高。其实，从另一个角度看油气勘探失败同样能够提供有价值的信息。勘探技术人员可以从失败的结果中总结经验，为下一次的成功勘探进行数据和技术的储备。但成果法对这部分的价值无法体现。

（2）完全成本法。完全成本法，指无论何时何地发生的全部矿区取得、勘探和开发成本都做资本化处理。在完全成本法下，未找到探明储量的一切支出都由探明储量来承担，加以资本化，然后按单位产量法摊销，以正确反映获得探明储量所花费的代价。

完全成本法将不成功的成本视为成功矿区的必要支出，将勘探风险分散到以后年度，强调权责发生制原则，认为在寻找资源的过程中，发生的成功和非成功成本都是储量成本的必要组成部分。新成立的油气企业采用完全成本法核算，可以适当地修饰会计报表，增加投资者信息，方便企业进行筹资。

但完全成本法不符合资产的定义。资产指由企业过去经营交易或各项事项形成的，由企业拥有或控制的，预期会给企业带来经济利益的资源。不成功的勘探成本、不存在矿藏的矿区是无法给企业带来预期的经济利益。资本化不成功的勘探成本，会虚增企业资产和利润。而且完全成本法将损失推迟确认，平滑了各年的利润，和配比原则相矛盾，也无法正确反映成功勘探给企业带来的效益。

（3）储量认可法。1978 年，美国提出了以探明油气储量价值为基础的“储量认可法”，以消除成果法和完全成本法的局限性。储量认可法对油气资产的未来现金流入量贴现计算现行油气资产的价值和收入，同时按照估计的未来现金流出量（开发和生产费用）的现值确认当期费用并冲减油气资产价值。

储量认可法使投资者对企业油气价值有了比较正确的评估，以方便决策，从而增加了会计信息的相关性。但储量认可法下，收入是未实现的预计收入，而费用却包括了已经发生的费用，还包括了估计的未来发生的费用。该方法不符合收入确认的实现原则，这样就导致收入与费用的配比具有不正当性，而且对收入和费用的估计也会为人为操纵提供空间。出于以上的原因，储量认可法在美国也被暂停使用，这种方法目前只限于理论上的分析。

2. 各国会计准则对计量方法的选择

由于储量认可法的缺陷，各国在对油气价值计量时普遍采用成果法或者完全成本法。从以上的分析，可以看出，两者都是以历史成本为基础来计量石油天然气资产，两者的根本分歧在于对未发现探明经济可采储量所产生的勘探成本是资本化还是费用化的问题。表 3－1 反映了成果法与全部成本法的主要差异。

表 3－1　　成果法与全部成本法的主要差异

项　目	成果法下的处理	全部成本法下的处理
地质/地理研究支出	当期费用	资本化
矿区权益取得支出	暂时资本化，根据评估结果进行处理。	资本化
钻井勘探支出	暂时资本化，根据评估结果进行处理。	资本化
开发钻井支出	资本化	资本化
生产	当期费用	当期费用
折耗	以矿区或矿区组为成本中心；以账面价值为折耗基础；以探明经济可采储量或已开发探明经济可采储量为基础计算折耗率。	以国家为成本中心；以账面价值加未来开发支出为折耗基础；以已开发及未开发探明经济可采储量为基础计算折耗率。

在美国，会计准则规定成果法和完全成本法并用。美国大型石油公司基本上都采用了成果法，而小型石油公司则采用完全成本法。IASB 规定只能采用成果法对石油天然气资产进行初始计量。我国《企业会计准则第 27 号——石油天然气开采》明确规定我国石油天然气开采支出只能采用成果法。我国采用成果法计量的主要考虑是我国石油天然气人均储量并不丰富。但采用成果法会影响中小型企业的健康发展。

（二）油气资产后续计量

油气资源实体会随着采掘活动的进行逐渐耗减并至枯竭，因而需要对油气资产价值计提折耗，直至终止确认。油气资源不开采蕴藏量不会折耗，其价值也不会发生转移。因此油气资产的折耗不同于固定资产的折旧，油气资产在没有储量资产采出的情况下，不需要计提折耗额。

在漫长的投资回收期中，油气资产的价值具有可变性。因此需要对油气资产进行减值测算，必要时计提减值准备。单井能够单独产生可计量现金流量的情况极为少见。在勘探、开发和生产期间，特定矿区都是作为一个整体来产生现金流的，因此计提折耗和减值测试均应以矿区作为成本中心。

（三）油气开采企业的信息披露

1. 以历史成本为基础的披露模式

以历史成本为基础的披露模式仅在表内报告资产的期末历史成本。IFRS6《矿产资源的勘探和评价》（2004）中，明确指出勘探与评价资产应以历史成本为基础进行计量。我国的 27 号会计准则也明确提出应使用历史成本计量油气储量资产。表内历史成本报告模式虽然满足了会计信息的可靠性，但相关性无法得到保证。历史成本只反映了油气储量资产的外在价值（发现成本），没有体现油气储量资产的内在价值（储量价值）。历史成本一旦进行初始确认计量后，一般不再进行调整与变动。其计量结果往往与油气储量资产的真实价值相去甚远，势必造成对油气储量资产的歪曲反映。可见，油气资产自身的特性使得历史成本无法完全满足其理论与发展的需要。

2. 以储量价值为基础的披露模式

考虑到历史成本的缺陷，美国 SEC 曾提出了储量认可法。美国财务会计准则委员会（FASB）发布的第 25 号财务会计准则允许应用储量认可法在财务报表之外揭示探明的储量。在发现储量时以探明储量的未来估计价值作为资产进行确认，如果在此期间发现新的油气探明储量，应计算其净现值调增储量资产的价值和收入。

3. “历史成本 + 储量价值”的披露模式

由于自身的缺陷被储量认可法暂停使用后，FASB 于 1982 年提出了现行的“历史成本 + 储量价值”披露模式，规定在历史成本计量的基础上，对石油天然气储量及其变动进行标准化计量，并以此作为重要的补充信息之一，力争为投资者提供探明储量的公平市场价值的近似值。SFAS No. 69 中规定石油和天然气的上市企业，必须披露下列补充资料：（1）以历史成本为计量基础：探明储量数量资料、有关矿产生产活动的矿产资源资产资本化成本、发生在矿区取得、勘探和开发活动的成本、矿产生产活动的经营成果；（2）以公允价值为计量基础：有关探明矿产储量未来净现金流量现值标准化计量及其变化；（3）矿产生产活动的核算方法、矿产资源资产资本化成本的处理方式。

“历史成本 + 储量价值”披露模式不仅完善了历史成本计量的油气储量资产外在价值信息，还增加了对油气储量资产价值的披露，已经成为国际主流的油气信息披露模式。国际会计准则理事会（IASC）也表示赞成财务报表应以历史成本为基础，采用成果法列报，把储量数量和储量价值作为重要的信息对报告进行补充，但未强制披露。我国的 27 号会计准则也倾向于让企业自愿性披露储量数量和储量价值信息。

【实务链接】

中石油探明的油气储量

中石油（601857）在2016年年报中披露了已评估证实储量和证实开发储量（基准日分别为2014年12月31日，2015年12月31日，2016年12月31日），如表3－2所示。

表3－2　中石油探明的油气储量

		2014年	2015年	2016年
证实开发储量	原油（百万桶）	7 253.5	6 195.8	5 176.3
	天然气（十亿立方英尺）	35 823.9	40 406.1	40 663.8
	合计（油当量百万桶）	13 224.2	12 930.2	11 953.5
证实未开发储量	原油（百万桶）	3 339.9	2 325.3	2 261.5
	天然气（十亿立方英尺）	35 273.6	37 118.6	38 048.0
	合计（油当量百万桶）	9 218.8	8 511.7	8 602.9

第二节　石油天然气开采核算

一、石油天然气开采核算概述

石油天然气开采行业的生产活动，指从取得矿权到油气从地下开采出地面的全过程，可以分为四个阶段：矿权取得阶段、勘探阶段、开发阶段和生产阶段。本节分别对这四个阶段的特殊会计核算进行阐述。

设置“油气资产”科目反映油气资产的增减变动，可按照油气资产的类别和矿区进行明细核算。由于油气的勘探和开发存在巨大风险，油气勘探支出和开发支出在发生时，不能直接计入油气资产的价值，因此，设置“油气勘探支出”和“油气开发支出”科目来反映勘探和开发过程中的成本，当符合资本化条件，再转入“油气资产”科目。在油气资产下，一般考虑设置“矿区权益”、“井及相关设施”两个明细科目分别核算。作为长期资产，“油气资产”在资产负债表上一般归属固定资产项目列报。

【实务链接】

中石化附注披露的固定资产

中石化（600028）2016年年报的合并资产负债表中列报的固定资产为373 020百万元。附注中披露了固定资产的明细信息，如表3-3所示。

表3-3　2016年度中石化财务报表附注披露的固定资产

	厂房及建筑物（百万元）	油气资产（百万元）	机器设备及其他（百万元）	总额（百万元）
2016年12月31日				
账面余额	47 586	540 409	443 485	1 031 570
减：累计折旧	21 401	337 394	255 451	614 246
减：减值准备	1 623	26 727	15 954	44 304
账面净值	24 562	176 378	172 080	373 020

二、矿区权益取得支出

为取得矿区权益而发生的成本应当在发生时予以资本化，按照取得时的成本进行初始计量矿区权益。在我国，取得矿区权益的方式一般有申请取得、购买取得、投资者投入、债务重组、非货币性资产交换等方式。

（一）申请取得

申请取得矿区权益的成本包括探矿权使用费、采矿权使用费、土地或海域使用权支出、中介费和可直接归属于矿区权益的其他申请取得支出。

【例3-1】 20×7年10月1日，经国家有关部门批准，中石油下属某公司申请取得某矿区权益，共发生各种支出1 000万元，用银行存款支出，相应会计分录为：

借：油气资产—矿区权益　　10 000 000

　　贷：银行存款　　10 000 000

（二）购买取得

购买取得矿区权益的成本包括购买价款、中介费以及可直接归属于矿区权益的其他购买取得支出。矿区权益取得后发生的探矿权使用费、采矿权使用费和租金等维持矿区权益的支出，应当计入当期损益。

（三）投资者投入

投资者投入的矿区权益，应按照投资合同或协议约定的价值作为初始成本借记“油气资产—矿区权益”科目，按协议股权金额贷记“实收资本”或“股本”科目，两者之间的差额计入资本公积。

（四）债务重组

当企业由于各种原因，可能出现无法偿还债务的情况，这时就可能发生债务重组的情况。企业通过债务重组取得的矿区权益，应当按照受让的矿区权益的公允价值加上应支付的相关税费作为矿区权益的成本，借记“油气资产—矿区权益”科目，按照重组债权已计提的坏账准备，借记“坏账准备”科目，按照重组债权的账面余额，贷记“应收账款”等科目，按照应支付的相关税费，贷记“银行存款”、“应交税费”等科目，按照借贷双方之间的差额，计入营业外收入或营业外支出。可以参照《企业会计准则第12号——债务重组》处理。

【例3-2】20×7年10月10日，中石油下属某公司销售一批产品给某国内甲公司，开出的增值税专用发票注明的销售价款为10万元，增值税销项税额为16 000元，产品已发出，款项尚未收到，20×7年12月1日，甲公司由于资金周转困难，与中石油下属公司达成协议，由甲公司用某矿区权益抵偿债务，矿区权益的公允价值为9万元，假设该公司在接受矿区权益过程中发生相关杂费为1万元，以银行存款支付，该公司没有为该项应收账款计提坏账准备，债务重组过程中没有发生其他相关税费。

借：油气资产—矿区权益　　90 000
　　营业外支出—债务重组损失　　36 000
　　贷：应收账款　　116 000
　　　　银行存款　　10 000

（五）非货币性资产交换

非货币性资产交换取得矿区权益，指企业通过换出非货币性资产换入矿区权益，参照《企业会计准则第7号——非货币性资产交换》处理。

【例3-3】20×7年10月7日，经有关部门批准，中石油下属某公司决定以库存商品交换甲公司的某矿区权益，库存商品的账面余额为9万元，公允价值和计税价格为10万元，适用的增值税税率为16%，假设该公司没有为库存商品计提存货跌价准备，整个交易过程中没有发生除增值税以外的其他相关税费。经认定，该项交易符合非货币性交易的认定条件。

企业以存货与其他资产进行交换，应视同销售。

借：油气资产—矿区权益　　116 000
　　贷：主营业务收入　　100 000
　　　　应交税费—应交增值税（销项税额）　　16 000
借：主营业务成本　　90 000
　　贷：库存商品　　90 000

三、勘探阶段支出

石油天然气勘探的目标是找到有开采价值的新石油储量的位置。由于油气深埋于地下，一般要运用多种技术手段进行勘探评估，如研究地壳构造、采用地球化学方法，甚至是使用卫星成像技术，最终通过钻井来发现石油。

（一）基本勘探过程

1. 预探

石油公司在打油井前，通常要经过专家多次论证，评估什么地方有可以经济有效的发现并开发的油气藏。

2. 发现和产权的租赁

一旦发现有开发价值的矿区，石油公司就需要向土地拥有者租赁或购买使用权或矿产权。矿产权拥有者与石油公司商谈油气勘探、开发和生产权的租赁事项。石油公司来支付所有勘探、开发和生产费用，并且按商定的比例（一般为70% ~80%）将油气产量的拥有权转让给石油公司，出租人享有产量的剩余部分。

3. 租赁矿区的勘探

只有通过钻井才能最终确定地下的油气储量。打成的钻井中，大约只有15% ~25%可进行经济有效的开发。石油公司通常将钻井工作转包给专业钻井公司。

4. 井的评价和完井

当钻井到目标深度后，要从井眼中放入复杂的测量工具以确定测定所钻遇的岩层的性质、深度和潜在的产能。如果实录的测量结果和采集到的岩样表明足够的油气储量存在，勘探作业宣告成功。

完井（well completion），指裸眼井钻达设计井深后，使井底和油层以一定结构连通起来的工艺。完井是钻井工作最后一个重要环节，又是采油工程的开端，与以后采油、注水及整个油气田的开发紧密相连。

（二）勘探支出核算

油井勘探包括地质勘探和钻井两个过程，我国企业会计准则规定使用成果法，只确认发现了探明经济可开采储量的钻井勘探活动的支出。钻井勘探支出在完井后，应分别以下情况处理：

（1）直接归属于发现了探明经济可采出量的有效井段的钻井勘探支出结转为井及相关设施；无效井段支出计入当期损益。

（2）完井时无法确定是否发现了探明经济可采储量，应暂时资本化，但暂时资本化时间不应超过1年。

（3）完井1年后仍无法确定是否发现了探明经济可采储量的，应将暂时资本化的支出全部计入当期损益，除非同时满足以下条件：①该井已发现足够数量的储量，但要确定是否属于探明经济可采储量，还需实施进一步的勘探活动；②进一步的勘探活动已在实施中或已有明确计划并即将实施。

其中，“已有明确计划”是指企业已在其内部管理活动中通过了该计划的实施，例如已拨付资金、已制定出明确的时间表或实施计划并对所涉及人员进行了传达。

企业在勘探过程中发生的支出，借记“油气勘探支出”科目，贷记“银行存款”“累计折旧”“应付职工薪酬”等科目。当勘探完工时，判定是否发现探明经济可采储量，如发现，借记“油气资产—井及相关设施”科目，贷记“油气勘探支出”科目；如没有发现，借记“勘探费用”科目，贷记“油气勘探支出”科目。企业发生的非钻井勘探支出，发生时直接计入勘探费用。

【例3-4】中石油某子公司在勘探过程中发生工程人员工资6万元，机械设备折旧费20万元，以银行存款结算其他探井支出4万元，当勘探作业结束时，可结转相关资本化的勘探支出20万元，其他的不符合资本化条件。

借：油气勘探支出　　300 000
　　贷：银行存款　　40 000
　　　　累计折旧　　200 000
　　　　应付职工薪酬　　60 000
借：油气资产—井及相关设施　　200 000
　　勘探费用　　100 000
　　贷：油气勘探支出　　300 000

四、开发阶段支出

在完成矿区取得和勘探后，确定发现了具有开采价值的储量后，就进入了开发阶段。在开发阶段，取得采矿权的企业在该目标地区进行产能建设，为开采准备物质阶段，主要包括两类活动：一类是钻井和井网部署，另一类是油田地面建设。这种建设成本称为开发成本，开发阶段需要大量打井投入和油田地面建设的投资，依然表现为高投入，但与勘探过程的高投入不同的是，此时的高投入结果是确定的。国际上，无论采用完全成本法还是成果法，对开发成本都资本化处理。

对于钻井和井网部署阶段形成的油井，先在“油气开发支出”中累计，完井是转入“油气资产—井及相关设施”，后续按照产量法或年限平均法计提折旧；对于油田地面建设阶段形成的设备，现在“在建工程”中累计，完工交付使用时转入固定资产，后续按照加速折旧或平均折旧法进行处理。

【例 3－5】某石油公司于 20×7 年发现有价值油田，公司决定当年进行钻井和井网部署工作，期间共发生折旧费 3 万元，人工费用 1 万元，财务费用 5 000 元，管理费用 15 000 元。

（1）发生费用时：
借：油气开发支出　　60 000
　　贷：累计折旧　　30 000
　　　　应付职工薪酬　　10 000
　　　　财务费用　　5 000
　　　　管理费用　　15 000
（2）完井时：
借：油气资产—井及相关设施　　60 000
　　贷：油气开发支出　　60 000

【例 3－6】该公司同时进行了配套的油田地面建设，主要包括集输网络、分离器、气体回收系统、储存罐和计量设施等的建设。期间发生原材料 10 万元，人工费用 5 万元。

（1）建设过程中：
借：在建工程　　150 000
　　贷：应付职工薪酬　　50 000
　　　　原材料　　100 000
（2）完工交付使用：

借：固定资产　　150 000

　贷：在建工程　　150 000

五、生产阶段支出

石油天然气的生产阶段，又称为油气开采阶段，是油气企业上游基本生产活动的最后一个环节，指把油气藏从地底提取到地表，并在矿区内收集、运输、处理、现场储存和矿区管理等活动。该阶段主要由井下作业、注水注气、油气集输、油气处理等专业过程组成。井下作业指对井进行压裂、封堵、酸化、清蜡、维修等；注水注气指为了提高采收率保证压力的方法，压力不够就要注水注气、稠油热采；油气集输指应用管道对油气进行传输；油气处理指把不稳定成分进行集中回收，然后进行油气水的分离，这样就形成了对外销售的商品油和商品气。

设置“油气生产成本”科目核算油气生产过程中发生的各项费用，按油气田区块设置明细科目进行明细核算。油气的生产成本包括油气资产、折耗、固定资产折旧和操作费用等。月末应将发生的全部生产成本转入“库存商品”科目。

【例 3－7】中石油某下属企业 20×7 年 10 月，为管理和维护井及相关设施发生的人工费用为 10 万元，消耗的燃料为 20 万元，相关的会计分录如下：

借：油气生产成本　　300 000

　贷：燃料　　200 000

　　应付职工薪酬　　100 000

第三节
石油天然气资产核算

一、油气资产的折耗处理

油气资产的折耗，指油气资产随着当期开发进展而逐渐转移到所开采产品（油气）成本中的价值。油气资产由矿区权益和井及相关设施组成，矿区权益又分为探明矿区权益和未探明矿区权益。根据我国油气准则的规定，未探明的矿区权益不计提折耗，对探明矿区权益应计提折耗，常见的方法有产量法和年限平均法两种。我国石油天然气开采准则规定使用产量法计提折耗，但也允许使用年限平均法。企业一旦选用了计提折耗的方法，不得随意变更。

（一）产量法

矿区的油气资产成本与该矿区的探明经济可采储量密切相关。产量法也称单位产量法，矿区权益折耗和井及相关设施折耗的计算类似，具体如下：

（1）探明矿区权益折耗额的计算：

$$探明矿区权益折耗率 = \frac{探明矿区当期产量}{探明矿区期末探明经济可采储量 + 探明矿区当期产量}$$

探明矿区权益折耗额 = 探明矿区权益账面价值 × 探明矿区权益折耗率

（2）井及相关设施折耗额的计算：

$$矿区井及相关设施折耗率 = \frac{矿区当期产量}{矿区期末探明已开发经济可采储量 + 矿区当期产量}$$

矿区井及相关设施折耗额 = 期末矿区井及相关设施账面价值 × 矿区井及相关设施折耗率

其中，探明已开发经济可采储量，包括矿区的开发井网钻探和配套设施建设完成后已全面投入开采的探明经济可采储量，以及在提高采收率技术所需的设施已建成并已投产后相应增加的可采储量①。

采用产量法，折耗额与当期生产的产品的数量相关，当期产量越大，其折耗也越大。产量法计提折耗额可适用于单个矿区，也适用于若干具有相同或类似地质构造特征或储层条件的相邻矿区组成的矿区组计算。

【实务链接】

中石油的油气资产折耗

中石油（601857）在2016年年报中披露的油气资产折耗的会计政策如下：

“未探明矿区权益不计提折耗，除此之外的油气资产以油田为单位按产量法进行摊销。产量法折耗率在采矿许可证的现有期限内、根据油气储量在现有设施中的预计可生产量决定。”

（二）年限平均法

年限平均法是常见的折旧计算方法，指将油气资产均衡地分摊到各会计期间，其优点主要在于其简便性，利于实务操作。当企业各期的油气产量比较稳定，按照产量法和按照年限平均法计算的折耗相差不大；但当各期油气产量差异较大的时候，年限平均法存在一定的问题。如某油田开始几年年产量要高于随后几年的年产量，采用年限平均法则单位产量的折旧比随后几年的单位产量的折旧低。但随着油田中后期开采难度越大，由于单位变动成本增加，需要支出更多的设备维修费用，考虑到生产后期单位生产成本上升的因素，年限平均法就歪曲了企业的经营效果，违反了成本与收益的配比原则。

相比之下，产量法更为符合实际。它使油气开采所形成的固定资产投资与油田生命周期内全部油气产量匹配，符合了配比原则；其次，年折耗额与油气已探明储量呈反方向变动，与年实际开采量呈同方向变动，并随着已探明储量和实际开采量的变动而变动，从而使每年的固定资产折耗费用与每年油气开采收益实现了最大程度的配比。②

应设置“累计折耗”科目核算油气资产的折耗，同时可按油气资产的类别、不同矿区或油田进行明细核算。借记“油气生产成本”科目，贷记“累计折耗”。处置油气资产

---

① 许家林：《行业会计》，上海人民出版社，2008年版。

② 李玲：《油气会计若干问题研究》，东北财经大学硕士学位论文，2007年。

时，还应同时结转“累计折耗”。

【例3-8】中石油下属某企业购买探明矿区权益成本为10万元，以现有的生产技术可开采5年。

采用年限平均法：100 000÷5=20 000（元）

借：油气生产成本　　20 000

　　贷：累计折耗—矿区权益折耗　　20 000

如采用产量法，假设矿区经济可采储量为200万吨油当量，如当前开采20万吨油当量，则：

折耗率=20÷200=0.1

当前折耗额=100 000×0.1=10 000（元）

借：油气生产成本　　10 000

　　贷：累计折耗—矿区权益折耗　　10 000

如果第二年开采量为50万吨油当量，期末探明经济可采储量为150万吨：

折耗率=50÷（50+150）=0.25

当前折耗额=100 000×0.25=25 000（元）

借：油气生产成本　　25 000

　　贷：累计折耗—矿区权益折耗　　25 000

二、油气资产的弃置处理

（一）弃置费用

对于石油天然气行业的油气资产，确定其初始入账成本时，还应考虑弃置费用。弃置费用（asset retirement obligation，ARO），指根据国家法律、行政法规或国际公约等规定，生产企业应承担的环境保护和生态恢复等义务所产生的支出。之所以石油天然气行业要考虑弃置处置费用，主要是由于废弃的设施如不加以处理，会对当地环境造成巨大的破坏。油井到其经济开采极限时，该油井应被封堵，拆除地面设备，恢复自然环境的原貌。

矿区弃置费用一般按照井及相关设施的原值及规定比例计算的金额计提，并贴现到现值作为入账金额。表3-4和表3-5分别是我国陆上和海上油气资产弃置费用常用计提比例表。

表3-4　　陆上油气资产弃置费用计提比例

	弃置费用计提比例
1. 油气（水）井	
油井、水井、注聚井	4%
气井	10%
2. 油气（水）集输设备	
联合、轻烃、污水处理站库	7%
输油、转油、集油站库	3%
压气、集气、注汽、注氮站	7%

续表

	弃置费用计提比例
注水、聚合物及计量配水站	3%
3. 输油气（水）管线	
输油管线	7%
输气管线	7%
注水管线	7%

资料来源：李玲，《油气会计若干问题研究》，东北财经大学硕士学位论文，2007 年。

表 3－5　　海上油气资产弃置费用计提比例

	弃置费用计提比例
1. 海底管线	15%
2. 海底电缆	20%
3. 井组平台	20%
4. 单井平台	20%
5. 油气（水）井	10%
6. 油气（水）集输设施	10%
7. 输油气（水）管线	8%

资料来源：李玲，《油气会计若干问题研究》，东北财经大学硕士学位论文，2007 年。

（二）弃置费用核算

考虑到弃置费用高昂，如在弃置时才进行费用化处理，会造成利润的大幅波动，不符合权责发生制的原则，因此一般应采用预计负债的方式。对于符合预计负债确认条件的，应当将该义务确认为预计负债，并相应增加井及相关设施的账面价值。弃置处置费用一般发生在多年以后，须对于弃置费用进行贴现，以弃置费用的现值作为预计负债的初始入账金额。在油气资产的使用寿命内，按照预计负债的摊余成本和实际利率计算的利息费用计入各期财务费用。对于不符合预计负债条件的，废弃时发生的拆卸、搬移、场地清理等支出，应当计入当期损益。

【例 3－9】 20×7 年 12 月 31 日，中石油下属某公司开发的油气井达到预定可使用状态，并投入使用，预计该油气井的使用寿命为 10 年，预计发生的弃置费用为 30 万元，该公司采用的折现率为 10%。

20×7 年 12 月 31 日按弃置费用现值计入油气资产，经查 $PVIF_{10\%,10}=0.3855$，则预计负债为 300 000×0.3855＝115 662（元），相应的会计分录为：

借：油气资产—井及相关设施　　115 662

　　贷：预计负债—油气井弃置费用　　115 662

20×8 年 12 月 31 日确认利息费用，相应会计分录如下：

借：财务费用　　11 566.2

　　贷：预计负债—油气井弃置费用　　11 566.2

20×8 年开始未来 10 年内确认利息费用的会计分录同 20×7 年，但金额不同。

表 3－6　　各年的利息费用

年度	利息费用 （1）＝期初（2）×10%	预计负债账面价值 （2）＝期初（2）＋本期（1）
		115 662
第 1 年	11 566. 20	127 228. 20
第 2 年	12 722. 82	139 951. 02
第 3 年	13 995. 10	153 946. 12
第 4 年	15 394. 61	169 340. 73
第 5 年	16 934. 07	186 274. 81
第 6 年	18 627. 48	204 902. 29
第 7 年	20 490. 23	225 392. 52
第 8 年	22 539. 25	247 931. 77
第 9 年	24 793. 18	272 724. 95
第 10 年	27 275. 05 *	300 000
合计	184 338	

* 27 275. 05 ＝300 000 －272 724. 95

【实务链接】

中石化的预计负债

中石化（600028）2016 年年报中披露："预计负债主要包括预提油气资产未来的拆除费用。"当年预提油气资产未来的拆除费用的变动如下表 3－7：

表 3－7　　中石化预计负债变动

	预计负债（百万元）
2016 年 1 月 1 日余额	33 115
本年预提	3 420
油气资产弃置的拆除义务的财务费用	1 057
本年支出	（843）
外币报表折算差额	169
2016 年 12 月 31 日余额	36 918

三、油气资产的减值处理

矿区权益和井及相关设施都可能发生减值。对于矿区权益，应区分探明矿区权益和未探明矿区权益分别进行减值测试。设置"油气资产减值准备"科目反映油气资产的减值。

（一）探明矿区权益减值

探明矿区权益的减值应按照《企业会计准则第 8 号——资产减值》，在资产负债表日，判断资产是否存在可能发生减值的迹象。若发生减值迹象，计算探明矿区权益和井及相关设施的可回收金额。可回收金额，指油气资产的公允价值减去处置费用后的净额与该资产预计未来现金流量两者之间较高者。其中，处置费用包括与资产处置有关的法律费用、相关税费、搬运费以及为使资产达到可销售状态发生的直接费用等。如果油气资产的可收回金额高于其账面价值，没有发生减值，则不需要计提油气资产减值准备；如果油气资产的可收回金额低于其账面价值，说明油气资产发生了减值，企业应当按照油气资产的可收回金额低于其账面价值的差额，计提油气资产减值准备，借记“资产减值损失”科目，贷记“油气资产减值准备”科目。

【例3-10】 中石油某公司申请取得A地矿区权益，支付探矿权价格100万元，采矿权价款80万元，土地使用权支出60万元，中介费等其他直接支出10万元，该矿区预计可开采4年，假设该公司对矿区权益按单个矿区采用产量法按年计提折耗，本期产量为60万吨，期末探明经济可采储量440万吨，期末经测试发生了减值，该矿区的公允价值为220万元，处置费用为30万元，该矿区未来4年的净现金流量分别为55万元、53万元、52万元、50万元，假定公司采用的折现率为6%，试计算该矿区的减值准备并进行相应的会计处理。①

该矿区账面价值 = 100 + 80 + 60 + 10 = 250（万元）

该矿区应计提的折耗 = 250 × ［60 ÷ （440 + 60）］ = 30（万元）

该矿区的账面净值 = 250 − 30 = 220（万元）

该矿区的公允价值减去处置费用后的金额 = 220 − 30 = 190（万元）

$$资产未来现金净流量的现值\ PV = \sum \frac{第\ t\ 年预计资产未来现金净流量NCF_t}{(1+折现率\ R)^t}$$

$$= \frac{55}{(1+6\%)^1} + \frac{53}{(1+6\%)^2} + \frac{52}{(1+6\%)^3} + \frac{50}{(1+6\%)^4}$$

$$= 51.89 + 47.17 + 43.66 + 39.61 = 182.33\ （万元）$$

由于该矿区的资产未来现金净流量的现值182.33万元小于该矿区的公允价值减去处置费用后的金额190万元，故该矿区的资产可回收金额为190万元，但其低于其账面净值220万元，该矿区发生了减值损失30万元。

借：资产减值损失　　300 000

　　贷：油气资产减值准备　　300 000

（二）未探明矿区权益减值

根据我国石油天然气开采准则的规定，对于未探明矿区权益，应当至少每年进行一次减值测试。单个矿区取得成本较大的，应当以单个矿区为基础进行减值测试，并确定未探明矿区权益减值余额。单个矿区取得成本较小，并且与其他相邻矿区具有相同或类似地质构造特征或储层条件的，可按照若干具有相同或类似地质构造特征或储层条件的相邻矿区所组成的矿区组进行减值测试。如果未探明矿区权益公允价值低于账面价值，其差额应当作为减值损失计入当期损益。按照矿区组进行减值测试并计提减值准备的，确认的减值损

① 该例题根据谷亚芹等，“矿区权益和井及相关设施资产减值会计核算”，《财会通讯》，2010年第11期。

失不分摊至单个矿区权益的账面价值。同资产减值的处理相同，油气资产减值损失一经确认，不得转回。

企业计提未探明矿区权益减值准备时，按照计提的矿区权益减值准备金额，借记“资产减值损失”科目，贷记“油气资产减值准备”科目。

【例3－11】 20×7年12月31日，中石油某国内公司申请取得A地矿区、B地矿区和C地矿区权益，其账面价值分别是40万元、100万元和50万元，这三个矿区相邻，由于其地质构造特征和储层条件相同，因此被划分为一个矿区组（即资产组），至本期期末止该矿区组均未探明经济储量，期末经测试有明显减值迹象，该矿区组的公允价值为180万元，做出计提减值准备的会计处理。

该矿区组的账面价值为190万元（40＋100＋50），该矿区组的公允价值为180万元，公允价值低于其账面价值，表明发生了减值损失10万元。确认的这10万元减值损失不再分摊至单个矿区权益的账面价值。

借：资产减值损失　　100 000

　　贷：油气资产减值准备　　100 000

（三）井及相关设施减值

井及相关设施主要包括油气井、套管、油管、抽油设备和井口装置；提高采收率设施、矿区内集输设施、分离处理设施、计量设备、储存设施、各种海上平台、海底及陆上电缆等设施。井及相关设施减值处理参照探明矿区权益减值的处理办法。

【例3－12】 某石油上市公司20×7年期末某矿区井及相关设施的账面价值为100万元，预计本矿区可开采6年，预计净残值率为10%，假设该公司对矿区井及相关设施按单个矿区采用年限平均法计提折耗。（假设从20×7年开始计提），假定其可收回的金额为80万元，做出计提减值准备的会计处理。井及相关设施年折耗率＝（1－10%）÷6×100%＝15%，井及相关设施年折耗额＝100×15%＝15（万元）。

井及相关设施的账面净值＝100－15 ＝85（万元）

由于其可收回的金额80万元小于其账面净值85万元，表明该项资产发生了减值，减值损失为5万元，会计分录为：

借：资产减值损失　　50 000

　　贷：井及相关设施减值准备　　50 000

四、矿区权益转让处理

对于石油天然气行业，油气资产的转让主要是转让矿区权益，包括转让探明矿区权益和转让未探明矿区权益。

（一）转让探明矿区权益

1. 转让全部探明矿区权益

根据油气准则的规定，转让全部探明矿区权益的，应当将转让所得和矿区权益账面价值的差额计入当期损益。企业应当按照转让矿区权益获得的价款，借记“银行存款”，按照转让矿区权益已计提的折耗，借记“累计折耗”科目，按照转让矿区权益已计提的减值准备，借记“油气资产减值准备”科目，按照转让矿区权益的账面原价，贷记“油气资产”科目，按照借贷双方的差额，计入营业外收入或营业外支出。

【例3－13】 20×7年10月21日，中石化下属某公司转让其拥有的探明矿区，其账面价值为10万元，已经计提减值准备2万元，已提折耗2万元，目前账面价值为6万元，转让所得为9万元。

相关会计分录如下：

借：银行存款	90 000	
油气资产减值准备	20 000	
累计折耗—矿区权益折耗	20 000	
贷：油气资产—矿区权益		100 000
营业外收入		30 000

2. 转让部分探明矿区权益

石油天然气企业转让部分探明矿区权益的，按照转让权益和保留权益的公允价值比例，计算确定已转让部分矿区权益的账面价值，转让所得与已转让矿区权益的账面价值的差额计入当期损益，如上文所述不再累赘。

【例3－14】 20×7年12月10日，中石油下属某公司转让其拥有的矿区中的100平方公里，转让部分的公允价值为800万元，转让所得为1 000万元，整个矿区面积为200平方公里，账面原值为2 000万元，已计提减值准备400万元，目前账面价值为1 600万元，公允价值为1 800万元。

由于公司转让部分权益，且剩余矿区权益成本的收回不存在较大的不确定性，因此，应按照转让权益和保留权益公允价值比例，计算确定已转让部分账面价值。

已转让部分矿区权益账面原值：

8 000 000÷18 000 000×20 000 000＝8 890 000（元）

已转让部分矿区权益计提减值准备：

8 000 000÷18 000 000×4 000 000＝1 780 000（元）

已转让部分矿区权益的账面价值：

8 890 000－1 780 000＝7 110 000（元）

借：银行存款	10 000 000	
油气资产减值准备	1 780 000	
贷：油气资产—矿区权益		8 890 000
营业外收入		2 890 000

（二）转让未探明矿区权益

1. 转让单独计提减值准备的未探明矿区权益

情形1：转让全部未探明矿区权益。石油天然气开采企业转让单独计提减值准备的全部未探明矿区权益的，应当将转让所得与未探明矿区权益账面价值的差额，计入当期损益。

【例3－15】 20×7年10月20日，中石油的下属公司转让未探明矿区，其账面价值为10万元，已计提减值准备4万元，转让所得为8万元。

借：银行存款	80 000

油气资产减值准备　　40 000
贷：油气资产—矿区权益　　100 000
营业外收入　　20 000

情形2：转让部分未探明矿区权益。石油天然气开采企业转让单独计提减值准备的部分未探明矿区权益的，如果转让部分未探明矿区权益所得大于该未探明矿区权益的账面价值，应将其差额计入收益；如果转让所得小于矿区权益账面价值，将转让所得冲减矿区权益的账面价值，冲减至零为止，不确认损益。

【例3-16】 中石油下属公司拥有某未探明矿区，面积为100平方公里，其账面价值为10万元，已计提减值准备为2万元。

(1) 10月5日，公司转让该矿区中的40平方公里，转让所得为3万元，小于矿区的账面价值8万元：

借：银行存款　　30 000
贷：油气资产—矿区权益　　30 000

(2) 10月15日，公司再次转让该矿区中的20平方公里，转让所得为2万元，小于矿区的账面价值（80 000-30 000)50 000元。

借：银行存款　　20 000
贷：油气资产—矿区权益　　20 000

(3) 10月30日，公司转让剩余的40平方公里。

①若转让所得为4万元，由于公司转让所得大于该未探明矿区权益的账面价值(50 000-20 000)30 000元，应将其差额（40 000-30 000)10 000元计入收益，会计分录为：

借：银行存款　　40 000
油气资产减值准备　　20 000
贷：油气资产—矿区权益　　50 000
营业外收入　　10 000

②若公司转让剩余所得为2万元，由于公司转让所得小于该未探明矿区权益的账面价值（50 000-20 000=30 000元）。

借：银行存款　　20 000
贷：油气资产—矿区权益　　20 000

按照油气准则的规定，公司应对该矿区权益的剩余账面价值全额计提减值准备，计提减值损失为：

100 000-20 000-30 000-20 000-20 000=10 000（元）

借：资产减值损失　　10 000
贷：油气资产减值准备　　10 000

2. 转让以矿区组为基础计提减值准备的未探明矿区权益

情形1：转让全部未探明矿区权益。石油天然气企业转让以矿区组为基础计提减值准备的全部未探明矿区权益的，如果转让所得大于未探明矿区权益的账面原值，应将其差额确认为收益；如果转让所得小于矿区账面原值，将转让所得冲减矿区权益的账面价值，冲减至零为止，不确认损益。

【例3-17】20×7年10月20日，中石油下属某公司拥有的未探明矿区B1和B2在进行减值测试时构成一个矿区组，其中B1矿区的权益账面原值为20万元，B2矿区的权益账面原值为30万元，矿区组已计提减值准备10万元，目前矿区组账面价值为40万元。

（1）若转让矿区B1，转让所得为25万元>B1矿区权益账面原值20万元。

借：银行存款	250 000	
贷：油气资产—矿区权益		200 000
营业外收入		50 000

（2）若转让矿区B1，转让所得为18万元<B1矿区权益账面原值20万元。

借：银行存款	180 000	
贷：油气资产—矿区权益		180 000

情形2：转让部分未探明矿区权益。根据油气准则，石油天然气开采企业转让以矿区组为基础计提减值准备的部分未探明矿区权益的，如果转让所得大于该未探明矿区权益的整体账面原值，企业应将其差额计入收益；如果转让所得小于该未探明矿区权益的整体账面原值，企业应将转让所得冲减矿区权益的账面价值，冲减至零为止，不确认损益。

【例3-18】中石油下属公司拥有的未探明矿区F1和F2在进行减值测试时构成一个矿区组。其中F1账面原值为20万元，F2账面原值为30万元，矿区组已经计提减值准备10万元，矿区组账面价值为40万元，2月和8月分别转让矿区F1一部分，8月将整个F1转让完毕。

（1）2月：转让所得为10万元<F1的账面原值20万元：

借：银行存款	100 000	
贷：油气资产—矿区权益		100 000

（2）8月：①如果转让所得为12万元>F1的账面原值（200 000－100 000）10万元：

借：银行存款	120 000	
贷：油气资产—矿区权益		100 000
营业外收入		20 000

②如果转让所得为6万元<F1的账面原值（200 000－100 000）10万元：

借：银行存款	60 000	
贷：油气资产—矿区权益		60 000

课后习题

一、思考题

1. 不同方式取得矿区权益应如何会计处理？
2. 石油天然气会计的计量方式有哪些，请进行比较分析。
3. 矿区的弃置业务是指什么，如何进行确认和计量？

4. 我国石油天然气行业的会计信息披露存在哪些问题，如何改进？

二、单项选择题

1. 我国《企业会计准则》规定，油气勘探支出的确认采用（　　）。

A. 产量法　　B. 年限平均法
C. 成果法　　D. 完全成本法

2. 在油气资产的使用寿命内，按照预计负债的摊余成本和实际利率计算确定的利息费用，应当在发生时计入（　　）。

A. 管理费用　　B. 财务费用
C. 勘探费用　　D. 油气开发支出

3. 矿区权益取得后发生的探矿权使用费、采矿权使用费和租金等维持矿区权益的支出，应当计入（　　）。

A. 管理费用　　B. 财务费用
C. 营业外支出　　D. 其他业务支出

4. 计提的油气资产减值准备借记（　　）账户。

A. 管理费用　　B. 财务费用
C. 营业外支出　　D. 资产减值损失

5. 我国企业会计准则规定，油气勘探支出的处理方法是（　　）。

A. 成果法　　B. 权益法
C. 成本法　　D. 完全成本法

三、多项选择题

1. 矿区权益转让处理包括（　　）。

A. 转让探明矿区权益　　B. 转让申请取得矿区
C. 转让购买取得矿区　　D. 转让未探明矿区权益

2. 探明矿区权益的折耗方法可以采用（　　）。

A. 成果法　　B. 产量法
C. 年限平均法　　D. 完全成本法

3. 油气资产包括（　　）。

A. 房屋　　B. 机器
C. 矿区权益　　D. 井及相关设施

4. 油气勘探支出的处理方法有（　　）。

A. 成果法　　B. 权益法
C. 成本法　　D. 储量认可法

5. 矿区权益取得支出的方式有（　　）。

A. 债务重组　　B. 购买取得
C. 非货币性资产交换　　D. 申请取得

四、判断题

1. 同资产减值的处理相同，油气资产减值损失一经确认，不得转回。（　　）

2. 对于石油天然气行业的油气资产，确定其初始入账成本时，无须考虑弃置费用。（ ）

3. 可收回金额，指油气资产的公允价值减去处置费用后的净额与该资产预计未来现金流量两者之间较低者。（ ）

4. 对于未探明矿区权益，可以不定期进行减值测试。（ ）

五、业务核算题

1. 20×7 年 4 月 10 日，中石油下属某公司决定转让某探明矿区权益，收到价款为 10 万元，该矿区权益已计提折耗 2 万元，已计提减值准备 1 万元，账面原值为 14 万元。

2. 某石油企业 1 月为管理和维护井及相关设施发生的人工费用 5 万元，消耗燃料，材料等费用 2 万元。

3. 20×7 年 1 月 17 日，经有关部门批准，中石油下属某公司决定以库存商品交换甲公司的某矿区权益，库存商品的账面余额为 10 万元，公允价值和计税价格为 12 万元，适用的增值税税率为 16%，假设该公司没有为库存商品计提存货跌价准备，整个交易过程中没有发生除增值税以外的其他相关税费。经认定，该项交易符合非货币性交易的认定条件。

4. 20×7 年 1 月 10 日，中石油下属某公司销售一批产品给某国内甲公司，开出的增值税专用发票注明的销售价款为 400 万元，增值税销售税额为 64 万元，产品已发出，款项尚未找到，20×7 年 12 月 1 日，甲公司由于资金周转困难，与中石油下属公司达成协议，由甲公司用某矿区权益抵偿债务，矿区权益的公允价值为 420 万元，假设该公司在接受矿区权益过程中发生相关杂费为 2 万元，以银行存款支付，该公司没有为该项应收账款计提坏账准备，债务重组过程中没有发生其他相关税费。

5. 某公司在开发油田的同时，进行了配套的油田地面建设。20×7 年 10 月期间发生折旧费用 5 万元，人工费用 1 万元。10 月 31 日竣工。

6. 20×7 年 10 月 20 日，中石油下属某公司拥有的未探明矿区 B1 和 B2 在进行减值测试时构成一个矿区组，其中 B1 矿区的权益账面原值为 2 000 万元，B2 矿区的权益账面原值为 4 000 万元，矿区组已计提减值准备 1 200 万元，目前矿区组账面价值为 4 800 万元。（1）如该公司转让矿区 B1，转让所得为 3 000 万元。（2）如该公司转让矿区 B1，转让所得 1 500 万元。

第二篇　一般工商企业特殊业务会计

第四章
建筑行业特殊业务会计

引导案例

北京城建被举报造假①

2012 年，北京瑞丰恒基房地产开发有限公司（以下简称瑞丰恒基）董事长杜书明实名举报北京城建（600266）集团下属子公司（北京城建四建设工程有限责任公司，以下简称城建四公司）财务造假。

事情缘起 2008 年，当时城建四公司引进杜书明的瑞丰恒基民间资本进行股权改制。改制后的城建四公司注册资金 3 亿元，北京城建集团占股 20%，瑞丰恒基占股 74.5%，自然人股东等占股 5.5%，城建四公司由此成为一家民营控股企业，杜书明任城建四公司董事长。但让杜书明始料未及的是上任后他拿到了两份审计数据“打架”的财务报告（表 4－1）。

表 4－1　　城建四公司两份“打架”的财务报表

改制前城建集团提供的财务报表	改制后财务主管提供的财务报表
2005 年盈利：21 961.37 元 2006 年盈利：12 295.80 元 2007 年盈利：8 238.19 元	2005 年亏损：－7 417.22 万元 2006 年亏损：－11 504.78 万元 2007 年亏损：－10 366.00 万元
重组基准日：2006 年 9 月 30 日 资产总额：27.18 亿元 负债总额：26.81 亿元 净资产：3 681 万元	重组基准日：2006 年 9 月 30 日 资产总额：25.72 亿元 负债总额：27.08 亿元 净资产：－1.36 万元
利安达信隆会计事务所	中审会计师事务所

① 李卓：“民企举报北京城建集团财务造假　曾参与新央视大楼建设”，凤凰网财经频道，http：//finance.ifeng.com/stock/ssgs/20121214/7432939.shtml

出现如此大的悬殊，中审会计师事务所解释称，城建四公司在一些工程项目当中，业主通过不确认结算价格等方式拖欠工程款的情况比较严重，而城建四公司在工程项目的预算、结算管理方面比较薄弱，很多项目在竣工交付使用后的很长时间内无法取得业主对结算价格的确认，从而导致财务部门无法对这些工程款计入到应收账款。与此类似，公司在存货以及应付账款上都存在预算结算不及时，从而导致财务无法入账等问题。

涉及工程建造的交易往往周期长、涉及巨额资金、难以准确定价，建造合同成为上市公司财务造假常用手段。建造合同到底有什么秘密，何以能瞒天过海？

【学习目标】了解工程施工企业业务经营特点与会计核算特点；了解建造合同概念与分类；掌握建造合同工程施工成本与工程施工毛利的核算；掌握建造合同工程价款结算、工程收入确认方法；了解房地产开发企业业务经营特点与会计核算特点；掌握房地产开发成本、开发产品核算；掌握房地产主营业务收入和其他业务收入核算。

【关键概念】建造合同、工程施工、合同成本、合同毛利、工程结算、履约进度、房地产、开发成本、开发产品、投资性房地产、周转房、配套设施、代建工程

广义上的建筑行业，指围绕建筑设计、施工、装修、管理展开的行业。建筑行业企业范围广、数量多，上市的建筑行业企业主要集中于基础设施工程施工、房地产开发建设领域。狭义上的建筑业，是指专门从事土木工程、房屋建设和设备安装以及工程勘察设计工作的生产部门，是物质生产部门，属于第二产业。房地产业，是指以土地和建筑物为经营对象，从事土地和房地产开发、经营、管理和服务的行业，主要包括房地产开发建设及物业管理两大类型业务。根据国家统计局《国民经济行业分类》，房地产业属于第三产业。实际上，房地产业横跨生产、流通、消费三大领域，是集多种经济活动为一体的综合性产业。本章将主要涉及广义建筑行业中的工程施工企业的建筑工程施工、房地产开发企业的房地产开发建设两大类业务核算问题，房屋物业管理将在第六章生活服务行业中涉及。

第一节
工程施工企业特殊业务会计

工程施工企业，指依法自主经营、独立核算，从事房屋建造、设备安装、土木工程和其他专业工程施工的法人组织。工程施工企业从事经营活动通常需要订立工程承包合同，因此工程施工企业国际上统称为承包商（contractor）。本节将根据工程施工企业的业务特点，结合2017年新修订的《企业会计准则第14号——收入》（以下简称“收入准则”）、《建设工程价款结算暂行办法》，介绍工程施工企业特殊业务及其会计核算。

一、工程施工企业特殊业务概述

（一）工程施工企业业务经营特点

1. 建筑产品的固定性与工程施工的流动性

建筑产品的固定性指每一项建筑工程的位置是固定不变的，必须根据建造合同中规定的地点进行施工。建筑产品的固定性使工程施工具有流动性的特点。企业的施工人员和机械设备要随着施工对象所在地点而迁移流动。在每一项工程施工过程中，施工人员在同一个工地不同建筑物之间进行流动施工。

2. 建筑工程类型多样性与工程施工的单件性

建筑工程类型多样，有民用建筑、工业建筑、人防工程、构筑物等。每一项建筑工程都有不同的功能和结构，即使采用相同的标准设计，也会由于受到地形、地质、水文等自然条件及文化习俗的社会条件的影响，需要对设计图纸以及施工方法和施工安排等做出适当的调整和改变。建筑工程项目的多样性，导致建筑工程施工企业只能按照工程项目的不同设计要求组织单件生产，不能像工业企业那样批量生产。

3. 建筑工程项目复杂、工程施工周期长

建筑工程项目一般体量庞大，加之结构复杂，需要众多施工人员、施工单位协同合作，共同完成。施工作业过程中往往有复杂的工艺要求，例如浇筑混凝土后需要保证有一定的养护时间，否则将严重影响建筑工程的质量。随着经济的发展、社会的进步，工程项目的规模和复杂性持续增加、愈发个性化。所有这些因素均导致了工程施工周期长，少则数月、多则数年。

4. 易受自然气候条件影响

建筑工程项目由于位置固定、体积庞大，施工一般都是露天进行，并且高空、地下、水下作业的工程项目，直接受自然气候条件变化的制约。一般在雨季和冬季完成的工作量明显减少，各个月份的工作量也很不均衡。

（二）工程施工企业业务核算特点

1. 采用分级核算方式

为了适应工程施工流动性大、施工生产分散的特点，施工工程企业会计需要采取分级管理、分级核算的办法，使会计核算与工程施工生产有机地结合起来。目前我国工程施工企业一般采取三级核算体制（即公司、工区和施工队）或者两级核算体制（即公司及工区）。公司总部集中进行一级核算，既能准确核算各个工地在施工过程中发生的物资损耗和劳动耗费，又能正确计算和分摊各种间接费用；既能统一结算确认收入，加强资金的管理和运用，又能统一计算企业经营成果，准确交纳各种税费。施工工地进行的二级和三级核算，既能加强施工工地对施工现场的机械设备、工程物资的管理避免集中核算导致施工生产脱节现象，又能准确进行施工工地的成本核算，还能按成本效益原则进行分配，充分调动各级施工单位和职工的积极性。

2. 每项工程独立核算工程施工成本

由于建筑工程类型多样性与工程施工的单件性的特点，工程施工企业不能根据一定时期内发生的全部施工生产费用和完成的工程数量来计算各项工程的单位成本，而必须严格遵循收入与费用配比的会计原则，按照承包的每项工程使用“工程施工—合同成本”科目分别归集施工生产费用，单独计算每项工程成本。同时，由于不同建筑产品之间的差异大、可比性差，不同建筑产品之间的实际成本不便进行比较，因此工程施工企业工程成本分析、控制和考核不是以可比成本为依据，而是以预算成本为依据。此外，工程施工企业除了主要计算建筑安装工程成本之外，还需要计算其附属工业产品成本、机械作业成本以及辅助生产部门所生产的产品成本和提供劳务的成本等。

3. 工程价款结算、收入确认分开处理

巨额造价的工程施工项目，如果等到工程全部竣工后才结算工程价款，势必影响工程施工企业的资金周转，影响工程施工进程。除工期较短、造价较低的工程采用竣工后一次结算价款外，工程施工企业一般会向建设单位预收工程款和备料款，待办理工程价款结算时予以扣还。大多数工程施工企业采用按月结算或分段结算的方式，分期收取工程价款。工程施工企业使用“工程结算”科目核算工程价款结算。然而，按建造合同约定结算工程价款，并不同时确认合同收入。

工程施工项目产品具有不可替代性，工程施工企业在整个合同期间内有权就累计至今已完成的履约部分收取款项。根据收入准则，建造合同属于在某一时段内履行履约义务。企业应当在该时段内按照履约进度确认收入，履约进度不能合理确定的除外。因此，工程施工企业的工程价款结算与收入确认是分开处理的。

4. 工程施工的合同成本核算、成本结转分开处理

根据收入准则，企业为履行合同发生的成本，包括直接人工、直接材料、制造费用等，满足一定条件时应当作为合同成本确认为一项资产。工程施工企业按工程施工实际进度核算工程施工的合同成本，设置“工程施工—合同成本”科目核算各工程施工项目发生的实际成本。

根据收入准则，与合同成本有关的资产应当采用与该资产相关的收入确认相同的基础进行摊销，计入当期损益。工程施工企业按照履约进度确认“主营业务收入”与“主营业务成本”。确认收入的同时并不同期结转“工程施工—合同成本”。为了解决工程施工成本结转的时间差问题，工程施工企业单独设置“工程施工—合同毛利”科目来核算各项施工合同确认的毛利。

（三）工程施工建造合同

建造合同是指为建造一项或数项在设计、技术、功能、最终用途等方面密切相关的资产而订立的合同。合同的甲方称为客户，乙方称为建造承包商。

1. 建造合同类型

建造合同分为固定造价合同和成本加成合同两大类，二者风险承担者不同。目前我国以招投标形式确定工程造价的方式占多数，一般为固定造价合同。

（1）固定造价合同。固定造价合同（fixed price contract），是指按照固定的合同价或固定单价确定工程价款的建造合同。固定造价合同容易遭受建材涨价的风险，主要由建造承包商承担，即工程施工企业本身承担。超过正常市场风险的涨价，承包商可以与发包方协商追加工程价款。

（2）成本加成合同。成本加成合同（cost - plus contract），是指以合同约定或其他方

式议定的成本为基础，加上该成本的一定比例或定额费用确定工程价款的建造合同。例如，建造锅炉房，合同总价款以建造该锅炉房的实际成本为基础，加收5%计取；建造某段地铁，合同总价款以建造该段地铁的实际成本为基础，每公里加600万元。成本加成合同的风险主要由发包方（客户、业主）承担。

2. 建造合同合并

一般情况下，工程施工企业应以订立的单项建筑工程为对象，分别确认各单项建筑工程的收入、费用。如果企业与同一客户（或该客户的关联方）同时订立或在相近时间内先后订立两份或多份合同，满足下列条件之一，应当合并为一份合同进行会计处理：（1）该两份或多份合同基于同一商业目的而订立并构成一揽子交易；（2）该两份或多份合同中的一份合同的对价金额取决于其他合同的定价或履行情况；（3）该两份或多份合同中所承诺的商品（或每份合同中所承诺的部分商品）构成单项履约义务①。

例如，为建造一个冶炼厂，某建造承包商与客户一揽子签订了三项合同，分别建造一个选矿车间、一个冶炼车间和一个工业污水处理系统。根据合同规定，这三个工程将由该建造承包商同时施工，并根据整个项目的施工进度办理价款结算，属于一揽子交易的情形。

3. 建造合同变更

合同变更，是指经合同各方批准对原合同范围或价格作出的变更。例如建造合同在执行中，客户可能会提出追加建造资产的要求。企业应当区分下列三种情形对合同变更进行会计处理：

（1）合同变更增加了可明确区分的商品及合同价款，且新增合同价款反映了新增商品单独售价的，应将该合同变更部分作为一份单独的合同进行会计处理。

（2）合同变更不属于条件（1）规定的情形，且在合同变更日已转让的商品或已提供的服务（以下简称“已转让的商品”）与未转让的商品或未提供的服务（以下简称“未转让的商品”）之间可明确区分的，应当视为原合同终止，同时，将原合同未履约部分与合同变更部分合并为新合同进行会计处理。

（3）合同变更不属于条件（1）规定的情形，且在合同变更日已转让的商品与未转让的商品之间不可明确区分的，应当将该合同变更部分作为原合同的组成部分进行会计处理，由此产生的对已确认收入的影响，应当在合同变更日调整当期收入。

例如，某建筑公司与客户签订一项合同，为客户建造一栋教学楼，合同履行一段时间后，客户决定追加建造一座地上车库，并与该建筑商协商一致增加工程预算100万元。属于条件（1）规定，因此该追加资产的建造应当作为单项合同。

二、工程施工企业合同成本核算

（一）合同成本核算概述

建造合同的合同成本，指为建造某项合同而发生的相关费用，包括从合同签订开始至合同完成止所发生的、与执行合同有关的直接费用和间接费用。直接费用，指为完成合同

① 履约义务，指合同中企业向客户转让可明确区分商品的承诺。

所发生的、可以直接计入合同成本核算对象的各项费用支出，包括材料费用、人工费用、机械使用费和其他直接费用等。间接费用，指为完成合同所发生的、不宜直接归属于合同成本核算对象的各项费用支出。

工程施工企业的合同成本通过“工程施工”科目核算，“工程施工”科目是成本类账户，下设“合同成本”“间接费用”“合同毛利”三个二级科目（图4－1）。“工程施工—合同成本”科目核算各工程施工项目发生的实际成本，借方反映工程施工过程中直接计入的直接费用以及按照一定方法分配分摊计入的间接费用，贷方反映结转的完工工程的实际成本，余额一般在借方，表示未完工工程成本。“工程施工—间接费用”科目归集间接费用，期末结转入“工程施工—合同成本”科目，则该科目无余额。“工程施工—合同毛利”科目核算各工程施工项目确认的合同毛利，将在合同收入核算详述。“工程施工”账户余额由“工程施工—合同成本”与“工程施工—合同毛利”构成。

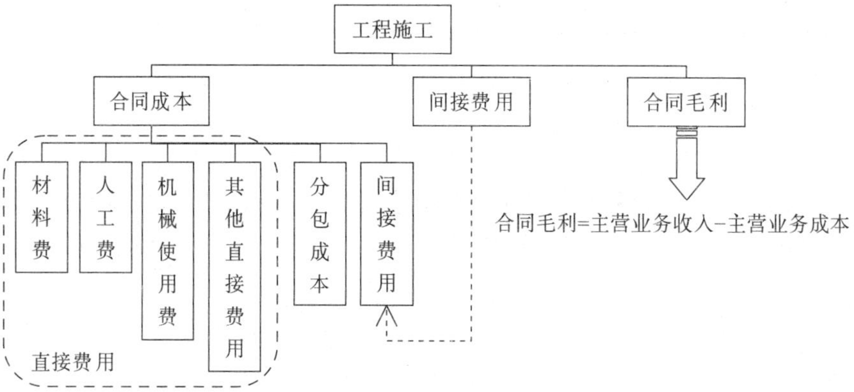

图4－1　“工程施工”明细科目关系结构

（二）合同成本核算

1. 材料费用核算

工程施工企业耗用的材料费用主要包括施工生产过程中耗用的构成工程实体或有助于形成工程实体的直接材料成本，以及周转材料的摊销及租赁费用。

（1）直接材料。施工生产过程中耗用的构成工程实体或有助于形成工程实体的直接材料主要包括主材、结构件、机械配件及其他材料。主材，指直接用于工程并构成工程实体的各种材料，如木材、石材、水泥、砖瓦等；结构件，指经过吊装、拼砌和安装而构成工程实体的各种金属、钢筋混凝土和木质的结构物、砌块等，如高架桥的桥跨结构、建筑物的水泥预制板；机械配件，指施工机械、生产设备、运输设备等各种机械设备替换、维修使用的各种零件和配件，以及为机械设备准备的备品配件；其他材料，指不构成工程或产成品实体，但有助于工程施工的各种材料，如燃料、润滑油等。

工程施工企业的材料费用核算必须严格划分施工生产耗用的界限。直接用于建筑工程的材料才能计入“工程施工—合同成本（材料费）”科目，不包括用于在建工程的材料、及其他非生产性耗用。注意，为“在建工程”准备的物资通过“工程物资”科目核算，为建造合同工程准备的物资材料仍通过“原材料”或“库存材料”科目核算。从资产性质而言，工程物资、在建工程属于非流动资产，建造合同工程的产品作为待销商品属于流动资产，“工程施工”期末在“存货”项目中列报（表4-2）。

【实务链接】

中国建筑（601668）2016年报

表4-2　合并资产负债表　单位：千元

	2015年	2016年
存货	387 589 435	494 268 894
其中：已完工未结算	137 843 236	162 594 801

关于“已完工未结算”项目，年报附注中进一步披露如表4-3所示：

表4-3　建造合同工程　单位：千元

年末的建造合同工程	2015年	2016年
已完工未结算原值	139 816 133	164 654 291
减：已完工未结算跌价准备	(1 972 897)	(2 059 490)
已完工未结算净值	137 843 236	162 594 801

【拓展阅读】

建筑业的增值税

2016年5月1日全面营改增后，建筑业纳入试点范围。根据《销售服务、无形资产或者不动产注释》规定，工程施工企业提供各类建筑服务，包括工程服务、安装服务、修缮服务、装饰服务和其他建筑服务，缴纳增值税。一般纳税人适用税率为11%；2018年5月1日后调整为10%；小规模纳税人提供建筑服务，以及一般纳税人选择简易计税方法的建筑服务，征收率为3%。一般纳税人进项税额可以抵扣，而小规模纳税人适用增值税征收率，其进项税额不可以抵扣。但建筑材料如砂、石、砖、白灰、土方及其他零星材料等基本上由个人、小规模纳税人供应，采购无法取得发票或者取得的发票不是增值税专用发票，无法抵扣。

工程施工企业物资材料的日常核算，应根据自身实际情况，选择实际成本或计划成本计量。工程施工企业耗用的物资材料种类繁多、数量庞大、领用频繁，为了不影响会计信息的及时性，简化存货的核算，常见采用计划成本法。工程施工企业采用计划成本法应设置“材料成本差异”科目，对于外购材料设置“材料采购”科目进行计价对比。购进并已验收入库的存货，按实际成本大于计划成本的超支差额，借记“材料成本差异”科目，贷记“材料采购”科目；按实际成本小于计划成本的节约差额，借记“材料采购”科目，贷记“材料成本差异”科目。

注意月末，对已验收入库但尚未收到发票账单的存货，按计划成本暂估入账，借记“原材料”等科目，贷记“应付账款—暂估应付账款”科目，下月初再用红字作相同的会计分录予以冲回；下月收到发票账单并结算时，按正常的程序进行会计处理。

【例4－1】 甲建筑工程公司工程物资材料采用计划成本法核算，20×7年11月发生下列材料采购业务：

(1) 11月5日，甲建筑工程公司向某水泥厂购买水泥1 200吨417 600元（含16%增值税），运费27 500（含10%增值税），共计445 100元，款项未付。水泥验收入库，计划成本每吨320元。

水泥购买款增值税＝417 600÷1.16×0.16＝57 600（元）

运费增值税＝27 500÷1.10×0.10＝2 500（元）

水泥计划成本＝320×1 200＝384 000（元）

借：材料采购—水泥	385 000	
应交税费—应交增值税（进项税额）	60 100	
贷：应付账款		445 100
借：原材料—水泥	384 000	
材料成本差异—水泥	1 000	
贷：材料采购—水泥		385 000

(2) 11月10日，向某砖厂购买水泥砖200万块，买价232 000元（含16%增值税），运费44 000元（含10%增值税），共计276 000元，以银行存款支付。水泥砖验收入库1 995 000块，每块水泥砖计划成本0.13元。损坏5 000块砖，500块为正常损耗，经协商后由运输公司赔偿450元。

水泥砖购买款增值税＝232 000÷1.16×0.16＝32 000（元）

运费增值税＝44 000÷1.10×0.10＝4 000（元）

借：材料采购—水泥砖	240 000	
应交税费—应交增值税（进项税额）	36 000	
贷：银行存款		276 000

1 995 000块水泥砖计划成本＝0.13×1 995 000＝259 350（元）

借：其他应收款	450	
贷：材料采购—水泥砖		450
借：原材料—水泥砖	259 350	
贷：材料采购—水泥砖		239 550
材料成本差异—水泥砖	19 800	
借：银行存款	450	
贷：其他应收款		450

其他方式取得的物资材料（自行生产或委托加工），不使用“材料采购”账户，直接按计划成本，借记“原材料”等科目，按实际成本贷记“生产成本”“委托加工物资”等相关科目，按实际成本与计划成本之间的差异借记或贷记“材料成本差异”科目。

【例4－2】 沿用【例4－1】资料，11月25日甲建筑工程有限公司委托某构件厂加工结构件8件验收入库。11月累计已经发出甲材料25 000元，银行存款支付加工费11 600元（含16%增值税）、运费1 650元（含10%增值税）。结构件计划成本为每件4 500元。

借：委托加工物资—结构件　　25 000
　　贷：原材料—甲材料　　25 000
借：委托加工物资—结构件　　10 000
　　应交税费—应交增值税（进项税额）　　1 600
　　贷：银行存款　　11 600
借：委托加工物资—结构件　　1 500
　　应交税费—应交增值税（进项税额）　　150
　　贷：银行存款　　1 650

8件结构件计划成本＝8×4 500＝36 000（元）

借：原材料—结构件　　36 000
　　材料成本差异　　500
　　贷：委托加工物资—结构件　　36 500

采用计划成本法，领用各种工程施工项目的物资材料时，先按计划成本，借记“工程施工—合同成本”科目，贷记“原材料”科目；月末，再将月初结存的成本差异和本月形成的成本差异，在本月领用的材料和月末结存的材料之间进行分配，将本月领用的材料和月末结存的材料的计划成本调整为实际成本。

$$当月材料成本差异率=\frac{月初结存材料的成本差异+本月入库材料的成本差异}{月初结存材料的计划成本+本月入库材料的计划成本}$$

领用材料应负担的成本差异＝领用材料的计划成本×当月材料成本差异率

【例4－3】沿用【例4－2】资料，甲建筑工程有限公司A工程11月份领用水泥500吨、水泥砖70万块、结构件3件，B工程11月份领用水泥600吨、水泥砖80万块、结构件3件。甲建筑工程有限公司11月初部分账户余额如表4－4所示。

表4－4　　甲建筑工程有限公司11月初部分账户余额

材料	数量	计划成本（元）	材料成本差异（元）
水泥	100吨	31 000	300
水泥砖	10 000块	1 300	200
结构件	2件	9 000	850

领用物资材料的会计分录：

A工程材料费＝500×310＋700 000×0.13＋3×4 500＝259 500（元）

B工程材料费＝600×310＋800 000×0.13＋3×4 500＝303 500（元）

借：工程施工—合同成本—A工程（材料费）　　259 500
　　　　　　　　　　　—B工程（材料费）　　303 500
　　贷：原材料—水泥　　341 000
　　　　　　　—水泥砖　　195 000
　　　　　　　—结构件　　27 000

根据【例4-1】、【例4-2】资料，汇总甲建筑工程有限公司11月材料采购数据如表4-5所示。

表4-5　　当月采购材料汇总表

材料	数量	计划成本（元）	实际成本（元）	材料成本差异（元）
水泥	1 200吨	384 000	385 000	1 000
水泥砖	1 995 000块	259 350	239 550	-19 800
结构件	8件	36 000	36 500	500

$$当月水泥材料成本差异率=\frac{300+1\ 000}{31\ 000+384\ 000}=0.3\%$$

$$当月水泥砖材料成本差异率=\frac{200-19\ 800}{1\ 300+259\ 350}=-7.5\%$$

$$当月结构件材料成本差异率=\frac{850+500}{9\ 000+36\ 000}=3\%$$

当月领用材料如表4-6所示。

表4-6　　当月领用材料汇总表　　单位：元

		A工程	B工程	合计
水泥	计划成本	155 000	186 000	341 000
	成本差异（0.3%）	465	558	1 023
水泥砖	计划成本	91 000	104 000	195 000
	成本差异（-7.5%）	-6 825	-7 800	-14 625
结构件	计划成本	13 500	13 500	27 000
	成本差异（3%）	405	405	810

A工程应分担材料成本差异=465-6 825+405=-5 955（元）

B工程应分担材料成本差异=558-7 800+405=-6 837（元）

分配材料成本差异：

借：材料成本差异—水泥砖　　14 625

　　贷：材料成本差异—水泥　　1 023

　　　　　　　　　　—结构件　　810

　　　　工程施工—合同成本—A工程（材料费）　　5 955

　　　　　　　　　　　　　—B工程（材料费）　　6 837

（2）周转材料。周转材料，指企业在施工过程中能多次使用并可基本保持原来的实物形态而逐渐转移其价值的材料，如施工中使用的模板、挡板和脚手架等。工程施工企业设置“周转材料”科目核算周转材料的实际成本（或计划成本）增减变化、摊销和结存情况，并设置“在库周转材料”“在用周转材料”“周转材料摊销”三个二级账户。

周转材料的摊销方法主要有：①一次摊销法，领用时一次计入工程成本，适用于易腐、易糟的周转材料，如安全网；②五五摊销法，领用时摊销50%，报废时再摊销余下

50%，适用于不能分清使用次数的周转材料，如脚手架、塔吊轻轨、枕木、跳板等周转材料；③分次摊销法，根据使用次数分次摊销，一般适用于能分清使用次数的周转材料，如预制钢筋混凝土结构件时所用的定型模板、挡板等。分次摊销法下，周转材料每次摊销额＝周转材料原值×(1－残值率)÷预计使用次数。

【例4－4】 20×7年甲建筑工程有限公司承建X小区工程。6月1日，领用一次摊销的安全网一批，计划成本12 000元，材料成本差异率－2%；6月5日，领用五五摊销的脚手架一批，计划成本20万元，材料成本差异率3%，12月25日报废脚手架，收回残值收入300元；6月15日，领用分5次摊销、预期无残值的全新模板一批，计划成本2万元，材料成本差异率1%。

(1) 6月1日，领用安全网，一次摊销。

借：工程施工—合同成本—X小区（材料费） 11 760
　　材料成本差异—周转材料（安全网） 240
　　贷：周转材料—在库周转材料（安全网） 12 000

(2) 6月5日，领用脚手架，同时摊销50%脚手架。

借：周转材料—在用周转材料（脚手架） 200 000
　　贷：周转材料—在库周转材料（脚手架） 200 000
借：工程施工—合同成本—X小区（材料费） 100 000
　　贷：周转材料—周转材料摊销（脚手架） 100 000
借：工程施工—合同成本—X小区（材料费） 3 000
　　贷：材料成本差异—周转材料（脚手架） 3 000

(3) 6月15日，领用模板并摊销。

借：周转材料—在用周转材料（模板） 20 000
　　贷：周转材料—在库周转材料（模板） 20 000
借：工程施工—合同成本—X小区（材料费） 4 000
　　贷：周转材料—周转材料摊销（模板） 4 000
借：工程施工—合同成本—X小区（材料费） 400
　　贷：周转材料—周转材料摊销（模板） 400

(4) 12月25日，报废脚手架，收回残值。

借：工程施工—合同成本—X小区（材料费） 100 000
　　贷：周转材料—周转材料摊销（脚手架） 100 000
借：工程施工—合同成本—X小区（材料费） 3 000
　　贷：材料成本差异—周转材料（脚手架） 3 000
借：库存现金 300
　　贷：工程施工—合同成本—X小区（材料费） 300
借：周转材料—周转材料摊销（脚手架） 200 000
　　贷：周转材料—在用周转材料（脚手架） 200 000

工程施工企业的周转材料如果是向租赁公司租赁的，租赁费可以直接计入工程成本。借记“工程施工—合同成本（材料费）”科目，贷记“应付账款”“银行存款”等科目。

2. 人工费用核算

耗用的人工费用，指从事工程建造的人员的工资、奖金、津贴补贴、职工福利费等职工薪酬。仅有一个核算对象或能分清受益对象的，人工费用应直接计入“工程施工—合同成本—某工程（人工费）”；有两个及以上受益对象的人工费用，应按照系统、合理的方法分配计入各受益对象。

$$单位工时薪酬=\frac{当期实际发生的直接工资总额}{当期各合同实际耗用工时之和}$$

$$\begin{matrix}某工程应分配\\的直接工资\end{matrix}=\begin{matrix}当期该工程实\\际耗用工时数\end{matrix}\times 单位工时薪酬$$

【例4-5】 甲建筑工程有限公司20×7年承接某中学建设工程，包括教学楼、宿舍楼两幢建筑。10月应付从事工程施工的工人的人工费270 000元，其中教学楼耗用3 000工时，宿舍楼耗用1 500工时。

$$单位工时薪酬=\frac{270\ 000}{3\ 000+1\ 500}=60\ （元/工时）$$

教学楼应分配工资 = 3 000 × 60 = 180 000（元）

宿舍楼应分配工资 = 1 500 × 60 = 90 000（元）

借：工程施工—合同成本—教学楼（人工费）　　180 000
　　　　　　　　　　　—宿舍楼（人工费）　　90 000
　贷：应付职工薪酬　　270 000

3. 机械使用费核算

耗用的机械使用费，主要包括施工生产过程中使用自有施工机械所发生的机械使用费、租用外单位施工机械支付的租赁费和施工机械的安装、拆卸和进出场费。对于能分清受益对象的机械适用费直接计入各受益工程的成本，借记“工程施工—合同成本（机械使用费）”科目，贷记“银行存款”“应付账款”等科目。如果有两个及以上受益对象，机械租赁费先通过“机械作业”科目归集，月末再分配至各工程项目进行结转。机械作业费用的分配结转应根据各种机械不同特点选择适用的分配方法，一般有台班分配法、作业量分配法等（表4-7）。

表4-7　　机械作业费用分配法

台班分配法	$\begin{matrix}单位台班\\实际成本\end{matrix}=\frac{某种机械作业费用合计}{某种机械实际作业台班数}$ $\begin{matrix}某工程应分配\\的机械作业费\end{matrix}=\begin{matrix}当期该工程使用\\该机械台班数\end{matrix}\times\begin{matrix}单位台班\\实际成本\end{matrix}$
作业量分配法	$\begin{matrix}单位作业量\\实际成本\end{matrix}=\frac{某种机械作业费用合计}{某种机械实际作业量}$ $\begin{matrix}某工程应分配\\的机械作业费\end{matrix}=\begin{matrix}当期该工程使用\\该机械完成作业量\end{matrix}\times\begin{matrix}单位作业量\\实际成本\end{matrix}$

【例4-6】 甲建筑工程有限公司20×7年承建某中学教学楼、宿舍楼两幢建筑。10月向施工机械租赁公司租用挖掘机应付租赁费64 000元，教学楼耗用50台班，宿舍楼耗

用30台班，机械使用费按工时分配。

（1）发生机械使用费。

借：机械作业　　64 000

　　贷：应付账款　　64 000

（2）月末分配机械使用费。

教学楼分配机械使用费 $=64\ 000\times50\div(50+30)=40\ 000$（元）

宿舍楼分配机械使用费 $=64\ 000\times30\div(50+30)=24\ 000$（元）

借：工程施工—合同成本—教学楼（机械使用费）　　40 000

　　　　　　　　　　　—宿舍楼（机械使用费）　　24 000

　　贷：机械作业　　64 000

4. 其他直接费用核算

其他直接费用，指在施工过程中发生的除上述三项直接费用以外的其他可以直接计入合同成本核算对象的费用。主要包括有关的设计和技术援助费用、施工现场材料的二次搬运费、生产工具和用具使用费、检验试验费、工程定位复测费、工程点交费用、场地清理费用等。

仅有一个核算对象或能分清受益对象的，发生的其他直接费用直接计入各受益工程"工程施工—合同成本—某工程（其他直接费用）"；有两个及以上受益对象的其他直接费用，可以通过"其他直接费用"科目进行归集，月末再按照系统、合理的方法分配入各受益工程。其他直接费用分配常见用预算成本比例法、人工费用比例法等。

$$\text{当期某工程应分配的其他直接费用}=\text{当期其他直接费用总额}\times\text{该工程分配权重}$$

$$=\text{当期其他直接费用总额}\times\frac{\text{该工程预算总成本}}{\text{各工程预算总成本合计}}$$

$$\text{或者}=\text{当期其他直接费用总额}\times\frac{\text{当期该工程实际人工费用}}{\text{当期各工程实际人工费用总额}}$$

【例4-7】甲建筑工程有限公司20×7年承建某中学教学楼、宿舍楼两幢建筑。10月发生二次搬运费3 500元，场地清理费2 500元，检验测试费6 000元，均以银行存款支付。教学楼预算成本为2 000万元，宿舍楼预算成本为1 000万元。

（1）费用发生时：

借：其他直接费用　　12 000

　　贷：银行存款　　12 000

（2）月末分配结转：

教学楼应分配的其他直接费用 $=12\ 000\times2\ 000\div(2\ 000+1\ 000)=8\ 000$（元）

宿舍楼应分配的其他直接费用 $=12\ 000\times1\ 000\div(2\ 000+1\ 000)=4\ 000$（元）

借：工程施工—合同成本—教学楼（其他直接费用）　　8 000

　　　　　　　　　　　—宿舍楼（其他直接费用）　　4 000

　　贷：其他直接费用　　12 000

5. 间接费用核算

间接费用主要包括临时设施摊销费用和企业下属的施工单位组织和管理施工生产活动所发生的费用，如施工现场管理人员薪酬、办公费、差旅费、劳动保护费、固定资产折旧费及修理费、物料消耗、取暖费、水电费、财产保险费、工程保修费、排污费、符合资本化条件的借款费用等。

（1）临时设施摊销费用。临时设施，指工程施工企业为保证施工和管理的正常进行而建造的各种简易，包括临时搭建的板房、作业棚、化灰池、储水池、沥青锅灶、铁路、围墙、供水供电设施等。

临时设施应以建造实际成本计价，并按工程收益期限分摊入合同成本。报废清理回收的残值扣除清理费列作营业外收支，设置“临时设施”“临时设施摊销”和“临时设施清理”科目。

【例4-8】 甲建筑工程有限公司20×7年承建某中学教学楼、宿舍楼两幢建筑。在施工现场搭建临时库房一间。领用材料16 000元，发生人工费用6 000元，银行存款支付其他费用3 000元。搭建后交付使用，工程期2年为临时设施的摊销期，预计残值收入为1 000元。由于承包工程提前2个月竣工，清理临时设施支出500元，残料作价2 000元入库。

（1）搭建临时设施，交付使用。

借：在建工程—临时设施	25 000	
贷：原材料		16 000
应付职工薪酬		6 000
银行存款		3 000
借：临时设施—临时库房	25 000	
贷：在建工程—临时设施		25 000

（2）临时设施摊销。

月摊销金额 =（25 000 - 1 000）÷24 = 1 000（元）

借：工程施工—间接费用	1 000	
贷：临时设施摊销		1 000

（3）临时设施清理。

借：临时设施清理	3 000	
临时设施摊销	22 000	
贷：临时设施—临时库房		25 000
借：临时设施清理	500	
贷：银行存款		500
借：原材料	2 000	
贷：临时设施清理		2 000
借：营业外支出	1 500	
贷：临时设施清理		1 500

（2）间接费用归集与分配。间接费用虽然也构成了合同成本的组成内容，但是间接费用在发生时一般不宜直接归属于受益对象，应先在“工程施工—间接费用”科目归集，

在资产负债表日按照系统、合理的方法分配结转计入"工程施工—合同成本"科目。间接费用的分配方法主要有人工费用比例法、直接费用比例法等。

$$\text{当期某工程应分配的间接费用}=\text{当期间接费用总额}\times\text{该工程分配权重}$$

$$=\text{当期间接费用总额}\times\frac{\text{当期该工程实际人工费用}}{\text{当期各工程实际人工费用总额}}$$

$$\text{或者}=\text{当期间接费用总额}\times\frac{\text{当期该工程直接费用}}{\text{当期各工程直接费用总额}}$$

【例4-9】 甲建筑工程有限公司20×7年承建某中学教学楼、宿舍楼两幢建筑。10月共发生间接费用54 000元。已知教学楼发生人工费18万元，宿舍楼发生人工费9万元。假设采用人工费用比例法分配间接费用。

第一项目经理部当期共发生间接费用50万元。

教学楼应分配的间接费用 = 54 000 × 180 000 ÷ 270 000 = 36 000（元）

宿舍楼应分配的间接费用 = 54 000 × 90 000 ÷ 270 000 = 18 000（元）

（1）实际发生的间接费用：

借：工程施工—间接费用　　54 000

　　贷：银行存款等　　54 000

（2）资产负债表日将间接费用分配计入各合同成本：

借：工程施工—合同成本—教学楼（间接费用）　　36 000

　　　　　　　　　　　—宿舍楼（间接费用）　　18 000

　　贷：工程施工—间接费用　　54 000

6. 其他成本与费用核算

（1）分包成本。工程施工企业可以将承包工程中的部分工程分包给具有相应资质条件的分包单位。例如某建筑施工企业承揽了一项建筑工程，其中一些水电路需要由专业施工单位进行施工。工程施工企业须设置"工程施工—合同成本—分包成本"科目核算相关成本，分包成本占总合同成本的比重反映工程施工企业的施工能力。

【例4-10】 甲建筑工程有限公司承揽一项工程，合同总造价800万元，其中装修工程200万元，分包给某装修工程公司。

分包工程验收完工时：

借：工程施工—合同成本—分包成本　　2 000 000

　　贷：应付账款　　2 000 000

（2）与建造合同相关的借款费用。工程施工企业在工程建造期间发生的借款费用，符合《企业会计准则第17号——借款费用》规定的资本化条件的，应当计入合同成本。合同完成后发生的借款费用，应计入当期损益，不再计入合同成本。

（3）为取得合同发生的增量成本。为取得合同发生的增量成本，指企业不取得合同就不会发生的成本，如销售佣金等。企业为取得合同发生的增量成本预期能够收回的，应当作为合同取得成本确认为一项资产。但该资产摊销期限不超过一年的，可以在发生时计入当期损益。建造承包商为订立合同而发生的差旅费、投标费等，能够单独区分和可靠计量且合同很可能订立的，应当予以归集，待取得合同时计入合同成本，借记“工程施工—合同成本—某工程（其他直接费用）”科目。未满足上述条件的，应当计入当期损益。

（4）零星收益。与合同有关的零星收益，指在合同执行过程中取得的，但不计入合同收入而应冲减合同成本的非经常性的收益。例如，完成合同后处置残余物资取得的收益。由于工程领用材料时已将领用材料的价值直接计入了合同成本中，因此，处置残余物资的收益应冲减合同成本，如【例4－4】。

【例4－11】 甲建筑工程有限公司20×7年3月根据“工资结算汇总表”编制了“人工费用分配表”如表4－8所示、“职工福利费提取表”如表4－9所示。

表4－8　　人工费用分配表　　单位：元

应借账户 \ 人员类别		建安工程施工人员	机械施工机上人员	施工现场管理人员	企业行政管理人员	采购仓管人员	市场销售人员	在建工程人员	合计
施工工程	A工程	160 000							160 000
	B工程	100 000							100 000
机械作业	起重机		9 000						9 000
	搅拌机		6 000						6 000
工程施工—间接费用				20 000					20 000
管理费用					36 000				36 000
采购保管费						8 000			8 000
管理费用							4 000		4 000
在建工程								60 000	60 000
合计		260 000	15 000	20 000	36 000	8 000	4 000	60 000	403 000

表4－9　　职工福利费提取表　　单位：元

人员类别		应借账户	工资总额	计提额（14%）
建安工程施工人员	A工程	工程施工—A工程	160 000	22 400
	B工程	工程施工—B工程	100 000	14 000
机械施工机上人员	起重机	机械作业	9 000	1 260
	搅拌机	机械作业	6 000	840
施工现场管理人员		工程施工—间接费用	20 000	2 800
企业行政管理人员		管理费用	36 000	5 040
采购仓管人员		管理费用	8 000	1 120
市场销售人员		销售费用	4 000	560
在建工程人员		在建工程	60 000	8 400
合计			403 000	56 420

3月，起重机机上人员操作100总工时，A工程60工时、B工程40工时，搅拌机机上人员操作200工时，A工程130工时、B工程70工时。公司采用人工费用比例法分配

工程间接费用。甲公司材料费用采用实际成本法，3 月公司采购材料实际成本为 456 000 元，A 工程耗用 304 000 元，B 工程耗用 152 000 元。

（1）职工薪酬核算。

借：工程施工—合同成本—A 工程（人工费）　182 400
　　　　　　　　　　　—B 工程（人工费）　114 000
　　机械作业　17 100
　　工程施工—间接费用　22 800
　　管理费用　41 040
　　管理费用　9 120
　　销售费用　4 560
　　在建工程　68 400
　　贷：应付职工薪酬—工资　403 000
　　　　　　　　　　—职工福利　56 420

（2）分配机械使用费。

A 工程应分担“机械作业”费用 = 起重机人工费 + 搅拌机人工费 = 10 260 × 60 ÷ 100 + 6 840 × 130 ÷ 200 = 6 156 + 4 446 = 10 602（元）

B 工程应分担“机械作业”费用 = 起重机人工费 + 搅拌机人工费 = 10 260 × 40 ÷ 100 + 6 840 × 70 ÷ 200 = 4 104 + 2 394 = 6 498（元）

借：工程施工—合同成本—A 工程（机械使用费）　10 602
　　　　　　　　　　　—B 工程（机械使用费）　6 498
　　贷：机械作业　17 100

（3）分配间接费用。

A 工程分配的间接费用 = 22 800 × 182 400 ÷（182 400 + 114 000）= 14 031（元）

B 工程分配的间接费用 = 22 800 × 114 000 ÷（182 400 + 114 000）= 8 769（元）

借：工程施工—合同成本—A 工程（间接费用）　14 031
　　　　　　　　　　　—B 工程（间接费用）　8 769
　　贷：工程施工—间接费用　22 800

（三）与合同成本有关的资产的减值

工程施工企业建造的资产，类似于工业企业的在产品，性质上属于存货，期末应当对其进行减值测试。根据收入准则，与合同成本有关的资产，其账面价值高于下列两项差额的，超出部分应当计提减值准备，并确认为资产减值损失：（1）企业因转让与该资产相关的商品预期能够取得的剩余对价；（2）为转让该相关商品估计将要发生的成本。

前期减值的因素消除，使得前款（1）减（2）的差额高于该资产账面价值的，应当转回原已计提的资产减值准备，并计入当期损益，但转回后的资产账面价值不应超过假定不计提减值准备情况下该资产在转回日的账面价值。与合同成本有关的资产的减值例题见【例 4－14】。

三、工程施工企业收入核算

（一）工程施工企业收入核算概述

根据基本准则，收入只有在经济利益很可能流入从而导致企业资产增加或者负债减少、且经济利益的流入额能够可靠计量时才能予以确认。在满足收入确认条件下，根据收入准则，对于在某一时段内履行的履约义务，企业应当在该段时间内按照履约进度确认收入，但履约进度不能合理确定的除外。当履约进度不能合理确定时，企业已经发生的成本预计能够得到补偿的，应当按照已经发生的成本金额确认收入，直到履约进度能够合理确定为止。

一般企业确认营业收入的同时，确认应收账款。涉及建造合同的工程施工企业工程结算核算时确认应收账款，依据履约进度确认营业收入，同时确认主营业务成本与合同毛利（表4－10）。

表4－10　　收入核算对比

一般企业	工程施工企业
借：应收账款 　　贷：主营业务收入	借：应收账款 　　贷：工程结算 借：主营业务成本 　　工程施工—合同毛利 　　贷：主营业务收入

（二）履约进度

1. 履约进度能合理确定的情况

（1）履约进度的确定。根据收入准则，企业应当考虑商品的性质，采用产出法或投入法确定恰当的履约进度。产出法是根据已转移给客户的商品对于客户的价值确定履约进度；投入法是根据企业为履行履约义务的投入确定履约进度。对于类似情况下的类似履约义务，企业应当采用相同的方法确定履约进度。

工程施工项目待工程全部竣工验收后才移交客户，不适合按产出法来确定履约进度。建造合同适合采用投入法确定履约进度，有以下三种方法：

第一，根据已经完成的合同工作量占合同预计总工作量的比例确定。该方法适用于合同工作量容易确定的建造合同，如道路工程、土石方挖掘、砌筑工程等。

$$合同履约进度=\frac{已经完成的合同工作量}{合同预计总工作量}\times 100\%$$

第二，根据累计实际发生的合同成本占合同预计总成本的比例确定。该方法是以投入法确定合同履约进度比较常用的方法。

$$合同履约进度=\frac{累计实际发生的合同成本}{合同预计总成本}\times 100\%$$

累计实际发生的合同成本是指形成工程履约进度的工程实体和工作量所耗用的直接成本和间接成本，不包括下列内容：

①与合同未来活动相关的合同成本。该类成本未构成工程实体，不应计入累计实际发生的合同成本。例如，施工现场尚未安装、使用或耗用的材料成本。

【例4-12】 某建筑公司承建A工程，工期2年，A工程的预计总成本为1 000万元。第一年，该建筑公司的“工程施工—合同成本—A工程”账户的实际发生额为790万元。其中：人工费250万元，材料费380万元，机械作业费100万元，其他直接费用和工程间接费用50万元。经查明，A工程领用的材料中有一批虽已运到施工现场但尚未使用，尚未使用的材料成本为90万元。根据上述资料计算第一年的履约进度如下：

合同履约进度 = $(790-90)\div 1\ 000\times 100\%=70\%$

②在分包工程的工作量完成之前预付给分包单位的款项。虽然是总承包商的一项资金支出，但并没有形成相应的工作量，不应计入累计实际发生的合同成本。若分包工程进度款根据分包工程进度支付，则其应构成累计实际发生的合同成本。

【例4-13】 甲建筑公司与客户一揽子签订了一项建造合同，承建A、B两项工程。该项合同的A、B两项工程密切相关，客户要求同时施工，一起交付，工期为2年。合同规定的总金额为1 100万元。甲建筑公司决定A工程由自己施工，B工程以400万元的合同金额分包给乙建筑公司承建，甲公司已与乙公司签订了分包合同。

第一年，甲公司自行施工的A工程实际发生工程成本450万元，预计为完成A工程尚需发生工程成本150万元；甲公司根据乙公司分包的B工程的履约进度，向乙公司支付了B工程的进度款250万元，并向乙公司预付了下年度备料款50万元。甲公司根据上述资料计算确定该项建造合同第一年的履约进度如下：

合同履约进度 = $(450+250)\div(450+150+400)\times 100\%=70\%$

第三，专业技术测定履约进度。若无法根据上述两种方法合理确定合同履约进度，则应采用专业技术测定履约进度，适用于一些特殊的建造合同，如水下施工工程等。专业技术测定履约进度应由专业人员现场进行科学测定。

（2）履约进度的应用。在满足收入确认的前提（合同相关经济利益很可能流入、实际发生的合同成本能清楚区分和可靠计量）下，确定履约进度后，可以根据履约进度确认和计量当期的主营业务收入和主营业务成本，同时确认“工程施工—合同毛利”。

借：主营业务成本
　　工程施工—合同毛利
　　贷：主营业务收入

当期确认的主营业务收入 = 合同总收入 × 累计履约进度 − 以前会计期间累计已确认的主营业务收入

当期确认的主营业务成本 = 合同预计总成本 × 累计履约进度 − 以前会计期间累计已确认的主营业务成本

当期确认的合同毛利 = 当期确认的主营业务收入 − 当期确认的主营业务成本

【例4-14】 甲建筑工程有限公司20×7年8月与客户签订了一项总金额为200万元的固定造价建造合同，原预计合同总成本为175万元，工期1年，工程款完工后一次性结算。由于原材料价格上涨，20×7年实际发生工程成本100万元，预计第二年尚需发生的成本为150万元。甲公司及时采取措施进行成本控制，20×8年实际发生成本125万元。

由于提前保质保量交付工程项目，经协商客户同意额外支付一笔奖励金50万元。

(1) 20×7年。

①合同成本核算。

借：工程施工—合同成本　　1 000 000

　　贷：原材料、应付职工薪酬、机械作业等　　1 000 000

②按履约进度核算收入。

20×7年的履约进度=100÷(100+150)=40%

20×7年确认的主营业务收入=200×40%=80（万元）

20×7年确认的主营业务成本=(100+150)×40%=100（万元）

借：主营业务成本　　1 000 000

　　贷：主营业务收入　　800 000

　　　　工程施工—合同毛利　　200 000

③计提减值准备。

合同毛利显示为亏损，有减值迹象。

与合同成本有关的资产账面价值=合同成本+合同毛利=1 000 000-200 000=800 000(元)

转让该资产预期对价-将要发生的成本=2 000 000-1 500 000=500 000（元）

借：资产减值损失　　300 000

　　贷：存货跌价准备　　300 000

(2) 20×8年。

①合同成本核算。

借：工程施工—合同成本　　1 250 000

　　贷：原材料、应付职工薪酬、机械作业等　　1 250 000

②合同收入核算。

20×8年确认的主营业务收入=合同总金额-至目前止累计已确认的收入

=2 500 000-800 000=1 700 000（元）

20×8年确认的主营业务成本=2 250 000-1 000 000=1 250 000（元）

20×8年确认的合同毛利=1 700 000-1 250 000=45 000（元）

借：主营业务成本　　1 250 000

　　工程施工—合同毛利　　250 000

　　贷：主营业务收入　　1 000 000

③减值转回。由于客户愿意额外支付一笔奖励金50万元，导致减值因素消失，转回已计提减值准备，计入当期损益。

借：存货跌价准备　　300 000

　　贷：资产减值损失　　300 00

2. 履约进度不能合理确定的情况

(1) 已经发生的成本预计能够得到补偿。当履约进度不能合理确定时，企业已经发生的成本预计能够得到补偿的，应当按照已经发生的成本金额确认收入，直到履约进度能够合理确定为止。

【例4-15】某建筑公司与客户签订了一项总金额为200万元的固定造价建造合同。第一年实际发生工程成本80万元，第一年末时该项工程的履约进度无法可靠确定。第二年实际发生成本为60万元，第二年履约进度无法合理确定的因素消除。预计为完成合同尚需发生的成本为40万元。期间建造合同双方均能履行合同规定的义务。

本例中，由于建造合同双方能够履行合同，发生的成本预期能收回。

①第一年履约进度不能合理确定。将当年发生的成本金额确认为当年的主营业务收入和主营业务成本，但不确认合同毛利。

借：主营业务成本　　800 000

　　贷：主营业务收入　　800 000

②第二年履约进度能合理确定。

第二年合同履约进度 =（80+60）÷（80+60+40）=77.78%

第二年确认的主营业务收入 =200×77.78% -80=155.56-80=75.56（万元）

第二年确认的主营业务成本 =（80+60+40）×77.78% -80=60（万元）

第二年确认的合同毛利 =75.56-60=15.56（万元）

借：主营业务成本　　600 000

　　工程施工—合同毛利　　155 600

　　贷：主营业务收入　　755 600

（2）已经发生的成本预计无法得到补偿。已经发生的成本预计无法得到补偿的，经济利益预期无法流入企业，不满足收入的条件。与合同成本有关的资产应相应计提减值准备。

【例4-16】沿用【例4-15】资料，假设第一年末估计已发生成本无法得到补偿。第二年实际发生成本为60万元，第二年末预期建造合同双方均能履行合同规定的义务，预计为完成合同尚需发生的成本为40万元。

①第一年已发生成本预计无法得到补偿，不确认收入，计提减值准备。

借：资产减值损失　　800 000

　　贷：存货跌价准备　　800 000

②第二年末预期合同双方均能履行合同规定的义务，即已发生成本可以得到补偿，减值因素消失。

借：存货跌价准备　　800 000

　　贷：资产减值损失　　800 000

第二年履约进度 =（80+60）÷（80+60+40）=77.78%

第二年确认的主营业务收入 =200×77.78% =155.56（万元）

第二年确认的主营业务成本 =（80+60+40）×77.78% =140（万元）

借：主营业务成本　　1 400 000

　　工程施工—合同毛利　　155 600

　　贷：主营业务收入　　1 555 600

（三）工程结算

除工期较短、造价较低的工程采用竣工后一次结算价款外，大多数工程施工企业分阶段结算工程价款。工程施工企业设置“应收账款”“预收账款”“工程结算”科目，核算工程价款结算情况。

1. 应收账款核算

工程施工企业按工程进度办理分阶段工程结算手续，向建设单位收取进度款，以使施工过程中耗用的资金及时得到补偿。工程施工企业应依据“工程价款结算账单”办理工程进度款结算，使用“工程结算”科目核算工程价款结算，借记“应收账款”科目，贷记“工程结算”科目。

为了保证工程按期收尾竣工，工程施工期间结算价款不一般不得超过承包工程价值的95%。结算双方可以在5%的幅度内协商确定尾款比例，待工程竣工验收后结算。

2. 预收账款核算

工程施工企业建筑产品造价高、周期长，为了预防工程施工企业因垫资问题影响工程施工进程，工程施工企业一般会向建设单位（发包单位）预收备料款。实务中，建筑工程备料款的预付额度一般不超过当年建筑工程工作量的30%，大量采用预制构件以及工期在6个月以内的工程，可以适当增加。安装工程备料款的预付额度一般不超过当年安装工程工作量的10%，安装材料用量较大的工程，可以适当增加。

收到发包单位预付备料款、预付工程款时，工程施工企业借记“银行存款”科目，贷记“预收账款—预收备料款/预收工程款”科目。

预付工程备料款后，当实际发生的工程备料价值相当于预付备料款额度时，从工程结算款的“应收账款”中扣还，预支的款项应在月终或竣工结算时抵充应收的工程款。

3. “工程结算”与“工程施工”的关系

（1）“工程结算”是“工程施工”的备抵科目。“工程结算”科目是“工程施工”科目的备抵科目。“工程施工”账户余额减“工程结算”账户余额后的金额，反映工程施工企业建造合同已完工但尚未办理结算的价款总额。其作为一项流动资产，在资产负债表的“存货”项目中增设“已完工尚未结算工程”项目列报，如表4－3所示。

“工程结算”账户余额减“工程施工”账户余额后的金额，反映工程施工企业建造合同未完工但已办理结算的价款总额。其作为一项流动负债，在资产负债表的“预收账款”项目中增设“结算尚未完工工程”项目列报。

（2）“工程结算”与“工程施工”期末对冲结平。工程成本在“工程施工—合同成本”科目归集，工程毛利在“工程施工—合同毛利”科目核算，工程价款结算在“工程结算”科目核算，这三个账户形成工程结算会计核算循环。

工程竣工验收结算完成后，“工程结算”账户与“工程施工”账户对冲后应结平，借记“工程结算”科目，贷记“工程施工”科目。

【例4－17】 甲建筑工程有限公司企业签订了一项总金额为290万元的固定造价合同，承建一座高架桥，合同履约进度按照累计实际发生的合同成本占合同预计总成本的比例确定。工程已于20×7年2月开工，预计20×9年8月完工。最初预计的工程总成本为275万元，到20×8年底，由于材料价格上涨等因素调整了预计总成本，预计工程总成本已为

300 万元。甲建筑工程有限公司于20×9 年6 月提前两个月完成了建造合同，工程质量优良，客户同意支付奖励款10 万元。建造该高架桥的其他有关资料如表4－11 所示。

表4－11　　工程价款结算账单　　单位：元

项　　目	20×7	20×8	20×9
累计实际发生成本	770 000	2 400 000	2 975 000
预计完成合同尚需发生成本	1 980 000	600 000	—
结算合同价款	870 000	1 480 000	650 000
实际收到价款	850 000	1 450 000	700 000

● 20×7 年。

①登记实际发生的合同成本。

借：工程施工—合同成本　　770 000

　　贷：原材料、应付职工薪酬、机械作业等　　770 000

②登记已结算的合同价款

借：应收账款　　870 000

　　贷：工程结算　　870 000

③登记实际收到的合同价款。

借：银行存款　　850 000

　　贷：应收账款　　850 000

④确认当年的主营业务收入和主营业务成本。

20×7 年的履约进度＝770 000÷(770 000＋1 980 000)×100%＝28%

20×7 年确认的主营业务收入＝2 900 000×28%＝812 000（元）

20×7 年确认的主营业务成本＝(770 000＋1 980 000)×28%＝770 000（元）

20×7 年确认的合同毛利＝812 000－770 000＝42 000（元）

借：主营业务成本　　770 000

　　工程施工—合同毛利　　42 000

　　贷：主营业务收入　　812 000

● 20×8 年

①登记实际发生的合同成本。

借：工程施工—合同成本　　1 630 000

　　贷：原材料、应付职工薪酬、机械作业等　　1 630 000

②登记结算的合同价款。

借：应收账款　　1 480 000

　　贷：工程结算　　1 480 000

③登记实际收到的合同价款。

借：银行存款　　1 450 000

　　贷：应收账款　　1 450 000

④确认当年的主营业务收入和主营业务成本。

20×8 年的履约进度 =2 400 000 ÷ (2 400 000 +600 000) ×100% =80%

20×8 年确认的主营业务收入 =2 900 000 ×80% −812 000 =1 508 000（元）

20×8 年确认的主营业务成本 =3 000 000 ×80% −770 000 =1 630 000（元）

20×8 年确认的合同毛利 =1 508 000 −1 630 000 = −122 000（元）

借：主营业务成本　　1 630 000

　　贷：主营业务收入　　1 508 000

　　　　工程施工—合同毛利　　122 000

⑤计提减值准备。

“工程结算”是“工程施工”科目的备抵科目。

与合同成本有关的资产的账面价值 = 合同成本 + 合同毛利 − 工程结算 =2 400 000 + (42 000 −122 000) − (870 000 +1 480 000) = −30 000（元）

转让该资产预期剩余对价 =2 900 000 − （870 000 +1 480 000） =550 000（元）

转让该资产预期剩余对价 − 将要发生的成本 =550 000 −600 000 = −50 000（元）

计提减值 = −30 000 − （ −50 000） = 20 000（元）

借：资产减值损失　　20 000

　　贷：存货跌价准备　　20 000

● 20×9 年。

①登记实际发生的合同成本。

借：工程施工—合同成本　　575 000

　　贷：原材料、应付职工薪酬、机械作业等　　575 000

②登记结算的合同价款。

借：应收账款　　650 000

　　贷：工程结算　　650 000

③登记实际收到的合同价款。

借：银行存款　　700 000

　　贷：应收账款　　700 000

④确认当年的主营业务收入和主营业务成本。

20×9 年确认的主营业务收入 = 合同总金额 − 至目前止累计已确认的收入 = (2 900 000 +100 000) − (812 000 +1 508 000) =680 000（元）

20×9 年确认的主营业务成本 =2 975 000 −770 000 −1 630 000 =575 000（元）

20×9 年确认的合同毛利 =680 000 −575 000 =105 000（元）

借：主营业务成本　　575 000

　　工程施工—合同毛利　　105 000

　　贷：主营业务收入　　680 000

⑤20×9 年工程全部完工，因为收到奖励金，合同最终并未亏损，减值因素不存在，减值转回。

与合同成本有关的资产的账面价值 = 合同成本 + 合同毛利 − 工程结算 =2 975 000 +

(42 000 - 122 000 + 105 000) - 3 000 000 = 0（元）

转让该资产预期剩余对价 - 将要发生的成本 = 0 - 0 = 0（元）

借：存货跌价准备　　20 000

　贷：资产减值损失　　20 000

⑥对冲“工程施工”科目的余额与“工程结算”科目余额。

借：工程结算　　3 000 000

　贷：工程施工—合同成本　　2 975 000

　　　　　　—合同毛利　　25 000

第二节 房地产开发企业特殊业务会计

一、房地产开发企业特殊业务概述

房地产是房产和地产的总称。房产是房屋财产的简称，指土地上的房屋等建筑物及构筑物，包括住宅、厂房以及商业、文教、体育、医疗和办公用房等；地产是土地财产的简称，包括土地使用权、地面道路以及地下各种为房屋主体发挥效能服务的基础设施，如供水、供电、供气、供热、排水、排污、通信等线路和管网。房地产开发，指按照城市建设总体规划和社会经济发展的要求，对土地和地上建筑物、构筑物进行开发建设和经营管理的一项综合性社会经济活动。房地产开发企业涉及生产和流通两个领域，既是房地产产品的生产者，又是房地产商品的经营者。

（一）房地产开发企业业务经营特点

1. 房地产开发企业经营业务多样

房地产开发企业可将房产和地产合并开发，也可将房产和地产分开开发，房地产开发企业的经营业务可以分为四大类。

（1）土地开发与经营。土地开发，指对土地进行平整、管线铺设和道路建设等基础设施建设，一般包括新城区土地开发和旧城区土地开发。新城区土地开发一般通过征用新土地实施，旧城区土地开发一般通过拆迁和改造实现。房地产开发企业有偿获得土地使用权后进行开发，完工之后既可以从事土地租赁业务，还可以有偿转让给其他企业使用，也可以继续进行房屋开发与经营活动。

（2）房屋开发与经营。房屋开发指房屋的规划设计与建造，房屋经营指房屋的销售与出租。房地产开发企业在开发完工的土地上继续开发房屋，开发完成后作为商品出售或出租。房地产开发企业开发与经营的房屋具有多样性，按用途可以分为商品房、周转房、经营方和代建房等。商品房，指房地产开发企业为销售而开发建设的房屋；周转房，指房地产开发企业为安置动迁居民周转使用的、产权归属于企业所有的各种房屋；经营房，指房地产开发按企业开发建成后用于出租或经营的各种房屋；代建房，指受政府或其他单位委托而开发建设的房屋。

（3）基础设施和公共配套设施开发。基础设施开发，指根据城市建设总体规划或项目设计总体规划要求开发建设的市政、公用、动力、通信等基础设施。公共配套设施开发，指开发小区内营业性公共配套设施（如商店、银行、邮局等）及非营业性配套设施（如幼儿园、中小学、文化站、居委会等）。

（4）代建工程开发。代建工程开发，指房地产开发企业接受政府或其他单位委托进行工程开发，或参加委托单位招标经过投标中标后承建的工程开发，包括土地开发、房屋建设、道路铺设、供热供气供水管道以及其他基础设施等各项工程。

2. 房地产开发周期长、投资大、政策性强、风险高

房地产开发企业从规划设计开始，经过征地拆迁、安置补偿、开发建设、配套工程到竣工交付使用等几个开发阶段，开发建设周期长，少则需要一两年，多则三四年甚至更长时间。

房地产行业是典型的资金密集型行业，每一个开发阶段都需要投入大量资金。房地产开发企业除自有资金外，还需要通过金融机构开发贷款、发行企业债券或预售楼花的方式筹措巨额资金。

房地产项目开发建设周期长，企业负债经营程度高，影响因素众多，一旦决策失误，销路不畅，将造成大量开发产品积压，使企业资金周转不灵，导致企业陷入困境，因而投资风险也大。

3. 房地产开发经营活动协作关系复杂

房地产开发经营活动是一项复杂的系统工程，全过程包括从项目规划、征地拆迁、勘察设计、物资供应、组织施工、验收竣工、销售到售后服务等经济活动，涉及的部门、单位非常广泛，结算、交易方式众多，协作关系极为复杂。房地产开发涉及的部门和单位主要包括国土资源管理、城市规划、公安消防、环境保护、质量监督、勘察设计单位、市政管理、工商税务、工程施工单位、物资供应单位、金融机构等部门。

房地产开发企业经营过程中，涉及结算的经济往来单位众多。因征地拆迁要与当地政府土地管理部门以及被拆迁单位和居民发生征地费、拆迁补偿费、安置费等结算关系；因购置设备和材料与物资供应单位、运输单位发生物资价款和运杂费等结算关系；因勘察设计、工程承发包与勘察设计单位、施工单位发生勘察设计费、工程价款的结算关系；因出售和出租开发产品与购买人、承租人发生销售价款、租金的结算关系。

房地产产品单位价值高，多数购房消费者往往承受能力有限，一次性付款购买难度大，多数需要办理房屋抵押按揭贷款。根据《城市房地产管理法》，房地产交易的形式主要有房地产转让、房地产抵押和房屋租赁：房地产转让，指房地产权利人通过买卖、赠与或者其他合法方式将其房地产转移给他人的行为；房地产抵押，指抵押人以其合法的房地产以不转移占有的方式向抵押权人提供债务履行担保的行为；房屋租赁，指房屋所有权人作为出租人将其房屋出租给承租人使用，由承租人向出租人支付租金的行为。

（二）房地产开发企业业务核算特点

1. 房地产开发企业成本核算的特殊性

房地产开发企业的业务特点决定了其开发成本主要有六大项目构成：土地征用及拆迁

补偿费、前期工程费、建筑安装工程费、基础设施费、公共配套设施费、开发间接费用。房地产开发企业应设置"开发成本"科目归集各项直接开发费用，设置"开发间接费用"科目归集各项开发间接费用（表4－12）。

表4－12　　房地产开发企业的开发成本

开发成本项目名称	开发成本项目内容
土地征用及拆迁补偿费	指因开发房地产而征用土地所发生的各项费用，包括土地补偿费、劳动力安置补助费、耕地占用税、原有建筑物的拆迁补偿费等。
前期工程费	指房地产开发企业产品开发的前期所发生的各项费用，包括项目可行性研究、项目规划设计以及开发地段的水文地质勘察、测绘、"三通一平"（通水、通电、通路、场地平整）等支出。
建筑安装工程费	指房地产开发企业在项目开发过程中发生的各项建筑安装工程支出，包括以出包方式支付给承包单位的建筑安装工程费，以自营方式开发建设发生的列入开发项目工程施工预算的各项费用。
基础设施费	指房地产开发企业在工程开发建设过程中发生的各项基础设施费用支出，包括供水、供电、供暖、照明、道路、环境卫生等支出。
公共配套设施费	指开发项目内发生的独立的非营利性（不能有偿转让）的公共配套设施支出，包括居委会、派出所、锅炉房、水塔、公厕等设施支出。
开发间接费用	指房地产开发企业所属的二级开发管理机构管理开发项目所发生的费用，包括管理人员工资、职工福利费、办公费、水电费、劳保费，以及房屋的折旧费、修理费、周转房的摊销费等

这六项成本须根据房地产开发企业施工对象，分别直接计入或按一定标准分摊计入上述四类经营业务中。按照四类经营业务，设置"开发成本"的二级明细账：土地开发成本、房屋开发成本、配套设施开发成本、代建工程开发成本。

由于建设工程的特殊性，一方面由于项目施工与其工程成本结算存在时间差异，导致成本计量往往落后于工程形象进度；另一方面，配套设施的建设往往落后于商品房的建设，在工程竣工交付前须暂估配套设施费用，导致项目开发成本往往无法得到准确计量。

2. 房地产开发企业的开发产品核算的特殊性

房地产开发企业的开发产品，是指企业已经完成全部开发建设过程，并已验收合格，符合国家建设标准和设计要求，可以按照合同规定的条件移交订购单位，或者作为对外销售、出租的产品，包括土地（建设场地）、房屋、配套设施和代建工程。已完工开发产品实际上是开发建设过程的结束和销售过程的开始，开发产品竣工验收时，应由"开发成本"科目转入"开发产品"科目。

对于意图出售、暂时出租的开发产品、代建工程、周转房等，均应在资产负债表中的"存货"项目中列示；对于意图长期对外出租或待房地产增值后再销售的开发产品，应在资产负债表中的"投资性房地产"项目中列示。对于未完工的在建开发产品成本，也应在资产负债表中的"存货"项目中列示，并在附注中披露"在建开发产品"或"开发成本”的项目明细。

【实务链接】

万科（000002）2015年年报披露信息

万科（000002）2015年年报中，关于“主要会计估计及判断”之“投资性房地产与存货的划分”披露：“本集团建造的物业可能用于出售，也可能用于赚取租金及/或资本增值。本集团建造物业的初期根据持有目的将物业划分为存货或投资性房地产（表4-13）。在建的过程中，建成后用于出售的物业划分为存货——在建开发产品，而建成后用于赚取租金及/或资本增值的物业划分为在建的投资性房地产。建成后，用于出售的物业转入存货-已完工开发产品，而用于赚取租金及/或资本增值的物业转入已完工的投资性房地产。”

表4-13　　万科2015年年报中的存货附注信息　　单位：元

	2015年		
存货项目	账面余额	跌价准备	账面价值
已完工开发产品	35 105 786 952.63	280 000 353.06	34 825 786 599.57
在建开发产品	228 643 064 239.88	233 145 879.64	228 409 918 360.24
拟开发产品	103 770 269 543.17	240 959 983.37	103 529 309 559.80
建造合同形成的已完工未结算资产	811 138 937.95	—	811 138 937.95
其他	545 777 055.77	—	545 777 055.77
合计：	368 876 036 729.40	754 106 216.07	368 121 930 513.33

3. 房地产开发企业收入核算的特殊性

房地产开发项目从取得土地使用权、立项审批报规报建到开工建设，乃至项目竣工交付使用，开发建设周期长，导致房地产开发企业营业收入的确认往往相对滞后。

房地产行业属资金密集型行业，为了缓解企业的资金压力，房产销售往往采用预售或分期收款方式销售。房地产开发企业首先得取得预售许可证，方可签订预售合同预收房款，之后历经数年开发建设、竣工验收交付使用、办理产权过户等环节，涉及部门多，比其他商品销售复杂得多。开发项目尚未竣工交付前，不能确认销售收入，应充分考虑房地产行业业务经营特点以确定房地产开发企业的营业收入确认时点。

二、房地产开发企业开发成本核算

房地产开发企业房屋开发的形式有两种：一种是发包方式，一种是自营方式。不论是发包方式还是自营方式，房地产开发企业均设置“开发成本”科目。

（一）发包工程成本核算

房地产开发企业对于开发项目的基础设施和建筑安装工程很多采用招标、议标方式发包给施工企业，再按工程标价进行结算。开发企业与承包工程的施工企业签订工程承包合同，明确双方权利、义务。工程价款的结算方法在开发企业与施工企业签订的工程合同中加以明确，工程施工企业有关章节已经述及，此处不再赘述。

全面营改增后，增值税一般纳税人对于2016年5月1日后取得并在会计制度上按固定资产核算的不动产或不动产在建工程，其进项税额应自取得之日起分两年从销项税额中抵扣，第一年抵扣比例为60%，第二年抵扣比例为40%。

1. 预付账款核算

由承包施工企业储备工程施工所需的主要建筑材料、结构件时，发包开发企业可根据承包施工企业的要求，在签订工程承包合同后按年度发包工程总值的一定比例向承包施工企业预付备料款，于后期抵充工程价款的形式陆续扣回。按月结算方式，房地产开发企业一般月中会收到“工程价款预支账单”，经相关部门审核后预付工程款给承包施工企业。房地产开发企业预付给承包施工企业备料款、工程款时，计入“预付账款—预付备料款/预付工程款”科目。

2. 发包开发工程成本核算

房地产开发企业发包工程的工程价款在“开发成本”账户进行核算。房地产开发企业收到承包施工企业提交的“工程价款结算账单”，经监理部门、企业工程管理部门等审核确认后，结算工程进度款，借记“开发成本”科目，贷记“应付账款”科目。

【例4-18】甲房地产开发企业某项发包工程年度合同总值为900万元，按照合同规定开工前（8月份）预付备料款150万元，以银行存款支付。9月份根据施工企业当月施工计划工作量的50%（计40万元），以银行存款预付工程款。10月根据施工企业提交的“工程价款结算账单”已完工工程价值为80万元，减去扣回预付备料款20万元、9月预付工程款40万元，尚应支付工程款20万元，款项未付。

（1）8月，预付备料款。

借：预付账款—预付备料款	1 500 000	
贷：银行存款		1 500 000

（2）9月，预付工程款。

借：预付账款—预付工程款	400 000	
贷：银行存款		400 000

（3）10月，结算工程进度款。

借：开发成本	800 000	
贷：预付账款—预付备料款		200 000
—预付工程款		400 000
应付账款—应付工程款		200 000

3. 履约保证金、质量保修金核算

履约担保，是工程发包单位为防止承包单位在合同执行过程中违反合同规定或违约，并弥补给发包单位造成的经济损失，有履约担保金（又叫履约保证金）、履约银行保函和履约担保书三种形式。履约保证金可用保兑支票、银行汇票或现金支票，额度是合同价格的10%以内；履约银行保函是中标单位从银行开具的保函，额度是合同价格的10%以内；履约担保书是由保险公司、信托公司、证券公司、实体公司或社会上担保公司出具担保书，额度合同价格的30%以内。发包单位应在工程接收证书颁发后28天内把履约担保退还给承包单位。

质量保修金，是指建筑工程中建设单位与施工单位在建设工程承包合同中约定或施工单位在工程保修书中承诺，在建筑工程竣工验收交付使用后，从应付的建设工程款中预留的用以维修建筑工程在保修期限和保修范围内出现的质量缺陷的资金。

房地产开发企业收到承包施工企业交付的履约保证金、质量保修金时，计入“其他应付款”科目。

借：银行存款

　　贷：其他应付款—履约保证金

　　　　　　　　　—质量保修金

【例4－19】甲房地产开发企业开发建设A、B、C共3幢公寓楼，将电梯安装工程通过公开招标承包给乙施工企业。签订合同约定：工程总造价为100万包干（设计变更另行办理结算）。指定电梯品牌由发包企业提供。乙施工企业向甲房地产开发企业交付履约保证金10万元。甲房地产开发企业向乙施工企业预付一定的备料款9万和工程款15万。每幢公寓楼根据实际“工程价款结算账单”扣除部分预付款后支付工程款。A、B、C共3幢公寓楼工程竣工后办理决算完毕，预留5%的质量保修金。工程接收证书颁发后20天后，履约担保被退还给乙施工企业。

A公寓楼“工程价款结算账单”显示工程价款35万元，扣除预付工程款5万、备料款3万，应付27万工程款，以银行存款支付7万，以银行承兑汇票支付20万。B公寓楼“工程价款结算账单”显示工程价款40万元，扣除预付工程款5万、备料款3万，应付32万工程款，以银行存款支付7万，以银行承兑汇票支付25万。期间变更设计方案，合同造假增加20万，C公寓楼“工程价款结算账单”显示工程价款45万元，扣除预付工程款5万、备料款3万，应付37万工程款。工程决算最终预留5%的质量保修金6万元，以银行存款支付31万。

(1) 收到履约保证金。

借：银行存款	100 000	
贷：其他应付款—履约保证金		100 000

(2) 预付备料款、工程进度款。

借：预付账款—预付备料款	90 000	
—预付工程款	150 000	
贷：银行存款		240 000

(3) A公寓楼工程价款结算。

借：开发成本—房屋开发成本—某公寓（建筑安装工程费）	350 000	
贷：应付账款—乙施工企业—应付工程款		350 000
借：应付账款—乙施工企业—应付工程款	350 000	
贷：预付账款—预付备料款		30 000
—预付工程款		50 000
银行存款		70 000

应付票据 200 000

(4) B公寓楼工程价款结算。

借：开发成本—房屋开发成本—某公寓（建筑安装工程费） 400 000
　贷：应付账款—乙施工企业—应付工程款 400 000
借：应付账款—乙施工企业—应付工程款 400 000
　贷：预付账款—预付备料款 30 000
　　　　　　—预付工程款 50 000
　　银行存款 70 000
　　应付票据 250 000

(5) C公寓楼工程价款结算及最终工程决算。

借：开发成本—房屋开发成本—某公寓（建筑安装工程费） 450 000
　贷：应付账款—乙施工企业—应付工程款 450 000
借：应付账款—乙施工企业—应付工程款 450 000
　贷：预付账款—预付备料款 30 000
　　　　　　—预付工程款 50 000
　　其他应付款—质量保修金 60 000
　　银行存款 310 000

(6) 归还履约保证金。

借：其他应付款—履约保证金 100 000
　贷：银行存款 100 000

（二）自营工程成本核算

1. 自营工程成本核算概述

自营工程的房地产开发企业设置“开发成本”科目，核算土地、房屋、配套设施和代建工程开发过程中所发生的各项开发成本，以及房地产开发企业对出租房屋进行装饰及增补室内设施而发生的出租房费用支出。经营业务类型较多的房地产开发按企业的“开发成本”科目可按照四类经营业务（也即开发产品种类）设置二级科目：土地开发成本、房屋开发成本、配套设施开发成本、代建工程开发成本，按开发项目设置三级明细，并根据经济性质分土地征用及拆迁补偿费、前期工程费、基础设施费、建筑安装工程费、配套设施费、开发间接费用设专栏核算（多栏式明细账），以土地开发成本为例，如表4－14所示。

房地产开发企业自营工程发生各项土地开发直接费用支出时，借记“开发成本”科目，贷记“银行存款”“应付账款”“应付职工薪酬”“原材料”等科目。

发生开发间接费用时，借记“开发间接费用”科目，贷记“应付职工薪酬”、“累计折旧”、“周转房—周转房累计摊销”等科目；期末应按一定的标准将开发间接费用分配计入“开发成本”科目。

2. 土地开发成本

在我国，土地归国家或集体所有，企业只能通过在一级市场上以交纳土地出让金的方式，或在二级市场上接受其他单位转让的方式，取得土地使用权。因此，房地产开发企业

表 4－14　　“开发成本—土地开发成本”明细账

× × 小区　　单位：元

年		凭证字号	摘要	开发成本项目						合计
月	日			土地征用及拆迁补偿费	前期工程费	基础设施费	建筑安装费	公共配套设施费	开发间接费用	
			结转土地开发成本							
			建筑安装费							
			暂估配套设施费							
			分配开发间接费							
			结转完工成本							

的土地实质是指土地使用权。

房地产开发企业的土地分为两种：一是商品性土地，指为了转让、出租而开发的土地；二是自用土地，指为了开发商品房、出租房、公共配套设施而开发的土地。土地开发过程中所发生的各项费用支出，除能直接计入房屋开发成本的自用土地开发支出在“开发成本—房屋开发成本”科目核算外，其他土地开发支出均应通过“开发成本—土地开发成本”科目核算。如果企业明确商业性土地与自用土地的区分，可以设置“开发成本—商业性土地开发成本”和“开发成本—自用土地开发成本”科目，如果没有明确区分土地用途则先在“开发成本—土地开发成本”中核算。

商品性土地作为企业最终产成品，完成开发建设后，如果准备出租经营，将“土地开发成本”转入“投资性房地产”科目；如果准备持有待增值后转让，则将“土地开发成本”转入“开发产品—土地”科目。在我国实务中，持有并准备增值后转让的土地使用权这种情况较少。自用土地作为企业的中间开发产品，建设场地开发完成之后，将“土地开发成本”结转入“开发成本—房屋开发成本”、“开发成本—配套设施开发成本”等科目。

【例 4－20】 甲房地产开发企业开发自贸区建设用地 100 万平方米，发生如下开发费用支出：

（1）以银行存款支付土地拆迁费、耕地占用税、劳动力安置费等 3 亿元。

（2）应付承包建设用地“三通一平”费用 1 千万元。

（3）期末分配结转开发间接结费用 3 百万元。

（4）土地开发完工后，公司管理层决策 75% 作为自用建设用地，25% 作为商品性建设用地。

有关会计处理如下：

（1）支付土地拆迁费、耕地占用税、劳动力安置费。

借：开发成本—土地开发（自贸区）　　300 000 000

　　贷：银行存款　　300 000 000

（2）应付承包建设用地“三通一平”费用。

借：开发成本—土地开发（自贸区）　　10 000 000
　　贷：应付账款　　10 000 000

（3）期末分配结转开发间接结费用。

借：开发成本—土地开发（自贸区）　　3 000 000
　　贷：应付账款　　3 000 000

（4）结转土地开发成本。

土地开发总成本 = 300 000 000 + 10 000 000 + 3 000 000 = 313 000 000（元）

商业性建设用地成本 = 313 000 000 × 25% = 78 250 000（元）

自用建设用地成本 = 313 000 000 × 75% = 234 750 000（元）

借：开发产品—商业用地　　78 250 000
　　开发成本—房屋开发成本　　234 750 000
　　贷：开发成本—土地开发（自贸区）　　313 000 000

3. 房屋开发成本

房屋开发与建设是房地产开发企业的主要经济业务。房地产开发企业开发的房屋根据其用途可以分为如下几类：（1）对外销售而开发的商品房；（2）出租经营而开发的出租房；（3）安置被拆迁居民周转使用而开发的周转房；（4）受其他单位委托代建的代建房。房地产开发企业设置“商品房”、“出租房”、“周转房”、“代建房”等三级明细科目核算。

房地产开发过程中有时会出现配套设施与房屋等开发产品不同步开发的情形，有时房屋已经建成甚至已经出售，而某些配套设施如幼托、居委会等尚未完成。这种房屋开发与配套设施建设的时间差，使得那些已经具备使用条件已经出售的房屋应负担的配套设施无法按配套设施的实际开发成本进行结转和分配，造成房屋成本项目缺失。针对这种情形，房地产开发企业可以在经批准后，以未完成的配套设施的预算成本或计划成本为基数，以应付该项配套设施费的各项开发产品预算成本占总预算成本的比重为权重，计算各开发项目应负担的数额，用暂估方式计入出售房屋的开发成本，借记“开发成本—房屋开发成本”科目，贷记“应付账款—暂估应付账款”科目。

$$\frac{\text{某项开发产品的}}{\text{暂估配套设施费}} = \frac{\text{未完工配套设施}}{\text{预算成本}} \times \frac{\text{某项开发产品预算成本}}{\text{各项开发产品预算成本合计}}$$

按暂估方法分配各项开发产品的配套设施费时，配套设施费的暂估数与实际支出金额的差额，应在配套设施完工时，按原暂估分配比例调增或调减有关开发产品的成本。

【例4-21】 甲房地产开发企业幼托设施开发成本应由商品房A、商品房B、出租房A、周转房A和代建房A共同负担。由于幼托设施在商品房等完工出售、出租时尚未完工，为了及时结转完工的商品房等成本，先将幼托配套设施费预算成本计入商品房等开发成本。已知各项开发产品和幼托设施预算成本如下：

商品房A	6 000 000元
商品房B	5 000 000元
出租房A	2 000 000元
周转房A	4 000 000元

代建房 A　　3 000 000 元
幼托　　1 000 000 元
合计　　20 000 000 元

各项开发产品应负担的暂估幼托配套设施费为：

商品房 A：1 000 000 × 6 000 000 ÷ 20 000 000 = 300 000（元）

商品房 B：1 000 000 × 5 000 000 ÷ 20 000 000 = 250 000（元）

出租房 A：1 000 000 × 2 000 000 ÷ 20 000 000 = 100 000（元）

周转房 A：1 000 000 × 4 000 000 ÷ 20 000 000 = 200 000（元）

代建房 A：1 000 000 × 3 000 000 ÷ 20 000 000 = 150 000（元）

借：开发成本—房屋开发成本（商品房 A）　300 000
　　　　　—房屋开发成本（商品房 B）　250 000
　　　　　—房屋开发成本（出租房 A）　100 000
　　　　　—房屋开发成本（周转房 A）　200 000
　　　　　—房屋开发成本（代建房 A）　150 000
　贷：应付账款—暂估应付账款（幼托）　1 000 000

房地产开发企业各项开发产品竣工验收后，将商品房、周转房、代建房开发成本结转“开发产品”相应的明细科目，出租房开发成本则应结转“投资性房地产”科目。

【例 4－22】 甲房地产开发按企业发生下列房屋开发成本（表 4－15，单位：元）：

表 4－15

	商品房 A	商品房 B	出租房 A	周转房 A	合计
结转自用土地开发成本	100 000	80 000	20 000	50 000	250 000
应付设计单位前期工程费	40 000	40 000	40 000	40 000	160 000
应付承包施工企业基础设施工程款	150 000	150 000	150 000	150 000	600 000
应付承包施工企业建筑安装工程款	290 000	275 000	170 000	175 000	910 000
分配配套设施费（水塔）	50 000	50 000	50 000	50 000	200 000
暂估配套设施费（幼托）	80 000	80 000	—	—	160 000
分配开发间接费用	55 000	55 000	50 000	50 000	210 000
合计	765 000	730 000	480 000	515 000	2 490 000

（1）结转自用土地开发成本。

借：开发成本—房屋开发成本（商品房 A）　100 000
　　　　　—房屋开发成本（商品房 B）　80 000
　　　　　—房屋开发成本（出租房 A）　20 000
　　　　　—房屋开发成本（周转房 A）　50 000
　贷：开发成本—自用土地开发成本　250 000

（2）应付设计单位前期工程费。

借：开发成本—房屋开发成本（商品房 A）　40 000

	借方	贷方
—房屋开发成本（商品房B）	40 000	
—房屋开发成本（出租房A）	40 000	
—房屋开发成本（周转房A）	40 000	
贷：应付账款—应付工程款		160 000

（3）应付承包施工企业基础设施工程款。

	借方	贷方
借：开发成本—房屋开发成本（商品房A）	150 000	
—房屋开发成本（商品房B）	150 000	
—房屋开发成本（出租房A）	150 000	
—房屋开发成本（周转房A）	150 000	
贷：应付账款—应付工程款		600 000

（4）应付承包施工企业建筑安装工程款。

	借方	贷方
借：开发成本—房屋开发成本（商品房A）	290 000	
—房屋开发成本（商品房B）	275 000	
—房屋开发成本（出租房A）	170 000	
—房屋开发成本（周转房A）	175 000	
贷：应付账款—应付工程款		910 000

（5）分配配套设施费。

	借方	贷方
借：开发成本—房屋开发成本（商品房A）	50 000	
—房屋开发成本（商品房B）	50 000	
—房屋开发成本（出租房A）	50 000	
—房屋开发成本（周转房A）	50 000	
贷：开发成本—配套设施开发成本（水塔）		200 000

（6）暂估配套设施费。

	借方	贷方
借：开发成本—房屋开发成本（商品房A）	80 000	
—房屋开发成本（商品房B）	80 000	
贷：应付账款—暂估应付账款（幼托）		160 000

（7）分配开发间接费用。

	借方	贷方
借：开发成本—房屋开发成本（商品房A）	55 000	
—房屋开发成本（商品房B）	55 000	
—房屋开发成本（出租房A）	50 000	
—房屋开发成本（周转房A）	50 000	
贷：开发间接费用		210 000

（8）结转完工产品。

	借方	贷方
借：开发产品—房屋（商品房A）	765 000	
—房屋（商品房B）	730 000	
—房屋（周转房）	515 000	
贷：开发成本—房屋开发成本（商品房A）		765 000
—房屋开发成本（商品房B）		730 000

—房屋开发成本（周转房 A） 515 000

借：投资性房地产—出租房 A 480 000

贷：开发成本—房屋开发成本（出租房 A） 480 000

4. 配套设施开发成本

房地产开发企业开发的配套设施按是否可以有偿转让，可以分为两大类：（1）开发项目内不能有偿转让的公共配套设施，如居委会、派出所、幼托所、消防设施、锅炉房、水塔、自行车棚、公厕等；（2）能有偿转让的城市规划中规定的大型配套设施项目，包括：①开发项目内营业性公共配套设施，如商店、银行、邮局等；②开发项目内非营业性配套设施，如中小学、文化站、医院等；③开发项目外的公共配套设施，如排水、供电、供气的增容增压设施、交通道路等。

配套设施开发费用支出发生时，一般借记“开发成本—配套设施开发成本”科目，贷记有关科目；开发完成后，不能有偿转让配套设施开发成本应按一定标准进行分配结转，借记“开发产品—房屋开发成本”科目，贷记“开发成本—配套设施开发成本”科目；能有偿转让配套设施开发成本，应转入开发产品，借记“开发产品—配套设施”科目，贷记“开发成本—配套设施开发成本”科目；对于能分清直接配套项目的不能有偿转让配套设施开发成本，可直接计入有关房屋开发成本，以简化核算。

【例 4－23】甲房地产开发公司开发建设住宅小区配套的商店和水塔工程，用银行存款支付了工程款 14 万元，其中商店 10 万元、水塔 4 万元。完工验收显示商店实际成本 28 万元，水塔实际成本 5 万元。水塔是为商品房 A 开发工程所建，商店则作为小区内的第三产业经营用房。

（1）支付工程款。

借：开发成本—配套设施开发成本（商店） 100 000

—配套设施开发成本（水塔） 40 000

贷：银行存款 140 000

（2）结转开发成本。

借：开发产品—配套设施（商店） 280 000

开发成本—房屋开发成本（商品房 A） 50 000

贷：开发成本—配套设施开发成本（商店） 280 000

—配套设施开发成本（水塔） 50 000

5. 代建工程成本

代建工程，指接受委托单位的委托，代为开发的各种工程，包括土地、房屋、市政工程（城市道路、基础设施、园林绿化、旅游风景区开发）等。

房地产开发企业接受委托代为开发建设的土地和房屋，直接在“开发成本—土地开发成本”和“开发成本—房屋开发成本”科目核算，开发工程完工后转入“开发产品—代建工程”科目。

其他代建工程开发项目应在“开发成本—工程开发成本”科目核算。发生各项开发直接费用时，借记“开发成本—代建工程开发成本”科目，贷记有关科目；期末分配结转开发间接费用时，借记“开发成本—代建工程开发成本”科目，贷记“开发间接费用”

科目；验收合格后，结转开发成本，借记“开发产品—代建工程”科目，贷记“开发成本—代建工程开发成本”科目。

【例4-24】甲房地产开发企业接受市政工程管理部门委托，代为扩建某城市道路。扩建过程中支付了拆迁补偿费60万元与前期工程费32万元，应付基础设施工程款108万元，分配开发间接费用16万元。道路扩建工程完工并经验收。

（1）代建工程成本核算。

借：开发成本—代建工程开发成本	2 160 000	
贷：银行存款		920 000
应付账款—应付工程款		1 080 000
开发间接费用		160 000

（1）完工后结转成本。

借：开发产品—代建工程	2 160 000	
贷：开发成本—代建工程开发成本		2 160 000

6. 开发间接费用

开发间接费用，指房地产开发企业内部独立核算为组织管理开发项目而发生的各项费用，包括现场管理机构各项支出、周转房摊销与修理费用，以及借款费用。这些费用发生时，不能明确应由某项开发产品负担，先计入“开发间接费用”科目，再按适当标准分配计入各项开发产品成本。

（1）现场管理机构各项支出。现场管理机构各项支出，指内部独立核算单位现场管理机构的办公费、水电费、职工薪酬、劳动保护费、办公设备折旧费等。房地产开发企业应注意区分管理费用与开发间接费用。如果企业不设置现场管理机构，而是定期或不定期地派人到开发现场管理组织开发活动，则所发生的费用，除借款费用、周转房摊销修理费外，可计入企业的“管理费用”。

（2）周转房摊销、修理费。周转房是为了安置因开发项目开发建设而动迁的居民。对于周转房的摊销、修理费用，能确定为某项开发项目服务的，应直接计入该开发项目的“开发成本”；不能明确服务开发项目的，计入“开发间接费用”。

（3）借款费用。房地产行业是一个资金密集型行业，资金投入大，项目开发周期长。根据借款费用准则，符合借款费用资本化条件的借款费用应当予以资本化，计入相关资产成本。符合借款费用资本化条件的借款费用不能明确直接相关开发项目时，先计入“开发间接费用”科目。开发产品完工后发生的借款费用应作为财务费用，计入当期损益。

【例4-25】甲房地产开发按企业于20×6年8月竞得一块土地，于次月启动了开发工作，并向银行申请了为期2年的房地产开发专项贷款4亿元和1年期的流动资金贷款1亿元。经审核，银行批准了上述申请并于20×7年1月1日发放贷款，其中2年期专项贷款年利率为5.85%，1年期流动资金贷款年利率为5.58%。截至20×7年3月31日，该企业共计发生如下借款费用：（1）1月2日，以银行存款支付专项贷款担保费40万元，支付流动资金贷款手续费2 000元；（2）3月31日支付专项贷款利息2 340万元，支付流动资金贷款利息558万元。假设企业开发项目未占用流动资金款项。

企业对以上借款费用的会计处理如下：

(1) 1月2日的辅助费用核算。

借：开发间接费用　400 000
　贷：银行存款　400 000
借：财务费用　2 000
　贷：银行存款　2 000

(2) 3月31日利息支出核算。

借：开发间接费用　23 400 000
　贷：银行存款　23 400 000
借：财务费用　5 580 000
　贷：银行存款　5 580 000

(4) 开发间接费用分配。月末开发间接费用应在开发产品成本对象之间进行分配，计入有关开发产品的成本。与土地征用及拆迁补偿费、建筑安装工程费等变动费用不同，开发间接费用相对固定，其费用总额并不随着开发产品量的增减而成比例增减。就单位开发产品分摊的开发间接费用而言，则随着开发产品量的变动而反比例变动。

土地、房屋、配套设施和代建工程均应分配承担开发间接费用。如上文所述，由于自用土地与不能有偿转让的配套设施的开发成本最终均结转到房屋开发成本中，为了防止重复分配，对于自用土地、不能有偿转让的配套设施，不分配开发间接费用。因此，企业内部独立核算单位发生的开发间接费用尽在商品性土地、房屋、可有偿转让的配套设施及代建工程等最终产品之间进行分配。开发间接费用分配方法，可根据开发产品的特点自行确定，可以当月各项开发产品实际直接成本占中直接开发费用比重为权重来分配。

$$\text{某项开发产品分配的间接开发费}=\text{间接开发费用}\times\frac{\text{某项开发产品实际直接成本}}{\text{各项开发产品实际直接成本合计}}$$

【例4-26】 甲房地产开发企业现场管理机构发生了开发间接费用5万元，应由商品房A、商品房B、出租房A、配套设施商店和商业性土地共同负担。由于幼托设施在商品房等完工出售、出租时尚未完工，为了及时结转完工的商品房等成本，先将幼托配套设施费预计成本计入商品房等开发成本。

已知各项开发产品和幼托设施预算成本如下：

商品房A	6 000 000元	20 000 000元
商品房B	5 000 000元	
出租房A	2 000 000元	
配套设施商店	4 000 000元	
商业性土地	3 000 000元	

各项开发产品应负担的暂估幼托配套设施费为：

商品房A：50 000×6 000 000÷20 000 000=15 000（元）

商品房B：50 000×5 000 000÷20 000 000=12 500（元）

出租房A：50 000×2 000 000÷20 000 000=5 000（元）

配套设施商店：50 000×4 000 000÷20 000 000=10 000（元）

商业性土地：50 000×3 000 000÷20 000 000=7 500（元）

借：开发成本—房屋开发成本（商品房A）　15 000
　　　　　　—房屋开发成本（商品房B）　12 500
　　　　　　—房屋开发成本（出租房A）　5 000
　　　　　　—配套设施开发成本　10 000
　　　　　　—商业性土地开发成本　7 500
　贷：开发间接费用　50 000

【拓展阅读】

房地产业的增值税

2016年5月1日全面推开营改增后，房地产业纳入试点范围，由缴纳营业税改为缴纳增值税。根据《销售服务、无形资产或者不动产注释》规定，房地产业主要涉及以下税目：(1) 房地产企业销售自己开发的房地产项目适用销售不动产税目；(2) 是房地产企业出租自己开发费房地产项目（包括如商铺、写字楼、公寓等)，适用租赁服务税目中的不动产经营租赁服务税目和不动产融资租赁服务税目（不含不动产售后回租融资租赁)。房地产企业一般纳税人销售、出租不动产适用的税率均为10%，小规模纳税人销售、出租不动产，以及一般纳税人选择简易计税、出租不动产业务征收率为5%。

【例4－27】 考虑增值税时某房地产开发企业发生以下业务：

(1) 取得土地：甲房地产公司以招拍挂形式，取得价值8 165万元一块地，支付契税327万元，支付拆迁补偿费1 200万元，城市基础配套费2 400万元，业务中没取得进项税额。

借：开发成本—房屋开发成本—土地成本　81 650 000
　　　　　　　　　　　　　—拆迁补偿费　12 000 000
　　　　　　　　　　　　　—契税　3 270 000
　　　　　　　　　　　　　—城市基础配套费　24 000 000
　贷：银行存款　120 920 000

(2) 开发前期工程：甲房地产公司开发中，总发生前期工程费2 180万元，其中，发生地质勘察费50万元（含6%增值税率)，规划方案、施工图设计及其他设计560万元（含6%增值税)，土石方基础工程500万元（含10%增值税)，其他1 070万元（含16%增值税)。

勘察设计费进项税额＝500 000/(1＋6%)×6%＝28 302（元）

规划设计费进项税额＝5 600 000/(1＋6%)×6%＝316 981（元）

土石方基础工程进项税额＝5 000 000/(1＋10%)×10%＝454 545（元）

其他进项税额＝10 700 000/(1＋16%)×16%＝1 475 862（元）

进项税额合计＝28 302＋316 981＋454 545＋1 475 862＝2 275 690（元）

借：开发成本—房屋开发成本—前期工程费　19 524 310

应交税费—应交增值税（进项税额） 2 275 690

贷：银行存款 21 810 000

（3）基础设施费：甲房地产公司开发中，施工企业承包的地下设施、管道等安装工程已竣工，总计支付工程款4 000万元（含10%增值税），其中供电配套设施费1 020万元，燃气工程费288万元，景观工程费570万元，绿化费用500万元，其他1 622万元。

进项税额＝40 000 000/(1＋10%)×10%＝3 636 364（元）

借：开发成本—房屋开发成本—基础设施费 36 363 636

应交税费—应交增值税（进项税额） 3 636 364

贷：银行存款 40 000 000

（4）建安工程费：甲房地产公司总计发生建安工程费27 618万元（含10%增值税），其中主承包工程20 160万元，水暖工程700万元，监理费120万元，其他6 638万元。

进项税额＝276 180 000/(1＋10%)×10%＝25 107 273（元）

借：开发成本—房屋开发成本—建筑工程费 251 072 727

应交税费—应交增值税（进项税额） 25 107 273

贷：银行存款 276 180 000

（5）公共配套设施费：甲房地产公司开发中，共发生公共配套费6 585万元（含10%增值税），其中人防工程2 040万元，地下车位工程4 200万元，其他345万元。

进项税额＝65 850 000/(1＋10%)×10%＝5 986 364（元）

借：开发成本—房屋开发成本—公共配套设施 59 863 636

应交税费—应交增值税（进项税额） 5 986 364

贷：银行存款 65 850 000

（6）开发间接费用：甲房地产公司总计发生间接费用2 100万元，其中房屋维修基金528万元，工资劳务保险等费用576万元，其他996万元；（假设此部分均以实际现金流出，未取得进项税额）

借：开发成本—开发间接费用 21 000 000

贷：银行存款 21 000 000

三、房地产开发企业开发产品核算

（一）房地产开发企业的开发产品

房地产开发企业完成项目开发建设后，除了自用土地、出租的商业性土地、出租房和不可有偿转让的配套设施外，“开发成本”账户余额须结转计入“开发产品”账户，如图4－2所示。

“开发产品”账户余额与未完成开发的“开发成本”账户余额均在资产负债表的“存货”项目中列报，已完工开发产品相当于产成品，在建开发成本相当于在产品。除了房地产开发项目类存货外，房地产开发企业的存货还包括常见的原材料、库存商品、低值易耗品等非房地产开发项目类存货。

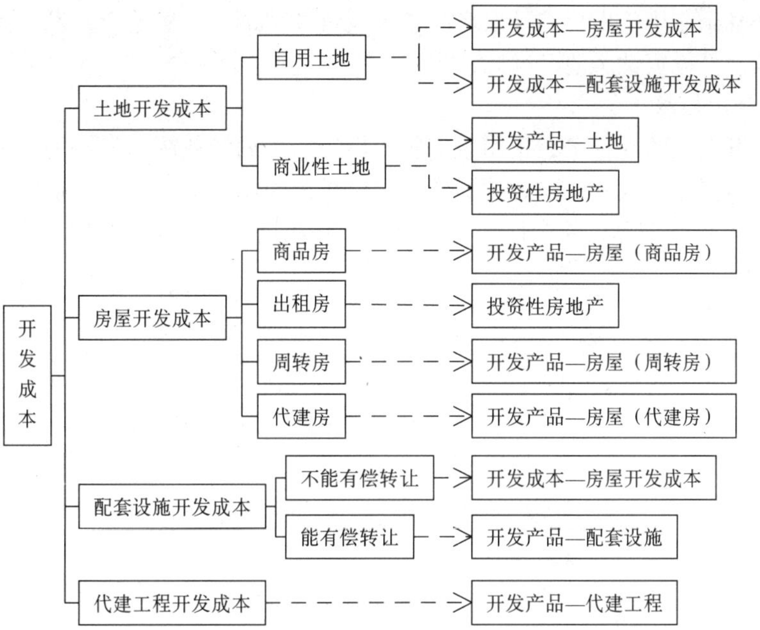

图 4－2　开发成本的结转

【实务链接】

华侨城（000069）的存货信息披露

华侨城（000069）2016 年报附注对存货明细的披露信息如表 4－16 所示：

表 4－16　华侨城（000069）2016 年报中的存货明细　单位：元

项目	2016 年末数			
	账面余额	其中：借款费用资本化金额	存货跌价准备	账面价值
房地产开发项目				
开发成本	53 456 738 227.16	1 634 031 967.66	14 435 000.00	53 442 303 227.16
开发产品	14 309 730 702.54	1 039 922 511.67	29 848 337.29	14 279 882 365.25
小计	67 766 468 929.70	2 673 954 479.33	44 283 337.29	67 722 185 592.41
非房地产开发项目				
原材料	131 436 181.37	—	758 773.51	130 677 407.86
低值易耗品	19 143 223.26	—	—	19 143 223.26
库存商品	80 552 309.21	—	5 314 721.84	75 237 587.37
生产成本	24 003 296.54	—	—	24 003 296.54
小计	255 135 010.38	—	6 073 495.35	249 061 515.03
合计	68 021 603 940.08	2 673 954 479.33	50 356 832.64	67 971 247 107.44

房地产开发企业用于出租的开发产品属于投资性房地产。房地产开发企业出租开发产品的核算应该遵循投资性房地产准则，本章不再赘述。

（二）周转房核算

房地产开发企业的周转房，指用于安置被拆迁居民周转使用、产权仍归房地产开发企业所有的各种房屋。完成开发建设的周转房一旦投入使用，则不再归属于待售的存货，应转入“周转房”科目核算，并在该账户下设置“在用周转房”、“周转房摊销”两个二级科目（图4－3）。

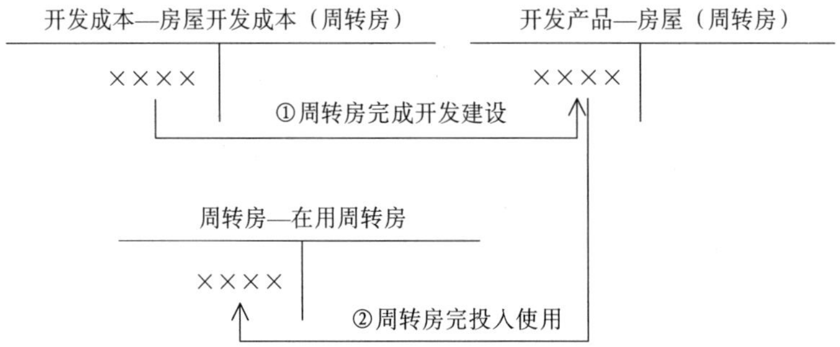

图4－3　周转房的账户结转

周转房在使用过程中，房屋会逐渐发生有形和无形的损耗，为维护使用效能会发生一些维修费用支出，还需要根据周转房使用年限和损耗程度对周转房价值按期进行摊销。将周转房原值与预计残值的差额在设定的摊销年限进行平均摊销，周转房残值一般以周转房的3%～5%预计，摊销年限可以参照同类结构房屋的折旧年限。由于周转房是为了安置因开发项目而动迁的居民，是直接服务于某项开发项目的，因此周转房的摊销与维修费应计入“开发间接费用”。

【例4－28】 甲房地产开发公司为了安置几个开发项目的动迁居民，将其建造的2#楼作为周转房。该周转房1月底竣工，实际成本为600万元。2月初周转房投入使用。3月开始计提周转房摊销，预计摊销年限30年，预计产值率为4%。该周转房年发生修理费用2万元，以银行存款支付。

（1）1月底，周转房竣工。

借：开发产品—房屋（周转房2#楼）	6 000 000	
贷：开发成本—房屋开发成本		6 000 000

（2）2月初，周转房投入使用。

借：周转房—在用周转房（2#楼）	6 000 000	
贷：开发产品—房屋（周转房2#楼）		6 000 000

（3）3月计提周转房摊销。

月摊销额＝6 000 000×（1－4%）÷30÷12＝16 000（元）

借：开发间接费用	16 000	
贷：周转房—周转房摊销		16 000

（4）年修理费用核算。

借：开发间接费用　　20 000
　　贷：银行存款　　20 000

周转房改变用途对外销售，与固定资产出售核算不同，应视为开发产品对外销售，作为主营业务收入核算。同时结转该周转房的开发成本，按其摊余成本（周转房原值减去已提摊销额后的余额）确认为主营业务成本。

【例4－29】沿用【例4－28】的资料，2#楼在使用2年后，公司将其作为商品房对外销售，取得主营业务收入1 000万元，价款收讫。

借：银行存款　　10 000 000
　　贷：主营业务收入—商品房销售收入　　10 000 000
借：主营业务成本　　5 616 000
　　周转房—周转房摊销　　384 000
　　贷：周转房—在用周转房　　6 000 000

四、房地产开发企业收入核算

（一）营业收入的确认

房地产开发企业的营业收入包括主营业务收入和其他业务收入。房地产开发企业的主营业务收入，是指房地产开发企业转让、销售开发产品等主要经营业务所取得的收入，主要包括土地转让收入、商品房销售收入、配套设施销售收入、代建工程结算收入等。房地产开发企业的其他业务收入，是指主营业务以外的其他业务或附营业务所发生的收入，主要包括开发产品（土地、投资性房地产）出租收入、商品房售后服务收入、材料销售收入、以及其他多种经营收入等。

商品房是一种特殊商品，其销售条件受到相关法律法规和销售合同的严格约束，购房业主在接收商品房时在特定条件下享有退货选择权。商品房所有权上的主要风险和报酬转移给客户时，房地产开发企业确认营业收入。关于主要风险和报酬转移的判断是难点。

结合建设部颁布的《商品房销售管理办法》规定，商品房交付购房业主的情况下，符合了以下条件，即使未办理产权过户也不能构成退房依据，才可以判定主要风险和报酬已经转移：（1）已通过竣工验收；（2）供水供电供热通讯燃气等配套基础设施具备交付使用条件，其他配套基础设施和公共设施具备交付使用条件或者已确定施工进度和交付日期；（3）物业管理方案已经落实；（4）符合购房业主在合同约定的个性化标准。

房地产开发企业实务中，区分以下几种情形确认收入：（1）转让、销售土地、商品房或配套设施，应在工程竣工验收合格，购买方验收确认，开始办理产权移交手续，将结算账单提交购买方认可，取得价款或确信价款可以取得时，确认土地转让收入、商品房销售收入、配套设施销售收入；（2）代建工程结算，应在代建工程竣工验收，办妥移交手续，开具价款结算账单，同时收到价款或者经委托方认可后方可确认代建工程结算收入。如果代建工程规模大、工期长，应按履约进度确认相应的建造开发收入；（3）出租开发产品（投资性房地产、土地），应按承租方与出租房签订和合同或协议规定的承租付款日期和金额，确认营业收入。

（二）主营业务收入核算

1. 主营业务收入的核算

由于房地产商品开发周期长，耗资巨大，商品具有较高价值，房地产商品销售除了一次性收款销售，往往还采用预售、分期收款等多种方式销售。

（1）一次性收款销售。随着房地产“限贷”政策的实施，一次性收款销售方式也逐渐增多。房地产开发企业核算转让土地、销售商品房、销售配套设施以及代建工程结算所取得的主营业务收入，通过“主营业务收入”科目核算，并相应结转“主营业务成本”。

【例4－30】20×7年7月，甲房地产开发公司发生如下经济业务：

（1）出售商品住宅一栋，取得价款收入6 000万元，款项存入银行，该商品房成本为4 000万元。

借：银行存款　　60 000 000

　　贷：主营业务收入—商品房销售收入　　60 000 000

借：主营业务成本—商品房销售成本　　40 000 000

　　贷：开发产品—商品房　　40 000 000

（2）将开发完工的小区1#商店转让给小区物业公司经营，款项存入银行，转让价格300万元，该商店开发成本为1 578 000元。

借：银行存款　　3 000 000

　　贷：主营业务收入—配套设施销售收入　　3 000 000

借：主营业务成本—配套设施销售成本　　1 578 000

　　贷：开发产品—配套设施（1#商店）　　1 578 000

（3）将开发完工的小区2#商店转为企业第三产业经营所用，该商店开发成本为1 162 000元。

借：固定资产　　1 162 000

　　贷：开发产品—配套设施（2#商店）　　1 162 000

（4）为市政部门代建街心广场，竣工后一次结算。街心广场已经全部竣工验收合格，已经移交市政部门，并将“工程价款结算单”送市政部门认可，结算工程价款900万元，款项尚未收到。该代建工程成本为667万元。

借：应收账款　　9 000 000

　　贷：主营业务收入—代建工程结算收入　　9 000 000

借：主营业务成本—代建工程结算成本　　6 670 000

　　贷：开发产品—代建工程　　6 670 000

（2）预收款方式销售。房地产销售合同在开发产品竣工验收前后均可能签订。按照国家有关法规的规定，房地产开发企业只有按规定取得房地产预售许可证后，方可上市预售商品房。预售中所得的价款属于预售性质的价款，不能确认收入，只能计入“预收账款”科目。等到开发产品竣工验收并办理移交手续后，方可确认房地产销售收入，将“预售账款”转为“主营业务收入”。

【实务链接】

万科（000002）2016年年报披露信息（表4－17）。

表4－17　　万科的主营业务收入与预收账款　　单位：元

	2015年	2016年
主营业务—房地产	190 212 835 808.18	234 140 296 577.54
预收账款	212 625 705 637.30	274 645 554 496.88

万科的预收账款金额甚至超过确认的房地产销售收入。2016年，万科资产负债率为80.54%。剔除并不构成实际偿债压力的预收账款后，万科其他负债占总资产的比例为47.47%。

（3）分期收款销售。由于房地产开发产品单位价值高，因此房地产销售也常见采用分期收款方式销售。采用不具有融资性质的分期收款方式销售开发产品（收款期不超过3年），应按合同确定的收款日期和收款金额确认销售收入的实现。注意，仅交付商品房、未收到全款时，产权还未办理移交，不能确认收入，也不能结转销售成本。房地产开发企业应设置"发出商品"科目核算商品房的交付，借记"发出商品—商品房"科目，贷记"开发产品—商品房"科目。在合同规定的收款日期按应收金额分期确认收入，并结转相应销售成本。

【例4－31】20×7年1月1日，甲房地产开发有限公司以分期收款方式向某学校销售一套学生公寓，已签订销售合同，公寓1月31日交付该学校。销售合同约定公寓售价500万元，价款分三次收取：1月1日预收售价的10%，交付公寓时收取50%，20×7年底收取余款。公寓开发成本为300万元。

（1）1月1日签订销售合同预交10%。

借：银行存款　　500 000

　　贷：预收账款　　500 000

（2）1月31日交付公寓，收取50%价款，250万元。

借：发出商品—商品房　　3 000 000

　　贷：开发产品—商品房　　3 000 000

借：预收账款　　500 000

　　银行存款　　2 500 000

　　贷：主营业务收入　　3 000 000

借：主营业务成本　　1 800 000

　　贷：发出商品—商品房　　1 800 000

（3）12月31日收取余款200万元。

借：银行存款　　2 000 000

　　贷：主营业务收入　　2 000 000

借：主营业务成本　　1 200 000
　　贷：发出商品—商品房　　1 200 000

房地产开发企业采用具有融资性质的（收款期一般在3年以上）分期收款方式开发产品销售，应在签订分期收款销售合同或协议、办妥产权移交手续时确认开发产品销售收入。核算具有融资性质的分期收款方式销售商品房有3个步骤：

第一，按应收的合同或协议价款借记“长期应收款”科目，按应收合同或协议价款的公允价值（现值）贷记“主营业务收入”科目，按两者之间的差额贷记“未实现融资收益”科目。

第二，当期期末按开发产品实际总成本借记“主营业务成本”科目，贷记“开发产品”科目。

第三，在合同或协议期间内，“未实现融资收益”按“长期应收款”现值的摊余成本和实际利率计算确定摊销额，分期摊销冲减财务费用。

【例4-32】沿用【例4-31】资料，20×6年1月1日签订销售合同，销售总价500万元，收款方式为：1月1日收取40%价款，并交付公寓办理产权移交，20×6年末、20×7年末、20×8年末、20×9年末分别收取15%价款。商品房实际成本300万元。假设实际利率为6%（表4-18）。

①20×6年1月1日收取首付款，办理产权移交。

$$合同价款现值=2\ 000\ 000+\frac{750\ 000}{1+6\%}+\frac{750\ 000}{(1+6\%)^2}+\frac{750\ 000}{(1+6\%)^3}+\frac{750\ 000}{(1+6\%)^4}$$

$$=2\ 000\ 000+2\ 598\ 829=4\ 598\ 829（元）$$

借：银行存款　　2 000 000
　　长期应收款　　3 000 000
　　贷：主营业务收入—商品房销售收入　　4 598 829
　　　　未实现融资收益　　401 171

表4-18　　**未实现融资收益摊销**　　单位：元

	融资总额=长期应收款 a	未实现融资收益的摊销额 b=d（期初）×6%	收回融资额 c=a-b	融资总额现值的摊余成本 d（期末）=d（期初）-c
20×6.1.1				2 598 829
20×6.12.31	750 000	155 930	594 070	2 004 759
20×7.12.31	750 000	120 286	629 714	1 375 045
20×8.12.31	750 000	82 503	667 497	707 548
20×9.12.31	750 000	42 452#	707 548	0
合计	3 000 000			

20×9年12月31日实现的融资收益=1 000 000-707 548=42 452（元）

②20×6年12月31日。

借：银行存款　　750 000

贷：长期应收款 750 000

借：未实现融资收益 155 930

贷：财务费用 155 930

借：主营业务成本 3 000 000

贷：开发产品—商品房 3 000 000

③20×7年12月31日。

借：银行存款 750 000

贷：长期应收款 750 000

借：未实现融资收益 120 286

贷：财务费用 120 286

④20×8年12月31日。

借：银行存款 750 000

贷：长期应收款 750 000

借：未实现融资收益 82 503

贷：财务费用 82 503

⑤20×9年12月31日。

借：银行存款 750 000

贷：长期应收款 750 000

借：未实现融资收益 42 452

贷：财务费用 42 452

（三）其他业务收入核算

房地产开发企业通过提供商品售后服务、销售材料、出租房地产、出租固定资产等取得的其他业务收入，通过“其他业务收入”科目核算，该账户根据其他业务收入的种类设置明细账，如“商品房售后服务收入”、“材料销售收入”、“出租房地产收入”等。根据收入与费用配比原则，企业确认其他业务收入后，应将其相关的成本结转入账，通过“其他业务成本”科目核算。

【例4－33】甲房地产开发有限公司附设的物业管理处对已建成售出的某商品房小区进行售后服务。该处本月收取物业管理费5万元，并发生以下各项物业管理费用：职工工资28 000元，职工福利费2 520元，领用材料费6 000元，现金支付其他费用3 000元。

借：银行存款 50 000

贷：其他业务收入—商品房售后服务收入 50 000

借：其他业务成本—商品房售后服务支出 39 520

贷：应付职工薪酬 30 520

原材料 6 000

库存现金 3 000

如果房地产开发公司单独成立一个专门提供物业管理服务的独立核算的企业，那么物业服务收入将是该公司的主营业务，不再是其他业务收入。

房地产开发公司将完工的开发产品出租时，应将出租的房地产转入“投资性房地产”

科目，在签订租赁合约或协议时按协议租金借记“应收账款”“银行存款”等科目，贷记“其他业务收入”科目。与投资性房地产有关的后续支出不满足资本化确认条件的，不论投资性房地产是采用成本模式计量还是公允价值模式计量，都应在发生时计入当期“其他业务成本”。采用成本模式后续计量的，投资性房地产还应计提折旧，借记“其他业务成本”科目，贷记“投资性房地产累计折旧”科目。出租的投资性房地产转为出售，则属于主营业务范围，应按主营业务收入核算。

【例4－34】甲房地产开发公司20×7年9月10日与乙公司签订了租赁协议，将其开发的一栋写字楼出租给乙公司，租赁期开始日为20×7年10月1日。每月末收取租金120万元。假设甲房地产开发公司的投资性房地产以公允价值计量。

20×7年10月1日，该写字楼账面余额9亿元，公允价值9.4亿元。

20×7年12月31日，该投资性房地产公允价值9.6亿元。

20×8年9月30日，租赁期届满，企业收回该房产，转而以11亿元出售，出售款项收讫。

相应会计处理如下（以万元计）：

（1）20×7年10月1日，存货转为投资性房地产。

借：投资性房地产—成本	94 000	
贷：开发产品		90 000
其他综合收益		4 000

（2）每月收租金。

借：银行存款	120	
贷：其他业务收入		120

（3）20×7年12月31日，投资性房地产公允价值变动。

借：投资性房地产—公允价值变动	2 000	
贷：公允价值变动损益		2 000

（4）20×8年9月30日，收回并出售投资性房地产。

借：银行存款	110 000	
贷：其他业务收入		110 000
借：其他业务成本	96 000	
贷：投资性房地产—成本		94 000
—公允价值变动		2 000

将投资性房地产公允价值变动损益、其他综合收益转入当期主营业务收入。

借：公允价值变动损益	2 000	
贷：其他业务收入		2 000
借：其他综合收益	4 000	
贷：其他业务收入		4 000

假设甲房地产开发公司的投资性房地产以成本模式计量，月折旧额为80万元，则存货按账面余额转为投资性房地产，每月还要计提投资性房地产折旧：

借：投资性房地产	90 000	

贷：开发产品　　90 000

借：其他业务成本　　80

贷：投资性房地产累计折旧　　80

【例4－35】 考虑增值税。

20×7年6月，甲房地产开发企业房屋竣工后开始销售，与某企业签定销售合同，约定商品房价款5亿元（含10%增值税）。销售合同在年内均分两次收回，但当年底尚有2 000万元未取得回款。已知销售房屋成本2亿元。

（1）将商品房转入发出产品。

借：发出商品　　200 000 000

贷：开发产品　　200 000 000

（2）收到首批款项时即确认收入。

增值税＝250 000 000÷1.10×10%＝22 727 273（元）

借：银行存款　　250 000 000

贷：主营业务收入—商品房销售收入　　227 272 727

应交税费—应交增值税（销项税额）　　22 727 273

（3）同时结转成本。

借：主营业务成本—商品房销售成本　　100 000 000

贷：发出商品　　100 000 000

（4）按合同规定，应收第二批房款时确认收入。

借：应收账款　　250 000 000

贷：主营业务收入　　225 225 225

应交税费—应交增值税（销项税额）　　24 774 775

（5）同时结转成本。

借：主营业务成本—商品房销售成本　　100 000 000

贷：发出商品　　100 000 000

（6）收到第二批销售房款2.3亿元时。

借：银行存款　　230 000 000

贷：应收账款　　230 000 000

课后习题

一、思考题

1. 工程施工企业业务经营有哪些特点？业务核算有哪些特殊性？
2. 工程施工企业施工成本主要包括哪些？
3. 工程施工企业的建造合同收入如何确认？
4. 房地产开发企业业务经营有哪些特点？业务核算有哪些特殊性？
5. 房地产开发企业的开发成本有哪些项目？如何核算开发成本？

6. 房地产开发企业开发产品包括哪些？如何核算这些开发产品？

7. 房地产开发按企业营业收入如何分类？收入确认时点如何确定？

二、单项选择题

1. 建造合同的结果能够可靠估计的，企业应根据履约进度确认合同收入和合同费用。下列不属于确定履约进度的方法有（　　）。

A. 建造合同协议履约进度

B. 根据累计实际发生的合同成本占合同预计总成本的比例确定

C. 根据已经完成的合同工作量占合同预计总工作量的比例确定

D. 根据实际测定的履约进度确定

2. 建造合同“工程施工—合同成本”期末在资产负债表的（　　）项目中列报。

A. 固定资产　　B. 在建工程

C. 存货　　D. 工程物资

3. 不属于周转材料的摊销方法主要有（　　）。

A. 一次摊销法　　B. 台班分配法

C. 五五摊销法　　D. 分次摊销法

4. 下列不属于间接费用的是（　　）。

A. 符合资本化条件的借款费用的办公费

B. 施工现场管理人员薪酬

C. 符合资本化条件的借款费用

D. 分包成本

5. 使用自有施工机械发生的各项费用，如果有两个及以上受益对象，先通过“（　　）”账户归集。

A. 其他直接费用　　B. 工程施工

C. 机械作业　　D. 间接费用

6. 某企业处置一项以公允价值模式计量的投资性房地产，实际收到的金额为100万元，投资性房地产的账面余额为80万元。其中成本为70万元，公允价值变动为10万元。该项投资性房地产是由自用房地产转换的，转换日公允价值大于账面价值的差额为10万元。假设不考虑相关税费，处置该项投资性房地产的对当期净利润的影响数额为（　　）万元。

A. 30　　B. 20

C. 40　　D. 10

7. 房地产开发企业发包建筑工程中，与施工单位在建设工程承包合同中约定或施工单位在工程保修书中承诺，在建筑工程竣工验收交付使用后，从应付的建设工程款中预留的用以维修建筑工程在保修期限和保修范围内出现的质量缺陷的资金，属于（　　）。

A. 履约担保金　　B. 履约银行保函

C. 履约担保书　　D. 质量保修金

8. 下列房地产开发企业开发的配套设施中属于不可以有偿转让的配套项目是（　　）。

A. 商店　　B. 银行
C. 水塔　　D. 邮局

9. 不属于房地产开发企业存货的项目有（　　）。

A. 开发产品　　B. 开发成本
C. 在建工程　　D. 库存商品

10. 房地产开发企业将拟出租的开发产品转为投资性房地产时，对于采用公允价值模式后续计量的，其按公允价值与账面余额的差额借记或贷记“（　　）”账户。

A. 其他综合损益　　B. 资本公积
C. 投资收益　　D. 公允价值变动损益

三、多项选择题

1. 建造合同的合同成本的直接费用，指为完成合同所发生的、可以直接计入合同成本核算对象的各项费用支出，包括（　　　）。

A. 材料费用　　B. 人工费用
C. 机械使用费　　D. 其他直接费用

2. 下列各项费用属于期间费用，应在发生时计入当期损益，不计入建造合同成本：（　　　）。

A. 临时设施摊销费用　　B. 管理费用
C. 销售费用　　D. 财务费用

3. 固定造价合同的结果能够可靠估计的认定标准有哪些（　　　）。

A. 合同总收入能够可靠地计量
B. 与合同相关的经济利益很可能流入企业
C. 实际发生的合同成本能够清楚地区分和可靠地计量
D. 合同履约进度和为完成合同尚需发生的成本能够可靠地确定

4. 以下说法正确的是（　　　）。

A. 如果建造合同的结果不能可靠估计，则不能采用履约进度确认和计量合同收入和费用
B. 建造合同的结果能够可靠估计的，企业应根据履约进度在资产负债表日确认合同收入和合同费用
C. 合同成本能够收回的，合同收入根据能够收回的实际合同成本予以确认，合同成本在其发生的当期确认为合同费用
D. 合同成本不可能收回的，应在发生时立即确认为合同费用，不确认合同收入
E. 如果建造合同的预计总成本超过合同总收入，则形成合同预计损失，应提取损失准备，并确认为当期费用

5. 对于建造合同核算，关于“工程结算”与“工程施工”账户的关系表述正确的是（　　　）。

A. “工程结算”账户余额减“工程施工”账户余额后的金额，作为一项流动资产，在资产负债表的“存货”项目列报
B. “工程施工”账户余额减“工程结算”账户余额后的金额，反映工程施工企业建

造合同已完工但尚未办理结算的价款总额

C. “工程结算”账户余额减“工程施工”账户余额后的金额，反映工程施工企业建造合同未完工但已办理结算的价款总额

D. 工程竣工验收结算完成后，“工程结算”账户与“工程施工”账户对冲后应结平

E. “工程施工”账户是“工程结算”账户的备抵账户

6. 房地产开发企业的开发成本项目主要有（　　　　）：

A. 土地征用及拆迁补偿费

B. 前期工程费

C. 建筑安装工程费

D. 基础设施费

E. 公共配套设施费

7. 哪类开发成本在能明确直接相关开发项目时，可以直接计入“开发成本—房屋开发成本”？（　　　　）

A. 土地开发成本

B. 配套设施开发成本

C. 开发间接费用

D. 代建工程开发成本

8. 为了防止重复分配，对于（　　　　）不分配开发间接费用。

A. 商品性土地

B. 自用土地

C. 不能有偿转让的配套设施

D. 房屋

E. 可有偿转让的配套设施

9. 除了（　　　　）外，“开发成本”账户余额须结转计入“开发产品”账户。

A. 自用土地

B. 出租的商业性土地

C. 出租房

D. 代建工程

E. 不可有偿转让的配套设施

10. 以下营业收入属于房地产开发企业的其他业务收入的是（　　　　）。

A. 代建工程结算收入

B. 商品房售后服务收入

C. 材料销售收入

D. 投资性房地产出租收入

E. 投资性房地产处置收入

四、判断题

1. 工程施工企业的合同成本通过“工程施工”账户核算，“工程施工”账户是成本类账户，下设“合同成本”“间接费用”“合同毛利”三个明细账户，期末余额表示未完

工工程成本，在资产负债表的“存货”项目列示。（　）

2. 工程施工企业物资材料的日常核算，不论是否采用计划成本法，均应设置“材料成本差异”账户核算外购材料。（　）

3. 工程施工企业在合同建造期间发生的借款费用，符合资本化条件的，应当计入合同成本，合同完成后发生的借款费用，应计入当期损益。（　）

4. 建造承包商为订立合同而发生的差旅费、投标费等，不能能够单独区分和可靠计量且合同很可能订立的，应当计入“工程施工—间接费用”账户，期末再按一定标准予以分配。（　）

5. “工程结算”账户是“工程施工”账户的备抵账户，用来核算工程施工企业根据合同履约进度核算的建造合同收入。（　）

6. 对于意图长期对外出租或待房地产增值后再销售的开发产品，应在资产负债表中的“投资性房地产”项目中列示。（　）

7. 在合同或协议期间内，“未实现融资收益”按“长期应收款”的摊余成本和实际利率计算确定摊销额，分期摊销冲减财务费用。（　）

8. 房地产开发企业的发包工程中，收到承包施工企业交付的履约保证金、质量保修金时，计入“其他应付款”账户。（　）

9. 房地产开发过程中有时会出现配套设施与房屋等开发产品不同步开发的情形，房地产开发企业可以用预提尚未完工的配套设施成本，计入“其他应付款”账户。（　）

10. 如果企业不设置现场管理机构，而是定期或不定期地派人到开发现场管理组织开发活动，则所发生开发间接费用，除借款费用、周转房摊销修理费外，可计入企业的“管理费用”。（　）

五、业务核算题

1. ABC 建筑公司签订了一份 8 000 万元的建筑合同，承建一栋大厦。工程与 20×7 年 7 月开工，预计 20×9 年 9 月完工。最初，预计工程总成本 7 200 万元，到 20×8 年第，由于材料价格上涨等因素影响，预计总成本为 8 400 万元。该工程与 20×9 年 5 月竣工。由于提前竣工，客户同意支付奖励款 800 万元。建造该项工程的有关资料如表 4－18 所示。

表 4－18　　ABC 建筑公司建造合同履行情况信息表　　单位：元

项目	20×7	20×8	20×9
至目前为止已发生的成本	25 200 000	63 000 000	83 200 000
完成合同尚需发生的成本	46 800 000	21 000 000	—
已结算工程款	36 000 000	36 000 000	16 000 000
实际收到的工程款	34 000 000	34 400 000	19 600 000

要求：根据上述资料编制 ABC 建筑公司 20×7 年、20×8 年、20×9 年相关业务的会计分录。

2. XYZ 达房地产开发公司开发兴隆小区，开发规划建造商品住宅 31 200 平方米，邮局 300 平方米、锅炉房 90 平方米。该小区发生的土地征用及拆迁补偿费、前期工程费、基础设施费按各项开发产品的建筑面积进行分配。兴隆小区在开发过程中，发生了下列有关开发业务：

（1）用银行存款支付土地开发成本2 056万元，其中：土地征用及拆迁补偿费1 340万元，前期工程费42万元，基础设施费674万元。

（2）土地开发完工，结转其开发成本（表4－19）：

表4－19

分配对象	占地面积（M^2）	分配比率	土地征收及拆迁（元）	前期工程费（元）	基础设施费（元）	合计（元）
商品住宅	31 200					
邮电局	30					
锅炉房	90					
合计	31 320	100	13 400 000	420 000	6 740 000	20 560 000

（3）将建筑面积为3 120平方米的1号楼商品住宅的建筑安装工程，发包给中华建筑公司施工，工程标价为256万元，已预付工程款200万元，工程完工验收后用银行存款支付余款。

（4）用银行存款支付各项开发间接费用501 200元。

（5）经分配，1号楼应负担开发间接费用8 000元。

（6）锅炉房工程完工，结算工程价款35万元。

（7）邮电局工程完工，结算工程价款249 600元。

（8）邮局建好后将有偿转让给市邮政局，转让收入50万元，款项收讫。

要求：编制XYZ房地产开发公司上述业务的会计分录。

第五章
物流行业特殊业务会计

引导案例

交运股份的物流业发展[①]

上海交运股份有限公司是我国交通运输行业中的大型骨干企业。公司的主营业务是现代物流业、客运旅游业、汽车零部件制造业和汽车后服务业。

- 交运股份的快速发展

2012年开始，交运股份在加快向现代物流转型发展。现代物流业被上海市政府确定为未来发展的支柱产业。通过非公开发行股票，交运股份引入了上海交运国际物流有限公司，公司物流业经营范围大大拓展，增强了企业的核心竞争力。在超大型物件运输、化学危险物品运输、城市便捷货运出租等业务基础上，增加了普通货物运输、零担线路运输、搬运装卸、货运代理、联运、理货、零担货运站经营、零担货运受理、仓储、市内特快专递、国际货运代理等业务。

- 物流业的激烈竞争压力

物流行业几乎没有技术壁垒，进入门坎低，竞争激烈。随着网购和电子商务的高速发展，电商巨头如阿里巴巴、京东、国美、苏宁等也纷纷在建立自己的仓储和配送体系，行业整体的竞争激烈程度可见一斑。雪上加霜的是，我国的经济近年来进一步放缓，国际贸易量下降，从而抑制物流需求增长，这都为交运股份在经营上带来了巨大的困难。2016年中报披露数据显示，交运股份净利润1.51亿元同比下降11.29%，每股收益同比下降11.3%，营业总收入同比下降8.13%。虽然短期业绩承压，但分析师基于区域优势的考量对交运股份的未来发展前景还是看好。

- 做大做强现代物流业的思考

交运股份为了做大做强现代物流业，提出了以下几方面的思考：（1）构建以信息技

① 根据“交运股份：短期业绩承压，长期向好无虞”http：//finance. qq. com/a/20160902/015021. htm 等网络资料整理。

术为核心的现代化企业内部物流体系，以提高物流效率；（2）整合企业内外部的物流资源，减少资源的浪费，以降低物流运作成本；（3）满足客户个性化需求的制定，以增强企业的竞争力。

【学习目标】了解交通运输企业业务特点及其业务核算特点；了解交通运输企业资产核算的特点；熟悉交通运输企业收入核算方法；熟悉交通运输企业成本费用核算方法；了解现代物流业的特征及其与传统运输行业的区别；掌握物流企业包装、装卸、堆存、配送业务成本费用核算方法。

【关键概念】高价周转件、高价互换配件、燃油套期保值、辅助营运费用、营运间接费用、满油箱制、盘存制、联运业务、履约程度、内部往来、运输进款结算、运输清算收入、票证结算、集装箱固定费用、船舶维护费用、船舶共同费用、船舶固定费用、通用航空业务、运输、包装、装卸、堆存、配送

物流（logistics）一词最早来源于美国。2001 年实施的《中华人民共和国国家标准物流术语》把物流定义为，“从供应地向接收地的实体流动过程。根据实际需要，将运输、储存、装卸、搬运、包装、流通加工、配送、信息处理等基本功能实施有机结合。”传统运输业包括铁路、公路、水运、航空等运输企业，交通运输的对象可以是乘客，也可以是物资。现代物流行业是在传统物资运输基础上整合了包装、装卸、堆存、配送等服务，从而发展起来的复合型生产服务业。2009 年 2 月 25 日，物流行业成为国务院常委会议审议并原则通过的十大产业振兴规划中的第十个产业。本章将主要涉及传统交通运输企业与现代物流企业的特殊业务核算问题。

第一节 交通运输企业特殊业务会计

一、交通运输企业特殊业务概述

（一）交通运输企业业务分类

交通运输企业，指利用运输工具专门从事客运、货运服务的企业。按运输方式不同，传统意义上交通运输企业一般可以分为公路运输企业、水路运输企业、铁路运输企业、航空运输企业等。

公路运输企业是以汽车为主要运输工具对外提供运输劳务以获得经营收入的运输企业。除了客运与货运的分类，一般还可分为长途运输和短途运输两种。公路运输机动灵活、分布广、适应性强，能提供点对点服务，对于客货运输，特别是短途运输有着显著的效益。只有公路可以依托自身完成运输，其他运输方式都要用公路进行辅助。

水路运输企业是以船舶为主要运输工具对外提供运输劳务以获得经营收入的运输企业。除了客运与货运的细分，根据运输路线不同还可分为内河运输和海洋运输，

海洋运输又可以分为沿海运输和海洋运输。能耗少、运量大、价格低是水路运输的优势。

铁路运输企业是以火车为主要运输工具对外提供运输劳务以获得经营收入的运输企业，一般有货运和客运之分。铁路运量大、运程远、覆盖面广、经济安全。不论是客运还是货运，铁路运输在我国各类交通运输方式中基本都排第一位，是我国最主要和最重要的运输手段。据 2016 年世界银行报告，中国高铁所承担的客流总量已经超过法国高铁（TGV）的客流总量，仅次于日本新干线的客流量。

航空运输企业是以飞机为主要运输工具对外提供运输劳务以获得经营收入的运输企业，一般有货运和客运之分。航空运输快捷迅速、运输量小、费用高，在运载贵重紧急物资方面起着主要作用。

（二）交通运输企业业务特点

1. 运输服务具有网络性和流动性

构建起运输线点交织的交通运输网络是交通运输企业提供运输服务的要件。交通运输网中的线，指公路、水路、铁路、航空等交通运输方式的交通线，是交通运输发生的基本条件。交通运输网中的点，指车站、港口、航空港等客货流的集散地，是完成交通运输过程的重要环节。

不同于工商企业在一个固定的厂房或商场内从事生产经营活动，交通运输企业的运输对象从出发地到目的地的转移，始终处于交通运输网点到点的空间中流动。运输服务流动性的特点要求各个沿线单位、各工作的分工协作。而在户外空间提供的运输服务又容易受外界环境的影响，安全问题比较突出，如恶劣天气常导致航班延误。

2. 运输服务特性致固定资产比重大、流动资产比重小

交通运输企业为了提供运输服务，需要购置汽车、船舶、火车、飞机等运输工具，往往还需投资建设车站、航道、铁路、空港等配套基础设施。这些资产数量多、单件价值高，少则几十万，多则几千万，甚至上亿。南方航空（600029）2012 年向波音公司订购 10 架 B777－300ER 飞机，每架公开市场报价约为 2.98 亿美元。在交通运输企业的全部资产中，固定资产占的比重大。如表 5－1 所示，2016 年 3 167 家上市公司固定资产占资产总额比重平均是 6.14%，而交通运输企业中比重最低的公路运输企业也要 34% 左右，航空运输企业则高达 70% 以上，远远高出全行业平均水平。

交通运输企业的运输服务是改变旅客或货物的空间位置，无形的服务不能保存和累积，提供服务与实现销售同时进行。运输过程并不改变劳动对象的属性和形态，也不创造新的物质产品，不似一般制造业和商品流通企业大量持有原材料和库存商品。其营业收入多在提供运输服务前就已经收到，一般不存在大量应收账款。但交通运输企业运营需要消耗大量的油料、燃料、备品备件。存货主要以燃料、轮胎和修理备件为主。如表 5－1 所示，2016 年 3 167 家上市公司应收账款占资产总额比重平均是 7.41%、存货占资产总额比重平均是 4.40%，而交通运输企业的这两个比重基本都在 1% ~2%。

【实务链接】

交通运输企业资产构成

表 5-1　　交通运输企业资产构成数据　　单位：亿元

行业	公路运输	水路运输	铁路运输	航空运输	所有上市公司平均（2016 年）
代表企业	江西长运（600561）	中远海控（601919）	大秦铁路（601006）	南方航空（600029）	
总资产	59.36	1 158.59	1 132.52	1 864.73	641.60
固定资产	20.29	426.40	691.38	1 421.94	39.37
固定资产比重	34.18%	36.8%	61%	76.25%	6.14%
存货	0.9179	10.82	17.09	17.06	28.34
存货比重	1.55%	0.93%	1.5%	0.91%	4.40%
应收账款	1.75	53.02	21.17	29.35	47.58
应收账款比重	2.95%	4.58%	1.87%	1.57%	7.42%

资料来源：各公司 2016 年年报及 CSMAR 数据库。

3. 各种运输方式之间的替代性和协作性较强

各种运输方式皆以实现旅客和货物位移为目的，尽管存在成本、效率的差异，相互之间仍存在不同程度的替代性。2009 年，我国高铁开始运营后，每月乘飞机往返于长沙和广州（路程约 600 公里）之间的乘客从 9 万人次减少到 3 万人次。在路程超过 1 000 公里时，高铁对航空客运量的影响则很小，例如北京到上海相距 1 318 公里，高铁对这两座城市间的航空客运量没有影响。

每种运输方式有不同的技术经济特点，适应着不同的自然地理条件和运输需要。旅客和货物由出发地到达目的地，往往需要多种运输方式分工协作、共同完成。因此，交通运输企业的运输过程往往涉及不同运输方式联合作业，出现跨企业、跨地区、甚至跨国界的运输业务，产生了大量复杂的往来结算工作。

（三）交通运输企业业务核算特点

1. 资产核算的特殊性

汽车、轮船、火车、飞机等交通工具属于交通运输企业特有的固定资产，为了维持正常运转，交通运输企业必须对各种运输工具进行例行维护、保养，及时理、更换损坏的零部件，必要时重置运输工具。由此而带来的固定资产投资、更新改造、维护修理以及投资成本补偿等成为交通运输企业资产核算的侧重点。很多交通运输公司的大型运输工具，如航空公司的飞机、海运公司的轮船，除了自购而是通过租赁方式取得。交通运输企业的存货主要以燃料、轮胎及修理备件为主。在油价上涨时期，为了防止油价波动的不利影响，航空公司常选择对燃油进行套期保值试图控制燃油成本。

2. 交通运输企业收入核算特殊性

交通运输企业提供运输服务，通过向旅客和货主收取运输费和装卸费等弥补运输成本，获取利润。由于交通运输渠道如公路、海域、水系、航道是区域性的，货物流向要求运输的连续性，从而产生了各种运输方式，如直达运输、海江河联运、水陆联运，以及省内外、国内外运输等。运输服务的网络性和流动性使得交通运输过程参与部门众多，作业环节复杂，各部门、各单位之间要进行相互协作。交通运输企业收入业务的结算除涉及企业内部各单位外，还大量涉及港航企业之间、联运企业之间、国内运输企业与国外运输企业之间、海洋运输企业与国外代理公司之间的结算等业务。而且由于各种运输方式和运输期的差别，也使得各种营运业务的结算期长短不一，导致交通运输企业的收支结算业务环节多、内容复杂、业务量大。

3. 交通运输企业成本核算特殊性

交通运输企业的运输过程并不消耗原材料，不改变运输对象的形状、数量和性质，不创造新物质，因此不需要生产制造成本核算。资产构成的特殊性导致运输工具、设备的折旧费和租赁费等固定成本在交通运输企业的营运成本中占较大比重，变动成本则以运输过程燃料消耗、电力消耗、物资消耗、场地费用等为主。变动成本的多少不仅与距离（公里、海里等）有关，还与周转量（人次、吨等）有关。所以交通运输企业的营运成本是以运输数量和运输距离相结合的复合单位来计算，如人公里（海里）、吨公里（海里）等。

二、交通运输企业资产核算

（一）固定资产

1. 固定资产的构成

交通运输企业的固定资产中交通工具（汽车、船舶、火车、飞机）占了很大比重，如表 5-2 所示。交通运输企业的固定资产初始确认、计提折旧、计提减值等核算，遵循《企业会计准则第 4 号——固定资产》，本章不再赘述。

【实务链接】

交通运输企业的固定资产

表 5-2　　交通运输企业的固定资产（2016）　　单位：万元

	公路运输企业	水路运输企业	铁路运输企业	航空运输企业
代表企业	江西长运（600561）	中远海控（601919）	大秦铁路（601006）	南方航空（600029）
汽车	81 175	6 886		212 800
船舶		2 805 628		
机车车辆			2 696 913	
飞机				5 136 900
其他飞行设备包括高价周转件				854 800
融资租赁持有的固定资产：	不适用	40 079（房屋及设备）	19 231（设备）	7 689 900（飞机）
固定资产合计	257 640	4 357 351	7 091 489	1 4 245 400

资料来源：各公司 2016 年年报。

交通运输公司的大型运输工具如飞机、船舶，单件价值高，全部自购，耗资巨额，难以承受。因此航空运输企业、海洋运输企业会选择通过融资租赁的方式购入飞机与船舶，相应也将形成“长期应付款—应付融资租赁款”的负债。如表 5－2 中南方航空（600029）融资租入的飞机比自购的飞机还多。融资租赁的核算遵循《企业会计准则第 21 号——租赁》，本章亦不再赘述。

2. 高价周转件与高价互换配件

交通运输企业固定资产中，航空运输业的高价周转件、铁路运输业的高价互换配件比较特殊。高价周转件和高价互换配件，均指单位价值较高、使用期限较长且可反复修理使用的配件。

根据现行企业会计准则，备品备件和维修设备通常确认为存货，但高价周转件、高价互换配件符合固定资产定义和确认条件，应列入固定资产管理。实务中，很多航空运输企业的高价周转件的保障方式是外包服务为主，自主购买为辅，如春秋航空（601021）。

高价周转件、高价互换配件的价值是在反复多次使用中逐渐转移到航空运输成本中，类似施工企业的周转材料。周转材料由于单件价值低、材料种类繁多、出入库频繁，采用计划成本法核算可以化繁为简。高价周转件、高价互换配件单件价值高，航空运输企业、铁路运输企业信息化程度也较高，更多采用实际成本法。周转材料一般 1 年内摊销完，作为固定资产管理的高价周转件一般购入后在预计使用年限内折旧。购入高价周转件、高价互换配件后，无论是在库房，还是安装到飞机、火车上，均根据公司既定折旧政策计提折旧，计入当期损益。

【实务链接】

高价周转件的折旧

南方航空（600029）对于高价周转件，预计使用寿命在 3～15 年间，预计净残值为 0～5%，年折旧率在 6.3%～33.3%之间。

东方航空（600115）对于高价周转件，预计使用寿命一律为 10 年，预计净残值为 0%，年折旧率为 10%。

高价周转件、高价互换配件原则上不计提减值准备。如果确因技术进步等原因造成该类按类别进行明细核算，高价互换配件已无使用价值和转让价值时，应当按照计提固定资产减值准备。

（二）存货

1. 存货的构成

存货是企业生产经营过程中为销售或耗用而存储的实物资产。燃料是交通运输企业提供运输服务最主要的直接材料，如航油成本占南方航空（600029）运营成本的 25%。交通运输企业一般会自购持有燃料，核算时区分库存燃料与车存/船存燃料。一些供应链管理比较先进的企业向燃油供应商集中采购，几乎做到零库存。轮胎是公路运输企业常见的备品备件，集装箱是水路运输企业常见的存货项目，线上料、轨道料是铁路运输企业特有的存货项目，航材消耗件是航空运输企业独有的存货项目。

【实务链接】

交通运输企业的存货构成

表 5－3　　交通运输企业的存货（2016）　　单位：万元

	公路运输企业	水路运输企业	铁路运输企业	航空运输企业
代表企业	江西长运（600561）	中远海控（601919）	大秦铁路（601006）	南方航空（600029）
原材料	1 703	3 959		
库存商品	4 840	6 586		
燃料		132 937	5 820	
备品备件		12 348		
在产品				
其他		639	2 772	19 800
线上料			23 242	
库存配件			18 866	
一般材料及轨道料			114 378	
航材消耗件				139 000
存货合计	6 543	156 469	165 078	158 800

资料来源：各公司 2016 年年报

2. 燃油套期保值

航空业的利润很大程度上受燃油价格的影响，对燃油进行套期保值被认为是锁定运营成本的主要手段，被世界各国航空公司广泛采用。燃油套期保值，又称航油套期保值、航油套保，指航空公司为了应对油价的上下波动带来的经营风险，通过买入或卖出远期航油合约，锁定采购成本。

情形一：为了减轻油价持续上涨给企业带来成本增加的负担，买入看涨期货合约，油价上涨造成的浮盈，对冲掉了相当于看涨合约量上涨带来的成本增加；情形二：已经与燃油供应商签订了采购价格，为了规避燃油价格下跌的风险，卖出看跌期货合约，油价下跌造成的浮盈，对冲掉了相当于看跌合约量下跌带来的损失。

燃油套期保值的核算应遵循《企业会计准则第 24 号——套期会计》（2017 版），一般在《高级财务会计》课程中涉及，本章通过例题展示燃油套期保值的核算，相关知识点不做拓展。燃油套期保值是对很可能发生的预期交易（未来采购航油）的特定风险，属于现金流量套期保值。核算方法是现金流量套期的有效套期部分应确认为其他综合收益，无效套期部分应计入当期损益。

小贴士

远期合同套期中的有效部分和无效部分

预期交易未来现金流量是根据商品即期价格计算的，即期价格变动是引起未来现金流量变动的风险根源。

$$远期合同公允价值=\frac{(远期价格-协议价格)\times 协议数量}{(1+月折现率)^t}$$

$$即期价格变动价值=\frac{(最新即期价格-初始即期价格)\times 协议数量}{(1+月折现率)^t}$$

t：到期货合约到期日剩余的月份数

升（贴）水＝远期合同公允价值变动额−即期价格变动价值变动额

远期合同公允价值变动额＝即期价格变动价值变动额＋升（贴）水

有效套期部分＝即期价格变动价值变动额

无效套期部分＝升（贴）水

【例5－1】 甲航空公司每个季度基本都要耗用500吨航油，一般在每个季度初签订一个季度航油采购合约。预期20×7年10月将采购第三季度的航油500吨。由于油价一路上涨，甲航空公司决定对预期采购进行套期保值。20×7年4月1日，甲航空公司与中石油签订了在20×7年9月30日以每吨4 000元购入500吨航油的远期合约。当日航油即期价格为每吨3950元。甲航空公司和中石油协议采用净额结算的方式。甲航空公司将该航油远期合同指定为预期购货的套期工具。20×7年6月30日，航油即期价格为每吨4 000元，20×7年10月交割的航油远期合约价格为每吨4 080元。20×7年9月30日，航油即期价格为每吨4 100元，20×7年10月交割的航油远期合约价格为每吨4 100元。20×7年10月8日按每吨4 120元购入500吨航油。假设年贴现率为12%（表5－4）。

表5－4　远期合同的即期价格、远期价格及公允价值变化表　单位：元

日　期	20×7.4.1	20×7.6.30	20×7.9.30
即期价格	3 950	4 000	4 100
20×7年10月交割的航油远期价格	4 000	4 080	4 100
协议价格	4 000	4 000	4 000
远期合同公允价值（a）	0	38 824	50 000
远期合同公允价值的变动额（b）＝期末（a）－期初（a）	0	38 824	11 176
即期价格变动价值（c）		24 265	75 000
即期价格变动价值的变动额（d）＝期末（c）－期初（c）	0	24 265	50 735
升（贴）水（e）＝（b）－（d）	0	14 559	(39 559)

注：（a）＝(远期价格−协议价格)×协议数量÷$(1+折现率)^t$

（c）＝(最新即期价格−初始即期价格)×协议数量÷$(1+折现率)^t$

(1) 20×7年4月1日。远期合同公允价值为0，不需做会计分录，但应做备忘录分录，记录签订了远期合同。

(2) 20×7年6月30日，记录套期工具公允价值变化。

借：套期工具—商品远期合同	38 834	
贷：其他综合收益		24 265
套期损益		14 559

(3) 20×7年9月30日。

①套期工具公允价值变化。

借：套期工具—商品远期合同	11 176	
套期损益	39 559	
贷：其他综合收益		50 735

②远期合同到期净额结算。

借：银行存款	50 000	
贷：套期工具—商品远期合同		50 000

(4) 20×7年10月8日。

①采购航油。

借：燃料	2 060 000	
贷：银行存款		2 060 000

②其他综合收益转入当期损益。

借：其他综合收益	75 000	
贷：主营业务成本—运输成本		75 000

③使用航油。

借：主营业务成本—运输成本	2 060 000	
贷：燃料		2 060 000

三、交通运输企业收入核算

(一) 公路运输企业营业收入

公路运输企业的营业收入一般包括运输收入（客运与货运）、装卸收入、堆存收入等。除此之外，企业从事营运业务以外的其他业务收入，如代理业务收入、车辆修理、材料销售、技术转让等，一般确认为其他业务收入。

公路运输企业一般在公司之下设置基层车站、车队和车间。基层车间有的在辖区内设有若干分站。一般而言，车站、车队和车间都需要独立核算，基层分站或分所为内部核算单位，营业收入需要向上级单位报账并上缴。对企业内部核算单位之间应收、应付营运收入的结算，通过“应收内部单位款”和“应付内部单位款”科目进行核算。

1. 基层站、所运输收入的核算

【例5-2】欧风交通运输公司有第一、第二两个中心站，都是独立核算的基层站，20×7年5月1日，第一中心站发生如下经济业务：

(1) 将上个月欠交欧风公司的营业收入10万元上交公司。

（2）收到代理温泉旅游景区四星级A酒店的温泉套餐销售收入5 000元，按协议约定扣5%手续费250元作为代理业务收入。

（3）收到B企业预交货物托运费500元，存入银行。

（4）当日收到客运收入2 000元、货运收入3 000元，存入银行。

（5）编制5月1日“营业收入日报表”，当日实现客运收入2 000元，货运收入3 000元，代理业务收入250元。

20×7年5月2日，B公司托运的货物已发运，B公司补交运费1 000元给第一中心站，存入银行。

20×7年5月3日，当天第一中心站将代理收入扣除手续费的余款4 750元上交公司，以便转付给A酒店。

20×7年5月31日，第一中心站编制“营业收入月报表”上报公司，当月共实现客运收入100 000元，货运收入200 000元，代理业务收入5 000元。

（1）20×7年5月1日第一中心站发生的经济业务会计核算如下：

①交付上个月欠交款。

借：应付内部单位款—欧风公司	100 000	
贷：银行存款		100 000

②收到代理业务款。

借：银行存款	5 000	
贷：其他业务收入—代理业务收入		250
应付内部单位款—欧风公司		4 750

③收到货运预付款。

借：银行存款	500	
贷：预收账款—B公司		500

④客运与货运收入核算。

借：银行存款	5 000	
贷：主营业务收入—运输收入（客运收入）		2 000
—运输收入（货运收入）		3 000

（2）20×7年5月2日。

借：银行存款	1 000	
预收账款	500	
贷：主营业务收入—运输收入（货运收入）		1 500

（3）20×7年5月3日。

借：应付内部单位款—欧风公司	4 750	
贷：银行存款		4 750

（4）20×7年5月31日，编制“营业收入月报表”上报公司。

借：主营业务收入—运输收入（客运收入）	100 000	
—运输收入（货运收入）	200 000	
其他业务收入—代理业务收入	5 000	

贷：应付内部单位款—欧风公司　　305 000

2. 公司营运收入的核算

【例5-3】 沿用【例5-2】资料，20×7年5月1日，欧风公司收到各基层站，上月所欠交的内部单位款30万元，其中第一中心站10万元，第二中心站20万元。

20×7年5月3日，欧风公司收到第一中心站转来的A酒店温泉套餐余款4 750元，第二中心站转来的A酒店温泉套餐余款5 700元转付给A酒店。次日，把款项转付给A酒店。

20×7年5月31日，欧风公司收到各基层站的"营业收入月报表"汇总如下：第一中心站305 000元，其中客运收入10万元，货运收入20万元，代理业务收入5 000元；第二中心站41万元，其中客运收入30万元，货运收入10万元，代理业务收入10万元。

（1）20×7年5月1日。

借：银行存款　　300 000

　　贷：应收内部单位款—第一中心站　　100 000

　　　　　　　　　　　—第二中心站　　200 000

（2）20×7年5月3日。

①收到基层站的代理业务有关凭证。

借：应收内部单位款—第一中心站　　4 750

　　　　　　　　　—第二中心站　　5 700

　　贷：应付账款—A酒店　　10 450

②核算收到款项。

借：银行存款　　10 450

　　贷：应收内部单位款—第一中心站　　4 750

　　　　　　　　　　　—第二中心站　　5 700

（3）20×7年5月4日。

借：应付账款—A酒店　　10 450

　　贷：银行存款　　10 450

（4）20×7年5月31日。

借：应收内部单位款—第一中心站　　305 000

　　　　　　　　　—第二中心站　　410 000

　　贷：主营业务收入—运输收入（客运收入）　　400 000

　　　　　　　　　　—运输收入（货运收入）　　300 000

　　　　其他业务收入—代理业务收入　　15 000

（二）水路运输企业营业收入

除了企业会计准则，水路运输企业还需遵循2004年财政部颁布的《水运企业会计核算办法》。水路运输企业设置"主营业务收入—运输收入"核算从事客运、货运、船舶出租业务所取得的收入。按照运输类型（客运、货运）、船舶经营方式（自营、出租）等设置三级明细科目，按照船舶名称、航次设置四级明细科目。海洋运输企业，还可以设置"以前年度运输收入"明细科目核算以前年末已完航次未达收入在当期的结算。水路运输企业的客运收入与公路运输企业类似，但货运则分直达货运、海河联运和海洋运输等多种运输方式，相应收入核算有所不同。

1. 客运收入

水路运输企业的客运收入一般由港口企业的客运站代理发售，客运站收取代理业务[①]费后，客票收入和行李运费解缴给航运企业。

【例5-4】 20×7年5月，A港口客运站出售客票收入60万元，其中甲航运公司40万元，乙航运公司20万元。该港口按5%收取代理手续费。

（1）A港口企业。

①收到售票款。

借：银行存款	600 000	
贷：应付账款—甲航运公司		400000
应付账款—乙航运公司		200 000

②计算代理手续费。

借：应付账款—甲航运公司	20 000	
应付账款—乙航运公司	10 000	
贷：主营业务收入—代理业务收入		30 000

（2）甲航运公司。

①根据港口企业报送的单证计列收入。

借：应收账款—A港口企业	400 000	
贷：主营业务收入—运输收入（客运收入）		400 000

②代理手续费列支。

借：销售费用	20 000	
贷：应收账款—A港口企业		20 000

（3）乙航运公司。

①根据港口企业报送的单证计列收入

借：应收账款—A港口企业	200 000	
贷：主营业务收入—运输收入（客运收入）		200 000

②代理手续费列支

借：销售费用	10 000	
贷：应收账款—A港口企业		10 000

2. 联运货运收入

水路货运有海洋运输、内河运输之分，还有直达和联运之分。直达货运，指货物在起运港托运，从起运港到目的港的全程运输由一个企业完成。联运是指货物在起运港托运，从起运港到目的港的全程运输由几个航运企业联合完成。

联运业务收入在企业之间采用“逐段解缴和扣收”的原则结算。起运港向发货人核收全程运费和杂费（一般不收目的港的港杂费），简称“起收”。起运港扣除本港收入后，

① 代理业务是属于主营业务还是属于代理业务，视代理业务类型及不同企业经营范围有所不同。

将所收取的各段运费和换装费等全部解缴起运航运企业。第一换装港在换装时，从前端航运企业的进款中扣除本港换装费及以后各段运费和换装费等，扣除本港收入后，将其余运费和换装费等解缴接运的航运企业。依次顺序进行结算，直到目的港交货时，向收货人计收目的港的港杂费。

特殊情况下，如发货人不在起运港，并经航运企业同意，可办理“到收”，即由目的港向收货人计收全程运费和港杂费。“到收”情况下，起运港按本港收入向起运航运企业收款。第一换装港在换装时，根据运单所列的起运港杂费、前段运费、本港换装费向接运企业收款，并将起运港港杂费、前段运费结付给前段航运企业。依次顺序结算，目的港交货时向收货人计收全程运费和港杂费，扣除本港收入后，将起运港港杂费、各段运费和换装费等解缴给前段航运企业。

【例5－5】 20×7年5月，从A港经B港至C港联运货物一批。A港发生装卸费2 000元；A港至B港由甲海运企业承运，运费5万元；B港发生换装费2 500元；B港至C港由乙内河航运企业承运，运费35 000元；C港发生装卸费1 000元；全称运杂费共计90 500元。假设不考虑货运代理费用（图5－1）。

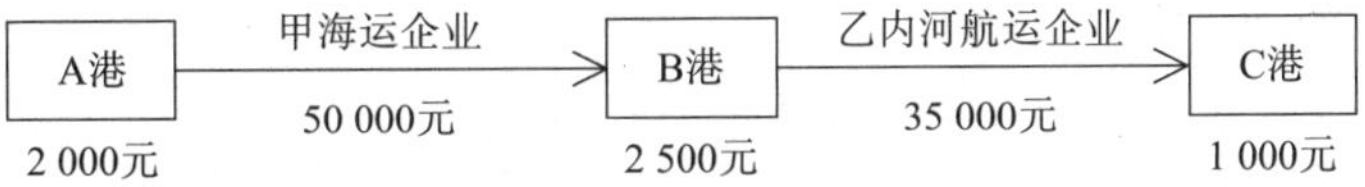

图5－1　从A港到C港有关费用分布

（1）“起运”情况下航、港间结算的核算。

①A港向发货人收款。

借：银行存款	89 500	
贷：主营业务收入—装卸收入		2 000
应付账款—甲海运企业		87 500

②海运企业根据A港报送的单证，计列本企业营运收入和暂收的后段运费、换装费。

借：应收账款—A港	87 500	
贷：主营业务收入—运费收入（货运收入）		50 000
应付账款—B港		37 500

③B港根据运单向海运企业扣收本港换装费和内河航运运费。

借：应收账款—甲海运企业	37 500	
贷：主营业务收入—装卸收入		2 500
应付账款—乙内河航运企业		35 000

④内河航运企业根据B港报送营运收支日报及所附单据计列营运收入。

借：应收账款—B港	35 000	
贷：主营业务收入—运输收入（货运收入）		35 000

⑤C港向收货人收取装卸费。

借：银行存款	1 000	
贷：主营业务收入—装卸收入		1 000

（2）“到收”情况下航、港间结算。

①A 港向甲海洋企业扣收本港收入。

借：应收账款—甲海运企业　　2 000
　　贷：主营业务收入—装卸收入　　2 000

②海运企业根据 A 港报送的营业收支日报及所附的单据向 B 港扣收本企业营运收入和垫付 A 港款项。

借：应收账款—B 港　　52 000
　　贷：主营业务收入—运输收入（货运收入）　　50 000
　　　　应付账款—A 港　　2 000

③B 港根据运单向内河航运企业扣收本港换装费和垫付前段运杂费。

借：应收账款—乙内河航运企业　　54 500
　　贷：主营业务收入—装卸收入　　2 500
　　　　应付账款—甲海运企业　　52 000

④内河航运企业根据 B 港营运收支日报及所附单据，向 C 港扣收本企业营运收入和垫付前段运杂费。

借：应收账款—C 港口　　89 500
　　贷：主营业务收入—运输收入（货运收入）　　35 000
　　　　应付账款—B 港口　　54 500

⑤C 港向收获人收取全称运杂费，包括本港收入和前段运杂费。

借：银行存款　　90 500
　　贷：主营业务收入—装卸收入　　1 000
　　　　应付账款—内河航运企业　　89 500

3. 海洋运输货运收入

海洋运输历时时间长，某些航次可能跨越两个会计期间，应区分已完航次和未完航次确认运输收入。在同一会计年度内开始并完成的航次，运输收入应当在航次结束时确认；对于开始和完成分别属于不同会计年度的航次即年末未完航次，应按履约程度确认航次收入。海洋运输常涉及外币交易，因运输收入和结算收款的进账日期不同而造成的汇兑损益作为财务费用计入当期损益。

（1）同一会计年度内开始并完成的航次。货主支付运费的方式有预付运费和到付运费两种。预付运费是指货物托运人在货物转船后和领取提货前付清全部运费。到付运费是指收货人在货物抵达目的港提货前付清全部运费。不同运费支付方式下的账务处理如表 5－5所示。

表 5－5　　同一会计年度内开始并完成的航次

运费支付方式		账务处理
预付运费	收到预付的运费	借：银行存款　¥＝全款 　贷：预收账款—未完航次收入 ¥＝全款
	完成船舶营运航次	借：预收账款—未完航次收入　¥＝全款 　贷：主营业务收入—运输收入 ¥＝全款

续表

运费支付方式			账务处理
到付运费	船舶营运航次已完成、运费单证俱全		借：应收账款—某货主 ¥ = 全款 贷：主营业务收入—运输收入 ¥ = 全款
	运费单证不全	航次已完成、运费单证尚未寄达	借：应收账款—已完航次未达收入 ¥ = 预估数 贷：主营业务收入—运输收入 ¥ = 预估数
		若年度结算前，运费单证到达	红字冲回： 借：应收账款—已完航次未达收入 ¥ = 预估数 贷：主营业务收入—运输收入 ¥ = 预估数 确认收入： 借：应收账款/银行存款 ¥ = 全款 贷：主营业务收入—运输收入 ¥ = 全款
		若年度结算后，运费单证才到达	红字冲回： 借：应收账款—已完航次未达收入 ¥ = 预估数 贷：主营业务收入—运输收入 ¥ = 预估数 确认收入： 借：应收账款/银行存款 贷：主营业务收入—运输收入（以前年度运输收入）

（2）年末未完成航次。海洋运输企业开始和完成分别属于不同会计年度的航次，在资产负债表日按履约程度确认运输收入。履约进度可以产出法或投入法确定，产出法是根据已转移给客户的商品对于客户的价值确定履约进度，投入法是根据企业为履行履约义务的投入确定履约进度。海运履约程度可按航次已发生的营运天数占估计的总营运天数的比例，也可按已发生的航次成本与估计的航次总成本的比例测算确定履约程度。当履约进度不能合理确定时，企业已经发生的成本预计能够得到补偿的，应当按照已经发生的成本金额确认收入，直到履约进度能够合理确定为止（表5－6）。

表5－6　　年末未完航次

运费支付方式		账务处理
预付运费	收到预付的运费	借：银行存款 ¥ = 全款 贷：预收账款—未完航次收入 ¥ = 全款
	年末未完成航次	借：预收账款—未完航次收入 ¥ = 全款 × 履约程度 贷：主营业务收入—运输收入 ¥ = 全款 × 履约程度
	下年度初红字冲回	借：预收账款—未完航次收入 ¥ = 全款 × 履约程度 贷：主营业务收入—运输收入 ¥ = 全款 × 履约程度
	完成航次	借：预收账款—未完航次收入 ¥ = 全款 贷：主营业务收入—运输收入 ¥ = 全款

续表

运费支付方式		账务处理
到付运费	年末未完成航次	借：应收账款—未完航次收入 ¥=全款×履约程度 贷：主营业务收入—运输收入 ¥=全款×履约程度
	下年度初红字冲回	借：应收账款—未完航次收入 [¥=全款×履约程度] 贷：主营业务收入—运输收入 [¥=全款×履约程度]
	完成航次	借：应收账款—某货主 ¥=全款 贷：主营业务收入—运输收入 ¥=全款

海洋运输企业的收入多数以美元或其他外币计价，进行汇兑损益调整，遵循《企业会计准则第19号——外币折算》，本章不再赘述。

【例5-6】某海洋运输公司20×7年12月1日起运甲公司出口香港的手工艺品100箱装入一个20英尺的集装箱，乙公司出口荷兰的陶瓷制品一批装入一个20英尺和两个40英尺集装箱。从上海装船，在香港转船至荷兰鹿特丹港。甲公司海运费是1 300美元，乙公司海运费是10 500美元，运费预付。20×7年12月10日，如期到达香港，20×8年2月10日，如期到达荷兰鹿特丹港。已知20×7年12月1日1美元=6.75元人民币，20×7年12月10日1美元=6.8元人民币，20×7年12月31日1美元=6.85元人民币，20×8年2月28日1美元=6.95元人民币。

（1）20×7年12月1日预收运费。

1 300美元×6.75元人民币/美元=8 775（元）

10 500美元×6.75元人民币/美元=70 875（元）

借：银行存款—美元户　　79 650
　贷：预收账款—未完航次收入—甲公司（美元户）　　8 775
　　　　—未完航次收入—乙公司（美元户）　　70 875

（2）20×7年12月10日到达香港。

确认运输收入=1 300美元×6.8元人民币/美元

借：预收账款—未完航次收入—甲公司（美元户）　　8 775
　财务费用—汇兑损益　　65
　贷：主营业务收入—运输收入　　8 840

（3）20×7年12月31日，年度结算。

①预收账款美元户汇兑损益调整。

10 500美元的预收账款期末折算金额=10 500美元×6.85元人民币/美元=71 925（元）

汇兑损益调整额=71 925-70 875=1 050（元）

借：财务费用—汇兑损益　　1 050
　贷：预收账款—未完航次收入—乙公司（美元户）　　1 050

②按履约程度确认收入。

已完成航运天数/预计总航运天数=30÷(31+31+28)=1/3

年内确认运输收入＝10 500美元×1/3×6.85元人民币/美元

＝3 500美元×6.85元人民币/美元＝23 975（元）

转出预收账款的金额＝71 925×1/3＝23 975（元）

借：预收账款—未完航次收入—乙公司（美元户）　23 975

　　贷：主营业务收入—运输收入　23 975

（4）20×8年1月初红字冲回。

借：预收账款—未完航次收入（乙公司）　[23 975]

　　贷：主营业务收入—运输收入　[23 975]

（5）20×8年2月28日到达荷兰鹿特丹港。

借：预收账款—未完航次收入（乙公司）　70 875

　　财务费用—汇兑损益　1 575

　　贷：主营业务收入—运输收入　72 450

（三）铁路运输企业营业收入

1. 铁路运输收入核算特点

交通运输企业的收支结算业务环节多、内容复杂，尤以铁路运输企业为甚。我国铁路运输由中国铁路总公司统一调度指挥，铁路总公司下设若干铁路局，铁路局下又设铁路分局，铁路分局下设基层站段，上下级往来业务多。2013年改制以来，铁路总公司目前还适用财政部2004年颁布的《铁路运输企业会计核算办法》及铁道部2005年公布实施的《铁路运输收入管理规程》。铁路运输系统仍然实行“收支两条线”核算，客货运输收入的运输收入进款和运输清算收入两个概念，仍然具有鲜明的计划经济、非营利组织核算的特点。

（1）实行分级核算。分级核算，指铁路运输企业实行铁路局、铁路分局和基层站段分级会计核算的做法。铁路局作为基本核算单位，掌握全局资金，根据铁路总公司调度组织生产，对客货运输活动进行全面核算。铁路分局和基层站段作为铁路局内部的经济核算单位，对经济活动进行局部的、独立的核算。

（2）逐层上缴运输收入进款。运输收入进款，指铁路运输企业所述各营业基层站段办理客货运输中，按照规定向旅客和货主核收的票款、运费、杂费以及其他各种款项，主要包括运输收入、铁路建设基金和各种代收款。代收款，指各种代理收费性质的款项，不属于铁路运输企业应得的收入，比如国际联运外国铁路运费、水路联运水运段运费等。代收款由铁路分局、铁路局或铁路总公司按实际情况划拨有关单位。

铁路运输收入进款不能由基层站段、铁路分局和铁路局直接用于该买材料、支付工资等支出，必须专户存储，并按规定时间及时上缴。基层站段、铁路分局、铁路局分别在中国人民银行开设运输收入存款专户办理存款和结算，单独核算，按时逐层上缴，最后集中到铁路总公司。

铁路运输常常需要由两个或两个以上的铁路局完成。铁路运输收入进款采用发送核算制，即由发送铁路局核收列账，通过铁路局和到达铁路局提供了运输服务并没有收入进款列账。运输收入进款是直接上缴铁路总公司的专用资金，并不反映各个铁路局的财务成果。

（3）分级清算运输清算收入。各级铁路部门通过运输工作清算而取得的收入称为运输清算收入。由一个铁路局独立完成的运输任务，其相关运输进款可以与资金清算中心直接清算，全款作为收入，并且从运输收入进款中抵减不需要缴交。而与其他铁路局共同完成的运输任务，运输收入进款逐级解缴到铁路总公司后，铁路总公司按规定的清算办法将取得的全部客货运输收入在各铁路局之间进行分配，铁路局再分配到铁路分局，铁路分局再分配到基层站段。

客货运输收入、运输收入进款和运输清算收入三个概念之间存在密切联系。客货运输收入是原生概念，运输收入进款和运输清算收入是铁路运输企业特殊业务所导致的两个特殊的派生概念。运输收入进款只是一种过渡形态的资金，经分配取得的运输清算收入才是各铁路局反映财务成果的营业收入。

铁路总公司运输收入清算方法很多，而且在不断变革中，本书不做详述。铁路运输企业特殊的收入核算业务究其原因是没有能彻底执行权责发生制核算，保留了计划经济、非营利组织核算的特点。

2. 铁路运输收入进款核算

运输收入进款应在铁路局、铁路分局和基层站段分级核算。基层站段是运输收入进款的初级核算，主要负责收缴各项进款。基层站段配备专职的进款人员，负责进款管理。每天按规定的结账时间当日结清运输收入进款，并于次日将进款全部送存银行。基层站段应设置“运输收进款日记账”及“运输收入银行存款明细账”，以便与铁路分局核账。铁路分局、铁路局根据基层站段报送的原始凭证及汇总表进行会计核算。

铁路运输企业增设“其他货币资金—在途货币资金”“运输进款结算”“内部往来”“应交铁路建设基金”等科目核算铁路运输收入进款业务。“运输进款结算”科目核算企业办理客货运输业务过程中向旅客、托运人或收货人等核收的全部款项及其结算。该科目贷方反映应收取的全部款项，借方反映已结算的款项，年末应无余额。“内部往来”科目核算企业内部具有财务隶属关系的单位间相互往来的款项，包括运输进款、运营资金、代垫所属单位资金、收入清算、上交税金、利润分配等款项的往来。该科目的期末借方余额，反映应收未收的往来款项；期末贷方余额，反映应付未付的往来款项。

根据相关运输进款凭证借记“运输进款结算”，按应交上级运输进款贷记“内部往来—上级单位”科目，按应交铁路建设基金贷记“应交铁路建设基金”科目，按各项代收款项贷记“其他应付款”等科目，按本企业独立完成运输业务取得的收入贷记“内部往来”科目。

根据相关运输进款凭证、基层汇缴单证和银行通知单等凭证，按实际收到款项借记“银行存款”，对尚未收到的款项借记“其他货币资金—在途货币资金”，对下级单位尚未汇缴的款项借记“内部往来—下级单位”，贷记“运输进款结算”。收到所属单位上交的运输进款时，借记“银行存款”科目，贷记“内部往来—下级单位”或“其他货币资金—在途货币资金”科目。向上级单位汇缴结算运输进款时，借记“内部往来—上级单位”，贷记“银行存款”。

【例5－7】 甲铁路局20×7年11月运输收入进款汇总显示客货运运输收入进款总额为802万元，其中由该铁路局独立完成的有100万元，应交铁路建设基金2万元，各种代收款 50 万元，应解缴铁路总公司 650 万元。收到银行通知，已经到款的有 300 万元，还有 452 万元在途，另有 50 万元在乙铁路分局还未汇出。20×7 年 11 月 28 日，银行通知 502 万元全部到账。20×7 年 11 月 30 日，以银行存款向总公司上缴运输收入进款。

（1）确认运输收入进款。

借：运输进款结算	8 020 000	
贷：内部往来—总公司		6 500 000
其他应付款		500 000
应交铁路建设基金		20 000
内部往来		1 000 000

（2）运输收入进款到款情况。

借：银行存款	3 000 000	
其他货币资金—在途货币资金	4 520 000	
内部往来—下级单位	500 000	
贷：运输进款结算		8 020 000

（3）运输收入进款全部到账。

借：银行存款	5 020 000	
贷：其他货币资金—在途货币资金		4 520 000
内部往来—下级单位		500 000

（4）向总公司上缴运输收入进款。

借：内部往来—总公司	6 500 000	
贷：银行存款		6 500 000

3. 运输清算收入核算

铁路交通企业为核算运输清算收入涉及“完成工作清算”“内外往来”、“主营业务收入”等科目，核算企业内部具有财务隶属关系的单位对完成运输工作进行的内部清算。对于铁路局独立完成运输任务取得的收入，在运输收入进款核算贷记“内部往来”科目后，按进款部门的通知书借记“内部往来”，贷记“应收账款—资金清算中心”科目。按资金清算中心下转的资料，借记“应收账款—资金清算中心”科目，贷记“主营业务收入”（图 5-2）。

借：运输进款结算
　贷：内部往来
⇨
借：内部往来
　贷：应收账款—资金清算中心
⇨
借：应收账款—资金清算中心
　贷：主营业务收入

图 5-2　独立完成的运输收入核算流程

铁路局作为基本核算单位进行全面核算，铁路分局和基层站段只进行局部核算。对于与其他铁路局一起完成的运输任务，按规定与铁路总公司进行收入清算。完成工作清算时，铁路局按清算所确定的收入借记“内部往来—上级单位”科目，贷记“主营业务收入”科目。

铁路局的上级单位（铁路总公司）借记“完成工作清算”科目，贷记“内部往来—下级单位”科目；铁路局的下级单位铁路分局，也按“内部往来—上级单位”，贷记“完成工作清算”等科目；期末，应将“完成工作清算”科目的余额转入“本年利润”，结转后“完成工作清算”无余额。

【例5-8】 沿用【例5-7】资料，甲铁路局20×7年11月按进款部门的通知结转独立完成的运输收入100万元。于20×7年11月30日收到资金清算中心下转的资料通知，确认100万独立完成的收入，以及清算合作运输收入500万元。甲铁路局与下属乙铁路分局清算收入45万元。

(1) 甲铁路局。

①按进款部门的通知结转独立完成的运输收入。

借：内部往来　　1 000 000

　　贷：应收账款—资金清算中心　　1 000 000

②确认独立完成的主营业务收入。

借：应收账款—资金清算中心　　1 000 000

　　贷：主营业务收入　　1 000 000

③确认合作完成的主营业务收入。

借：内部往来—总公司　　5 000 000

　　贷：主营业务收入　　5 000 000

(2) 铁路总公司清算收入。

借：完成工作清算　　5 000 000

　　贷：内部往来—下级单位　　5 000 000

(3) 乙铁路分局。

借：内部往来—甲铁路局　　450 000

　　贷：完成工作清算　　450 000

(四) 航空运输企业营业收入

1. 航空运输企业收入核算特点

本章所指航空运输企业专指民航运输企业。民航运输企业收入主要包括航空运输收入、通用航空收入、机场服务收入及其他业务收入，其中以航空运输收入占比重最大：航空运输收入指航空公司在国际、国内航线上承运客、货、行李、邮件和执行国际、国内专包机任务应得的业务收入；通用航空收入指航空公司完成专业飞行任务应得的业务收入，比如航空摄影收入、喷洒农药飞行收入等；机场服务收入指机场为飞机起降或过港旅客提供各种地面服务获得的收入；其他业务收入指技术转让收入、广告费收入、代理售票手续费、代理保险手续费等。有些航空企业把机场服务收入剥离，单独成立企业独立核算，并没有包含在航空公司业务范围内，如厦门空港（600897）。航空运输企业收入核算特点如下：

(1) 收入确认必须在航空运输过程结束后。航空公司销售出票时，尚未提供运输服务或可能全程都不提供运输服务，还可能因旅客计划改变而变更服务内容，因此航空公司销售所收取的票款在运输服务提供前，作为待结算销售款应须先确认为负债“票证结算(ticket & settlement)”，例如南方航空2016年年报显示“票证结算”期末余额为84.20亿元。待航空运输完成后，根据承运的情况及清算协议，确认实现的营业收入。

（2）航空运输收入须在各大航空公司之间进行分摊和清算。与其他运输企业类似，由于联运业务大量存在，从而产生大量的国际和国内运输收入结算事项。航空运输收入必须采用一定的方法在各承运航空公司之间进行分摊和清算。由于常常涉及多边比例分摊，还受国际航协规定的约束，往往须借助计算机系统才能准确进行数据处理。

2. 待结算销售款核算

航空公司设置“票证结算”科目核算待结算销售款，贷方反映待结算销售款，借方反映待结算销售款的结算情况，包括本公司运输收入及支付联运款的金额。“票证结算”科目连接着销售收款与收入确认两方面业务核算，是航空公司收入核算的重要环节。

航空公司的旅客运输和货物运输服务可以通过自营的售票处直接对外销售，也可能通过代理销售。自行销售的票证，按待结算销售款金额借记“银行存款”“应收账款”等科目，贷记“票证结算”科目。

实务中航空公司客票大部分是通过代理销售，航空公司会定期收到销售代理送交的销售报告、客票会计联及汇款。根据中国航空运输协会2016年颁布的《关于改变国内航空旅客运输销售代理手续费支付办法的实施意见》，代理手续费由航空公司与销售代理商定。航空公司向代理方支付销售代理手续费的方式有净结或后返两种。净结手续费比较常见，销售代理将所代理的客票销售收入总额扣除代理手续费的余款直接划入航空公司账户，航空公司应支付的手续费借记“销售费用”，按扣除手续费之后的净额借记“银行存款”“应收账款”等科目，贷记“票证结算”科目。代理手续费后返时，借记“销售费用”科目，贷记“银行存款”“应收账款”等科目。

不论是自行销售还是代理销售，发生退票业务时，借记“票证结算”科目，按退票手续费贷记“其他业务收入”科目，按扣除退票手续费的净额贷记“银行存款”科目。发生退票退款时，已支付的销售代理手续费应一并退还给航空公司，借记“应收账款”，贷记“销售费用”。

【例5-9】厦门航空20×7年11月有关业务如下：11月1日售票点销售11月23日厦门直飞悉尼的客票40张，票价5 000元/张，同日厦门经停悉尼飞墨尔本的客票10张，票价6 000元/张，票款收讫；11月10日，甲销售代理的销售报告显示代销了11月23日厦门直飞悉尼的客票160张，票价仍为5 000元/张，销售代理手续费为10%，相关票款11月15日到账；11月20日，代理销售的11月23日厦门直飞悉尼的客票发生退票10张，退票手续费10%，以银行存款支付退款。

（1）11月1日售票点自行销售。

自行销售额＝40×5 000＋10×6 000＝260 000（元）

借：银行存款	260 000	
贷：票证结算—自行销售		260 000

（2）11月10日销售代理销售客票。

代理销售额＝160×5 000＝800 000（元）

借：应收账款—甲代理	720 000	
销售费用	80 000	
贷：票证结算—代理销售		800 000

(3) 11月15日销售代理销售票款到账。

借：银行存款 720 000

　贷：应收账款—甲代理 720 000

(4) 11月20日退票。

借：票证结算—代理销售 50 000

　贷：其他业务收入 5 000

　　银行存款 45 000

借：应收账款—甲代理 5 000

　贷：销售费用 5 000

3. 航空运输收入核算

(1)“票证结算”后续计量。航空公司承运自行销售、代理销售的旅客运输或货物运输全航段的运输服务，在运输服务完成后确认航空运输收入，借记“票证结算”，贷记“主营业务收入—运输收入”。

对于确认了“票证结算”的航空公司的某一航段的运输服务由其他航空公司承运，会收到其他航空公司按照一定分摊方法计算的联运开账凭证，会计部门经过审核后，确认应付账款和代理手续费收入。

【例5-10】 沿用【例5-9】资料，20×7年11月24日航班安全抵达悉尼及墨尔本。销售代理的标准手续费为10%。20×7年11月30日收到澳洲捷星航空公司承运悉尼飞墨尔本的联运开账2 020澳元，按当日汇率1澳元=5.00元人民币折算合人民币10 100元，经审核按10%扣除手续费确认应付账款。

(1) 自行销售的厦门直飞悉尼客票40张。

借：票证结算—自行销售 200 000

　贷：主营业务收入—运输收入 200 000

(2) 代理销售的厦门直飞悉尼客票150张。

借：票证结算—代理销售 750 000

　贷：主营业务收入—运输收入 750 000

(3) 澳洲捷星航空公司联运开账。

借：票证结算—自行销售 10 100

　贷：应付账款—捷星航空 9 090

　　其他业务收入—手续费收入 1 010

(4) 自行销售的厦门经停悉尼飞墨尔本客票10张承运段收入。10张厦门经停悉尼飞墨尔本客票收入为6万元，扣除澳洲捷星航空联运开账10 100元，“票证结算—自行销售”还有49 900元未结转为收入。

借：票证结算—自行销售 49 900

　贷：主营业务收入—运输收入 49 900

(2) 承运外航运输服务。还有部分航空运输收入源自航空公司承运其他航空公司销售的客票，按协议分摊的承运航段的营业收入。航空公司因根据标准运输凭证，按照协议确认的比例或固定收费，确认应承运段的收入，进行应收联运款的开账。

【例5-11】厦门航空公司根据甲航空公司售出的机票标注运输凭证提供的航段运输收入为5万元，扣除家公司客票代理手续费4 500元后，应收账款为45 500元。

借：应收账款—甲航空公司　　45 500
　　销售费用　　4 500
　　贷：主营业务收入—运输收入　　50 000

4. 航空运输企业其他收入核算

为了核算企业通用航空业务所取得的各项收入，设置“主营业务收入—通用航空收入”账户。企业根据所完成的通用航空任务，按规定费率计算收入并开出账单，借记“应收账款”，贷记“主营业务收入—通用航空收入”。收到客户付款时，借记“银行存款”，贷记“应收账款”。如果该业务是由其他企业组织代理的，支付代理费时，借记“销售费用”，贷记“银行存款”。

为了核算机场起降和过港旅客提供各种地面服务及设施租赁所得收入，企业设置“其他业务收入—机场服务收入”账户，借记“银行存款”“应收账款”等，贷记“其他业务收入—机场服务收入”。

四、交通运输企业成本费用核算

（一）交通运输企业成本核算特点

交通运输企业的营运成本包括直接材料、直接人工、其他直接费用和间接营运费用；期间费用包括销售费用、管理费用和财务费用。除了运输成本外，交通运输企业也会涉及装卸、堆存成本核算，本节主要阐述运输环节成本核算，堆存、装卸成本核算详见现代物流企业部分。

1. 成本核算账户明细科目设置方式多样

《企业产品成本核算制度（试行）》规定：交通运输企业以运输工具从事货物、旅客运输的，一般按照航线、航次、单船（机）、基层站段等确定成本核算对象。成本核算对象既可以是承接运输的各类业务及构成各类业务的具体业务项目，如旅客运输业务、货物运输业务、代理业务等，也可以是承担运输任务的各类运输工具及具体运行情况，如客运班次、远洋航线、铁路路线、飞机航班等。多样化的成本核算对象导致交通运输企业成本核算账户明细科目设置方式通常由企业根据实际情况自行裁定。

2. 成本计量单位采用复合计量

不同交通运输企业由于运输工具、运输时间、运输距离的不同，在计量反映运输成本时一般采用运输数量和距离相结合的复合计量单位，如吨公里（海里）、人公里（海里）等。营运过程中多项业务共同发生的各项耗费先归集后，再按照一定的方法计算分摊作为各业务的营运成本，也常用复合单位计量。

（二）公路运输企业成本费用核算

1. 账户设置与核算办法（图5-3）

公路运输企业设置“主营业务成本”核算经营运输、装卸、堆存等业务所发生的各项费用，设置“其他业务成本”核算除主营运业务以外的其他业务所发生的各项支出。“主营业务成本”下设置“运输成本”“装卸成本”“堆存成本”等二级科目，公路运

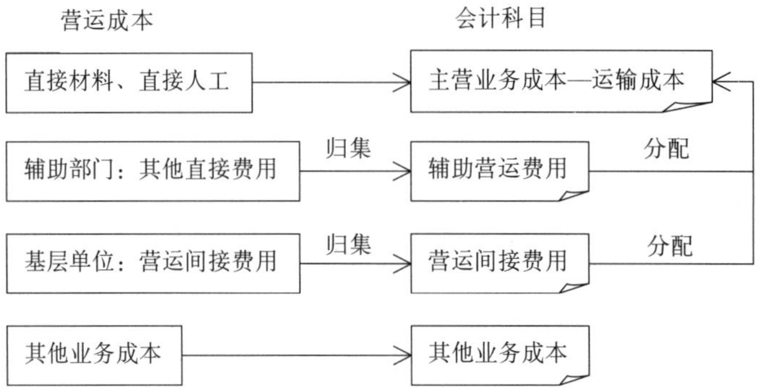

图 5 – 3　公路运输企业科目

输企业一般区分客运、货运或者车队设置三级科目。

在运输过程中发生的各项直接材料、直接人工直接记入“主营业务成本—运输成本”① 的明细科目，其他业务直接耗费记入“其他业务成本”科目。直接材料指运输过程中实际耗用的燃料、轮胎、物料、润料、照明、备品配件和低值易耗品等支出，直接人工由工资、奖金、津贴、补贴和职工福利费等构成。

其他直接费用指辅助生产部门发生的折旧费、修理费、养路费、保险费、事故费等费用。无法直接记入“主营业务成本—运输成本”明细科目的各种直接耗费先在“辅助营运费用”科目归集，再定期按一定标准进行分配。公路运输企业设置“营运间接费用”核算基层营运单位（车队、车站）组织与管理运输服务发生的各种间接费用，如职工薪酬、折旧费、水电费、低值易耗品摊销等。需要注意的是，企业行政管理部门费用在“管理费用”核算，不属于“营运间接费用”核算范围。“辅助营运费用”“营运间接费用”账户类似于工业企业成本核算中的“制造费用”科目，先归集后分配，一般账户期末无余额。分配归集的“辅助营运费用”“营运间接费用”的分配率一般用的运输周转量单位为营运车日、吨公里、人公里等。

2. 直接人工的归集与分配

对于有固定车辆的司机、助手、乘务人员的职工薪酬，直接记入各自成本计算对象的成本，对于没有固定车辆的司机、乘务人员的职工薪酬，则需按一定标准分配计入各成本计算对象的成本，计算时用到复合单位计量：

$$职工薪酬分配率=\frac{应分配的职工薪酬总额}{总营运车日、总营运吨公里或总营运人公里}$$

某车队分配的职工薪酬 = 该车队营运车日、吨公里或人公里 × 职工薪酬分配率

辅助生产部门人员的各项薪酬记入“辅助营运费用”；车队（车站、车场）管理人员的各项薪酬记入“营运间接费用”；公司管理人员的各项薪酬记入“管理费用”。企业如果设立了销售部门，销售部门人员的薪酬记入“销售费用”。

【例 5 – 12】欧风汽车运输公司下设车站、客运车队和修理场等营运单位。20 ×7 年 7

① 实务中有企业采用“主营业务成本—运输支出”为科目名，编者认为“运输支出”的说法是收付实现制的提法，权责发生制下应采用“运输成本”更为恰当。

月客运一队的总营运日40日，客运二队的总营运日60日。发生的工资费用汇总表如表5－7所示：

表5－7　　工资费用分配汇总表

20×7年1月　　单位：元

部门和人员类别	应付职工薪酬
客运一队	12 000
固定车辆司机	9 000
固定车辆乘务人员	3 000
客运二队	12 000
固定车辆司机	9 000
固定车辆乘务人员	3 000
备用司机	5 000
修理场	6 000
机修工人	3 000
管理人员	3 000
车站管理人员	3 000
公司管理人员	5 000
合计	43 000

（1）直接人工归集。

借：主营业务成本—运输成本（客运一队）　12 000
　　　　　　　　—运输成本（客运二队）　12 000
　辅助营运费用—备用司机　5 000
　　　　　　　—修理场　6 000
　营运间接费用　3 000
　管理费用　5 000
　贷：应付职工薪酬　43 000

（2）直接人工分配。

职工薪酬分配率＝(5 000＋6 000＋3 000)/(40＋60)＝140（元/营运日）

客运一队分配的职工薪酬＝40×140＝5 600（元）

客运二队分配的职工薪酬＝60×140＝8 400（元）

借：主营业务成本—运输成本（客运一队）　5 600
　　　　　　　　—运输成本（客运二队）　8 400
　贷：辅助营运费用—备用司机　5 000
　　　　　　　　　—修理场　6 000
　　营运间接费用　3 000

3. 直接材料的归集与分配

公路运输企业最主要的直接材料是燃料和轮胎。燃料指营运车辆运行过程所耗用的各种燃料，轮胎指营运车辆所耗用的外胎、内胎、垫带、零星修补等。

（1）燃料。燃料领用发出有满油箱制和盘存制两种管理制度，可采用实际成本计价或计划成本计价法核算。所谓满油箱制，即要求投入运营的车（船）在每次加油前必须加满，月末则可根据领油凭证计算出车船耗用的油料。在满油箱制管理制度下，企业可只设置“燃料”总账，不设二级账。

所谓盘存制，即要求按投入营运的车船的实际需要领料加油，月末经过盘点油箱的实存数量后，倒挤出当月实际的耗油数量。采用盘存制管理制度时，企业应在“燃料”总账下设“车存”和“库存”两个二级账。

本月行车实耗燃料数 = 月初车存数 + 本月领用数–月末车存数

【例5－13】假设欧风汽车运输公司车队采用满油箱管理制度。20×7年1月，燃料发出的汇总表如表5－8所示：

表5－8　燃料发出汇总表　单位：元

领用单位或用途	计划成本
货运一队	400 000
货运二队	400 000
职工班车	3 000
对外销售	17 000
合计	820 000

借：主营业务成本—运输成本（货运一队）　400 000
　　　　　　　—运输成本（货运二队）　400 000
　　管理费用　3 000
　　其他业务成本　17 000
　　贷：燃料　820 000

同时，结转支出燃料应负担的成本差异，假设当月燃料成本差异率为1%：

借：主营业务成本—运输成本（货运一队）　4 000
　　　　　　　—运输成本（货运二队）　4 000
　　管理费用　30
　　其他业务成本　170
　　贷：燃料　8 200

【例5－14】假设欧风公路汽车运输公司采用盘存制，按计划成本计价进行燃油核算。20×7年10月，油库燃料库存期初数为50 500升，本期库存采购燃油7万升，车队领用60 500升，外销领用3 000升，库存期末数为57 000升。同期燃料车存期初数为30 700升，车存期末数为20 600升。根据燃料领用凭证及车存燃料盘点表等有关资料编制的燃料耗用计算汇总表如表5－9所示。

表 5-9　　车存燃料耗用计算汇总表

领用单位	期初存油（升）	本月领用（升）	期末存油（升）	本期耗用（升）	计划成本（5元/升）	成本差异（1%）
客车	15 000	25 000	10 000	30 000	150 000	1 500
货车	15 000	35 000	10 000	40 000	200 000	2 000
职工班车	700	500	600	600	3 000	30
外销		3 000		3 000	15 000	150
合计	30 700	63 500	20 600	73 600	371 000	3 680

（1）油库向车队发出燃料时。

包括职工班车在内，油库向车队发出燃料 60 500 升，计划成本 302 500 元：

借：燃料—车存　　302 500

　　贷：燃料—库存　　302 500

（2）对外销售燃料时。

借：其他业务成本　　15 000

　　贷：燃料—库存　　15 000

（3）月末盘存车存燃料时。

燃油期末车存数 20 600 升，计划成本 103 000 元

本月耗用数 = 月初车存数 + 本月领用数 - 月末车存数

　　= 153 500 + 302 500 - 103 000 = 353 000（元）

借：主营业务成本—运输成本（客运）　　150 000

　　　　　　　　—运输成本（货运）　　200 000

　　管理费用　　3 000

　　贷：燃料—车存　　353 000

（4）结转本月材料成本差异时。

借：主营业务成本—运输成本（客运）　　1 500

　　　　　　　　—运输成本（货运）　　2 000

　　管理费用　　30

　　其他业务成本　　150

　　贷：材料成本差异　　3 680

（2）轮胎。轮胎包括外胎、内胎和垫带等。由于车辆内胎和垫带价值相对较低，可在“原材料—辅助材料”科目核算，领用时一次摊销转入“主营业务成本—运输成本”。汽车外胎价值较高，消耗量大，品种繁多，“原材料—轮胎”科目按轮胎外胎的类别、规格、厂牌等进行明细核算。

外胎被使用部门领用后，在使用过程中逐渐磨损耗费，其价值也随着使用过程而逐渐减少。轮胎价值通过一次摊销法或分次摊销法转入“主营业务成本—运输成本”账户。

如果一次集中领用轮胎的数量较多（比如企业采用集中统一更换轮胎的制度时），应采用分次摊销法，以均衡企业不同时期的营运成本，也符合权责发生制要求。由于《企业会计准则》强化资产负债观，不再设置不能给企业带来未来经济利益的“待摊费用”

与“预提费用”科目，因此分次摊销外胎价值应通过“在库”“在用”和“摊销”等明细账户核算轮胎的收发、结存和摊余的情况。轮胎损耗与其行驶里程密切相关，可按各月行驶公里计算轮胎摊销额：

$$每公里轮胎摊销额=\frac{外胎成本-预计残值}{外胎行驶里程定额}$$

每月轮胎摊销额＝该月行驶历程×每公里轮胎摊销额

当轮胎报废时，实际行驶里程与定额行驶里程的差异应调整运输成本：

超驶或亏驶里程应调整的运输成本＝超驶或亏驶里程×每公里轮胎摊销额

【例5－15】 20×7年1月初，欧风汽车运输公司为15辆公共汽车统一更换60只A型号轮胎外胎（每辆车4只轮胎）。A型号轮胎外胎单价为2 000元，每只外胎预计可行驶10万公里，报废时残值为200元。20×7年1月，15辆公共汽车共行驶了165 000公里。20×7年12月底这批轮胎统一报废，亏驶了9万公里。

（1）领取外胎核算。

借：原材料—A型号轮胎（在用）　　120 000
　　贷：原材料—A型号轮胎（在库）　　120 000

（2）20×7年1月该批外胎摊销额核算。

$$每只外胎每公里轮胎摊销额=\frac{外胎成本-预计残值}{外胎行驶里程定额}$$

$$=\frac{2\ 000-200}{100\ 000}=0.018（元）$$

20×7年1月摊销额＝0.018×165 000×4＝11 880（元）

借：主营业务成本—运输成本　　11 880
　　贷：原材料—A型号轮胎（摊销）　　11 880

（3）报废时亏驶了9万公里。

亏驶调整额＝0.018×90 000＝1 620（元）

借：主营业务成本—运输成本　　1 620
　　贷：原材料—A型号轮胎（摊销）　　1 620

（4）报废外胎。

借：原材料—A型号轮胎（摊销）　　120 000
　　贷：原材料—A型号轮胎（在用）　　120 000

4. 其他直接费用的归集与分配

（1）保养修理费。公路运输企业车辆的各级保养和修理作业，分别由车队保修班或企业所属保养场（保修厂）进行。保养修理费用，包括车队保修工人的工资和福利费、行车耗用的机油和保修车辆耗用的燃料、润料和备品配件等，一般可以根据各项凭证汇总，全部直接记入各成本计算对象的成本。对于发生的共同性费用，可按营运车日比例等标准进行分配，从而计入各车队的运输成本。

【例5－16】 20×7年7月，欧风汽车运输公司客车车队中营运日为75天，货车车队中营运日为50天。所属修理场根据领用的材料凭证，编制材料汇总表（表5－10）：

表 5-10 材料耗用汇总表 单位：元

领用单位	备用配件		润料		其他材料		合计	
	计划成本	差异（1%）	计划成本	差异（1%）	计划成本	差异（1%）	计划成本	差异（1%）
客车车队	5 000	50	3 000	30	2 000	20	10 000	100
货车车队	4 000	40	4 000	40	1 000	10	9 000	90
修理场			1 000	10	500	5	1 500	15
公司班车			2 000	20	2 000	20	4 000	40
合计	9 000	90	10 000	100	5 500	55	24 500	245

（1）根据材料耗用汇总表，作会计分录如下。

借：主营业务成本—运输成本（客运车队） 10 000
　　　　　　　　—运输成本（货运车队） 9 000
　　辅助营运费用 1 500
　　管理费用 4 000
　　贷：原材料 24 500

借：主营业务成本—运输成本（客运车队） 100
　　　　　　　　—运输成本（货运车队） 90
　　辅助营运费用 15
　　管理费用 40
　　贷：原材料 245

（2）分配辅助营运费用。

客车车队分配额 = 1 515 × 75 ÷（75 + 50）= 909（元）

货车车队分配额 = 1 515 × 50 ÷（75 + 50）= 606（元）

借：主营业务成本—运输成本（客运车队） 909
　　　　　　　　—运输成本（货运车队） 606
　　贷：辅助营运费用 1 515

（2）折旧费。公路运输企业运输车辆一般应采用工作量法计提折旧。也可以按年限平均法或年数总和法或双倍余额递减法计提折旧。计提折旧时应按照车辆的不同用途分别记入“主营业务成本—运输成本”或“管理费用”等科目。

对建筑物和其他设备一般用年限平均法计提折旧，也可以按年数总和法或双倍余额递减法计提折旧。对建筑物和其他设备的折旧应按固定资产的不同使用部门，分别记入“营运间接费用”“辅助营运费用”或“管理费用”等科目。

【例 5-17】 欧风运输公司 20×7 年 9 月末固定资产折旧费如表 5-11 所示。

表 5-11 折旧费用分配表 单位：元

应借账户		本月计提折旧				合计
		营运车	非营运车	机器	房屋	
运输成本	客车车队	125 000				125 000
	货车车队	104 000				104 000

续表

应借账户	本月计提折旧				合计
	营运车	非营运车	机器	房屋	
辅助营运费用		1 000		10 000	11 000
营运间接费用		500	5 000	10 000	15 500
管理费用		2 000		25 000	27 000
合计	229 000	3 500	5 000	45 000	282 500

借：主营业务成本—运输成本（客运车队）　　125 000
　　　　　　　　—运输成本（货运车队）　　104 000
　　辅助营运费用　　11 000
　　营运间接费用　　15 500
　　管理费用　　27 000
　　贷：累计折旧　　282 500

（3）养路费。公路运输企业向公路管理部门缴纳的车辆养路费，一般按货车吨位数计算缴纳，企业缴纳的车辆养路费可以根据缴款凭证直接计入相关成本计算对象。

【例5-18】假设欧风运输公司20×7年12月按规定总共缴纳的车辆养路费为18 000元，其中客运车队9 000元，客运车队8 000元，公司班车1 000元。根据缴款凭证，作会计分录如下：

借：主营业务成本—运输成本（客运车队）　　9 000
　　　　　　　　—运输成本（货运车队）　　8 000
　　管理费用　　1 000
　　贷：银行存款　　18 000

营运车辆发生的其他直接费用，除保养修理费、折旧费、养路费等项外，还包括其他几项有关费用，内容比较复杂，但费用发生时同样可以根据费用凭证直接计入相关成本计算对象，本章不再举例。

5. 营运间接费用的归集与分配

公路运输企业所属基层营运单位（车队、车站、车场）组织与管理营运过程中所发生的不能直接记入成本计算对象的各种间接费用，应通过“营运间接费用”账户进行核算。企业如实行公司和站、队两级核算体制，“营运间接费用”账户应按基层营运单位设置明细账，并按费用项目进行明细核算，如实行公司集中核算体制，也可不分单位设置明细账，而直接按费用项目进行明细核算。

各基层营运单位发生的营运间接费用，经归集后应于月末分配计入有关成本计算对象。一般采用营运车日为分配标准。

每营运车日应分配车站经费 = 车站经费总额 ÷ 车队总营运车日数

某车队应分配车站经费 = 每营运车日应分配车站经费 × 车队营运车日数

【例5-19】欧风运输公司仅经营货物运输业务，下有第一和第二两个车队，各站队合并设账归集营运间接费用，20×7年10月实际发生额为1万元，当月营运车日总计为

100 车日，其中第一车队为 30 车日，第二车队为 70 车日。

编制相关会计分录

借：主营业务成本—运输成本（第一车队）　　3 000

　　　　　　　　—运输成本（第二车队）　　7 000

　贷：营运间接费用　　10 000

（三）水路运输企业成本费用核算

1. 账户设置

根据财政部2004 年颁布的《水运企业会计核算办法》，水路运输企业成本费用核算均会设置“主营业务成本—运输成本”“其他业务成本”、“辅助营运费用”“营运间接费用”和“集装箱固定费用”等科目，然而水路运输企业在费用核算的科目设置，内河运输企业与海洋运输企业有所区别（表 5 – 12）。

表 5 – 12　　水路运输企业科目设置

会计科目	核算内容
主营业务成本—运输成本	核算水运企业经营运输业务所发生的各项费用。
其他业务成本	核算除基本营运业务以外的其他业务所发生的各项支出。
辅助营运费用	核算航运企业、港口企业的辅助生产船舶所发生的辅助船舶费用和企业其他辅助生产部门生产产品、提供劳务所发生的辅助生产费用。
营运间接费用	核算企业日常生产经营过程中所发生的，应由所经营业务承担的不能直接记入有关营运业务成本的各种间接费用。
集装箱固定费用	核算企业自有或租入的集装箱及其底盘车在营运过程中发生的固定费用。
内河运输企业	
船舶维护费用	核算有封冻、枯水等非通航期的内河运输企业所发生的，应由通航期成本负担的船舶维护费用。
海洋运输企业	
船舶共同费用	核算从事海洋运输业务的企业发生的所有运输船舶共同受益，但不能分船直接负担，需经过分配由各船负担的费用。
船舶固定费用	核算计算航次成本的海洋运输企业为保持船舶适航状态所发生的费用，包括船员工资、职工福利、润料、物料、保险费、修理费、折旧费、备品配件、车船使用税、租费等费用。

2. 内河运输企业（图 5 –4）

（1）航行费用核算。水路运输企业（包括海运企业）船舶在航行过程中发生的人工费、燃料费、港口费、货物费、中转费、速遣费、垫隔材料费、事故损失费、航次其他费用等直接费用，应按单船分航次记入“主营业务成本—运输成本”科目。内河运输企业应按运输船舶或船舶类型（如集装箱船、货轮、客货轮、油轮、拖或推轮、驳船等），或船队或运输业务类别（如客运、货运、油运、驳运、排运、集装箱运输等）设置三级明细科目。

类似公路运输企业，水路运输企业的燃料一般也分船存、库存核算。“燃料—船存”

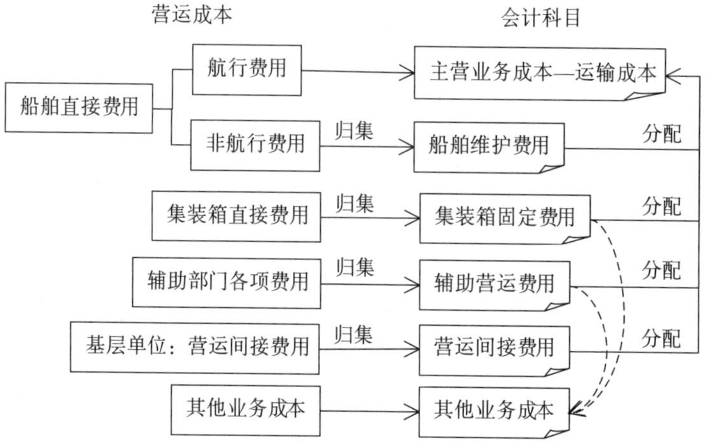

图 5－4　内河运输企业科目设置

按船存燃料种类、数量和单船设置明细科目；期末借方余额，反映公司船存燃油的实际成本。

【例 5－20】 甲水运公司散货船 A 于 20×7 年 9 月底盘存船存柴油有 300 升，实际成本 1 830 元。10 月从码头补给燃料 5 000 升柴油每升 6.13 元，款项未付，从仓库补给润料 10 升实际成本 500 元。10 月底盘存船存柴油还有 500 升。假设企业燃料采用先进先出法盘存制核算、润料采用一次摊销法。

（1）补给燃料润料。

借：主营业务成本—运输成本（散货船 A）　　500
　　燃料—柴油（船存）　　30 650
　　贷：应付账款　　30 650
　　　　原材料—润料　　500

（2）月底盘存船存柴油。

耗用柴油的实际成本 = 1 830 + 30 650 − 3 065 = 29 415（元）

借：主营业务成本—运输成本（散货船 A）　　29 415
　　贷：燃料—柴油（船存）　　29 415

（2）费用的归集与分配。

①辅助营业费用。水路运输企业（包括海运企业）的“辅助营业费用”科目下设“辅助船舶费用”和“辅助生产费用”明细科目：“辅助船舶费用”科目核算辅助生产船舶所发生的辅助船舶费用，包括由轮驳等部门集中管理的拖轮、驳船、浮吊、燃物料（淡水）供应船、交通船等发生的各项费用；“辅助生产费用”科目核算其他辅助生产部门生产产品、提供劳务所发生的辅助生产费用。期末“辅助营业费用”按照规定的标准分配给各项受益业务对象，分配公式为：

$$\text{辅助营业费用分配率} = \frac{\text{辅助营业费用}}{\text{各运输种类船舶直接费用总额}}$$

$$\text{某运输种类船舶应负担的辅助营业费用} = \text{该运输种类船舶直接费用} \times \text{辅助营业费用分配率}$$

②集装箱固定费用。水路运输企业（包括海运企业）设置“集装箱固定费用”账户核算企业自有或租入的集装箱及其底盘车在营运过程中发生的固定费用，如保管费、折旧费、修理费、保险费、租赁费、底盘车费用以及其他费用等。注意集装箱货物费（包括集装箱装卸、绑扎、拆箱、换装、整理等费用）应直接在“主营业务成本—运输成本”科目核算，而不通过“集装箱固定费用”核算。月末将各港口、地区或国家发生的集装箱固定费用实际发生数分配由有关船舶的航次成本和集装箱出租成本负担。集装箱固定费用的分配公式为：

$$\text{集装箱固定费用分配率}=\frac{\text{集装箱固定费用}}{\text{各运输种类船舶直接费用总额}}$$

$$\text{某运输种类船舶应负担的集装箱固定费用}=\text{该运输种类船舶直接费用}\times\text{集装箱固定费用分配率}$$

③船舶维护费用。内河运输企业在封冻、枯水等非通航期所发生的、应由通航期成本负担的船舶维护费用，先在“船舶维护费用”账户中归集，可按航期前、航期后分别设立明细分类账，再定期按一定的标准分配记入“主营业务成本—运输成本（船舶维护费用）”账户。

通航期前的船舶维护费用的分配公式为：

$$\text{计划分配率}=\frac{\text{通航前实际发生船舶维护费用}}{\text{全年计划通航期天数}}$$

$$\text{通航期某月份运输成本应负担船舶维护费用}=\text{该月份通航天数}\times\text{计划分配率}$$

通航期后的船舶维护费用的分配公式为：

$$\text{计划分配率}=\frac{\text{通航后船舶维护费预算数}}{\text{全年计划通航期天数}}$$

$$\text{通航期某月份运输成本应负担船舶维护费用}=\text{该月份通航天数}\times\text{计划分配率}$$

年度终了，企业应将全年的船舶维护费用实际发生数与分配数的差额，调整当年的运输成本。

④营运间接费用。对于营运间接费用，如码头作业区管理费用、装卸队费用、自营港埠费用、船员管理部门费用等，内河运输企业应先归集在“营运间接费用”账户，然后按各种业务的直接费用的比例在有关业务之间进行分配，记入“主营业务成本—运输成本（营运间接费用）”账户。注意企业行政管理部门发生的管理费用和企业辅助生产部门发生的辅助营运费用不通过本科目核算。

营运间接费用分配公式为：

$$\text{营运间接费用分配率}=\frac{\text{营运间接费用实际发生数}}{\text{应分摊营运间接费用的各种业务直接费用总额}}$$

$$\text{某种业务应分摊的营运间接费用}=\text{该种业务直接费用实际发生数}\times\text{营运间接费用分配率}$$

3. 海洋运输企业（图5－5）

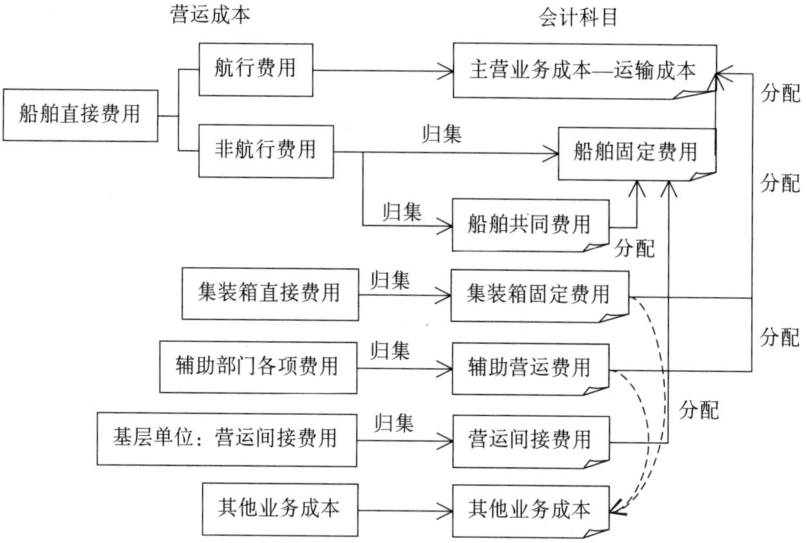

图5－5　海洋运输企业账户设置

（1）航行费用核算。海洋运输企业期末结算或决算时，对于船舶航次已完、运输支出单证尚未收到的运输成本账务处理总结如表5－13所示：

表5－13　　已完航次未达支出

事项	会计分录	
航次已完成、运费单证未寄达	借：主营业务成本—运输成本 　贷：应付账款—已完航次未达支出	¥＝预估数 　¥＝预估数
若年度结算前，运费单证到达	红字冲回： 借：主营业务成本—运输成本 　贷：应付账款—已完航次未达支出 确认运输成本： 借：主营业务成本—运输成本 　贷：应付账款/银行存款	 ¥＝预估数（红字） 　¥＝预估数（红字） ¥＝实际数 　¥＝实际数
若年度结算后，运费单证到达	红字冲回： 借：主营业务成本—运输成本（以前年度运输成本） 　贷：应付账款—已完航次未达支出 确认运输成本： 借：主营业务成本—运输成本 　贷：应付账款/银行存款	 ¥＝预估数（红字） 　¥＝预估数（红字） ¥＝实际数 　¥＝实际数

海洋运输企业对于开始和完成分别属于不同会计年度的航次即年末未完航次，年终按履约程度确认运输收入的同时，也应按履约程度确认运输成本（表5－14）。

表 5-14 年末未完航次

事项	会计分录
未确认未完航次运输成本	①年终，按履约程度确认运输成本。 借：主营业务成本—运输成本 ￥=预估航次总成本×履约程度 贷：应付账款—未完航次支出 ￥=预估航次总成本×履约程度 ②下年度初，红字冲回。 借：主营业务成本—运输成本 [￥=预估航次总成本×履约程度] 贷：应付账款—未完航次支出 [￥=预估航次总成本×履约程度] ③下年度，确认运输成本。 借：主营业务成本—运输成本—某船（某航次） ￥=实际数 贷：应付账款/银行存款 ￥=实际数
已确认未完航次的部分运输成本	①年终，按履约程度确认运输成本。 借：主营业务成本—运输成本 ￥=预估航次总成本×履约程度 贷：应付账款—未完航次支出 ￥=预估航次总成本×履约程度 ②年终，已确认的运输成本作为“存货”列报。 借：存货 ￥=确认数 贷：主营业务成本—运输成本—某船（某航次） ￥=确认数 ③下年度初，红字冲回。 借：主营业务成本—运输成本 [￥=预估航次总成本×履约程度] 贷：应付账款—未完航次支出 [￥=预估航次总成本×履约程度] 借：存货 [￥=确认数] 贷：主营业务成本—运输成本—某船（某航次） [￥=确认数] ④下年度，确认运输成本。 借：主营业务成本—运输成本—某船（某航次） ￥=实际数 贷：应付账款/银行存款 ￥=实际数

（2）费用的归集与分配。

①营运间接费用。对于营运间接费用，海洋运输企业应按照基层单位设置明细账归集和核算有关营运支出，如船队、自营港埠或船舶基地。不同于内河运输企业期末分配记入“主营业务成本—运输成本（营运间接费用）”，海洋运输企业的“营运间接费用”每月末应按实际入账数结转记入“船舶共同费用—营运间接费用”。

②船舶共同费用。海洋运输企业发生的所有运输船舶共同受益、不能分船直接负担、需经过分配由各船负担的费用（如文体宣传费、单证资料费、通讯导航费、研究试验费、专有技术使用费），先在“船舶共同费用”账户中归集，再定期按一定的标准分配记入“船舶固定费用”账户。

$$\text{船舶共同费用分配率}=\frac{\text{当期船舶共同费用}}{\text{船舶营运艘天（吨天）}}$$

$$\text{某船舶固定费用应负担的船舶共同费用}=\text{该船营运艘天（吨天）}\times\text{船舶共同费用分配率}$$

③船舶固定费用。海洋运输企业为保持船舶适航状态所发生的、能分船直接负担的费用，先在“船舶固定费用”账户按单船归集，再定期按一定的标准分配记入“主营业务成本—运输成本—某船（某船次）”账户。

$$\text{某船舶固定费用计划分配率}=\frac{\text{该船全年固定费用预算数}}{\text{船舶营运艘天（吨天）}}$$

$$\text{某船某航次应负担的船舶固定费用}=\text{该船该航次实际营运天数}\times\text{该船固定费用计划分配率}$$

（四）铁路运输企业成本费用核算

1. 账户设置

铁路运输企业的运输成本，指企业在营运生产过程中实际发生的与运输、装卸和其他业务等营运生产直接有关的各种支出。铁路运输企业的运输成本主要包括：企业在营运生产过程中实际耗用的各种材料、燃料、润料、备品、备件、动力等；企业直接从事营运生产活动人员的工资报酬等；企业在营运生产过程中发生的固定资产折旧费、修理费、铁路段绿化费、乘客紧急救护费、行车杂费、车辆冬季预热费、事故净损失、实验检验费、劳动保护费等。

根据财政部2004年颁布的《铁路运输企业会计核算办法》，铁路运输企业设置“主营业务成本—运输成本”科目，核算企业提供旅客、货物运输以及相关服务等日常活动而发生的实际成本。“主营业务成本—运输成本”科目下设“旅客运输成本”“货物运输成本”“行包运输成本”“基础设施成本”和“其他成本”等明细科目：（1）“旅客运输成本”科目核算为旅客运输直接发生的各种支出，包括旅客列车服务人员工资、客车运用和维护费用、相关服务付费及其他支出；（2）“货物运输成本”科目核算为货物运输直接发生的各种支出，包括货物发送、运行、中转、到达作业费用，货车、集装箱运用和维护费用，货车使用费，相关服务付费及其他支出；（3）“行包运输成本”科目核算为行李、包裹运输发生的各种直接支出，包括行包发送、运行、中转、到达作业费用，专用行包车辆运用和维护费用，相关服务付费及其他支出；（4）“基础设施成本”科目核算铁路路网、行车指挥等基础设施运用和维护所发生的各种直接支出，包括铁路线路设备等行车设施运用、养护费，行车指挥调度费及其他支出；（5）“其他成本”科目核算企业生产中发生的除旅客、货物、行包运输成本和路网成本以外的各种支出。

2. 核算方法

运输生产领用材料、燃料、低值易耗品，借记“主营业务成本—运输成本”科目，贷记“原材料”“低值易耗品”等科目。支付生产人员工资，借记“主营业务成本—运输成本”科目，贷记“应付职工薪酬”科目。支付生产用水、用电等其他费用，借记“主营业务成本—运输成本”科目，贷记“银行存款”等科目。按规定计提固定资产折旧费，借记“主营业务成本—运输成本”科目，贷记“累计折旧”科目。其他业务应分摊的间接费用，借记“其他业务成本”科目，贷记“主营业务成本—运输成本”科目。支付相关服务费，借记“主营业务成本—运输成本”科目，贷记“银行存款”等科目。

期末，应将“主营业务成本—运输成本”科目的余额转入“本年利润”科目，结转后“主营业务成本—运输成本”科目应无余额。

【例5－21】 20×7年3月，某铁路公司工务段发生如下经济业务：(1) 3日，领用材料一批，计划成本5万元，材料成本差异-2%；(2) 本月应负担职工薪酬2万元；(3) 本月生产耗用水电费8 000元；(4) 营运固定资产本月折旧费用为15 000元；(5) 本月工务段应由代办业务分摊的运输成本1万元；(6) 分摊固定资产大修理费用2 000元。

相应的会计分录：

(1) 领用材料。

借：主营业务成本—运输成本	49 000	
材料成本差异	1 000	
贷：原材料——一般材料		50 000

(2) 核算职工薪酬。

借：主营业务成本—运输成本	20 000	
贷：应付职工薪酬		20 000

(3) 核算水电费。

借：主营业务成本—运输成本	8 000	
贷：银行存款		8 000

(4) 营运固定资产折旧。

借：主营业务成本—运输成本	15 000	
贷：累计折旧		15 000

(5) 分摊的运输成本。

借：其他业务成本—代办业务成本	10 000	
贷：主营业务成本—运输成本		10 000

(6) 分摊固定资产大修理费用。

借：主营业务成本—运输成本	2 000	
贷：长期待摊费用		2 000

(五) 航空运输企业成本费用核算

1. 账户设置

航空运输企业的收入主要包括航空运输收入、通用航空收入和机场服务收入三类，相应其成本核算内容包括运输成本、通用航空成本、机场服务费用核算。因此航空运输企业设置“主营业务成本—运输成本”“主营业务成本—通用航空成本”和“机场服务费用”科目进行成本费用核算，“主营业务成本—运输成本”和“主营业务成本—通用航空成本”应按机型或机号、费用项目设置明细账。

2. 核算方法

(1) 运输成本核算。航空运输企业的“主营业务成本—运输成本”科目核算企业在执行航空运输业务过程中所发生的各项费用，包括直接营运费用和间接营运费用。

能直接计入机型成本的直接营运费用，如人工费用、取暖降温费、上下班交通补贴、制服费、航空油料消耗、国内加油价差、飞机（含发动机）折旧费、经营性租赁飞机的租赁费、修理费、保险费、高价周转件摊销、飞行训练费、国内外起降服务费、旅客餐宿供应品费、客舱服务费、赔偿费、营运过程货物、行李损失、丢失赔偿净损失以及其他直接飞行费用等。

不能直接计入机型成本，需按照一定办法进行分摊间接营运费用，如人工费用、折旧费、维修费、办公费、水电费、差旅费、保险费、机物料消耗、制服费、劳动保护费、票证印制费、警卫消防费、职工教育经费、环境绿化费、地面运输费、租赁费等。

（2）通用航空成本核算。航空运输企业的“主营业务成本—通用航空成本”科目核算企业在执行通用航空业务过程中所发生的各项费用，包括可以直接计入机型的费用：如人工费用、取暖降温费、上下班交通补贴、制服费、航空油料消耗、国内加油价差、飞机发动机折旧费、修理费、保险费、高价周转件摊销、飞行训练费、国内外起降服务费、作业准备费、作业赔偿费以及其他直接飞行费用等。不能直接计入机型成本，需按照一定办法进行分摊间接费用，如人工费用、折旧费、维修费、办公费、水电费、差旅费、保险费、机物料消耗、制服费、劳动保护费、票证印制费等。

借：主营业务成本—运输成本
　　　　　　　—通用航空成本
　贷：航材消耗件
　　　高价周转件—累计折旧
　　　普通器材
　　　应付职工薪酬
　　　库存现金
　　　银行存款
　　　应付账款等

（3）机场服务费用核算。航空运输企业的“其他业务成本—机场服务费用”科目核算机场为各航空公司飞机起降、进出港旅客、货物、行李、邮件以及驻机场单位提供服务时发生的与服务直接相关的各种费用。例如机场服务人员、安全消防人员、调度人员、机场管理维护人员、通讯服务管理人员的薪酬，空勤人员薪酬，各种燃料及动力、器材、配件、工具、低值易耗品、水电消耗（收回的水电费冲减本项费用支出），防汛、防灾、防疫费，机场绿化、环卫费、排污及污水处理费、机场跑道、停机坪修理维护费、行李货物损失赔偿费、业务费、差旅费、办公费、保险费、运输费等。

借：其他业务成本—机场服务费用
　贷：普通器材
　　　应付职工薪酬
　　　库存现金
　　　银行存款
　　　应付账款等

第二节

现代物流企业特殊业务会计

2015 年《国务院关于促进快递业发展的若干意见》提出，鼓励各类资本依法进入快递领域，支持快递企业兼并重组、上市融资。2016 年，圆通、申通和韵达先后借壳上市融资，将募集的资金投入信息技术改造升级，整合中小企业，优化资源配置。现代物流业是在传统运输业基础上整合了包装、装卸、堆存、配送等服务，形成完整的供应链，为客户提供多功能、一体化综合性服务。本章将针对现代物流企业的包装、装卸、堆存、配送等环节的成本核算进行了介绍，运输环节的相关核算不再赘述。

一、现代物流企业特殊业务概述

（一）现代物流业主要特征

1. 物流信息电子化

现代物流可以理解为物资的物理性流通与信息流通的结合，信息在实现物流系统化，物流作业一体化方面发挥着重要作用。传统运输业的物理性流通与信息流通之间缺乏有机的联系，对物流活动的控制属于事后控制。而现代物流通过信息将各项物流功能活动有机结合在一起，通过对信息的实时把握，控制物流系统按照预定的目标运行。准确地掌握信息，如库存信息、需求信息，可以减少非效率、非增值的物流活动，并提高物流效率和物流服务的可靠性。

2. 物流手段现代化

现代物流企业采用先进的技术手段进行流通包装、分包加工、运输、仓储、装卸、搬运、配送等工作。运输手段大型化、高速化、专用化，装卸搬运机械自动化，包装单元化，仓库立体化、自动化，以及信息处理和传输的计算机化、电子化、网络化等都为开展高效物流活动提供了物质保障。

3. 物流服务系统化

现代物流强调物流服务功能的恰当定位与完善。除了传统的储存、运输等服务外，现代物流服务拓展到包装、装卸、堆存、配送等服务，形成完整的供应链，还日渐显露出扩展至市场调查与预测、采购及订单处理、库存咨询与规划、货款回收与结算、教育培训等增值服务的发展趋势。

4. 物流反应快速化

现代物流企业通过开展卡班物流运营，及时统一物流配送，更有效的降低了物流成本。现代物流信息系统在作业系统和物流网络的支持下，物流适应需求的反应速度不断加快。物流服务提供者对上游、下游的物流、配送需求的反应速度越来越快，前置时间越来越短，配送间隔越来越短，物流配送速度越来越快，商品周转次数越来越多。

（二）现代物流业与传统运输业的区别

物流企业是独立于生产领域之外，专门从事与商品流通有关的各种经济活动的企业。从早期的以产品配送为核心的物流活动，到以信息技术为基础、以自动技术为手段、以快速反应、系统化供应链服务为特征的现代物流服务，运输均是实现物流的基本手段。现代物流业和传统运输业密不可分，又有所区别：

1. 传统运输业只提供简单位移，现代物流业还提供增值服务

商品经制造业企业的设计、加工、存储、销售与运输等环节进入流通领域，再经商品流通企业的购进、储存、销售与运输等环节流转到消费者手中。传统运输业只在运输环节提供了简单的位移服务，及运输过程中必要的保管服务。现代物流业所提供的服务内容已远远超过了仓储和运输服务，其仓储、分拨、维修、电子跟踪和其他具有附加值的服务日益增加。现代物流服务商正在演变为客户服务中心、加工和维修中心、信息处理中心和金融中心，根据顾客需要而增加新的服务是一个不断发展的观念。

2. 传统运输业是被动服务，现代物流业是主动服务

传统运输业须预付费用，客户在收到货品前无法掌握相关信息，只是商品的流动，资金流未参与其间，信息流在商流完成后才发生。信息化技术的应用，使现代物流业的客户能即时掌握运输进程信息，进行跟踪查询，第三方支付平台确保了资金流动安全。现代物流过程是商流、信息流和资金流的统一。

3. 传统运输业侧重点到点或线到线服务，现代物流业构建全球服务网络

传统运输业只是由生产企业到批发企业和零售企业的物流运动，是点到点或线到线的运输。电子商务蓬勃发展背景下，现代物流业是厂商直接与终端用户打交道，通过网络提供门到门的服务。最终消费者可能来自全球的任何一个地方，这就促使现代物流业必须构建一个全球服务性网络。

4. 传统运输业是单一环节的管理，现代物流业是整体系统化的管理

传统运输业运输、仓储、货运代理等物流各环节相互独立运作，互不越界，没有整合。由于不同经济实体分别承担不同的物流环节，相互之间不存在利益共生关系，无统一服务标准。现代物流业的首要问题便是整合资源，使之充分、有效、高效而协调地有机连接运行，以最少的费用、最高的效率、客户最满足的程度把产品送到用户手里。

（三）现代物流企业主要业务环节

现代物流企业在社会再生产过程的分配和交换的中间环节发挥了重要作用，解决了生产与消费之间在时间和空间上的矛盾，实现了生产和消费的供求结合，保证了社会再生产的良性循环。现代物流企业是在传统物资运输业务的基础上整合了包装、装卸、堆存、配送等服务业务的复合型生产服务业。

1. 运输环节

运输，指用特定的设备和工具，将物品从一个地点向另一个地点运送的活动。运输环节在交通运输企业中占有主体地位。现代物流企业的运输收入是其经营所得的主要收入来源，也是其利润的主要源泉。运输是物流中最重要的功能要素之一，物流企业的运输费用在整个物流费用中占有较大的比重，接近50%。运输业务的收入与成本费用核算在上一节中详述，本节不再赘述。

2. 包装环节

包装，指为达到流通过程中保护产品、方便运输、促进销售的目的，而采用容器、材料及辅助物的过程中施加一定的技术方法的操作活动。包装按功能分为工业包装与商业包装两类：工业包装是以运输、保管为主要目的的包装，主要作用是提供保护功能、定量单位化功能、便利功能和效率功能；商业包装是根据零售业的需要或为方便携带所作的包装，主要功能是定量功能、标识功能、商品功能、便利功能和促销功能。工业包装费用占物流费用的比重可达到10%，一些生活消费品的商业包装比重甚至可以达到40%～50%。物流过程中的包装业务多指工业包装，是物流企业的构成要素之一。

3. 装卸环节

装卸，指物品在指定地点以人力或机械装入或卸下的活动。物流企业的装卸业务，是伴随运输和保管等活动而产生的必要活动。物流过程中，装卸活动是不断出现和反复进行的，它出现的频率高于其他各项物流业务环节，往往花费较长的时间，成为决定物流速度的关键。装卸活动不仅消耗人力，而且动用机械作业，所以装卸费用在物流成本中所占比重也较高，在20%～40%。

4. 堆存环节

堆存，指堆存作业部门从接运物资起，经过验收，将物资存放于堆场或仓库，进行保管保养，直至将物资发运给客户的作业过程。现代物流企业经营堆存业务的仓库的类型复杂多样，它按建筑可分为露天仓库、简易仓库、平房仓库、楼房仓库、布体仓库和罐式仓库等；按保管货物的特性可分为普通仓库、冷藏仓库、恒温仓库、特种危险品仓库等。

5. 配送环节

配送，指根据客户要求，经过科学统筹规划，选择经济合理的运输路与运输方式，将物资按时送达指定地点的物流活动。配送将商流与物流紧密结合起来的，是现代物流企业重要的作业环节。随着电子商务的发展，物流配送环节变得越来越重要。

二、现代物流企业成本费用核算

现代物流企业的综合服务性质往往决定了其运输收入所提供的综合物流服务包括运输、包装、装卸、堆存和配送等服务。但不排除企业额外承揽独立的装卸业务取得装卸收入，经营堆存业务取得堆存收入，还可能会对客户额外的包装需求收取一定的费用，比如快递纸箱。独立的装卸收入、堆存收入分别记入“主营业务收入—装卸收入”“主营业务收入—堆存收入”。包装收入在现代物流企业的收入构成比重中仅占很小一部分，记入“其他业务收入”核算，相配比记入“其他业务成本”的是包装直接材料费用。

（一）包装业务核算

1. 包装业务的费用构成

商业包装是生产的终点，工业包装是物流的起点。商业包装有时又是工业包装，如成箱出售的水果的纸箱是商业包装同时也是工业包装。

包装成本费用主要有以下几个方面构成：（1）材料费用，指包装材料上的费用支出；（2）机械费用，指包装机械（或工具）损耗价值与日常维护保养费支出；（3）技术费用，指为达到最佳包装效果，采用一定技术措施而发生的所有支出，如实施缓冲包装、防潮包装、防雾包装、保鲜包装等；（4）人工费用，指从事包装工作的工人的薪酬；（5）其他辅助费用，指用于包装标记、包装标识印刷费、栓挂物等方面的费用支出。

2. 核算办法

不同类型的企业发生的包装费用核算方法略有差异。制造业企业作为产成品必要构成的包装材料费用应计入产品成本，销售过程中的包装费用应计入销售费用。商品流通企业的包装费应计入销售费用。现代物流企业采用高科技手段进行标识、分包，以方便配送，因此机械费用越来越高。包装费用成为提供物流劳务服务的重要运营成本，遵循重要性原则，除了配比“其他业务收入”的直接包装材料费用外，应计入“主营业务成本—包装成本”。

【例5－22】欧风物流公司20×7年3月包装收费1 000元，直接包装材料成本300元。对商品物资进行运输前进行分类包装和运输包装，领用包装材料500元。该月应支付包装员工资费用4 500元。

（1）确认包装收入。

借：银行存款	1 000	
贷：其他业务收入		1 000

（2）确认其他业务成本。

借：其他业务成本	300	
贷：原材料		300

（3）包装费用核算。

借：主营业务成本—包装成本	5 000	
贷：原材料		500
应付职工薪酬		4 500

（二）装卸业务核算

1. 包装业务的费用构成

现代物流企业的装卸作业既有机械作业，又有人工作业。装卸业务的费用构成主要包括以下几个方面：（1）直接人工，指支付给装卸机械司机、助手和装卸工人的职工薪酬；（2）直接材料，指燃料、动力和轮胎费用；（3）其他直接费用，包括装卸机械的保养修理费、折旧费、劳动保护费、外付装卸费及其他；（4）营运间接费用，指装卸队、装卸作业区或车站发生的，应由装卸成本负担的间接费用。

2. 核算方法

现代物流企业设置“主营业务成本—装卸成本”核算企业经营装卸业务所发生的各项费用支出，并按“作业区”或“货物种类”设置明细账分别以作业区或货物种类为成本计算对象归集所发生的成本费用。直接人工、直接材料直接记入“主营业务成本—装卸成本”，其他直接费用如果能直接区分责任单位的也直接记入“主营业务成本—装卸成本”明细账。

现代物流企业设置“辅助营业费用”科目对无法区分归属的其他直接费用进行归集与分配，尤其辅助部门的费用，设置“营业间接费用”科目对营业间接费用进行归集与分配，月末均按一定标准分配给各受益的业务环节，包括运输、装卸、堆存等。“辅助营业费用”“营业间接费用”的归集与分配方法，与运输费用基本相同，这里不再赘述。分配装卸业务常以“千操作吨”为标准单位。

【例5－23】 假设欧风物流有思明、湖里两个专业作业区，20×7年10月，两个作业区的装卸成本计算单如表5－15所示：

表5－15　　欧风物流装卸成本计算单

20×7年10月

序号	费用项目	思明作业区	湖里作业区	小计
1	一、装卸直接费用			
2	人员工资	7 000	6 000	13 000
3	人员福利费	980	840	1 820
4	燃料和动力	8 800	7 500	16 300
5	材料与工具	3 100	2 300	5 400
6	装卸机械折旧费	4 760	2 220	6 980
7	外付装卸费（已付）	2 800	3 200	6 000
8	其他	740	450	1 190
9	二、装卸直接费用合计	27 440	22 060	49 500
10	三、装卸操作量／千操作吨	8	6	14
11	四、分摊的辅助营运费用	5 390		

（1）直接费用核算。

借：主营业务成本—装卸成本（思明作业区）　　27 440
　　　　　　　　—装卸成本（湖里作业区）　　22 060
　贷：应付职工薪酬—工资　　13 000
　　　　　　　　—福利费　　1 820
　　燃料　　16 300
　　原材料　　5 400
　　累计折旧　　6 980
　　银行存款　　6 000

（2）分摊的辅助营运费用的进一步分配。

思明作业区分配额＝5 390÷14×8＝3 080（元）

湖里作业区分配额＝5 390÷14×6＝2 310（元）

借：主营业务成本—装卸成本（思明作业区）　　3 080
　　　　　　　　—装卸成本（湖里作业区）　　2 310
　贷：辅助营运费用　　5 390

（三）堆存业务核算

1. 堆存业务的费用构成

现代物流企业的堆存作业同样也既有机械作业，又有人工作业。堆存业务的费用构成主要包括以下几个方面：（1）直接人工，指支付给从事堆存作业人员薪酬、补贴及奖金等；（2）直接材料，指因堆存、保管货物所消耗的各种材料、货架托盘等堆存工具和其他低值易耗品的摊销额；（3）其他直接费用，包括仓库等堆存设备的折旧费、保养修理费、劳动保护费、保险费、事故损失费及其他；（4）营运间接费用，指为管理和组织堆存和装卸的营运生产所分配的管理费用和业务费用。

2. 核算方法

企业对于堆存业务支出，应设置多栏式“主营业务成本—堆存成本”明细分类账，按成本责任部门（各库场队）或仓库、油罐、粮仓等设置账页，按规定的成本项目设置专栏。直接人工、直接材料直接计入“主营业务成本—堆存成本”，其他直接费用如果能直接区分所归属明细账也直接计入“主营业务成本—堆存成本”。

现代物流企业设置“辅助营业费用”对无法区分归属其他直接费用进行归集与分配，尤其辅助部门的费用，设置“营业间接费用”对营业间接费用进行归集与分配，月末均按一定标准分配给各受益的业务环节。由于堆存业务和装卸业务是密不可分的，堆存和装卸业务往往与客户签一张合同，因此，营运间接费用分配的收益业务环节往往包括堆存业务。“辅助营业费用”“营业间接费用”的归集与分配方法，与运输费用基本相同，这里不再赘述。分配“辅助营业费用”“营业间接费用”时多采用堆存吨天为标准单位。

【例 5－24】假设欧风物流公司有思明、湖里两个专业冷藏仓储区，20×7 年 10 月，堆存业务支出为：工资费用 1 万，应付福利费 1 400 元，电费 2 600 元，材料费 5 000 元，仓储仓库的折旧费 6 000 元，分摊的营运间接费用为 2 万元（表 5－16）。

表 5－16　　欧风物流堆存成本计算单

20×7 年 10 月

序号	费用项目	思明仓储区	湖里仓储区	小计
1	一、堆存直接费用			
2	人员工资	6 000	4 000	10 000
3	人员福利费	840	560	1 400
4	电费	1 600	1 000	2 600
5	材料费	3 000	2 000	5 000
6	仓储仓库折旧费	3 500	2 500	6 000
7	二、堆存直接费用合计	14 940	10 060	25 000
8	三、堆存操作量／吨天	1 500	1 000	2 500
9	四、分摊的营运间接费用			20 000

（1）堆存直接费用。

借：主营业务成本—堆存成本（思明仓储区）　　14 940
　　　　　　　　—堆存成本（湖里仓储区）　　10 060
　贷：应付职工薪酬—工资　　10 000
　　　　　　　　—职工福利　　1 400
　　燃料　　2 600
　　原材料　　5 000

累计折旧　　　　　　　　　　　　　　　　　　　6 000

（2）分摊的营运间接费用进一步分配。

思明仓储区分配额 = 20 000 ÷ 2 500 × 1 500 = 12 000（元）

湖里仓储区分配额 = 20 000 ÷ 2 500 × 1 000 = 8 000（元）

借：主营业务成本—堆存成本（思明仓储区）　　　　12 000

　　　　　　　　—堆存成本（湖里仓储区）　　　　8 000

　贷：营运间接费用　　　　　　　　　　　　　　　20 000

（四）配送业务核算

1. 配送业务流程

现代物流企业为了科学统筹规划所有客户订单的配送需求，需要对集中的物品进行分拣堆放、配货包装、配重转运、运输规划、送达交接等作业。配送业务流程的分解几乎包括了所有的物流功能要素，分拣过程需要堆存，配装过程需要包装、装卸，送达服务与运输密不可分。配送业务流程如下：

（1）分拣。指企业将分散的小批量的物品集中起来，将货物按品种、出入库先后顺序、配送地址进行分门别类的堆放的作业。合理的分拣会大大提高配送业务环节的效率。

（2）配装。包括配货包装和配重装运两环节。配货包装，指企业分拣后的物品进行组合配货，进行集装箱拼箱，或使用专用设备进行批量打包。配重装运，指根据运送货物的重量合理规划装运，做到均衡配重、不超载、不倒置（避免头重脚轻）。现代物流企业多借助计算机进行货物的合理配装。

（3）送达。规划最优的配送路线运输货物，力求时间最短、路径最短、费用最低，将物资按时送达指定地点的物流活动，并有效地、方便地处理相关手续并完成结算。完成配送任务车辆返回物流配送点，应充分利用车辆，使车辆不至于空驶，能有效降低成本。

2. 配送业务的费用构成

配送业务的成本费用按配送流程分析由分拣成本、配装成本和送达成本构成，注意与运输、包装、装卸和堆存成本区分，避免配送成本费用重复交叉。

（1）分拣成本。分拣成本包括分拣直接费用和分拣间接费用：分拣直接费用，指支付给分拣工人的工资、津贴和福利等，分拣机械保养修理的工料费用以及分拣机械的折旧费等；分拣间接费用，指配送分拣管理部门为管理和组织分拣生产，而发生的各项管理费用。

（2）配装成本。配装成本包括配装直接费用和配装间接费用：配装直接费用，指支付给配装工人的工资、津贴和福利等，配装中消耗的材料和辅助材料、发放的劳保用品等；配装间接费用，指配装管理部门为管理和组织分拣生产，而发生的各项管理费用。

（3）送达成本。送达成本包括送达直接费用和送达间接费用：送达直接费用，指支付给送达服务的员工的工资、津贴和福利等，送达服务设备的折旧费，消耗的材料和辅助材料、发放的劳保用品等；送达间接费用，指配装管理部门为管理和组织分拣生产，而发生的各项管理费用。

3. 核算方法

对于配送业务成本费用，若金额较大，可设置“主营业务成本—配送成本”科目，并按配送中心设置明细账。配送业务各环节的直接费用直接计入“主营业务成本—配送成本”。无法直接区分责任部门的其他直接费用先在“辅助营业费用”归集。企业设置“营业间接费用”归集营运间接费用。“辅助营业费用”和“营业间接费用”月末均按一定标准分配给各受益的业务环节。“辅助营业费用”“营业间接费用”的归集与分配方法，与运输费用基本相同，这里不再赘述。

课后习题

一、思考题

1. 交通运输企业业务特点是什么？
2. 交通运输企业业务核算共同的特点有哪些？
3. 高价周转件与高价互换配件的区别何在，如何核算？
4. 简述燃油套期保值的操作？
5. 铁路运输企业与航空运输企业收入核算各有什么特点？
6. 不同类型的水路运输企业成本费用核算设置的账户存在哪些差异？
7. 现代物流业主要特征是什么？
8. 现代物流业与传统运输业的区别何在？

二、单项选择题

1. 下列会计科目属于公路运输企业特有的科目的是（　　）。

A. 票证结算　　B. 运输进款结算

C. 完成工作清算　　D. 应付内部单位款

2. 海洋运输企业的“主营业务收入—运输收入”可以设置“（　　）”明细科目核算以前年末已完航次未达收入在当期的结算。

A. 未完航次收入　　B. 已完航次未达收入

C. 以前年度运输收入　　D. 客运收入或货运收入

3. 高价周转件的摊销方法为（　　）。

A. 一次摊销法　　B. 在预计使用年限内折旧

C. 五五摊销法　　D. 分次摊销法

4. 下列关于铁路运输企业的说法错误的是（　　）。

A. 目前我国铁路运输由中国铁路总公司统一调度指挥

B. 目前我国铁路运输由中国铁路部统一调度指挥

C. 铁路总公司下设若干铁路局

D. 铁路局下又设铁路分局

E. 铁路分局下设基层站段

5. 关于铁路运输企业收入核算正确的是（　　）。

A. 经分配取得的运输清算收入才是各铁路局反映财务成果的营业收入

B. 运输收入进款即是各铁路局反映财务成果的营业收入

C. 客货运输收入即是各铁路局反映财务成果的营业收入

D. 铁路运输企业实行铁路局、铁路分局和基层站段分级会计核算的做法，铁路局、铁路分局和基层站段都进行全面核算

6. 航空运输企业的“票证结算”性质属于（　　）。

A. 资产　　B. 负债

C. 所有者权益　　D. 收入

7. 某公路运输企业接送员工的公司班车的燃油消耗成本应记为（　　）。

A. 营运间接费用　　B. 辅助营运费用

C. 管理费用　　D. 主营业务成本

8. 下列属于内河运输企业核算成本费用时采用的会计科目是（　　）。

A. 船舶共同费用　　B. 运输进款结算

C. 船舶固定费用　　D. 船舶维护费用

9. 关于物流行业营改增的说法错误的是（　　）。

A. 提供交通运输业服务的一般纳税人增值税税率为16%

B. 提供现代服务业服务的一般纳税人增值税税率为6%

C. 提供交通运输业服务的一般纳税人增值税税率为10%

D. 如果不能分开核算，应从高使用税率，即按一般纳税人全部收入的10%缴纳增值税

10. 财税［2013］37号文规定的交通运输业不包括（　　）。

A. 陆路运输服务　　B. 水路运输服务

C. 航空运输服务　　D. 铁路运输服务

三、多项选择题

1. 交通运输企业，指利用运输工具专门从事客运、货运服务的企业。按运输方式不用，交通运输企业一般可以分为（　　）。

A. 公路运输企业　　B. 水路运输企业

C. 铁路运输企业　　D. 航空运输企业

2. 下列会计科目属于铁路运输企业特有的科目的是（　　）。

A. 内部往来　　B. 运输进款结算

C. 完成工作清算　　D. 应交铁路建设基金

3. 海洋运输企业对于年末未完成航次，在资产负债表日对于航次结果能够可靠估计的，采用履约程度法确认运输收入。所谓航次结果能够可靠估计指同时满足下列哪些条件（　　）。

A. 航次的收入金额能够可靠地计量

B. 与航次相关的经济利益很可能流入公司

C. 航次的完成程度能够可靠地确定

D. 与航次相关的已发生和将发生的成本能够可靠地计量

4. 海洋运输企业在资产负债表日对于航次结果不能可靠估计的，应分别按以下情况确认计量：（　　）。

A. 如果已经发生的航次运行成本预计能够得到补偿，应按能够得到补偿的航次运行成本确认收入，同时结转航次运行成本用

B. 如果已经发生的航次运行成本预计能够得到补偿，应按已经发生的航次运行成本确认收入，并按相同金额结转成本

C. 如果已经发生的航次运行成本预计不能全部得到补偿，应按已经发生的航次运行成本确认收入，并按相同金额结转成本

D. 如果已经发生的航次运行成本预计不能全部得到补偿，应按能够得到补偿的航次运行成本确认收入，同时结转航次运行成本

5. 年末结算时，对于海洋运输企业船舶营运航次已完成、运费单证尚未寄达的交易，确认“应收账款—已完航次未达收入”，年度结算完成后，运费单证才到达时，应编制的会计分录有（　　）。

A. 借：应收账款
　　贷：主营业务收入—运输收入（以前年度运输收入）

B. 借：银行存款
　　贷：主营业务收入—运输收入（以前年度运输收入）

C. 借：应收账款
　　贷：主营业务收入—运输收入—某船（某航次）

D. 借：银行存款
　　贷：主营业务收入—运输收入—某船（某航次）

E. 借：应收账款—已完航次未达收入　¥ = 预估数
　　贷：主营业务收入—运输收入　¥ = 预估数

6. 汽车外胎价值较高，消耗量大，品种繁多，设“原材料—轮胎”核算，分次摊销外胎价值应通过（　　）等明细账户核算轮胎的收发、结存和摊余的情况。

A. 原材料—轮胎（在库）　　B. 原材料—轮胎（在用）
C. 原材料—轮胎（摊销）　　D. 待摊费用
E. 预提费用

7. 关于水路运输企业成本费用核算说法正确的是（　　）。

A. 内河运输企业在封冻、枯水等非通航期所发生的、应由通航期成本负担的船舶维护费用，先在“船舶维护费用”账户中归集，再定期按一定的标准分配记入“主营业务成本—运输成本（船舶维护费用）”账户

B. 内河运输企业的营运间接费用先在“营运间接费用”账户中堆积，在定期按一定标准分摊入“主营业务成本—运输成本（营运间接费用）”账户

C. 海洋运输企业的“营运间接费用”每月末应按实际入账数结转记入“船舶共同费用—营运间接费用”

D. 海洋运输企业发生的所有运输船舶共同受益、不能分船直接负担、需经过分配由各船负担的费用先在“船舶共同费用”账户中归集，再定期按一定的标准分配记入“船舶固定费用”账户

E. 海洋运输企业为保持船舶适航状态所发生的、能分船直接负担的费用，先在“船舶固定费用”账户按单船归集，再定期按一定的标准分配记入“主营业务成本—运输成本—某船（某船次）”账户

8. 铁路运输企业设置“主营业务成本—运输成本”科目，核算企业提供旅客、货物运输以及相关服务等日常活动而发生的实际成本，“主营业务成本—运输成本”科目下一般设（　　）等明细科目。

A. 旅客运输成本　　B. 货物运输成本

C. 行包运输成本　　D. 基础设施成本

E. 其他成本

9. 航空运输企业通常设置（　　）账户进行成本费用核算。

A. 集装箱固定费用　　B. 主营业务成本—运输成本

C. 主营业务成本—通用航空成本　　D. 机场服务费用

10. 现代物流企业是在传统物资运输业务的基础上整合了（　　）等服务业务的复合型生产服务业。

A. 包装　　B. 装卸

C. 堆存　　D. 配送

11. 交通运输企业的燃料管理有（　　）。

A. 满油箱制油耗管理　　B. 精细化油耗管理

C. 盘存制油耗管理　　D. 行驶数油耗管理

12. 交通运输企业中，以下（　　）费用属于营运间接费用。

A. 码头作业区管理费用　　B. 车队为组织车辆营运所发生的费用

C. 燃料　　D. 船员管理部门的费用

四、判断题

1. 航空运输业的高价周转件、铁路运输企业的高价互换配件在交通运输企业的存货中核算。（　　）

2. 为了减轻油价持续上涨给企业带来成本增加的负担，买入看涨期货合约，油价上涨造成的浮盈，对冲掉了相当于看涨合约量上涨带来的成本增加。（　　）

3. 燃油套期保值的核算，有效套期部分应确认为其他综合收益，无效套期部分应计入当期损益。（　　）

4. 铁路分局作为基本核算单位，掌握全局资金，根据铁路总公司调度组织生产，对客货运输活动进行全面核算。（　　）

5. 海洋运输历时时间长，某些航次可能跨越两个会计期间，年内未完成航次应按履约程度法确认航次收入和航运成本。（　　）

6. 铁路运输企业运输收入进款是反映财务成果的营业收入。（　　）

7. 水路运输企业的“营运间接费用”定期按一定标准直接分摊给“主营业务成本—运输成本”。（　　）

8. 部分现代服务业所指的物流辅助服务，包括航空服务、港口码头服务、货运客运场站服务、打捞救助服务、货物运输代理服务、代理报关服务、仓储服务和装卸搬运服

务。（　　）

9. 现代物流企业包装费用成为提供物流劳务服务的重要运营成本，遵循重要性原则，除了配比“其他业务收入”的直接包装材料费用外，应计入“主营业务成本—包装成本”。（　　）

10. 从早期的以产品配送为核心的物流活动，到以信息技术为基础、以自动技术为手段、以快速反应、系统化供应链服务为特征的现代物流服务，都把运输作为实现物流的基本手段。（　　）

五、业务核算题

1. 航空公司燃油套期保值

甲航空公司每个季度基本都要耗用500吨航油，一般在每个季度初采购一个季度航油。预期20×7年7月将采购第三季度的航油500吨。由于油价一路上涨，甲航空公司决定对预期采购进行套期保值。20×7年1月1日，甲航空公司与中石化签订了在20×7年6月31日以每吨3 900元购入500吨航油的远期合约。当日航油即期价格为每吨3 800元。甲航空公司和中石化均采用净额结算的方式。甲航空公司将该航油远期合同指定为预期购货的套期工具。20×7年3月31日，航油即期价格为每吨3 900元，20×7年7月交割的航油远期合约价格为每吨3 950元。20×7年6月31日，航油即期价格为每吨4 000元，20×7年7月交割的航油远期合约价格为每吨4 000元。20×7年7月1日按每吨4 000元购入500吨航油。假设年贴现率为12%。

要求：根据上述资料编制甲航空公司燃油套期保值及采购燃油相关业务的会计分录，答案精确到个位数。

2. 海洋运输企业年内未完航次

20×7年12月21日，中国甲海洋运输公司A航次的船从墨尔本出发起运一批铁矿石到上海，散货运费是15万美元。运费由墨尔本的B外轮代理公司代收，代理费为1%，扣除代理费的运费20×7年12月25日到账。20×8年1月5日，如期抵达上海。20×7年12月31日年终结算时，还未确认任何运输成本，预计A航次总成本为48万元。20×8年1月底运单齐全时核算该航次成本，员工职工薪酬15万元，燃油成本33万元，已付港口费0.5元，同时分摊到应承担辅助营运费用0.5元、船舶固定费用1.5万元。

假设20×7年12月21日1美元=6.85元人民币，20×7年12月25日1美元=6.88元人民币，20×7年12月31日1美元=6.90元人民币，20×8年1月5日1美元=6.95元人民币。

要求：核算甲海洋运输公司A航次的收入、及成本费用。

3. 铁路运输企业收入核算

甲铁路局20×7年12月运输收入进款汇总显示客货运运输收入进款总额为932万元，其中由该铁路局独立完成的有300万元，与其他铁路局合作完成的运输收入有600万元，各种代收款30万元，应交铁路建设基金2万元。收到银行通知，已经到款的有500万元，还有332万元在途，另有100万元是乙铁路分局还未汇出。20×7年12月28日，银行通知432万元全部到账。

甲铁路局20×7年12月按进款部门的通知结转独立完成的运输收入300万元。于

20×7年12月30日收到资金清算中心下转的资料通知，确认300万元独立完成的收入，以及清算合作运输收入400万元。甲铁路局与下属乙铁路分局清算收入100万元。

20×7年12月31日，以银行存款向总公司上缴内部往来款。

要求：编制甲铁路局的运输进款结算和运输收入清算的会计分录。

4. 航空运输企业收入核算

厦门航空20×7年3月有关业务如下：3月5日售票点销售4月5日厦门直飞西雅图的客票50张，票价4 500元/张，同日厦门经停西雅图飞纽约的客票10张，票价5 500元/张，票款收讫；3月15日，甲销售代理的销售报告显示代销了4月5日厦门直飞西雅图的客票150张，票价4 600元/张，销售代理手续费为10%，相关票款3月20日到账；3月25日，代理销售的4月5日厦门直飞西雅图的客票发生退票10张，退票手续费10%，以银行存款支付退款。

20×7年4月5日航班安全抵达西雅图及纽约。销售代理标准手续费为10%。20×7年4月15日收到美国达美航空公司承运西雅图飞纽约的联运开账1 500美元，当日汇率1美元=6.8元人民币，经审核扣除10%手续费后确认应付账款。

要求：编制相关会计核算分录

5. 物流企业成本费用核算

甲交通运输企业主营旅客运输、货物运输服务，承揽的装卸业务单独核算。20×7年12月的成本费用清单如表5-17所示，其中养路费已于年初预付。已知企业在分摊辅助营运费用与营运间接费用按各收益业务的直接费用比例。

表5-17　　甲交通运输企业成本费用清单　　单位：元

	人工	燃料	折旧	修理用料	养路费	小计
客运车队	24 000	6 000	50 000	800	500	81 300
货运车队	36 000	8 000	60 000	1 500	600	106 100
装卸车队	6 000	500	2 000	100		8 600
职工班车	3 000	1 000	6 000	300	200	10 500
机修部门	6 000		1 000	200		7 200
管理部门	20 000		3 000			23 000
小计	95 000	15 500	122 000	2 900	1 300	236 700

要求：编制成本费用核算的会计分录。

第六章 生活服务行业特殊业务会计

引导案例

金陵饭店多行业多产品经营的分行业分产品核算①

金陵饭店是我国改革开放初期经国务院批准建设的全国首批旅游涉外企业之一、江苏省首家五星级酒店，2007 年 4 月在上海证券交易所上市。目前已拥有茅台、五粮液、张裕等 450 个品种酒水在江苏地区的总经销代理权，成为江苏省内高中档酒类品牌的最大营运商。

金陵饭店的经营范围有：住宿；制售中餐、西餐、自助餐、冷热饮、焙烤食品；食品零售（各类预包装食品、饮料、茶叶，限分支机构经营）；房地产开发、销售；商业地产销售；实业投资经营，其他商品的批发、零售，食品的开发，物业管理，计算机网络工程及软件的开发和相关的技术服务，企业形象策划，展览服务，人才培训，经济信息咨询服务，房屋租赁，旅游产业投资，停车场管理服务。

可见金陵饭店股份有限公司主要经营活动涉及酒店服务、商品贸易、房屋租赁、物业管理等多个行业，具体经营产品涉及住宿、餐饮、酒店管理服务，商品贸易，房屋租赁，物业管理服务等。面对这种涉及多行业多产品的综合性服务行业，企业应如何核算各项经营业务的收入和费用呢？通过本章的学习，你将会找到答案。

【学习目标】了解旅游、餐饮、酒店、物业服务企业的业务经营模式；熟悉旅游、餐饮、酒店、物业等生活服务业经营业务特点；掌握生活服务业收入及成本费用的组成内容；掌握生活服务业各项特殊业务的收入及成本费用的核算。

【关键概念】接团社、组团社、永续盘存制、实地盘存制、客房经营业务、预收制、现收制、应收制、维修基金、物业工程、包干制、酬金制

生活服务业指为满足城乡居民日常生活需求提供的各类服务业。生活服务业涉及人民

---

① 金陵饭店 2016 年年报，上海证券交易所网站，http：//www. sse. com. cn/assortment/stock/list/info/announcement/index. shtml？ productId = 601007

群众生活的方方面面。生活服务企业除了核心业务外，还常为客户提供系统配套的综合性服务。如酒店除了提供住宿外，还提供餐饮、商务、零售、娱乐、美容等服务；物业服务企业除了物业管理服务外，还提供美容美发、社区电子商务等多项增值服务。部分生活服务企业还同时兼具生产、销售和服务三种职能，如餐饮服务企业提供配套的食品加工生产，但这种生产加工往往历时比较短暂，甚至直接与消费者见面。由于生活服务业经营业务的多样化，生活服务业的会计核算就具有多行业会计核算的特点。为了更好地衡量生活服务业的经营成果，应分行业分产品分别核算各项经营业务的收入、成本和费用。本章将阐述旅游、餐饮、酒店及物业服务企业的特殊业务的核算问题。

【实务链接】

金陵饭店（601007）主营业务分行业、分产品情况

金陵饭店（601007）2016 年年报披露了主营业务分行业、分产品情况，分行业、分产品披露数据如表 6－1、表 6－2 所示。

表 6－1　主营业务分行业情况　单位：元

分行业	营业收入	营业成本
酒店服务	414 673 602. 16	83 616 957. 99
商品贸易	247 292 884. 17	224 940 171. 51
房屋租赁	140 514 038. 52	13 337 116. 46
物业管理	20 426 532. 56	

表 6－2　主营业务分产品情况　单位：元

分产品	营业收入	营业成本
客房	179 363 540. 61	
餐饮	150 925 612. 28	54 789 367. 38
其他酒店服务	21 175 482. 42	2 380 831. 78
酒店管理	63 208 966. 85	26 446 758. 83
商品贸易	247 292 884. 17	224 940 171. 50
房屋租赁	140 514 038. 52	13 337 116. 46
物业管理	20 426 532. 56	

第一节 旅游服务企业特殊业务会计

一、旅游服务企业特殊业务概述

（一）旅游服务企业业务分类

旅游服务企业组织旅游者外出旅游，并同时为其提供餐饮、住宿、交通、购物、导游等各种服务的业务。

1. 按经营业务的不同

旅游企业按其经营业务的不同，可分为国内旅游企业和国际旅游企业。国内旅游企业主要经营国内旅游业务和承接国际入境旅游业务；国际旅游企业除了国内旅游业务和承接国际入境旅游业务外，还组织出境旅游业务。

2. 按服务形式的不同

旅游企业按其为旅游者提供的服务形式不同分为三类：一是组团业务，指从国内或国外组织旅游团队，为旅游者办理出入境手续、保险，安排旅游日程、旅游路线和旅游项目，并可提供全程陪同导游翻译服务的业务；二是接团业务，接受组团社的委托，按组团社的旅行团活动计划向旅游团或旅游者提供导游、住宿、餐饮一条龙服务；三是其他服务业务，包括为旅游团或旅游者提供导游、订房、购票等零星服务和为企事业单位和团体提供会务服务等其他服务。

（二）旅游服务业经营业务特点

1. 旅游服务业具有综合性特征

通常旅游服务业并非仅提供单一的劳务服务而已，而是形成了一条龙式的服务体系，集行、住、食、游、购、娱等为一体的综合性服务，因此，旅游服务业提供的服务具有综合性的特征。

2. 旅游服务业具有关联性特征

旅游业综合性特征，决定了只有依托多个产业，才能向旅游者提供包括行、住、食、游、购、娱等在内的旅游产品和服务。旅游企业通常没有固定的服务设施，其交通工具主要依靠航空公司、铁路局、公路运输公司和出租汽车公司，餐饮和住宿依靠饭店和宾馆、酒店，参观旅游依靠各旅游景点。因此，旅游业的关联性特征，决定了旅游业与各有关方面应具有良好的协调性。

3. 旅游经营业务的扩展性和竞争性

旅游服务企业服务对象层次不一、复杂多样，旅游者的消费水平差异较大，旅游者对旅游的要求也越来越高。这促使企业应不断开辟新的旅游景点，拓展旅游项目，合理安排旅游线路，不断提高旅游企业的服务质量，形成了旅游经营业务的扩展性和竞争性。

4. 旅游经营业务的部分工作人员具有不确定性

旅游企业的每条线路都需要为旅游者配备导游，但旅游有旺季和淡季之分，导游的数量无法准确的估计，为了减少旅游业务的成本，旅游企业通常只配备少量的专职导游，大部分的导游是兼职的。所以，旅游经营业务的部分工作人员具有不确定性。

二、旅游服务企业业务核算概述

（一）旅游经营业务收入核算内容

旅游经营业务收入是旅游企业为旅游者提供服务所取得的收入。企业旅游产品的销售价格是由购入成本和利润两个部分组成，通常根据购入成本乘以外加的毛利率来确定。旅游产品的品种繁多，其销售价格主要包括组团包价、半包价、小包价三种。组团包价是指由组团社根据成团人数、等级、路线、时间和提供服务的质量等制定的价格，包括旅游企业为旅游者提供的导游全程陪同费、住宿费、餐费、文娱活动费、交通费等。半包价是指不含午餐、晚餐费用的综合包价。小包价又称选择性旅游，它是指仅包括住宿费、早餐费、接送服务费、国内城市间交通费及手续费。旅游企业的收款方式一般有两种：一种是按团体收费；一种是散客个别登记收费。

旅游服务企业的经营业务收入按其为旅游者提供服务形式的不同可分为以下几种：（1）组团外联收入，指组团社通过外联部向旅游者收取的费用，包括旅游者的住宿费、用餐费、交通费、景点游览费、旅行社的服务费等收入；（2）综合服务收入，指接团社收到组团社拨付的综合服务费，包括住房、用餐、导游文娱活动费等在内的包价费用收入；（3）零星服务收入，指旅行社承接零星散客旅游或承办委托服务事项所取得的收入，包括委托收入、导游接送收入、车费收入、托运服务费收入等；（4）劳务收入，指旅行社向其他旅行社提供当地或全程导游翻译人员所取得的收入；（5）票务收入，指旅行社代办国际联运客票和国内客票手续费收入，例如携程网售卖飞机票、动车票的手续费收入；（6）地游及加项收入，指旅游社接待旅游者某地一日游、两日游的小包价和提供的额外服务而取得的加项收入；（7）其他服务收入，指不属于上述各项的其他服务收入。

（二）旅游经营业务成本费用的内容

1. 营业成本

旅游经营业务成本是指旅游企业为旅游者提供旅游服务过程中所发生的各项直接费用，主要包括旅游者的餐费、住宿费、门票、交通费、行李托运费、文娱费、签证费、导游费、保险费等。如果是自行安排旅游车辆的，还包括耗用的汽油费、桥路费、车辆折旧费、司机工资等。

与旅游经营业务收入相对应，旅游企业的旅游经营业务成本按其为旅游者提供服务所发生的支出项目的不同可分为以下几大类：（1）组团外联成本，指由组团社自组外联接待包价旅游团体或个人发生的住宿费、餐饮费、旅游交通费、陪同费和其他费用。组团成本中绝大多数为旅游企业从各旅游供应部门采购旅游服务的费用；（2）综合服务成本，指接团社接受组团社的委托，接待组团社组织的包价旅游团体或个人发生的住宿费、餐饮费、旅游交通费、陪同费和其他费用；（3）零星服务成本，指接待零星散客和受托代办事项等而支付的费用，如委托费、手续费、导游接送费、车费、托运服务费及其他支出；（4）劳务成本，指非组团旅行社为组团社派出的翻译、导游人员或聘请兼职导游人员参加全程陪同发生的各项费用；（5）票务成本，指各地旅行社代办国际联运客票和国内客票等而发生的订票手续费、包车费用、退票损失等；（6）地游及加项成本，指地游及加项成本是指各地旅行社接待的小包价旅游和接待计划外增加的游览项目发生的综合服务费、超公里费、游江费和风味餐费等；（7）其他服务成本，指不属于上述各项的其他服务成本。

2. 期间费用

期间费用是旅游企业为开展、管理和组织经营活动而发生的直接计入损益的费用，包括销售费用、管理费用、财务费用。销售费用是指旅游企业的营业部门在经营过程中发生的各项支出，但不包括旅游企业为旅游者提供旅游服务过程中所发生的各项直接费用。管理费用是指旅游企业的行政管理部门为组织和管理企业经营活动而发生的各项费用。财务费用是旅游企业为筹集经营所需资金等而发生的各项费用。

（三）旅游经营业务收入及成本的确认

如果旅游合同的开始和结束属于在同一会计期间内的，旅游经营业务收入可在劳务完成时确认，即在旅游团队旅游结束返回时确认旅游经营业务收入的实现。根据上述原则，会计实务中主营业务收入确认方法如下：组织境外旅游者到国内旅游的，应以旅游团队离境时确认收入实现。组织国内旅游者到境外旅游的，应以旅游团队境外旅游结束返回本地时确认收入；组织国内旅游业务的，接团社应以旅游团体离开本地时确认收入的实现，组团社应以旅游团队旅游结束返回时确认收入的实现。旅游服务企业在确认收入的同时，确认旅游经营业务成本。

如果旅游团的旅游开始和结束分属不同的会计期间，根据《企业会计准则第 14 号——收入》（2017 版）的规定，在合同开始日，企业应当对旅游合同进行评估，识别该合同所包含的各单项履约义务，并确定各单项履约义务是在一段时间内履行，还是在某一时点履行，然后在履行了各单项履约义务时分别确认收入 。在通常情况下，游客在企业履约的同时即取得并消耗企业履约所带来的经济利益，旅游合同属于在某一时段内履行履约义务，企业应当在该段时间内按照履约进度确认收入，但是履约进度不能合理确定的除外。企业可以采用产出法或投入法确定恰当的履约进度。其中，产出法可根据已提供给客户的旅游服务对于客户的价值确定履约进度，如可考虑旅游行程各天的安排情况，按旅游已完成天数占总天数的比例。投入法可根据企业为履行履约义务的投入确定履约进度，如按旅游已支付的交通、门票景点、住宿等各项费用占估计总费用的比例。当履约进度不能合理确定时，企业已经发生的成本预计能够得到补偿的 ，应当按照已经发生的成本金额确认收入，直到履约进度能够合理确定为止。企业为履行合同发生的成本，发生时可先计入“劳务成本”，然后采用与收入确认相同的基础进行摊销，计入当期损益。

三、组团社旅游经营业务收入及成本核算

（一）组团社旅游经营业务收入核算

对于旅游目的地在旅游企业附近地区的旅游，组团社可以自己组团并接团，提供一条龙服务。但大多数情况下，组团社需要当地的旅游企业即接团社的配合，即组团社只组团不接团。如果是前者，组团社将下达接待计划给当地饭店、交通部门、旅游景点等接待单位，并安排导游及司机完成接待任务。如果是后者，由外联部与旅游目的地的接团社签订接团协议，在旅游团旅游结束后，再根据“旅行团费用结算通知单”结算账款。

组团社一般遵循的原则是先收款，后接待。收款时，借记“库存现金”或“银行存款”科目，贷记“预收账款”科目。旅游服务结束后，按月根据旅行团明细表进行结算，按所列团费收入金额，借记“预收账款”科目，贷记“主营业务收入—组团外联收入”科目。

（二）组团社旅游经营业务成本核算

旅游企业只组团不接团情况下，组团社的营业成本有两部分：一部分是拨付支出，即拨付给接团社的款项，属于代收代付；另一部分是为组团而发生的外联费用和全陪人员的部分费用支出，属于组团社的服务性支出。

旅游企业自己组团又接团情况下，组团社的营业成本除了组团社的服务性支出外，另一部分是接团过程中从各旅游服务供应部门采购旅游服务的费用。主要是导游报销的各项游览费用，包括旅游者的餐费、住宿费、门票、交通费、行李托运费、文娱费、签证费、导游费、保险费等，如果是自行安排旅游车辆的，还包括耗用的汽油费、桥路费、车辆折旧费、司机工资等。

一般情况下，组团社是先收费后接待，接团社则是先接待后向组团社收费，这样，两者之间就形成了经常跨月份的结算期。按收入与成本相互配比的原则，先按计划成本先行结转，待算出实际成本后再结转其差额。结转营业成本时，借记“主营业务成本—组团外联成本”科目，贷记“原材料”“应付账款”“银行存款”等科目。期末，应将“主营业务成本—组团外联成本”科目余额转入“本年利润”科目。

【例6-1】中国国旅与美国欣美途旅游公司签订协议，由中国国旅承办美国欣美途旅游公司组织的A1257团30人20×7年5月2日至9日来华旅游事宜。按协议规定该团的旅游费为3万美元，该团入境前应预付旅游费的50%。5月9日，A1257团游程结束，已离境回国。

(1) 5月1日，收到美国欣美途旅游公司电汇的旅游费15 000美元，当日美元兑人民币中间汇率为6.46。

借：银行存款—美元户　　[15 000×6.46=] 96 900
　　贷：预收账款—美国欣美途旅游公司　　96 900

(2) 5月9日，该团旅游行程结束，已离境回国，办妥向对方收款托收手续，当日美元兑人民币中间汇率为6.49，增值税率6%。

借：预收账款—美国欣美途旅游公司　　[30 000×6.49=] 194 700
　　贷：主营业务收入—组团外联收入　　[194 700÷(1+6%)=] 183 679.20
　　　　应交税费—应交增值税（销项税额）　　11 020.80

(3) 5月10日，收到银行转来的美国欣美途旅游公司结欠的50%旅游费，15 000美元，当日美元兑人民币中间汇率为6.51。

借：银行存款—美元户　　[15 000×6.51=] 97 650
　　贷：预收账款—美国欣美途旅游公司　　97 650

说明：银行存款、预收账款等外币账户期末时应按期末汇率调整，由于汇率变动产生的差额计入“财务费用—汇兑损益”

(4) 5月10日，中国国旅收到国内各接团社发来的“旅行团费用拨款结算通知单”，经审核无误，确认应拨付的款项总额为103 200元，其中，可抵扣的增值税额为6 000元。另应支付兼职的全陪导游及翻译人员的费用支出3 000元。

借：主营业务成本—组团外联成本　　100 200
　　应交税费—应交增值税（进项税额）　　6 000
　　贷：应付账款　　103 200
　　　　应付职工薪酬　　3 000

【例6-2】北京首都旅游公司组织20名游客于20×7年5月12日到18日赴英国旅游，由英国伦敦旅游公司承办。伦敦旅游公司5月10日报价每人1 000英镑，不包含前往英国机票款，当日英镑兑人民币的中间汇率9.3897，双方约定当日预付50%的款项，旅游结束再支付剩余的50%。北京首都旅游公司根据对方报价、机票费用及公司的利润，确定该旅游项目的销售价为每人15 000元。

(1) 5月10日收到游客交来的旅游费。

借：银行存款　　300 000
　　贷：预收账款　　300 000

(2) 5月10日支付英国伦敦旅游公司1万英镑，当日英镑兑人民币的中间汇率9.3897。

借：预付账款—英国伦敦旅游公司　　[10 000×9.3897=] 93 897
　　贷：银行存款—英镑户　　93 897

(3) 5月19日，旅游团游程结束，安全返回，确认已实现营业收入。

借：预收账款　　300 000
　　贷：主营业务收入—组团外联收入　　300 000

(4) 5月19日，支付英国伦敦旅游公司1万英镑，并结转成本，当日英镑的中间汇率9.5429

借：主营业务成本—组团外联成本　　190 858
　　贷：银行存款—英镑户　　[10 000×9.5429=] 95 429
　　　　预付账款—英国伦敦旅游公司　　95 429

预付账款的汇率变动于月末汇率调整时计入“财务费用—汇兑损益”。

(5) 假设支付的往返机票费用8万元。

借：主营业务成本—组团外联成本　　80 000
　　贷：银行存款　　80 000

【例6-3】 中国青岛三星旅行社20×7年8月2日，组织A5638团青岛7日游，收取旅行团的旅游费25 000元。旅行社既组团又接团，由旅行社本单位在职导游提供全程服务并自备大客车接送往返。8月2日，导游预支现金10 000元。8月10日，A5638旅行团返回旅游结束，导游报销住宿费、餐饮费、景区门票等各项游览费用9 500元。根据经济业务编制会计分录。

(1) 8月2日收取旅游费。

借：银行存款　　25 000
　　贷：预收账款—A5638　　25 000

(2) 8月2日导游预支现金。

借：其他应收款　　10 000
　　贷：库存现金　　10 000

(3) 8月10日，旅行团返回旅游结束时，“营改增”后按6%计算增值税。

借：预收账款—A5638　　25 000
　　贷：主营业务收入—组团外联收入　　23 585
　　　　应交税费—应交增值税（销项税额）　　1 415

(4) 8月10日，导游报销各项游览费用9 500元并提供增值税专用发票400元，交回现金500元。

借：主营业务成本　　9 100
　　应交税费—应交增值税（进项税额）　　400
　　库存现金　　500
　　贷：其他应收款　　10 000

【例6-4】中国青岛三星旅行社20×7年8月20日，组织A5639团西安7日游，收取旅行团的旅游费6万元。通过联系，由西安大雁接团社负责接团服务。中国青岛三星旅行社（组团社）根据经济业务编制如下相关会计分录：

（1）8月20日收到外联部送来的银行进账单6万元。

借：银行存款　　60 000
　　贷：预收账款—A5639　　60 000

（2）8月21日，以现金支付赴西安旅游的机票及相关外联费14 000元，按10%的增值税率计算的机票增值税1 273元。

借：主营业务成本—组团外联成本　　12 727
　　应交税费—应交增值税（进项税额）　　1 273
　　贷：库存现金　　14 000

（3）8月28日，旅行团返回旅游结束，假设有2人没有参与旅游，但已经预付了旅游款6 000元，按旅游合同扣除10%的手续费600元后，以现金退还剩余的预交旅游款。按6%计算增值税。

借：预收账款—A5639　　60 000
　　贷：主营业务收入—组团外联收入　　[54 000÷(1+6%)=] 50 943.36
　　　　其他业务收入　　[600÷(1+6%)=] 566.04
　　　　应交税费—应交增值税（销项税额）　　3 090.60
　　　　库存现金　　5 400

（4）月末收到西安大雁接团社报来的“旅行团费用拨款结算通知单”，金额为26 400元。

借：主营业务成本—组团外联成本　　26 400
　　贷：应付账款—西安大雁旅行社　　26 400

（5）经审核无误，办理支付手续时

借：应付账款—西安大雁旅行社　　26 400
　　贷：银行存款　　26 400

【例6-5】假设中国青岛三星旅行社组织A5639团西安10日游，旅游日程为20×7年12月27日至20×8年1月5日，已按旅游合同收取旅行团的旅游费9万元。则20×7年年末按产出法（已提供的旅游天数占应提供的旅游天数比例）确认的履约进度为50%，企业年末按履约进度确认营业收入并结转成本。假设估计总成本为6万元。

（1）20×7年12月28日，假设收款时已开出增值税发票。

借：银行存款　　90 000
　　贷：预收账款—A5639　　84 905.7

应交税费—应交增值税（销项税额）　　5 094.3

（2）20×7年12月31日。

借：预收账款—A5639　　[84 905.7×50% =] 42 452.85
　　贷：主营业务收入—组团外联收入　　42 452.85
借：主营业务成本—组团外联成本　　30 000
　　贷：应付账款　　30 000

四、接团社旅游经营业务收入及成本的核算

（一）接团社旅游经营业务收入的核算

接团社根据组团社发来的接待计划，制定当地接待计划，打印出日程表，分发到当地饭店、交通部门、旅游景点等接待单位；结合各旅行团不同特点和要求，配备合适的全陪和地陪；旅行团离开当地后，根据陪同人员填写的“旅行团费用结算报告表”，编制“旅行团费用结算通知单”报组团社办理款项结算；另外与提供服务的单位实行定期或不定期的结算。

对于组团社而言，按“旅行团费用拨款结算通知单”拨付的款项是营业成本的一部分，对接团社而言则是营业收入。接团社在接待过程中，一般是先提供各项服务，然后向组团社报结算通知单。接团社确认营业收入时，借记“应收账款”科目，贷记“主营业务收入—综合服务收入”科目。收到款项时，借记“银行存款”科目，贷记“应收账款”科目。

（二）接团社旅游经营业务成本的核算

接团社营业成本是为了给旅行团提供服务而付给各饭店、车队等接待单位发生的支出。接团社应按其实际发生的成本费用进行结转主营业务成本（与组团社自己接团的成本结转相同）。接团社的营业成本在“主营业务成本—综合服务成本”明细账户中核算。

【例6－6】20×7年8月，西安大雁旅行社发生如下经济业务：

（1）西安大雁旅行社向中国青岛三星旅行社发出“旅行团费用拨款结算通知单”，金额为26 400元（含6%增值税）。

借：应收账款—组团社　　26 400
　　贷：主营业务收入—综合服务收入　　24 905.7
　　　　应交税费—应交增值税（销项税额）　　1 494.3

（2）收到组团社拨来的款项时。

借：银行存款　　26 400
　　贷：应收账款—组团社　　26 400

（3）西安大雁旅行社在接待中国青岛三星旅行社过程中，支付酒店的住宿费、餐饮费等各项费用15 000元，取得增值税发票900元。

借：主营业务成本—综合服务成本　　14 100
　　应交税费—应交增值税（进项税额）　　900
　　贷：库存现金　　15 000

第二节
餐饮服务企业特殊业务会计

一、餐饮服务企业特殊业务概述

餐饮服务行业，指加工烹制餐饮食品，供应给顾客食用的行业。餐饮企业根据消费者的需要加工烹制菜肴和食品，具有工业企业生产加工商品的性质。烹制后的菜肴和食品直接供应给消费者，又具有商品流通企业销售商品的性质。餐饮业务集生产、销售和服务三种职能于一身，其业务核算与一般工业企业、商品流通企业和服务企业有明显区别。

（一）餐饮业务特点

1. 餐饮制品一般生产完直接销售，不入库

餐饮企业与工业企业的产品生产都要经过生产过程。工业企业的产品生产是成批、大量生产，机械化、自动化程度较高，工业的产品生产一般先完工入库，销售时再出库并与消费者见面。餐饮制品则是则是单件、小批量生产，主要是手工操作，产品生产完直接销售，产销直接见面。

2. 餐饮业自制产品销售，并为消费者提供消费餐饮制品的场所

餐饮业务与商品流通企业都具有产品销售过程。商品流通企业是将购进的商品转售给消费者。餐饮业务则是当场将生产的餐饮制品直接出售给消费者，而且除了提供餐饮制品外，还要为消费者提供消费餐饮制品的场所。

3. 餐饮制品从业人员集生产者、销售者和服务者于一身

餐饮业的厨师不仅是餐饮制品的生产者和销售者，更是消费者的服务者。餐饮业务的从业人员，包括厨房的厨师、餐厅的服务人员，为消费者提供服务的过程既是产品的生产和销售的过程，也是消费者消费的过程。从业人员的薪资从理论上讲可归属于餐饮制品的生产成本或营业成本或销售费用。但由于餐饮制品的生产、销售、服务过程通常在较短时间完成，因此为简化核算，餐饮制品从业人员工资薪酬通常直接计入销售费用。

4. 餐饮业务的经营模式

餐饮业务的经营模式上一般有“直营经营”和“加盟特许经营”两种。直营模式，指通过自有或租赁物业的形式，使用公司旗下特定品牌独立经营餐厅。加盟特许经营模式，主要分为“特许经营”和“受托管理”两种形式。特许经营形式，指公司通过与餐厅业主签署特许经营合同，将公司旗下所拥有的品牌、注册商标、经营方式、操作程序等经营资源在约定期限内许可给餐厅使用，并向餐厅收取特许经营费等。受托管理形式，指公司通过与餐厅业主签署管理合同，将公司的管理模式、服务规范、质量标准和管理人员等输出给受托管理餐厅，并向受托管理餐厅收取管理费等。

（二）餐饮服务企业餐饮业务核算特点

1. 原材料一般区分为入库管理和不入库管理两类

餐饮服务企业餐饮业务的原材料包括粮食类、副食类、干货类及调味品等。副食类属于鲜活商品，包括肉、禽、蛋、水产、豆制品及各种时令蔬菜等原材料，容易变质，一般随时采购，随时消耗。副食类购进量少，一般采用不入库管理，购入时直接交厨房验收后使用。其他原材料应在购进时办理验收入库，建立领料制度。

2. 餐饮制品的成本构成仅包括原材料费用

从理论上讲，餐饮制品制作过程中发生的各种直接和间接耗费构成其生产成本。但由于餐饮制品当场制作和销售、生产成本与销售费用难以划分清楚。因此餐饮制品的成本仅指其所耗用的原材料成本，不包括厨房人员的工资、厨房用的水电费费及房屋设备折旧费。厨房人员的工资、厨房用的水电费及房屋设备折旧费，均于发生时计入销售费用。

3. 餐饮制品有其独特的成本计算方法

由于餐饮制品种类繁多，数量零星，饮食制品的质量标准和技艺要求复杂，餐饮企业生产过程短，投入产出快，产销直接见面，会计核算很难像工业企业那样逐次逐件进行完整的成本计算，一般只能核算经营单位或经营种类耗用原材料的总成本，以及营业收入和各项费用支出。餐饮制品不需要入库管理，不需要通过“生产成本”核算，不需要结转完工产品成本，只需在会计期间按经营类别将餐饮制品耗用的原材料直接结转销售成本，计入主营业务成本。

二、餐饮服务企业收入核算

（一）餐饮经营业务收入的内容

餐饮经营业务收入是指餐饮服务企业提供各种餐饮制品及相关服务取得的收入。餐饮企业餐饮制品的价格，一般要求根据配料定额成本和规定的毛利率，自行制定价格。餐饮制品的成本一般只包括所耗用的原材料。饮食制品销售价格的确定有销售毛利率法和成本毛利率法。销售毛利率法是以售价为基数，先确定每种饮食制品的毛利率，再确定饮食制品的售价。计算公式如下：

毛利额 = 销售价格 − 投料成本

销售毛利率 =（毛利额 ÷ 销售价格）×100%

销售价格 = 投料成本 ÷（1 − 销售毛利率）

其中投料成本是按投料标准生产饮食制品所需投放原材料的总额。

成本毛利率法是以饮食制品投料成本为基数，按规定的成本加成计算销售价格。计算公式如下：

成本毛利率 =（毛利额 ÷ 投料成本价）×100%

销售价格 = 投料成本价 ×（1 + 成本毛利率）

餐饮制品销售货款的结算方式大多使用现金和信用卡结算。具体方式可以是一手交钱一手交货方式，也可以先就餐后结算，或者先结算后就餐等。

由于经营模式的不同，餐饮业务收入的表现形式也不同。在“直营经营”模式下，餐饮业务的收入为餐饮收入；在加盟特许经营模式下，分为“特许经营”和“受托管理”

两种形式，餐饮业务的收入表现为特许经营费收入和管理费收入。

餐饮收入按其提供产品及服务形式的不同又可具体分为以下几种：（1）食品收入，指餐厅酒吧及宴会厅销售各种菜、汤、主食、水果等而取得的收入；（2）饮料收入，指餐厅酒吧及宴会厅销售各种酒类和饮料而取得的收入；（3）香烟收入，指餐厅酒吧及宴会厅销售各种香烟的收入；（4）服务费收入，指餐厅酒吧及宴会厅接待客人按消费标准的比例收取的服务费收入；（5）其他收入，指以上收入以外的其他各项收入，如开瓶费收入、纸巾收入等。

（二）餐饮经营业务收入的核算

餐饮经营业务通常属于在某一时点履行的履约义务，企业应当在客户取得相关商品控制权时点确认收入。企业通常是在提供了劳务、收到货款或取得了收取货款的凭证时确认。餐饮服务企业每天营业结束后，由营业部的收款员汇总编制“营业收入日报表”及“收款日报表”，所收的现金一并交财会部门，或由收款员自行将所收现金存入银行，凭银行进账单向财会部门报账。财会部门根据营业部的收款员交来的“营业收入日报表”、现金和有关结算凭证，经审核无误后据以入账。收到货款或取得了收取货款的凭证时，借记“银行存款”“库存现金”或“应收账款”科目，贷记“主营业务收入”科目。如果预收定金，借记“库存现金”科目，贷记“预收账款”科目。

【例6-7】王府饭店财会部门收到营业部转来的“营业收入日报表”和“收款日报表”如表6-3、表6-4所示。

表6-3　营业收入日报表

20×7年6月5日

项目	金额	减：金卡优惠	应收金额
菜肴	7 000	90	6 910
饮料	1 000	10	990
其他	600		600
合计	8 600	100	8 500

制表员：张小英

表6-4　收款日报表

20×7年6月5日

收款方式	应收金额	实收金额	长短款
现金	3 500	3 490	-10
银行转账	2 000	2 000	
信用卡	3 000	3 000	
合计	8 500	8 490	-10

收款员：林红玉

（1）6月5日，财会部门收到营业部转来的“营业收入日报表”和“收款日报表”列明应收金额为8 500元，交来的现金为3 490元，银行转账2 000元，信用卡签单3 000元，信用卡手续费率为1%，短缺现金10元，原因待查。假设该企业的增值税实行简易征收，增值税率为3%。经审核无误后，作分录如下：

借：库存现金　　3 490
　　银行存款　　4 970
　　财务费用　　30（=3000×1%）
　　待处理财产损溢　　10
　　贷：主营业务收入—食品收入　　6 708.7［=6 910÷（1+3%）］
　　　　　　　　　　—饮料收入　　961.2［=990÷（1+3%）］
　　　　　　　　　　—其他收入　　582.5［=600÷（1+3%）］
　　　　应交税费—应交增值税 247.6［=8 500÷(1+3%)×3%］

（2）6月5日，将现金交存银行。

借：银行存款　　3 490
　　贷：库存现金　　3 490

（3）月末查明现金短缺应由收款员林红玉负责。

借：其他应收款—林红玉　　10
　　贷：待处理财产损溢　　10

【例6-8】 20×7年6月5日，华安大酒店接受华安电力公司预定6月8日的宴席10桌，每桌1 200元，预收订金5 000元，增值税率6%。

（1）6月5日预收定金。

借：银行存款　　5 000
　　贷：预收账款—华安电力公司　　5 000

（2）6月8日宴席结束，外加酒水1 000元，扣除定金后，收到现金8 000元。

借：库存现金　　8 000
　　预收账款—华安电力公司　　5 000
　　贷：主营业务收入—食品收入　　11 320.8［=12 000÷（1+6%）］
　　　　　　　　　　—饮料收入　　943.4［=1 000÷（1+6%）］
　　　　应交税费—应交增值税（销项税额）
　　　　　　735.8［=13 000÷（1+6%）×6%］

三、餐饮服务企业成本的核算

（一）永续盘存制下餐饮经营业务成本的核算

规模较大的餐饮企业设专门的材料库和专职保管员，原材料耗用实行领料制。月末，可能有部分已领未用原材料等。采用“永续盘存制”的餐饮企业，应于月末对未耗用的原材料、在制品和未出售的制成品进行盘点，作假退料处理，从营业成本中冲减月末结存数。月末根据实际盘存数额填制红蓝字领料单各一份，用红字领料单作月末退料凭证，借记“主营业务成本”（红字），贷记“原材料”等（红字），或者借记“原材料”，贷记“主营业务成本”，作假退料处理。

本月耗用的原材料成本=厨房月初结存金额+本月领用额-厨房月末盘存金额

蓝字领料单作为下月初的领料凭证，在下月初借记“主营业务成本”，贷记“原材料”，作假领料处理。

【例6－9】香格里拉酒店采用“永续盘存制”核算餐饮制品成本，原材料区分为入库管理和不入库管理两类，对于入库管理原材料发出计价采用月末一次加权平均。中式餐厅20×7年4月末盘存原材料3 100元，20×7年5月酒店发生如下经济业务，会计分录如下：

(1) 5月1日作假领料处理。

借：主营业务成本　　3 100
　　贷：原材料　　3 100

(2) 5月3日，酒店购入一批原材料已验收入库，材料成本1万元，增值税率16%，款项已用银行存款支付。

借：原材料　　10 000
　　应交税费—应交增值税（进项税额）　　1 600
　　贷：银行存款　　11 600

(3) 5月6日，酒店购入一批原材料直接交付中式餐厅厨房，不含税材料成本500元，增值税率16%，款项已用银行存款支付。

借：主营业务成本　　500
　　应交税费—应交增值税（进项税额）　　80
　　贷：银行存款　　580

(4) 5月31日，财会部门根据中式餐厅领料单编制“领用原材料汇总表”，采用加权平均单价计算得出，中式餐厅5月份共从原材料仓库领用原材料6 500元。

借：主营业务成本　　6 500
　　贷：原材料　　6 500

(5) 5月31日，中式餐厅根据盘点结果编制“月末剩余原材料、半成品和待售制成品盘存表”，月末盘存的金额为2 500元，作假退料处理。

借：原材料　　2 500
　　贷：主营业务成本　　2 500

中式餐厅5月份耗用原材料成本如下：

本月耗用原材料成本＝3 100＋500＋6 500－2 500＝7 600（元）

（二）实地盘存制下餐饮经营业务成本的核算

实地盘存制适用于规模小、没有条件实行领料制的餐饮企业。采用“实地盘存制”的餐饮企业，对于入库管理的原材料购入应作入库会计处理；对于平时从仓库领用只办理业务手续，不作会计处理；对于购入直接交厨房的原材料，平时直接结转计入营业成本。月末根据实地盘点得出仓库原材料和厨房原材料盘存金额，倒挤出本月已耗用原材料的总数额，扣除本月平时购入直接交厨房已结转的营业成本，差额在月末追加结转计入主营业务成本。其计算公式如下：

本月耗用的原材料成本＝月初仓库和厨房结存额＋本月购入原材料总额（包括入库管理和不入库管理）－月末仓库和厨房盘存总额

【例6－10】全聚德饭店采用“实地盘存制”核算餐饮制品成本，原材料区分为入库管理和不入库管理两类，对于入库管理原材料发出计价采用先进先出法。20×7年4月末仓库和厨房共结存原材料2 600元，20×7年5月饭店发生如下经济业务，会计分录如下：

（1）5月3日，饭店购入一批原材料已验收入库，不含税材料成本5 000元，增值税率16%，款项已用银行存款支付。

借：原材料　　5 000
　　应交税费—应交增值税（进项税额）　　800
　　贷：银行存款　　5 800

（2）5月6日，饭店购入一批原材料直接交付厨房，不含税材料成本500元，增值税率16%，款项已用银行存款支付。

借：主营业务成本　　500
　　应交税费—应交增值税（进项税额）　　80
　　贷：银行存款　　580

（3）5月，饭店从原材料仓库领用原材料，不做账务处理。

（4）5月31日，饭店根据实地盘点，算出月末仓库和厨房盘存总额为1 500元，则饭店本月耗用原材料成本=2 600+5 000+500-1 500=6 600（元），由于平时已结转成本500元，因此，月末应追加计入成本=6 600-500=6 100（元）。

借：主营业务成本　　6 100
　　贷：原材料　　6 100

第三节
酒店服务企业特殊业务会计

一、酒店服务企业特殊业务概述

酒店行业与旅游行业和商务活动密切相关，主要面向旅游市场、商务活动、会议承办及会议展览业等市场的消费者。酒店的经营模式也分“直营经营”和“加盟特许经营”两种，加盟特许经营又分为“特许经营”和“受托管理”两种形式。

随着经济发展，酒店服务企业已经演变为一个以住宿为中心，还涉及餐饮、商务、销售、娱乐、美容等多个领域的综合性服务行业。酒店服务企业应根据经营业务的内容，分行业分产品分别考核经营成果。在众多的经营业务中，客房服务是其主要业务，酒店客房部的收入占到酒店经营活动收入的一半左右。本节主要介绍酒店客房经营业务的核算。

【实务链接】

锦江股份（600754）营业收入及成本

锦江股份（600754）2016年的年报披露酒店营运及管理业务营业收入及营业成本数据如表6－5。

表6－5　营业收入　单位：元

行业名称	营业收入	营业成本
客房	6 320 894 272.64	-
餐饮	1 001 787 263.32	429 849 462.04
商品销售	488 375 485.15	417 855 590.71
酒店管理		
首次加盟费	247 399 099.75	
持续加盟费	1 470 661 296.96	
订房渠道费	68 461 935.10	
其他	34 961 953.55	
其他		
会员卡	258 774 072.11	
租赁	71 019 370.21	24 075 134.10
其他	109 688 272.01	7 220 512.84
合计	10 384 023 020.80	879 000 699.69

（一）客房经营业务的特点

客房经营业务是以提供住房、生活设施的使用和服务人员的服务来满足客人的需要，并收取一定费用的服务业务。

1. 客房只提供使用权，只能出租不能储存

客房是一种特殊的商品，不出售所有权，只出售使用权。在不断地清洁整理客房和补充必备供应品的基础上，将同一间客房的使用权在不同时期内反复销售，不断地获取收益。客房只能出租不能储存，如果不出租，其效用自然消失。因此，酒店服务企业应积极开展客房的营销活动。通常可以采用客房出租率和租金收入率来反映客房经营情况的好坏①。

2. 客房的价格具有很大的弹性

由于客房出租率的高低主要受到旅游季节变换等多种因素的影响，从而使客房的出租价格有很大的弹性，因此客房的价格通常有标准价、旺季价、团队价、优惠价等。

① 客房出租率是指已出租客房占可以出租客房的比例。租金收入率是指一定时期内客房的实收租金总额占假设全部出租时的应收房租总额的比例。

3. 客房经营业务的服务和消费过程同时发生

客房经营业务的服务过程和消费过程在时间上和空间上都是同一的。客房经营过程中，客房的房屋建筑物、室内装潢和室内专用的家具、电器等设备的支出具有一次性投资且金额大的特点。而客房的日常开支较小，日常沐浴用品、床单、洗涤费用等支出成本较低。

（二）客房经营业务核算特点

客房经营业务核算特点主要体现在营业成本及营业费用核算方面。客房是以出租房间设施而取得收入的经营项目，客房在提供住宿服务的过程中所发生的有关费用，理论上都构成客房业务的营业成本，包括房屋建筑物及有关设备的折旧费、低值易耗品摊销、经营人员的工资、服装费、材料费、水电费、洗涤费等。但由于客房经营业务的服务过程和消费过程在时间上和空间上都是同一的，客房日常直接耗费较小，而客房的房屋建筑物及有关设备等耗费金额较大，且直接耗费和间接耗费不易划分，无法计算客房营业成本，只能核算营业费用。因此，客房经营业务不需要核算客房业务的营业成本，而是将经营过程中所发生耗费全部列入销售费用。需要说明的是，在加盟特许经营模式里，企业向受托管理酒店收取管理费和订房服务费相应发生的成本费用则应计入营业成本，如托管酒店专项成本及对外支付订房服务费。

【实务链接】

金陵饭店（601007）营业成本的构成

金陵饭店（601007）2016 年的年报披露数据如表 6－6 所示，没有列报客房服务营业成本金额。

表 6－6　　营业收入与营业成本　　单位：元

	营业收入	营业成本
酒店服务		
客房	179 363 540. 61	—
餐饮	150 925 612. 28	54 789 367. 38
酒店管理	63 208 966. 85	26 446 758. 83
其他酒店服务	21 175 482. 42	2 380 831. 78
酒店服务合计	414 673 602. 16	83 616 957. 99

二、酒店客房经营业务收入核算

（一）客房经营业务收入概述

客房经营业务收入是指酒店提供房间住宿及相应的服务而收取的营业收入。

1. 客房经营业务收入的确认和计量

酒店应当按权责发生制的原则来确认收入，以客房出租时间为收入入账时间。当酒店为客人办妥入住客房登记手续，意味着客房已经租出，不论房租收入与否，都作为收入实现处理。

客房的价格通常是以标准房价为基础，随着供求关系的变化，在规定的幅度内上下浮动。除了标准房价外，还有团队房价、合同房价等多种形式。团队房价，指酒店与旅游公司订立接待协议而向团队旅游者收取的客房价格。合同房价，指对特定单位等长期用房的客户以合同的形式确定的客房价格。确认客房出租收入的入账价值时，应以客房出租的实际价格为准。

客房租金收入通常按天数分时段计算，自住宿客人住客房之日起，至次日中午 12 时止，收取一天租金；至次日中午 12 时以后，傍晚 6 时以前止，加收半天的租金，至次日傍晚 6 时以后，则加收一天租金。

2. 客房经营业务收入的结算方式

酒店的总服务台负责接待前来入住的客人，并负责与客人办理住宿费结算。住宿费结算方式一般有预收制、现收制和应收制三种。预收制下付费在先、服务在后。客人入住时，办完登记手续后，要根据预计住宿的时间先预交一定的押金，客人退房时，再到总服务台办理结算，多退少补。应收制下入住在先，付款在后。事先不预收定金，在酒店为客人提供服务后，定期或离店时一次性向客人结清账款。酒店也可以采用现收制，即酒店提供服务后，当即向客人收取住宿费的方式。

（二）客房营业收入的账务处理

每日营业终了，总服务台应编制“营业收入日报表”，连同当日收到的现金及住宿费发票记账联一并送交财务部，财务部对总服务台送交的报表、发票及款项审核无误后，据以入账。客房的营业收入，应设置“主营业务收入”科目核算，贷方记实现的客房营业收入，借方记冲减的收入和期末转到“本年利润”，结转后无余额。

【例 6-11】 如家酒店采用先收款后入住的结算方式。当日收到总服务台送来的“营业收入日报表”及当日收到的现金，当日预收房费 500 元，当日营业收款 2 000 元，增值税率 6%，离店的客人已结清账款，退还预收的房费 50 元。

（1）预收房费。

借：银行存款（或库存现金）	500	
贷：预收账款		500

（2）确认当日营业收入。

借：预收账款	2 000	
贷：主营业务收入—客房收入		[2 000 ÷ (1 + 6%)] = 1 886.79
应交税费—应交增值税（销项税额）		113.21

（3）向离店客人退房费。

借：预收账款	50	
贷：库存现金		50

【例 6-12】 假设如家酒店采用先入住后收款的结算方式。当日收到总服务台送来的“营业收入日报表”及当日收到的现金，当日客人结算交来的房费 2 500 元，当日应收营业款 3 000 元，增值税率 6%。

（1）根据“营业收入日报表”中的“营业收入”栏的数额。

借：应收账款　3 000
　贷：主营业务收入　[3 000 ÷ (1 + 6%) =] 2 830.19
　　应交税费—应交增值税（销项税额）　169.81

（2）实际结算房费。

借：库存现金（或银行存款）　2 500
　贷：应收账款　2 500

三、酒店客房营业费用核算

如前所述，客房经营特点决定了客房经营业务不需要核算客房业务的营业成本，而是将经营过程中所发生耗费全部列入营业费用，通过“销售费用”科目核算。客房营业费用包括房屋及有关设备的折旧费、装修费的摊销、低值易耗品摊销费、经营人员工资、一次性用品支出、日常水电燃气费、床上用品洗涤费等，一般在月末进行计提结转。

【例6-13】 喜来登酒店20×7年10月根据客房部发生的相关业务编制会计分录如下：

（1）收到发料部门发来的领用材料汇总表及领料单，本月客房部共领用牙具、梳子、拖鞋等一次性用品2 000元。酒店一次性用品进货时由总仓库进货，然后由客房批量领用，存放于客房部的仓库中，每天按实际用量发放。月末，客房部统计本月实际耗用的金额为1 500元。

借：原材料—客房部（物料用品）　2 000
　贷：原材料—总仓库　2 000
借：销售费用—客房部（物料费）　1 500
　贷：原材料—客房部（物料用品）　1 500

（2）酒店月末计提职工工资，客房部职工工资及奖金、津贴70 000元，餐饮部职工工资及奖金、津贴80 000元，管理部门职工工资及奖金、津贴60 000元。

借：销售费用—客房部（工资）　70 000
　　　　　—餐饮部（工资）　80 000
　管理费用　60 000
　贷：应付职工薪酬　210 000

（3）8月31日，计提本月固定资产的折旧费5 000元。其中客房部固定资产折旧3 000元，餐饮部固定资产折旧1 000元，管理部门用的固定资产折旧1 000元。

借：销售费用—客房部（折旧费）　3 000
　　　　　—餐饮部（折旧费）　1 000
　管理费用　1 000
　贷：累计折旧　5 000

（4）假设酒店客房部本月分摊洗涤成本1 000元，餐饮部分摊洗涤成本1 500元。该酒店的洗衣房主要为客房、餐饮等部门提供洗涤服务，洗衣房一般按发生的费用先进行归集计入辅助生产成本，再按各部门洗涤的数量分摊洗涤成本。

借：销售费用—客房部（洗涤费）　1 000

—餐饮部（洗涤费） 1 500

贷：辅助生产成本 2 500

（5）假设酒店客房部本月实际发生的电费、燃料费、水费等500元，不考虑增值税。

借：销售费用—客房部（水电费） 500

贷：其他应付款 500

（6）酒店客房部本月领用床单200条，每条50元，采用五五摊销法核算。

借：低值易耗品—在用低值易耗品 10 000

贷：低值易耗品—库存低值易耗品 10 000

同时摊销其价值的50%

借：销售费用—客房部（低值易耗品摊销） 5 000

贷：低值易耗品—低值易耗品摊销 5 000

第四节

物业服务企业特殊业务会计

一、物业服务企业特殊业务概述

（一）物业服务行业发展制度背景

20世纪80年代，随着住房制度改革和城市建设发展，物业管理应运而生并飞速发展。主要的法律法规有《中华人民共和国物权法》、《物业管理条例》、《物业服务收费管理办法》、《物业服务定价成本监审办法（试行）》、《物业服务企业资质管理办法》、《住宅专项维修资金管理办法》。

物业服务，指业主通过选聘物业服务企业，由物业服务企业按照物业服务合同约定，对房屋及配套的设施设备和相关场地进行维修、养护、管理，维护物业管理区域内的环境卫生和相关秩序的活动。《物业管理条例》明确了物业服务主要包括三部分：（1）常规性公共服务。一般由业主和物业服务企业在物业服务合同中约定，包括对房屋及配套的设施设备和相关场地进行维修、养护、管理，维护相关区域内的环境卫生和秩序，如物业管理企业提供的保安、保洁、绿化、交通及车辆管理等服务。也可接受供水、供气、供热等公用事业等单位的委托，为其向业主代收有关费用，即提供公众代办性质的服务。（2）专项服务。物业服务企业在做好常规性公共服务的同时，在管辖的住宅区内附属开展日常生活物品销售、装饰装修、美容美发、餐饮、副食等多种经营服务。（3）特约服务。通常指物业服务企业接受业主和使用人的特别委托，为其提供物业服务合同没有约定的服务项目，是专门针对部分业主的需求而提供的特约服务，如代管车辆、代洗衣服、代购生活品、小区内老年病人的护理、接送子女上学、照顾残疾人的上下楼梯等。常规性公共服务是基础性工作，专项服务和特约服务是便民服务。

传统物业服务企业主要依靠物业管理服务收取管理费而生存，人工成本较高，是个劳动密集型的微利行业。现代物业服务企业除了物业管理，还通过多种经营获取收入，随着互联网技术的发展，一些物业服务企业开始朝着“互联网+”方向转型，在传统的物业管理服务基础上进一步提供各种社区增值服务。

【实务链接】

万科（000002）的物业服务

万科（000002）2016年的年度报告关于“经营情况讨论与分析”中对公司的物业服务分析如下：

物业服务保持行业领先。本集团物业服务业务以万科物业为主体展开。2016年本集团物业服务业务实现合并报表范围内主营业务收入42.6亿元，同比增长43.4%。

2017年，万科物业将在住宅服务领域深化“为业主资产保值增值”的理念以及品牌认知，持续提升项目质量和资产价值；在商业写字楼服务领域，将借助明星客户标杆力量加快拓展业务规模；将为业主提供更加丰富的社区服务，逐步打造一条连接传统住宅服务、商写服务、基于楼宇的增值业务服务、基于生活配套的增值业务服务的“万物生长”生态链条；持续对互联网技术投入，提高效率、改善客户服务界面。

物业服务企业作为综合性服务企业，其基础核心业务是物业服务，其次才是开展多样化的增值服务，本节将结合上述法规阐述物业服务业务的核算。

（二）物业服务特点

1. 物业服务是一种带有管理性质的服务

物业服务是一种带有管理性质的服务，物业管理的对象是物，但服务的对象是人，这是物业管理作为服务性行业的特殊属性，也是物业管理作为房地产行业“售后服务”（对物业的维修养护）的根本所在。物业服务所管理的对象——物业，既包括房屋楼宇本身，也包括其所配套的设备设施和场地。物业管理的范围是物业管理区域内的物业共有部位和共用设施设备，不包括业主的物业私有部位和私有设施设备。

我国《物权法》将“物业管理企业”称为“物业服务企业”，目的在于强调业主自治管理，强调物业企业与业主的关系是合同的关系，对业主和使用人，物业公司是提供服务的，而不是进行管理。物业服务涉及公民的物权，物业企业在行使其对物的管理权利时，其前提条件是要得到业主的委托授权。物业企业不能将对物的管理权利凌驾于业主对物的所有权利之上。

2. 物业服务的基础是物业服务合同

小贴士

业主对房屋的管理方式

根据《物权法》的规定，对于房屋等建筑物的管理，业主可以根据不同情况采用不同的方式，主要有三种方式：其一是业主自己进行管理；其二是业主将不同的管理内容委托给不同的专业服务公司进行管理，如保洁公司、保安公司、工程设备维护保养公司；其三是业主选聘物业服务企业进行管理。对于第三种方式，业主委员会应当与物业服务企业订立书面的物业服务合同，约定双方的权利与义务。

物业服务企业是基于物业服务合同的约定来为业主提供物业管理和服务的，其权利义务直接来自于合同。物业服务的双方是物业服务企业和业主。我国对从事物业服务活动的企业实行资质管理制度。业主的利益一般由业主委员会代表。它和物业服务企业之间是平等的契约关系。物业服务合同应当对物业管理事项、服务质量、服务费用、双方的权利义务、专项维修资金的管理与使用、物业管理用房、合同期限、违约责任等内容进行约定。

在业主、业主大会选聘物业服务企业之前，由建设单位选聘物业服务企业的，也应当签订书面的前期物业服务合同。建设单位应当在物业销售前将临时管理规约向物业买受人明示，并予以说明。国家提倡建设单位按照房地产开发与物业管理相分离的原则，通过招投标的方式选聘具有相应资质的物业服务企业。

3. 物业服务是一种经营性的服务

物业服务企业是企业性质的经济组织，它为业主和租户提供服务是有偿的经营性的服务。根据国家发展改革委、建设部 2003 年 11 月发布了《物业服务收费管理办法》的规定，物业服务收费是指物业服务企业按照物业服务合同的约定，对房屋及配套的设施设备和相关场地进行维修、养护、管理，维护相关区域内的环境卫生和秩序，向业主所收取的费用。物业服务收费应当区分不同物业的性质和特点分别实行政府指导价和市场调节价。物业服务企业在物业服务中应当遵守国家的价格法律法规，严格履行物业服务合同，为业主提供质价相符的服务。业主应当按照物业服务合同的约定按时足额交纳物业服务费，已竣工但尚未出售或者尚未交给物业买受人的物业，物业服务费用由建设单位交纳。

（三）物业服务核算特点

1. 物业公司会计核算的主要内容

物业服务企业在遵循国家统一的会计法、会计准则等法律规章制度的基础上，应结合自身的经营特点和管理要求，按照《物业服务收费管理办法》、《物业管理企业会计核算补充规定（试行）》、《住宅专项维修基金管理办法》等相关规定进行会计核算和监督。

物业公司会计核算的内容主要有物业公司的营业收入核算、物业公司成本费用核算、代收款项核算、代管基金的核算。物业公司的营业收入是在物业经营和管理中获得的多项收入，由主营业务与其他业务的收入构成。物业公司成本费用核算以权责发生制的形式，依照期间费用、营业成本来核算。物业公司应设置“其他应付款”科目来核算企业代收代付水电费及其他代收代付款项。代管基金指的是物业公司代为管理物业产权人、使用人房屋使用中公共部分的共用设施维修基金与维修基金。

2. 物业服务会计信息需求较为特殊

物业服务企业的经营活动相对简单，大多只是一些维修、养护、安保等，固定资产、无形资产及对外投资较少，发行债券等业务活动不多，通常没有长期负债，短期借款也很少。因此，债权人不是企业会计信息的主要使用者，企业管理层和业主、业主委员会才是会计信息的主要使用者，其次才是所有者。企业管理层主要了解其受托责任的履行情况和经营业绩。业主、业主委员会对物业服务费和维修基金的使用情况及其效益、物业经营收入和大修收入的使用情况格外关注。物业服务企业应当按照政府价格主管部门的规定实行明码标价。实行酬金制物业服务企业应当向业主大会或者全体业主公布物业服务资金年度预决算并每年不少于一次公布物业服务资金的收支情况，并及时答复质疑。物业服务企业或者业主大会可以按照物业服务合同约定聘请专业机构对物业服务资金年度预决算和物业服务资金的收支情况进行审计。物业服务企业代管的住宅专项维修资金的管理和使用，应当依法接受审计部门的审计监督并及时向业主委员会公布住宅专项维修资金相关信息。

3. 收入核算严格区分物业服务企业和业主的收入

在核算物业服务企业的收入时，不得混淆业主和物业服务企业的收入，不得侵占业主的收入。我国《物业服务收费管理办法》规定，业主与物业服务企业可以采取包干制或者酬金制等形式约定物业服务费用。

包干制，指由业主向物业服务企业支付固定物业服务费用，盈余或者亏损均由物业服务企业享有或者承担的物业服务计费方式。包干制下收取的物业服务费均属于物业公司的营业收入，扣除物业服务成本、费用等的差额为企业经营利润。包干制我国物业服务市场上主流的收费方式。

酬金制，指在预收的物业服务资金中按约定比例或者约定数额提取酬金支付给物业服务企业，其余全部用于物业服务合同约定的支出，结余或者不足均由业主享有或者承担的物业服务计费方式。酬金制下，预收的物业服务费只有薪酬部分属于物业公司的营业收入，扣除应由物业服务企业承担的物业服务成本、费用等的差额为企业经营利润。酬金制模式在国外和港澳等物业管理比较发达的国家和地区已被普遍采用，我国北京、上海、广州等城市也开始试点酬金制。

4. 成本费用核算内容和范围

包干制的物业服务企业，是在成本加成基础上，确定业主的物业服务费金额。物业服务成本、法定税费均由物业服务企业承担，构成物业服务企业的营业成本。物业服务成本构成一般包括以下部分：（1）管理服务人员的工资、社会保险和按规定提取的福利费等；（2）物业共用部位、共用设施设备的日常运行、维护费用；（3）物业管理区域清洁卫生费用；（4）物业管理区域绿化养护费用；不包括应由建设单位支付的种苗种植费和前期维护费；（5）物业管理区域秩序维护费用；（6）办公费用；（7）物业管理企业固定资产折旧；（8）物业共用部位、共用设施设备及公众责任保险费用；（9）经业主同意的其他费用。保修期内应由建设单位履行保修责任而支出的维修费、应由住宅专项维修资金支出的维修和更新、改造费用不得计入物业服务成本。

酬金制的物业服务企业，预收的物业服务资金包括物业服务支出和物业服务企业的酬金。物业服务支出是由物业服务企业代收代付，由全体业主分担的小区的管理成本，不构成物业服务企业的成本。在实际酬金制操作中，应事先在物业服务合同中明确约定由物业服务企业承担、由全体业主分担的成本费用。属于全体业主分担的，则属于服务企业代收代付的款项；属于物业服务企业承担的，则计入物业服务成本。

5. 住宅专项维修资金的计提和使用

我国《住宅专项维修资金管理办法》规定，住宅专项维修资金，指专项用于住宅共用部位、共用设施设备保修期满后的维修和更新、改造的资金。专项维修资金属于业主所有，实行专户存储、专款专用、所有权人决策、政府监督的原则。商品住宅的业主应当在办理房屋入住手续前，将首期住宅专项维修资金存入住宅专项维修资金专户，业主大会应当委托所在地一家商业银行作为本物业管理区域内住宅专项维修资金的专户管理银行，并在专户管理银行开立住宅专项维修资金专户，物业服务企业仅作为代管机构。住宅专项维修资金的存储利息、购买国债的增值收益、利用住宅共用部位或共用设施设备经营收益、住宅共用设施设备报废后回收的残值等收益项目应当转入住宅专项维修资金滚存使用。

下列费用不得从住宅专项维修资金中列支：（1）依法应当由建设单位或者施工单位承担的住宅共用部位、共用设施设备维修、更新和改造费用；（2）依法应当由相关单位承担的供水、供电、供气、供热、通讯、有线电视等管线和设施设备的维修、养护费用；（3）应当由当事人承担的因人为损坏住宅共用部位、共用设施设备所需的修复费用；（4）根据物业服务合同约定，应当由物业服务企业承担的住宅共用部位、共用设施设备的维修和养护费用。

需要使用住宅专项维修资金的，按照以下程序办理：（1）物业服务企业提出使用方案，使用方案应当包括拟维修和更新、改造的项目、费用预算、列支范围、发生危及房屋安全等紧急情况以及其他需临时使用住宅专项维修资金的情况的处置办法等；（2）业主大会依法通过使用方案；（3）物业服务企业组织实施使用方案；（4）物业服务企业持有关材料向业主委员会提出列支住宅专项维修资金；（5）业主委员会依据使用方案审核同意，并报直辖市、市、县人民政府建设（房地产）主管部门备案；（6）业主委员会向专户管理银行发出划转住宅专项维修资金的通知；（7）专户管理银行将所需住宅专项维修资金划转至维修单位。

二、物业服务企业营业收入核算

（一）营业收入核算概述

1. 营业收入构成

物业服务企业营业收入，包括主营业务收入和其他业务收入。主营业务收入，是物业服务企业从事物业服务所取得的收入，包括物业管理收入、物业经营收入和物业大修收入等。物业管理收入，指企业向物业产权人、使用人收取的公共性服务费收入、公众代办性服务费收入和特约服务收入。物业经营收入，指企业经营业主委员会或者物业产权人、使用人提供的房屋、建筑物和共用设施取得的收入，如房屋出租收入和经营停车场、游泳池、各类球场等共用设施收入。物业大修收入，是指企业接受业主委员会或者物业产权人、使用人的委托，对房屋共用部位、共用设施设备进行大修取得的收入。其他业务收入，是指物业服务企业从事主营业务以外其他经营活动所取得的收入，包括房屋中介代销手续费收入、材料物资销售收入、废品回收收入、商业用房经营收入等。物业服务企业的主营业务收入和其他业务收入并不是一成不变的，企业应根据业务在经营中的主次分别记入主营业务收入和其他业务收入（图6－1）。

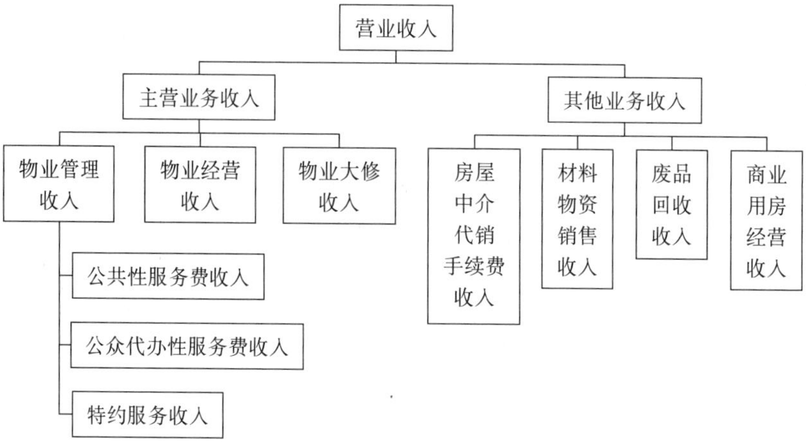

图 6－1　物业服务企业营业收入构成

2. 营业收入确认

对于在某一时点履行的履约义务，企业应当在劳务已经提供，同时收讫价款或取得收取价款的凭证时确认营业收入的实现。对于大修收入，企业应根据维修合同，判断合同所包含的各单项履约义务，并确定各单项履约义务是在一段时间内履行，还是在某一时点履行，然后，在履行了各单项履约义务时分别确认收入 。对于某一时点履行的物业大修收入，一般应当经业主委员会或者物业产权人、使用人签证认可后，确认为营业收入的实现；对于在一段时间内履行的履约义务，履约进度能合理确定的，企业应当在该段时间内按照履约进度确认收入，企业应当采用产出法或投入法确定恰当的履约进度。当履约进度不能合理确定时，企业已经发生的成本预计能够得到补偿的 ，应当按照已经发生的成本金额确认收入 ，直到履约进度能够合理确定为止。

实际工作中，企业应根据物业管理协议约定的管理费按期确认营业收入。物业服务费的收款方式包括以下三种：（1）现收制。采取服务现款交易的方式，服务费收讫，发票账单已交给业主，营业收入实现，同时确认增值税纳税义务的发生。（2）预收制。采取定期预收服务费的方式，应在物业服务企业已提供某一阶段服务（一般按月结算）后分期确认营业收入，同时确认增值税纳税义务的发生。如果收款时先开具发票的，开具发票的当天应确认纳税义务发生。（3）应收制。采取先服务后收款的方式，应在物业服务企业已提供某一阶段服务（一般按月结算）后，服务费很可能流入企业时分期确认营业收入，同时确认增值税纳税义务的发生，此时，服务已经提供，服务费虽尚未收取，但营业收入已经实现，服务费将在物业服务合同约定的收款日期收款。

【实务链接】

万科（000002）提供劳务收入会计政策

万科（000002）2016 年报对“提供劳务收入”确认的会计政策披露如下：

“本集团对外提供劳务，于劳务已实际提供时确认相关的收入，在确认收入时，以劳务已提供，与交易相关的价款能够流入，并且与该项劳务有关的成本能够可靠计量为前提。物业管理在物业管理服务已提供，与物业管理服务相关的经济利益能够流入企业，与物业管理服务有关的成本能够可靠地计量时，确认物业管理收入的实现。”

3. 账户设置

（1）主营业务收入。该科目核算物业服务企业为物业产权人、使用人提供维修、管理和服务等劳务而取得的各项收入，包括物业管理收入、物业经营收入和物业大修收入。“主营业务收入”科目应按经营收入的种类设置明细账，如“物业管理收入”“物业经营收入”“物业大修收入”等，其中“物业管理收入”，企业可以根据实际管理，按照物业管理收入的组成内容（如来源渠道等）设置明细账，进行明细核算。

（2）其他业务收入。该科目核算企业除主管业务以外的其他业务活动所取得的收入，包括房屋中介代销手续费收入、材料物资销售收入、废品回收收入、商业用房经营收入及无形资产转让收入等。商业用房经营收入是指企业利用业主委员会或者物业产权人、使用人提供的商业用房，从事经营活动取得的收入，如开办健身房、歌舞厅、美容美发商店、饮食店等经营收入。“其他业务收入”科目应按其他业务的种类设置明细账，如“房屋中介代销手续费收入”“物资销售收入”“废品回收收入”“商业用房经营收入”等。

（3）其他应付款。物业企业的代收款项、暂收款项及代管基金，应通过“其他应付款”科目核算。代收款项是指物业服务企业因代收代交有关费用等应付给有关单位的款项，如代收的水电费、煤气费、有线电视费、电话费等，企业应在“其他应付款”科目下设置“代收款项”二级科目来核算代收款项。收取业主交来的装修押金则属于暂收款项，应记入“其他应付款—物业押金”科目核算。

代管基金，是物业服务企业接受业主委托，对其代管的物业共用部位和共用设施设备进行维修、养护和管理而提存的维修基金。为了核算企业接受委托管理的房屋共用部分、共用设施设置维修基金，物业服务企业应在“其他应付款”下设置明细科目“代管基金”进行核算，也可单独设置“代管基金”一级科目核算。企业应定时将代管基金上交给各地房产行政主管部门所属的住房资金管理中心在受托银行设立的维修基金专户。“其他应付款—代管基金”期末余额为零，表明企业已将代管基金全部上交给各地房产行政主管部门所属的住房资金管理中心在受托银行设立的维修基金专户。“其他应付款—代管基金”明细科目期末如有贷方余额，属于预计在一年以内上缴维修基金专户，应列入资产负债表“其他流动负债”项目”；属于预计期限将在一年以上上缴维修基金专户，应列入“其他非流动负债”项目。

【实务链接】

万科（000002）与泛海控股（000046）维修基金

万科（000002）在其2016年年报披露的关于“维修基金”会计政策如下：本集团物业管理公司收到业主委托代为管理的公共维修基金，计入“其他非流动负债—代管基金”，专项用于住宅共同部位、共同设备和物业管理区域公共设施的维修、更新。

泛海控股股份有限公司2016年年报披露的“维修基金”会计政策如下：本公司各项目子公司收到的代收代缴的业主交来的维修基金计入“其他应付款”，并定时上交给各地房产行政主管部门所属的住房资金管理中心在受托银行设立的维修基金专户中，实行专户管理、专款专用，专项用于住宅共用部位、共用设施设备保修期满后的大修、更新、改造。

（二）主营业务收入核算

1. 物业管理收入核算

物业管理收入，指物业服务企业收取的公共性服务费收入、公众代办性服务费收入和特约服务收入等，包括住宅/商业物业收费、车位物业服务费、装修服务费、门禁卡销售/管理费、装修垃圾清运费、入户维修、商铺、写字楼消防/强弱电改造收费等。

【拓展阅读】

物业服务行业所涉及的“营改增”内容

我国2016年5月1日起全面施行“营改增”，物业服务企业区分一般纳税人和小规模纳税人，分别确定6%和3%的增值税税率。“营改增”后，物业服务企业仍然缴纳城建税、教育费附加及地方教育费附加，税率不变，计入“税金及附加”。

物业公司的电梯轿厢广告收入、小区内地面摆摊设点场地费及经营租赁费、以及出租小区内地面停车位取得的收入，出租附着在土地或不动产上的空位、楼面、屋顶安装竖立广告牌等，均应按照不动产经营租赁服务缴纳增值税。据《纳税人提供不动产经营租赁服务增值税征收管理暂行办法》，一般纳税人出租其2016年4月30日前取得的不动产，可以选择适用简易计税方法按照5%的征收率计算应纳税额；一般纳税人出租其2016年5月1日后取得的不动产，适用一般计税方法计税，税率为11%；2018年5月1日后调整为10%；小规模纳税人提供停车服务按提供不动产租赁服务征税，征收率为5%。

物业公司向小区业主销售日常生活品和提供维修服务，属于兼营行为，应分别核算不同税率的货物、劳务和服务的销售额，未分别核算销售额的，从高适用税率。

（1）公共性服务费收入。公共性服务费收入，指物业服务企业为业户提供公共卫生清洁、公共设施的维修保养和保安、绿化等公共服务而收取的费用。根据《物业服务收费管理办法》的规定，物业服务收费应当区分不同物业的性质和特点分别实行政府指导价和市场调节价。具体定价形式由省、自治区、直辖市人民政府价格主管部门会同房地产行政主管部门确定。物业服务企业收取业主交来的物业服务费，应借记“银行存款”科目，贷记“主营业务收入”“应交税费—应交增值税”“预收账款”等科目。

【例6-14】中航物业管理有限公司20×7年1月收到业主交来的本季度物业服务费3 000元，其中1~3月各1 000元，该小区的服务费采取包干制收费方式，增值税税率为6%。

(1) 1月收到物业服务费并开具增值税发票时。

增值税销项额 = 1 000 ÷ (1 + 6%) × 6% × 3 = 169.8 (元)

借：库存现金　3 000
　贷：预收账款—业主　1 886.8
　　主营业务收入　943.4
　　应交税费—应交增值税（销项税额）　169.8

(2) 2月结转收入时。

借：预收账款—业主　943.4
　贷：主营业务收入—物业管理收入　943.4

(3) 3月结转收入时。

借：预收账款—业主　943.4
　贷：主营业务收入—物业管理收入　943.4

【例6-15】 假设上例中，企业收到物业服务费时，对于预收的部分只开具收据，按月确认收入时再开具增值税发票。则企业账务处理为：

(1) 1月收到物业服务费时。

借：库存现金　3 000
　贷：预收账款—业主　2 000
　　主营业务收入　943.4
　　应交税费—应交增值税（销项税额）　56.6

(2) 2月结转收入时。

借：预收账款—业主　1 000
　贷：主营业务收入—物业管理收入　943.4
　　应交税费—应交增值税（销项税额）　56.6

(3) 3月结转收入时。

借：预收账款—业主　1 000
　贷：主营业务收入—物业管理收入　943.4
　　应交税费—应交增值税（销项税额）　56.6

【例6-16】 中航物业管理有限公司20×7年2月发生如下经济业务：

(1) 企业确认当期应收业主的服务费、应收房产公司空置房物业费各1 000元。

借：应收账款—业主　1 000
　　　　—房产公司　1 000
　贷：主营业务收入—物业管理收入　1 886.8
　　应交税费—应交增值税（销项税额）　113.2

(2) 确认业主因为工程质量问题拒交物业费，协议转由房产公司代业主交纳物业费。

借：应收账款—房产公司　1 000
　贷：应收账款—业主　1 000

(3) 收取业主交来的装修押金500元。

借：银行存款　500

贷：其他应付款—装修押金　500

（4）收取业主未及时缴费交来的滞纳金100元。

借：银行存款　100

贷：营业外收入　100

（5）收取业主门禁卡工本费500元，门禁卡属于物业安全服务从属业务，属于混合销售，适用主营业务6%的增值税率。

借：银行存款　500

贷：主营业务收入—物业管理收入　471.7

应交税费—应交增值税（销项税额）　28.3

（6）收取装修垃圾清运费1 000元，装修垃圾清运费属于装修管理从属业务，适用6%的增值税率。

借：银行存款　1 000

贷：主营业务收入—物业管理收入（公共服务费）　943.4

应交税费—应交增值税（销项税额）　56.6

（7）收取业主交来的维修基金1万元。

借：银行存款　10 000

贷：其他应付款—代管基金　10 000

（8）企业将维修基金10 000元存入维修基金专户。

借：其他应付款—代管基金　10 000

贷：银行存款　10 000

【例6－17】中航物业管理有限公司与移动馨苑业主管理委员会签定了物业管理协议，采取物业服务收费酬金制。20×7年11月收到业主交来的物业服务费100万元，按15%计提物业管理酬金。该月份可计提的管理酬金为100×15%＝15万元，应确认的不含税收入金额为150 000÷（1＋6%）＝141 509.4（元）。

借：银行存款　1 000 000

贷：预收账款—移动馨苑　850 000

主营业务收入—物业管理收入　141 509.4

应交税费—应交增值税（销项税额）　8 490.6

（2）公众代办性服务费收入。公众代办性服务费收入，指物业服务企业接受委托代收代缴水电费、煤气费、城市生活垃圾处理费、分摊的电梯能耗费等而收取的代办服务费用。物业管理区域内，供水、供电、供气、供热、通讯、有线电视等单位应当向最终用户收取有关费用，物业管理企业接受委托代收上述费用的，可向委托单位收取手续费。

【例6－18】中航物业管理有限公司北京分公司20×7年3月向各业主代收电费5 850元（包括增值税），按2%向供电局收取代办服务费117元。假设该小区均实现抄表到户，供电局将销售发票开给业主个人，物业公司将发票转交给业主并按供电局实际收取的电费与业主结算。

（1）向业主收取代支付的电费。

借：库存现金　5 850

贷：其他应付款—代收款项（供电局） 5 850

（2）月末按收取的电费计提应向供电局收取的代办服务费117元，经纪代理服务的增值税率为6%，物业公司作为主要代理人，只对手续费确认收入。

借：其他应付款—代收款项（自来水公司） 117

贷：主营业务收入—物业管理收入 110.4

应交税费—应交增值税（销项税额） 6.6

（3）以银行存款支付电费给供电局（扣除应收取的手续费），取得货物销售发票并转交给业主。

借：其他应付款—代收款项（供电局） 5 733

贷：银行存款 5 733

【例6-19】 接【例6-18】假设上例中供电局将销售发票开给物业公司，再由物业公司开发票给业主，不存在物业公司向供电局收取代办服务费，则物业公司代为收取的电费会计处理如下：

（1）向业主收取代支付的电费。

借：库存现金 5 850

贷：其他应付款—代收款项（供电局） 5 000

应交税费—应交增值税（销项税额） 850

（2）以银行存款代业主支付电费。

借：其他应付款—代收款项（供电局） 5 000

应交税费—应交增值税（进项税额） 850

贷：银行存款 5 850

需要说明的是，如果物业公司向自来水公司、供电局买入水电，再加价卖给小区业主，则属于转售行为，不属于代收的行为。

（3）特约服务收入。特约服务收入，指物业服务企业应个别业主的要求提供特约服务而收取的费用，如护理服务、室内维修、房屋出租管理等，收费一般由物业服务企业定价，双方自愿。

【例6-20】 中航物业管理有限公司20×7年1月接受莱茵小区业主的特约委托，要求修理台风中受损的窗户门窗玻璃，共收取服务费2 000元，入户维修属于提供修理修配劳务，增值税率16%。

借：银行存款 2 000

贷：主营业务收入—物业管理收入 1 724.1

应交税费—应交增值税（销项税额） 275.9

2. 物业经营收入核算

物业经营收入，指物业服务企业经营业主提供的房屋建筑物和公共设施取得的收入，如经营全体业主共有的停车场车位出租或临停、经营开发商产权车位出租或临停、经营游泳池及各类球场、经营电梯轿厢、电梯等侯处、灭绳灯箱广告位代理和出租、经营小区场地设展等。根据《物权法》、《物业管理条例》规定，物业共用部位、共用设施设备的所有权或者使用权依法属于业主。建设单位不得擅自处分属于业主的物业共用部位、共用设施设备的所有权或者使用权，物业服务企业不得随意改变物业管理用房用途用于经营。利用物业共用部位、共用设施设备进行经营的，应当在征得相关业主、业主大会、物业管理企业的同意后，按照规定办理有关手续。物业服务企业经营业主委员会或者物业产权人、使用人提供的房屋、建筑物和共用设施取得的物业经营收入，借记“银行存款”科目，贷记“主营业务收入—物业经营收入”“应交税费—应交增值税”科目。

【例6-21】 中航物业管理有限公司20×7年1月出租停车场收入8 000元，游泳池收入5 000元，停车场及游泳池属于全体业主共有。

（1）假设中航物业管理有限公司于20×7年4月30日前取得该停车场、游泳池的管理权，企业选择适用简易计税方法，按照5%的征收率计算应纳增值税。

借：银行存款	13 000	
贷：主营业务收入—物业经营收入（停车场）		7 619
—物业经营收入（游泳池）		4 762
应交税费—简易征收		619

（2）假设中航物业管理有限公司20×7年5月1日后取得该停车场、游泳池的管理权，适用一般计税法，增值税税率为10%。

借：银行存款	13 000	
贷：主营业务收入—物业经营收入（停车场）		7 272. 72
—物业经营收入（游泳池）		4 545. 45
应交税费—应交增值税（销项税额）		1 181. 83

需要注意的是，确认为“主营业务收入—物业经营收入”的物业经营业务不需要对房屋建筑物和公共设施等添加任何设施。如果根据经营活动的内容，对房屋建筑物和公共设施等进行改造，改变了原房屋建筑物和公共设施的用途和功能并用于经营，如从事美容美发、开办餐厅超市等，这类经营活动不是完全依靠房屋建筑物和公共设施本身形成的，其收入一般不计入物业公司的主营业务，应计入其他业务收入。

3. 物业大修收入

物业大修收入，是指物业服务企业接受业主的委托，对房屋共用部位和共用设施设备进行大修等工程活动取得的收入。物业共用部位、共用设施设备的大修、中修和更新改造费用应通过专项维修基金予以列支。合同开始日，物业公司应当对维修项目合同进行评估，识别该合同所包含的各单项履约义务，并确定各单项履约义务是在一段时间内履行，还是在某一时点履行，然后，在履行了各单项履约义务时分别确认收入。在确认收入时，借记“其他应付款—代管基金”科目，贷记“主营业务收入—物业大修收入”“应交税费—应交增值税”科目。

（三）其他业务收入核算

其他业务收入是物业服务企业从事主营业务以外其他经营活动所取得的收入，包括房屋租售中介手续费收入、收取提供平台居间费、材料物资销售收入、废品回收收入、商业用房经营收入及其他社区增值服务收入等。房屋中介代销手续费收入是指物业服务企业接受房地产开发商的委托，对其开发的房屋从事代理销售活动，在代销房屋过程中取得的代销手续费收入。材料物资销售收入是指物业服务企业将不需用的材料物资对外出售取得的价款收入。废品回收收入是指物业服务企业在提供服务的过程中要处理生活垃圾和建筑垃圾等，其中处理一定的废品取得的收入。商业用房经营收入是指物业服务企业利用业主提供的商业用房，通过改变房屋的用途，从事经营活动取得的收入，如开办超市、餐厅、美容美发取得的收入。

【例6－22】 中航物业管理有限公司20×7年1月代开发商销售房屋取得手续费收入2万元，经营餐厅取得收入1万元，收入已通过银行存款收讫，增值税率为6%。

借：银行存款　　30 000

　贷：其他业务收入—房屋中介代销手续费收入　　18 867.9

　　　　　　　　　—商业用房经营收入　　9 434

　　应交税费—应交增值税（销项税额）　　1 698.1

三、物业服务企业营业成本核算

（一）营业成本核算概述

1. 营业成本构成

物业服务企业的营业成本，指物业服务企业直接从事物业服务和其他经营活动所发生的各项支出，包括直接材料费、直接人工费和其他直接费用。直接材料费是指物业服务过程中直接消耗的各种材料、燃料和动力、构配件、低值易耗品、包装物等；直接人工费是指直接从事物业服务人员的工资、奖金及福利等；其他直接费用是指物业服务企业发生的除直接材料费、直接人工费以外的，与提供物业服务有直接关系的费用。

2. 账户设置

物业服务企业营业成本包括主营业务成本和其他业务成本。主营业务成本，指物业服务企业从事主营业务发生的各项支出。与主营业务收入对应，这些支出可分类为物业管理成本、物业经营成本、物业大修成本。其他业务成本，指物业服务企业从事主营业务以外的其他业务所发生的各项成本，包括房屋中介代销手续费支出、材料物资销售成本、废品回收成本、商业用房经营成本等。

（1）主营业务成本。该科目核算企业物业管理、物业经营、物业大修等应结转的经营成本。与经营收入的明细核算相对应，“主营业务成本”科目可设置“物业管理成本”“物业经营成本”“物业大修成本”等明细科目进行核算。

（2）其他业务成本。该科目核算企业除主营业务以外的其他业务所发生的各项支出，包括为销售商品、提供劳务而发生的相关成本、费用以及相关税金及附加等。企业发生的其他业务支出，借记“其他业务成本”科目，贷记“应付职工薪酬”“银行存款”“应交税费”“其他应付款”等科目。

（3）物业工程。物业服务企业应设置“物业工程”科目核算企业承接物业工程所发生的各项支出。企业对业主委员会或者物业产权人、使用人提供的管理用房、商业用房进行装饰装修发生的支出，也在“物业工程”科目核算。“物业工程”科目应按维修项目设置明细账。“物业工程”科目期末如有借方余额，表示尚未完工的维修项目的成本，其实质类似于企业的存货，应在资产负债表“存货”项目中反映。

（二）主营业务成本核算

1. 物业管理成本

物业管理成本，指物业服务企业为物业产权人、使用人提供公共性服务、公众代办性服务及特约服务所发生的各项支出。包括一线物业管理服务人员的工资、社会保险和按规定提取的福利费等；物业共用部位、共用设施设备的日常运行、维护费用；物业管理区域清洁卫生费用；物业管理区域绿化养护费用；物业管理区域秩序维护费用；办公费用；物业服务企业用于物业服务的固定资产折旧费用；物业共用部位、共用设施设备及公众责任保险费用等。物业服务企业可以将物业管理区域内的专项服务业务委托给专业性服务企业，但不得将该区域内的全部物业管理一并委托给他人。物业服务企业将专业性较强的服务内容外包给有关专业公司的，该项服务的成本按照外包合同所确定的金额核定。

【例6－23】 万科物业管理公司20×7年1月发生如下经济业务：

（1）采购维修材料一批，价值2 000元，增值税320元，价税款已用银行存款支付。

借：原材料　　2 000

　　应交税费—应交增值税（进项税额）　　320

　　贷：银行存款　　2 320

（2）对华林小区内的照明设备进行维修，领用装饰灯30个，每个25元。对小区501住户提供清洗油烟机服务，领用清洁剂100元。

借：主营业务成本—物业管理成本　　850

　　贷：原材料—装饰灯　　750

　　　　　　　—清洁剂　　100

（3）物业公司将保洁业务委托外包给保洁公司，确认本月应支付的保洁公司的成本1 000元，增值税率6%。

借：主营业务成本—物业管理成本（保洁委外）　　1 000

　　应交税费—应交增值税（进项税额）　　60

　　贷：应付账款—保洁公司　　1 060

（4）计提当月员工的工资，其中从事一线物业服务的人员工资10 000元，管理部门人员的工资8 000元。

借：主营业务成本　　10 000

　　管理费用　　8 000

　　贷：应付职工薪酬　　18 000

（5）企业收到员工报销住宿费发票一张，含税价为1 060元，增值税金额为60元。

借：管理费用　　1 000

　　应交税费—应交增值税（进项税额）　　60

　　贷：银行存款　　1 060

2. 物业经营成本的核算

物业经营成本，指物业服务企业经营业主提供的房屋建筑物和公共设施等专项服务过程所发生的各项支出，如经营停车场、游泳池、各类球场等项目的支出。它主要包括经营过程中经营人员的工资、耗用的材料，企业有偿使用产权属全体业主共用的商业用房和共用设施设备应负担的租赁费、承包费、有偿使用费等。对于利用住宅共用部位、共用设施设备进行经营的，业主所得收益一般计入代管基金。物业经营成本支出发生时借记“主营业务成本”科目，贷记“原材料”“应付职工薪酬”“其他应付款—代管基金”等相关科目。

【例6-24】 星河物业管理公司20×7年1月与经营停车场、游泳池有关的业务会计处理如下：

（1）计提本月应支付经营停车场、游泳池人员工资2万元，应支付给全体业主关于停车场、游泳池承包费5 000元。

借：主营业务成本—物业经营成本	25 000	
贷：应付职工薪酬		20 000
其他应付款—代管基金		5 000

（2）支付承包费并存入代管基金专户时。

借：其他应付款—代管基金	5 000	
贷：银行存款		5 000

3. 物业大修成本的核算

物业大修成本，指物业服务企业接受业户的委托，对房屋共用部位和共用设施设备进行大修等工程活动所发生的各项必要支出。该类大修业务可以是物业服务企业自行维修，也可以出包或委托专业队伍进行维修。自行维修需要核算维修过程中发生的材料费、人工费等支出；出包或委托专业队伍进行维修，只需要对维修工程价款的结算过程进行核算。企业为履行维修项目合同发生的成本应当作为合同履约成本确认为一项资产，计入“物业工程”。为履行维修项目合同发生的成本应满足以下三个条件：（1）与维修合同直接相关，包括直接人工、直接材料、制造费用（或类似费用）、明确由物业企业承担的成本以及仅因该合同而发生的其他成本；（2）该成本增加了企业未来用于履行履约义务的资源；（3）该成本预期能够收回 。不满足以上三个条件的与维修项目合同相关的支出在发生时直接计入当期损益。无论是自行维修还是出包或委托专业人员进行维修所发生的维修费用均计入“物业工程”，“物业工程”应当采用与其相关的物业大修收入确认相同的基础进行摊销，计入当期损益。摊销时，借记“主营业务成本”科目，贷记“物业工程”科目。

【例6-25】 彩生活物业管理公司20×7年1月接受业户的委托，对华林小区外墙进行维修，公司自行组织施工，相关会计处理如下：

（1）发生维修支付材料费2万元，发生工资费用1万元，

借：物业工程—华林小区外墙	30 000	
贷：原材料		20 000
应付职工薪酬		10 000

（2）在20×7年5月工程完工，经业主委员会签证后确认合格，经协商工程作价46 000元（包含增值税），增值税税率为16%。该工程属于某一时点履行的履约义务，企业应当在客户取得相关商品控制权时点确认收入。

借：其他应付款—代管基金　　46 000

贷：主营业务收入—物业大修收入　39 655.2

应交税费—应交增值税（销项税额）　6 344.8

（3）20×7 年 5 月工程完工，收入确认同时结转工程成本。

借：主营业务成本—物业大修成本　30 000

贷：物业工程—华林小区外墙　30 000

【例 6-26】彩生活物业管理公司 20×7 年 1 月接受业户的委托，对华林小区内的管道进行维修，公司委托外单位承包工程，相关会计处理如下：

（1）月末工程已完工，与承包单位结算的工程款为 3 万元（含增值税），增值税率为 16%。

借：物业工程—华林小区管道　25 862

应交税费—应交增值税（进项税额）　4 138

贷：银行存款　30 000

（2）工程完工，经业主委员会签证认可后，同意从维修基金中支付给物业企业工程款 46 000 元（包含增值税），增值税税率为 16%。

借：其他应付款—代管基金　46 000

贷：主营业务收入—物业大修收入　39 655.2

应交税费—应交增值税（销项税额）　6 344.8

（3）工程完工。

借：主营业务成本—物业大修成本　25 641

贷：物业工程—华林小区管道　25 641

（三）其他业务成本的核算

其他业务成本，指物业服务企业从事主营业务以外的其他业务所发生的各项成本，包括房屋中介代销手续费支出、材料物资销售成本、废品回收成本、商业用房经营成本等。商业用房经营成本是指根据经营活动的内容对房屋和共用设施设备等进行改造，改变了原房屋和共用设施设备的用途和功能并用于经营，如从事美容美发、超市等经营活动发生的支出。

【例 6-27】彩生活物业管理公司利用业主的公用房屋从事美容美发。20×7 年 5 月发生如下经营活动，相应会计处理如下：

（1）应支付给全体业主关于公用房屋的租赁费 1 万元，应支付员工工资 1 500 元。

借：其他业务成本　10 000

贷：应付职工薪酬　10 000

其他应付款—代管基金　1 500

（2）支付承包费并存入代管基金专户时。

借：其他应付款—代管基金　1 500

贷：银行存款　1 500

课后习题

一、思考题

1. 旅游企业的经营业务收入按其为旅游者提供服务形式可分为几种?
2. 餐饮制品的成本由哪些构成?
3. 什么是组团社和接团社?
4. 物业收费方式有几种? 什么是包干制? 什么是酬金制?
5. 什么是代管基金? 代管基金如何核算?
6. 餐饮业的经营模式一般可分为几种?
7. 餐饮服务企业餐饮业务核算有哪些特点?
8. 酒店业的客房业务成本核算有何特点?
9. 酒店业的经营模式一般可分为几种?
10. "营改增"对物业服务企业会计核算有何影响?

二、单项选择题

1. 在旅游企业的下列成本费用中，属于营业费用（销售费用）的是（　　）。

A. 交际应酬费　　B. 广告宣传费
C. 行李托运费　　D. 汇兑净损失

2. 旅游企业为旅游者提供旅游服务过程中发生的各项直接费用称为（　　）。

A. 营业成本　　B. 管理费用
C. 营业费用　　D. 营业外支出

3. 餐饮制品的成本一般只核算其耗用的（　　）。

A. 直接材料　　B. 直接人工
C. 制造费用　　D. 其他直接费用

4. 餐饮企业的厨房或餐厅领用餐饮制品所需的原材料，应借记（　　）。

A. 生产成本　　B. 库存商品
C. 主营业务成本　　D. 销售费用

5. 客房经营业务经营过程中所发生各项耗费计入（　　）。

A. 主营业务成本　　B. 生产成本
C. 管理费用　　D. 销售费用

6. 下列不应计入物业服务成本的是（　　）。

A. 物业管理企业固定资产折旧
B. 物业管理人员工资
C. 办公费用
D. 由建设单位履行保修责任而支出的维修费

7. 厨房人员的工资、厨房用的水电费及房屋设备折旧费，均于发生时计入（　　）。

A. 销售费用　　B. 管理费用

C. 生产成本　　D. 主营业务成本

8. 在加盟特许经营模式，企业向受托管理酒店收取管理费时发生的托管酒店专项成本应计入（　　）。

A. 主营业务成本　　B. 直接人工

C. 销售费用　　D. 其他直接费用

9. 酒店的客房经营业务应当按（　　）的原则来确认收入。

A. 收付实现制　　B. 权责发生制

C. 直线法　　D. 一次性确认

10. 下列关于客房经营业务说法正确的是（　　）。

A. 客房经营业务经营过程中所发生各项耗费应全部计入营业成本

B. 客房经营业务经营过程中所发生各项耗费应计入营业成本

C. 客房经营业务经营过程中所发生各项耗费应分别计入营业成本及销售费用

D. 客房经营业务经营过程中所发生各项耗费应全部计入销售费用

三、多项选择题

1. 会计实务中，下列旅游企业确认主营业务收入方法正确的是（　　）。

A. 组织入境旅游业务的，应以旅游团队离境时确认收入的实现

B. 组织出境旅游，应以旅游团队境外旅游结束返回本地时确认收入

C. 组织国内旅游，接团社应以旅游团体离开本地时确认收入的实现

D. 组织国内旅游的，组团社应以旅游团队旅游结束返回时确认收入的实现。

2. 餐饮制品成本的核算方法有（　　）。

A. 永续盘存制　　B. 实地盘存制

C. 分批法　　D. 品种法

3. 下列说法正确的是（　　）。

A. 物业服务企业从事物业服务所发生的各项支出计入营业成本，包括直接材料费、直接人工费、其他直接费用和间接费用

B. 旅游经营业务过程中应区分直接费用和间接费用，分别计入营业成本和营业费用（销售费用）

C. 酒店客房业务经营过程中不需要区分直接费用和间接费用，全部计入营业费用（销售费用）

D. 餐饮制品发生直接材料费，一般直接计入“生产成本”账户

4. 企业有偿使用产权属全体业主共用的商业用房和共用设施设备，应负担的有关费用，如租赁费、承包费、有偿使用费等，应按受益对象，借记（　　）科目。

A. 主营业务成本　　B. 管理费用

C. 其他业务成本　　D. 代管基金

5. 下列收益项目应当转入住宅专项维修资金滚存使用（　　）。

A. 住宅专项维修资金的存储利息

B. 利用住宅专项维修资金购买国债的增值收益

C. 利用住宅共用部位、共用设施设备进行经营的，业主所得收益

D. 住宅共用设施设备报废后回收的残值

6. 下列费用应计入酒店服务业销售费用的有（　　）。

A. 酒店的宾客用品　　B. 客房经营人员工资

C. 酒店的办公费用　　D. 酒店客房的折旧

7. 餐饮服务业的经营模式一般有（　　）。

A. 直营经营　　B. 加盟特许经营

C. 混合经营　　D. 单一经营

8. 下列说法正确的是（　　）。

A. 餐饮制品的成本项目包括直接材料、直接人工及制造费用

B. 餐饮制品的成本项目仅包括直接材料费

C. 餐饮制品一般应先验收入库并结转完工产品成本

D. 餐饮制品领用的食品材料费，一般直接计入营业成本

9. 采取加盟特许经营模式经营的酒店，其收入主要来源可能为（　　）。

A. 客房收入　　B. 餐饮收入

C. 收取的管理费　　D. 收取的特许经营费

10. 采取直营模式经营的酒店，其收入主要来源可能为（　　）。

A. 客房收入　　B. 餐饮收入

C. 收取的管理费　　D. 收取的特许经营费

四、判断题

1. 预收旅游费后发生游客退票业务，则收取的退票手续费应作为营业收入处理。（　　）

2. 餐饮业的生产成本一般只算总成本，不算单位成本。（　　）

3. 餐饮业的厨师的工资费用应计入生产成本。（　　）

4. 旅游企业经营部门为旅游者提供旅游服务过程中发生的各项间接费用，计入营业成本。（　　）

5. 物业企业收到业主交来的公共维修基金，应计入营业收入。（　　）

6. 酒店的客房服务通常只核算营业收入及销售费用，不核算客房营业成本。（　　）

7. 生活服务业的会计核算具有多行业会计核算的特点，为了更好地考核生活服务业的经营成果，一般应分行业分产品分别核算各项经营业务的收入、成本和费用。（　　）

8. 餐饮制品的成本构成项目仅包括食品的原料成本。（　　）

9. 加盟特许经营模式，可分为“直营经营”和“受托管理”两种形式。（　　）

10. 酒店的直营模式，是指通过自有物业或租赁物业的形式，使用公司旗下特定品牌独立经营酒店。（　　）

五、业务核算题

1. 上海春秋旅行社有限公司宁波分公司组团 A7359 出游厦门。通过联系，由厦门康辉接团社负责接团服务。行程时间为 2×16 年 8 月 21 日至 27 日，8 月 20 日收取旅行团的旅游费 8 万元。8 月 21 日，以现金支付赴厦门旅游的机票及相关外联费 16 000 元，支付的增值税 1 600 元。8 月 28 日，旅行团返回旅游结束，假设有 2 人已经预付了旅游款

8 000元，按旅游合同扣除 10% 的手续费 800 元后，以现金退还剩余的预交旅游款，按 6% 计算增值税。月末收到厦门康辉接团社报来的“旅行团费用拨款结算通知单”，金额为 45 400 元。9 月 21 日支付结算款项 45 400 元。

要求：根据经济业务，为上海春秋旅行社（组团社）编制相关会计分录。

2. 保利物业发展有限公司 20×7 年 1 月收到滨海小区第一季度的维修基金共 18 000 元，已存入维修基金存款专户。当月接受业主的委托，对滨海小区管道进行维修，双方约定维修价款为 5 万元。保利物业委托外单位承包工程，月末工程已完工，与承包单位结算的工程款为 4 万元（含增值税），增值税率为 17%。工程完工，经业主委员会同意，支付保利物业管道维修价款为 50 000 元（含增值税），从维修基金中支付，增值税率为 16%。

要求：编制上述业务的会计分录。

3. 中航物业管理有限公司 20×7 年 2 月对华林小区的排水系统进行大修，共领用原材料 14 000 元，物料用品 4 800 元，应分配维修人员薪酬 4 100 元，2 月底工程完工后经物业产权人确认，工程造价为 37 000 元（含增值税），增值税率为 16%。

要求：编制上述业务的会计分录。

4. 20×7 年 10 月 5 日，金陵饭店接受 A 公司预定 10 月 8 日的宴席 10 桌，每桌 1 500 元，预收订金 5 000 元，增值税率 6%。10 月 8 日宴席结束，外加酒水 1 000 元，扣除定金后，收到银行存款 11 000 元。。

要求：编制上述业务的会计分录。

5. 华天酒店采用先收款后入住的结算方式。当日收到总服务台送来的“营业收入日报表”及当日收到的现金，本日预收房费 1 000 元，本日营业收款 4 000 元，增值税率 6%，本日向离店的客人结清账款，退还预收的房费 150 元。作会计分录如下：

要求：编制上述业务的会计分录。

第七章
商品流通行业特殊业务会计

引导案例

苏宁云商：转型效果初现[①]

2016年4月30日，苏宁云商（002024）公布2016年第1季度报告，报告显示2016年第1季度苏宁云商实现营业收入318.43亿元，同比增长8.13%。苏宁云商线上表现优异，交易总额为141亿元，同比增长99.62%，费用压力放缓，经营性利润同比大幅增长23%，转型效果初现。2016年8月，全国工商联发布“2016中国民营企业500强”榜单，持股苏宁云商4.2%比例的苏宁控股以3 502.88亿元的年营业收入名列第二。

传统零售业行业正经历着史上绝无仅有的艰难时期。在互联网+背景下，很多传统实体零售企业开始寻求转型。

回顾苏宁云商转型之路发现，实体商业转型实际上是意识和观念的转型。1990年12月，苏宁第一家空调专营店创办于江苏省南京市。2004年7月，苏宁电器（002024）在深圳证券交易所上市。凭借优良的业绩，苏宁电器得到了投资市场的高度认可，曾是全球家电连锁零售业市场价值最高的企业之一。2011年，苏宁开始推进“科技转型、智慧服务”的发展战略，探索云服务模式，摸索出线上线下多渠道融合、全品类经营、开放平台服务的业务形态。2012年苏宁推出全新的主力型门店——Expo超级店，去掉“电器”两字，标志着苏宁线下实体门店超电器化经营步伐的加速。2013年2月，苏宁创新性提出“电商+店商+零售服务商”的云商模式，同时宣布将苏宁电器更名为“苏宁云商”；6月，全国所有苏宁门店与苏宁易购实现同品同价；9月，在年会上，苏宁董事长首次对外阐述苏宁“一体两翼互联网路线图”，明确指出中国零售业未来发展的方向是互联网零售，重点是O2O和开放平台；2013年第4季度，苏宁还在北上广深等一线城市推出第一批1.0版本互联网门店，至此线上线下融合进入全面实操阶段。

---

① 《苏宁云商：业绩同比大幅减亏，线上交易额翻倍增长》［Z］. 凤凰网财经频道 http：//xw. qq. com/finance/2X160504051896/FIN2X16050405189600http：//xw. qq. com/finance/2X160504051896/FIN2X16050405189600

据苏宁连锁平台经营总部执行总裁介绍，在全新的连锁平台下，苏宁门店将全面提升经营能力，把更多的精力集中在消费者的服务上，从单独的商品售卖上转变为消费者提供全方位服务上。换言之，苏宁门店的综合服务能力将被放大。

一般而言，连锁经营在商品采购和商品配送环节都是大批量，具有批发企业的经营特征，而门店销售和电商销售多属于零售，连锁经营的商品流通业务实现了批发、零售一体化。那么在商品流通企业里，批发、零售和连锁不同的经营类型之间的会计核算又有何异同呢？

【学习目标】 了解批发、零售、连锁经营企业的业务经营特点；熟悉数量进价金额核算法、数量售价金额核算法、进价金额核算法、售价金额核算法的区别与联系；掌握批发企业商品流转核算方法；掌握零售企业商品流转核算方法；掌握连锁经营中不同管理形式的核算方法。

【关键概念】 数量进价金额核算法、数量售价金额核算法、分期收款销售、委托代销商品、毛利率法、进价金额核算法、售价金额核算法、商品进销差价

商品流通企业通过低价格购进商品、再高价格出售的方式，弥补企业的各项成本和费用并获取利润。商品流通企业根据经营类型分为批发企业和零售企业，会计核算也因其经营类型的不同而有所区别。

第一节 批发企业特殊业务会计

一、批发企业特殊业务概述

批发企业，是指从生产企业或者其他企业购进商品，供应给零售企业或其他批发企业用以转售，或者供应给其他企业用以加工的商品流通企业，它处于商品流转的起点或者中间环节。

（一）批发企业经营特点

批发企业的经营特点有：（1）经营规模和交易量较大，营业场所与商品存放地点往往分开安置；（2）需要储备一定数量的商品，随时掌握各种商品进、销、存的数量和结存金额；（3）商品购销对象主要是企业单位，购销对象不受地域限制；（4）交易双方签订商品购销合同或协议，并严格执行合同或协议规定。

（二）批发企业业务核算方法

1. 数量进价金额核算法

数量进价金额核算法的主要特点是：（1）库存商品的总账和明细账都按商品的采购价格记账；（2）库存商品明细账按商品品类，分别核算各种商品收进、付出及结存的数

量和金额。

数量进价金额核算法的优点在于能全面反映各种商品进、销、存的数量和金额，可根据已销商品的数量按进价结转主营业务成本。但由于每笔进、销货业务都要填制凭证，核算工作量大。数量进价金额核算法一般适用于规模较大、经营金额较大、批量较大的大中型批发企业。电脑普及大大降低了企业实施数量进价金额核算法的难度。本节阐述数量进价金额核算法对批发企业特殊业务核算。

2. 数量售价金额核算法

数量售价金额核算法的特点是：(1) 库存商品的总账和明细账都按商品的销售价格记账，并同时核算商品实物数量和售价金额；(2) 设置“商品进销差价”科目调整库存商品进价与售价间的差额，以计算商品销售成本。

采用数量售价金额核算法，由于对每种商品按数量和售价金额实行双重控制，有利于加强对库存商品、销售收入的管理和控制。但每逢商品售价变动，须盘存库存商品并调整商品金额和差价。数量售价金额核算法一般适用于小型批发企业。

二、批发企业商品购进核算

(一) 商品购进一般业务的核算

批发企业商品购进，按付款方式不同可分为现购和赊购，按采购渠道不同可分为同城商品购进和异地商品购进。同城商品购进，商品交接方式既可以采用送货制也可以采用提货制；异地商品购进，一般采用送货制。提货制，是指由购货单位到供货单位所指定的仓库或其他地点提取商品的一种商品交接方式。提货制通常先结算货款，后提取商品。提取商品后发生的运杂费和商品损耗损失，都由购货单位承担。送货制，是指供货单位把商品发送到购货单位的实物交付方法，由购货单位在指定地点（码头或车站）提取货物，或送货上门、代办邮寄。同城商品购进不论是采用送货制还是提货制，结算单证与购进商品很可能同时达到，付款结算与商品验收入库很可能同时完成；异地商品购进一般采用送货制，其结算单证与购进商品达到购买单位时间不一定能完全一致。

1. 结算单证与购进商品同时达到

结算单证与购进商品同时达到，验货入库和货款结算同时完成的概率很高。商品验收入库后，按发票账单等结算凭证确定的采购成本借记“库存商品”科目，按增值税专用发票上的进项税额借记“应交税费—应交增值税（进项税额）”科目，按实际支付的货款或开出、承兑商业汇票面值，贷记“银行存款”“应付票据”“库存现金”等科目。

2. 结算单证先到，购进商品后入库

异地商品购销一般采用委托收款、托收承付、银行汇票等方式结算。异地商品购进，货款结算和运输方面就很可能无法同时完成，需要通过“在途物资”科目核算，待商品验收入库再通过“库存商品”科目核算。

3. 商品先入库，结算单证后到

批发企业在验收商品时，未收到结算凭证，可暂不编制分录。但月终为了真实反映企业实际拥有的资产和负债，对尚未付款的入库商品按暂估价入账，下月初用红字冲销，待接到结算凭证时再按实际采购成本登记入账。

【例7－1】 乐宝公司是一家批发企业，为增值税一般纳税人，其开户银行收到黑天鹅公司转来的托收凭证，洗衣机货款为5万元，进项税额为8 000元，货款已付，另支付运杂费700元（其中运输费为550元，含10%增值税）。经相关部门审核无误，同意付款，则作会计分录如下：

（1）支付货款。

增值税进项税额＝8 000＋550÷1.10×10%＝8 050（元）

借：在途物资—洗衣机　50 650

　　应交税费—应交增值税（进项税额）　8 050

　　贷：银行存款　58 700

（2）洗衣机到货，验收入库。

借：库存商品—洗衣机　50 650

　　贷：在途物资—洗衣机　50 650

【例7－2】 乐宝公司20×7年10月28日，购入一批洗发水，商品已经运达企业并已验收入库，但发票账单等结算凭证尚未到达。月末时，该批商品的结算凭证仍未到达，估价7万元入账。11月3日，结算凭证达到，增值税专用发票上注明的原材料价款为72 000元，增值税进项税额为11 520元。货款通过银行存款支付

（1）20×7年10月28日，商品验收入库，暂不作会计处理。

（2）20×7年10月31日，暂估入账。

借：库存商品—洗发水　70 000

　　贷：应付账款—暂估应付账款　70 000

（3）20×7年11月1日，下月初用红字冲销。

借：库存商品—洗发水　70 000

　　贷：应付账款—暂估应付账款　70 000

（4）20×7年11月3日，收到商品及增值税专用发票。

借：库存商品—洗发水　72 000

　　应交税费—应交增值税（进项税额）　11 520

　　贷：银行存款　83 520

（二）进货费用的核算

商品流通企业的进货费用，指在采购商品过程中发生的运输费、装卸费、保险费以及其他可归属于存货采购成本的费用，包括运输途中的合理损耗和入库前的挑选整理费。存货准则的应用指南指出，商品流通企业的进货费用，应当计入存货采购成本，也可以先进行归集，期末根据所购商品的存销情况进行分摊。商品流通企业设置“待摊进货费用”科目归集进货费用。期末，对于已售商品的进货费用，计入当期损益；对于未售商品的进货费用，计入期末存货成本。进货费用金额较少的，可以直接计入当期损益。

【例7－3】 乐宝公司20×7年1月5日采购一批甲商品1万千克，进货单价20元（不含增值税），增值税32 000元，发生运费11 000元（含10%增值税），款项以银行存款支付，商品同时验收入库。1月共出售该商品8 000千克，月末结存2 000千克。

（1）采购费直接计入采购成本

增值税进项税额 = 32 000 + 11 000 ÷ 1.10 × 10% = 33 000（元）

不含税运费 = 11 000 − 11 000 ÷ 1.10 × 10% = 10 000（元）

借：库存商品—甲商品　　210 000
　　应交税费—应交增值税（进项税额）　　33 000
　　贷：银行存款　　243 000

单位商品成本 = 210 000 ÷ 10 000 = 21（元/千克）

月末库存商品成本 = 2 000 × 21 = 42 000（元）

(2) 采购费期末分配。

承上例，则作如下分录：

借：库存商品—甲商品　　200 000
　　待摊进货费用　　10 000
　　应交税费—应交增值税（进项税额）　　33 000
　　贷：银行存款　　243 000

月末，按存销比例分摊采购费，

本月已销商品分摊的进货费用 = 10 000 × 8 000 ÷ 10 000 = 8 000（元）

月末结存商品分摊的进货费用 = 10 000 × 2 000 ÷ 10 000 = 2 000（元）

借：主营业务成本　　8 000
　　库存商品—甲商品　　2 000
　　贷：待摊进货费用　　10 000

(3) 如果该公司判断认为进货费用金额较小，则直接计入当期损益

依然承上例，作如下分录：

借：库存商品—甲商品　　200 000
销售费用　　10 000
应交税费—应交增值税（进项税额）　　33 000
　　贷：银行存款　　243 000

月末库存商品的成本 = 2 000 × 20 = 40 000（元）

（三）进货退出的核算

进货退出，是指购进商品并验收入库后，因质量、品种、规格等与合同不符，将商品退回。发生进货退出时，由购货单位向其主管税务机关申请“开具红字增值税专用发通知单”交供货单位，供货单位据以开出红字增值税专用发票。购货企业收到红字增税专用发票后业务部门填红字“收货单”，通知储运部门发运商品，财会部门根据红字增值税专用发票和储运部门转来的红字“收货单”，进行进货退出的会计核算。

【例 7－4】 乐宝公司自非凡红酒公司购入巴斯特花园干红 200 支，到货入库时，发现型号不符，与供货方联系，对方同意退货并收到对方开具的红字增值税专用发票，应退货款 20 400 元，应退增值税 3 264 元。

借：库存商品—巴斯特干红　　[20 400]
　　应交税费—应交增值税（进项税额）　　[3 264]

贷：应付账款—非凡红酒公司　23 664

（四）进货退补价的核算

批发企业在购进商品验收入库后，可能由于供货单位的错误，或者发货时按暂定价格结算，发生退价或补价。进货退补价只涉及价格，不涉及数量。进货退价，是指原结算货款的进价高于实际进价，应由供应单位将高于实际进价的差额退还给购货单位。进货补价，是指原结算货款的进价低于实际进价，应由购货单位将低于实际进价的差额补给供应单位。

【例7－5】乐宝公司自梅尔电视厂购进42寸宽屏彩电200台，单价3 000元/台，货款已支付，商品已入库。现收到梅尔电视厂的更正发票，电视机单价应为2 800元/台，多计了货款40 000元，增值税额6 400元，上述款项尚未支付。

借：库存商品—梅尔42寸宽屏彩电　40 000

应交税费—应交增值税（进项税额）　6 400

贷：应付账款—梅尔电视机厂　46 400

【例7－6】乐宝公司自梅尔电视厂购进52寸宽屏彩电300台，单价5 000元/台，货款已支付，商品已入库。现收到梅尔电视厂的更正发票，电视机单价应为5 400元/台，应补货款12万元，增值税额19 200元，上述款项尚未支付。

借：库存商品—梅尔52寸宽屏彩电　120 000

应交税费—应交增值税（进项税额）　19 200

贷：应付账款—梅尔电视机厂　139 200

（五）购进商品溢余或短缺的核算

批发企业购进的商品，如果发生溢余或短缺的情况，除根据实收数量入账外，在未查明原因以前，先在“待处理财产损溢—待处理流动资产损溢”科目处理溢余或短缺的商品。

待查明原因，区别情况进行处理“待处理财产损溢”：（1）属于运输途中自然溢余或合理损耗，应计入有关商品的采购成本；（2）属于供货单位或运输单位责任造成的短缺，应由责任人补足存货或赔偿货款，不计入采购成本；（3）属于自然灾害或意外事故等非常原因造成的存货损毁，报经批准后，将扣除保险公司和过失人赔款后的净损失计入营业外支出。

三、批发企业商品销售的核算

（一）商品销售一般业务的核算

批发企业同城商品销售采用提货制或验货制均可，提货制先结算货款，送货制既可以先收货款也可验货付款。异地销售商品一般采用发货制，货款结算一般采用托收承付或委托收款等方式。根据新修订的收入准则，企业应当在客户取得相关商品控制权时确认收入。企业先收到货款而未发货不能确认销售收入，应确认为预收账款。客户验收前发出的商品按发出商品的实际成本借记“发出商品”科目，贷记“库存商品”科目。待购货方验收后确认销售收入。月末汇总一次性结转成本，借记“主营业务成本”科目，贷记

“发出商品—××商品”科目。

【例7-7】 乐宝公司采用验货付款送货制方式销售给某商场洗涤剂一批，总价款是7万元，应收取的增值税为11 200元，该批洗涤剂的进价为58 000元。其会计分录如下：

(1) 发出商品：

借：发出商品—某商场（洗涤剂） 58 000
　　贷：库存商品—洗涤剂 58 000

(2) 收到商场的验货凭证及货款：

借：银行存款 81 200
　　贷：主营业务收入 70 000
　　应交税费—应交增值税（销项税额） 11 200

(3) 同时结转该批销售商品的成本：

借：主营业务成本 58 000
　　贷：发出商品—某商场（洗涤剂） 58 000

（二）分期收款销售的核算

分期收款销售商品，货款按合同约定日期分期收回，风险与报酬在交付商品时已经转移，会计上企业不应按合同约定的收款日期分期确认收入，而应在发出商品时根据现行售价或应收款项的公允价值一次确认销售收入。

1. 公允的正常售价

如果分期收款销售的收款周期不超过1年，一般按照正常的销售价格确定合同或协议价款，即售价是公允的，按已收和应收的合同价款确认销售收入。

【例7-8】 20×7年4月1日，乐宝公司采用分期收款方式向A超市销售一批进口澳洲牛肉，该批澳洲牛肉的进价为30万元。根据合同约定，该批澳洲牛肉按正常销售价格36万元进行结算，增值税销项税额为57 600元。A超市收到商品时首次交付20%的货款，按照合同约定的收款日期确认增值税，其余货款于每个季度季末等额支付，分2次付清。

(1) 20×7年4月1日，首付20%货款。

已收合同价款 = 360 000 × 20% = 72 000（元）

未收合同价款 = 360 000 × 80% = 288 000（元）

按合同约定的收款日期开具增值税专用发票，增值税销项税额为：

增值税销项税额 = 72 000 × 16% = 57 600 × 20% = 11 520（元）

借：银行存款 83 520
　　应收账款—A超市 288 000
　　贷：主营业务收入 360 000
　　应交税费—应交增值税（销项税额） 11 520
借：主营业务成本 300 000
　　贷：库存商品—澳洲牛肉 300 000

(2) 20×7年6月30日，支付40%货款。

第二期收款 = 360 000 × 40% = 144 000（元）

第二期增值税销项税额 = 144 000 × 16% = 57 600 × 40% = 23 040（元）

借：银行存款　　167 040

　　贷：应收账款—A 超市　　144 000

　　应交税费—应交增值税（销项税额）　　23 040

（3）20×7 年 9 月 30 日，支付 40% 货款。

第三期收款 = 360 000 × 40% = 144 000（元）

第三期增值税销项税额 = 144 000 × 16% = 57 600 × 40% = 23 040（元）

借：银行存款　　167 040

　　贷：应收账款—A 超市　　144 000

　　应交税费—应交增值税（销项税额）　　23 040

2. 具有融资性质的延期收款

如果分期收款销售的收款周期超过 1 年，已收和应收的合同或协议价款一般超过正常的销售价款，延期收取的价款具有融资性质，相当于供货方向购货方提供免息贷款。在符合收入确认条件时，企业应该按照应收的合同或者协议价款的公允价值确认收入金额，并将应收的合同或协议价款与其公允价值之间的差额确认为“未实现融资收益”。应收的合同或者协议价款的公允价值确认收入金额通常按照商品的现销价格计算确定。应收价款和公允价值之间的差额，应在合同或协议期内，按应收价款的摊余成本和实际利率计算摊销金额，冲减财务费用。

【例 7-9】 乐宝公司与 20×5 年 1 月 1 日向永通公司销售货架 100 套，协议采用分期收款的方式进行交易，销售合同约定：从销售当年年末分 5 年分期收款，每年收 20 万元（不含税）。该批货架的成本为 70 万元。假设现销方式下，该批货架的销售价格为 80 万元（不含税），实际利率为 7.9%。

（1）20×5 年 1 月 1 日，确认销售收入。

20×5 年 1 月 1 日，未收取任何货款，没有开具增值税专用发票。

借：长期应收款—永通公司　　1 000 000

　　贷：主营业务收入　　800 000

　　未实现融资收益　　200 000

同时，结转商品销售成本：

借：主营业务成本　　700 000

　　贷：库存商品　　700 000

（2）20×5 年 12 月 31 日，收取货款及增值税。

借：银行存款　　232 000

　　贷：长期应收款—永通公司　　200 000

　　应交税费—应交增值税（销项税额）　　32 000

同时，根据实际利率 7.9% 编制融资收益分配表如表 7-1 所示，20X5 年 12 月 31 日应冲减财务费用 = 800 000 × 7.9% = 63 200（元）：

借：未实现融资收益　　63 200

　　贷：财务费用　　63 200

(3) 20×6 年 12 月 31 日，收取货款及增值税。

表 7-1　　融资收益分配表（实际利率法）

日期	分期收款额 a	各期融资收益 b＝期初 d×7.9%	本金减少额 c＝a－b	应收本金 期末 d＝期初 d－c
20×5.1.1				800 000
20×5.12.31	200 000	63 200	136 800	663 200
20×6.12.31	200 000	52 393	147 607	515 593
20×7.12.31	200 000	40 732	159 268	356 325
20×8.12.31	200 000	28 150	171 850	184 474
20×9.12.31	200 000	15 526	184 474	-
合计	1 000 000	200 000	800 000	0

借：银行存款　232 000
　　贷：长期应收款—永通公司　200 000
　　　　应交税费—应交增值税（销项税额）　32 000

同时，冲减财务费用：

借：未实现融资收益　52 393
　　贷：财务费用　52 393

其余年度的财务处理同上。

（三）代销商品的核算

代销商品是批发企业销售商品的一种方式。对委托方而言，称为委托代销商品；对受托方而言，称为受托代销商品。委托代销分为视同买断和支付手续费两种方式。

1. 视同买断方式

视同买断方式还区分为包销式视同买断与非包销式视同买断两种情形。包销式视同买断，受托方有定价权，商品是否出售、是否盈利都与委托方无关。委托方与受托方之间的代销商品交易，与委托方直接销售商品给受托方没有实质区别，委托方应于发出商品时确认收入，受托方应将取得的代销商品作为购进商品处理。

非包销式视同买断，如果受托方商品没有售出，可以退货给委托方，委托方则在收到代销清单时才确认收入。发出的商品，委托方通过“发出商品”科目核算，也可以单独设置“委托代销商品”科目核算；受托方收到代销商品时不作为商品购进处理，而是借记“受托代销商品”科目，贷记“受托代销商品款”科目。非包销式视同买断的受托方也有定价权，受托方按实际售价确认收入。

【例 7-10】 乐宝公司 20×7 年 11 月 1 日委托 B 公司销售一批产品，商品已经发出，每件成本 120 元，共 500 件。双方订立合同约定协议价 160 元，适用 16% 的增税税率。12 月 1 日乐宝公司收到 B 公司的代销商品清单，已销商品协议金额为 8 万元，增值税税额 12 800 元。乐宝公司根据代销清单向 B 公司开具增值税专用发票，并于 12 月 20 日收到货款。B 公司实际的对外销售单价为 200 元，销售收入 10 万元。

(1) 委托方乐宝公司的会计分录为。

①20×7年11月1日，交付商品：

借：委托代销商品	60 000	
贷：库存商品		60 000

②20×7年12月1日，B公司实际销售商品，收到其代销清单。

借：应收账款—B公司	92 800	
贷：主营业务收入		80 000
应交税费—应交增值税（销项税额）		12 800

同时，结转销售成本：

借：主营业务成本	60 000	
贷：委托代销商品		60 000

③20×7年12月20日，结算货款。

借：银行存款	92 800	
贷：应收账款—B公司		92 800

（2）受托方B公司的会计分录为。

①20×7年11月1日，收到商品：

借：受托代销商品	80 000	
贷：受托代销商品款		80 000

②20×7年12月1日，实际销售商品，确认收入：

借：银行存款	116 000	
贷：主营业务收入		100 000
应交税费—应交增值税（销项税额）		16 000
借：主营业务成本	80 000	
贷：受托代销商品		80 000
借：受托代销商品款	80 000	
应交税费—应交增值税（进项税额）		12 800
贷：应付账款—乐宝公司		92 800

③20×7年12月20日，结算货款：

借：应付账款—乐宝公司	92 800	
贷：银行存款		92 800

2. 支付手续费方式

支付手续费方式下，受托方没有定价权，委托方根据代销商品的数量向受托方支付手续费。委托方在发出商品时通常不确认销售商品收入，而应在收到受托方开出的代销清单时确认销售商品收入，支付的代销手续费作为“销售费用”核算；受托方应将代销商品收入确认为“应付账款”，按合同或协议约定收取代销手续费，确认劳务收入。委托方发出的代销商品转入“发出商品”或“委托代销商品”科目核算；受托方对于收到的代销商品不作为购入商品，而是借记“受托代销商品”科目，贷记“受托代销商品款”科目。

【例7-11】乐宝公司与B公司签订委托代销协议，约定B公司应按不含税售价3 000元/台对外销售电视机，乐宝公司按不含增值税售价的10%支付B公司手续费。20×7年

11月10日交付该批电视机共50台。20×7年12月15日，B公司销售电视机30台，开出的增值税专用发票上注明的价款是90 000元，增值税14 400元，款项已经收到。A公司收到B公司开来的代销清单，向B公司开具了一张同样金额的增值税专用发票。假定电视机成本为2 500元/台，公司发出商品时纳税业务未发生，暂不考虑其他因素。

（1）委托方乐宝公司的会计分录为：

①20×7年11月10日，交付商品：

借：委托代销商品—电视机　　125 000
　　贷：库存商品—电视机　　125 000

②20×7年12月15日，收到B公司开具的代销清单：

借：应收账款—B公司　　104 400
　　贷：主营业务收入　　90 000
　　　　应交税费—应交增值税（销项税额）　　14 400

同时，结转销售成本：

借：主营业务成本　　75 000
　　贷：委托代销商品—电视机　　75 000

③结算手续费：

借：销售费用　　9 000
　　贷：应收账款—B公司　　9 000

④收到B公司支付货款时：

借：银行存款　　95 400
　　贷：应收账款—B公司　　95 400

（2）受托方B公司的会计分录为。

①20×7年11月10日，收到商品：

借：受托代销商品　　150 000
　　贷：受托代销商品款　　150 000

②20×7年12月15日，实际售价确认为“应付账款”：

借：银行存款　　104 400
　　贷：应付账款—乐宝公司　　90 000
　　　　应交税费—应交增值税（销项税额）　　14 400

收到增值税专用发票：

借：应交税费—应交增值税（进项税额）　　14 400
　　贷：应付账款—乐宝公司　　14 400

转销“受托代销商品”以及“受托代销商品款”：

借：受托代销商品款　　90 000
　　贷：受托代销商品　　90 000

③结算货款并计算代销手续费：

借：应付账款—乐宝公司　　104 400
　　贷：银行存款　　95 400

其他业务收入　　9 000

（四）直运商品销售的核算

直运商品销售，指批发企业从供货单位购进商品后，并不经过本单位的仓库存储，直接发运给购货单位的一种商品销售方式。直运商品销售涉及供货单位、购货单位和批发企业三方，而且三方通常不在同一地点，所以批发企业一般由采购员驻厂办理相关采购和发货业务。采用直运销售核算，省却了批发企业的仓储环节，因此不通过“库存商品”而直接通过“在途物资”科目核算；销售与采购一起进行，确认销售收入的同时结转销货成本。

【例7－12】20×7年2月，乐宝公司获得北京某百货公司采购厨具一批的订单，合同售价45 000元，增值税7 200元。20×7年2月3日，乐宝公司由驻点业务员向山东某厨具公司购进该批厨具，货款40 000元，增值税6 400元。20×7年2月9日乐宝公司收到银行寄来的山东某厨具公司的托收凭证，2月15日该批厨具采用直运的销售方式直接运给北京某百货公司，2月17日收到采购员寄回的销货托收凭证及发货单。

（1）20×7年2月9日，收到山东某厨具公司的托收凭证，支付货款。

借：在途物资—山东某厨具公司　　40 000
　　应交税费—应交增值税（进项税额）　　6 400
　　贷：银行存款　　46 400

（2）20×7年2月17日，收到采购员寄回的销货托收凭证及发货单。

借：应收账款—北京某百货公司　　52 200
　　贷：主营业务收入　　45 000
　　应交税费—应交增值税（销项税额）　　7 200

同时，结转商品的销售成本：

借：主营业务成本—厨具　　40 000
　　贷：在途物资—山东某厨具公司　　40 000

（3）待收到银行转来的收账通知。

借：银行存款　　52 200
　　贷：应收账款—北京某百货公司　　52 200

（五）销售折让和销售退回的核算

1. 销售折让的核算

销售折让，是指因企业出售的商品在质量、规格问题或者与合同不符而被要求在商品的价格上给予一定的减让。销售折让若发生在企业确认收入之前，销货方应直接从原定售价中扣除销售折让额，以扣除后的净额确认销售收入；销售折让若发生在企业确认收入之后，不属于资产负债表日后事项的，应当冲减当期“主营业务收入”；销售折让若发生在企业确认收入之后，属于资产负债表日后事项的，按“以前年度损益调整”处理。如按规定允许扣减增值税税额的，应当红字冲销已经确认的增值税销项税额。

【例7－13】20×7年12月15日，乐宝公司发出销售给青岛C公司的一批煤气灶，货款7万元，增值税税额11 200元，该批煤气灶成本为58 000元。12月25日，C公司验货后发现存在规格不符的问题，要求给予30%的销售折让。经协商，乐宝公司同意折让。

(1) 假定销售合同约定验货付款。验货付款条件下，乐宝公司发出商品时尚不能满足收入确认的条件，待C公司验货后才能确认收入。因此C公司要求销售折让发生在确认销售收入之前。

①20×7年12月15日，乐宝公司发出商品：

借：发出商品　　58 000

　　贷：库存商品　　58 000

②20×7年12月25日，C公司验货要求销售折让：

折让后售价=70 000×（1－30%）=49 000（元）

增值税销项税额=11 200×（1－30%）=7 840（元）

借：应收账款—C公司　　56 840

　　贷：主营业务收入　　49 000

应交税费—应交增值税（销项税额）　　7 840

(2) 假定销售合同约定交款提货，销售折让非资产负债表日后事项。

①20×7年12月15日，乐宝公司收到货款，向C公司开具发票、提货单：

借：银行存款　　81 200

　　贷：主营业务收入　　70 000

　　　　应交税费—应交增值税（销项税额）　　11 200

同时，结转销货成本

借：主营业务成本　　58 000

　　贷：库存商品　　58 000

②20×7年12月25日，C公司验货要求销售折让：

乐宝公司取得由青岛主管税务机关出具的“开具红字增值税专用发票”通知单，开出了红字增值税专用发票交给青岛C公司，退回多收C公司货款。

借：主营业务收入　　21 000

　　贷：银行存款　　24 360

　　应交税费—应交增值税（销项税额）　　[3 360]

(3) 假定20×8年1月5日C公司要求销售折让，属资产负债表日后事项

借：以前年度损益调整　　21 000

　　应交税费—应交增值税（销项税额）　　3 360

　　贷：银行存款　　24 360

借：应交税费—应交所得税　　［21 000×25%=］5 250

　　贷：以前年度损益调整　　5 250

借：利润分配—未分配利润　　15 750

　　贷：以前年度损益调整　　15 750

2. 销售退回的核算

销售退回，指因企业出售的商品在质量、规格问题或者与合同不符而发生的购货方退货。销售退回若发生在企业确认收入之前，则将已经记入“发出商品”科目的商品成本转回“库存商品”科目；销售退回若发生在企业确认收入之后，不属于资产负债表日后

事项的，应当冲减发生销售退回当期“主营业务收入”，按规定允许扣减增值税税额的，应当冲减已经确认的增值税销项税额，同时冲减退回商品已经结转的销售成本；销售退回若发生在企业确认收入之后，属于资产负债表日后事项的，按“以前年度损益调整”处理。

【例 7－14】沿用【例 7－13】，若青岛 C 公司要求退货。20×7 年 12 月 25 日，乐宝公司收到银行转来的对方拒付理由书，经协商，系商品规格与合同不符，并同意退货。乐宝公司作如下分录：

（1）假定销售合同约定验货付款。

①20×7 年 12 月 15 日，乐宝公司发出商品：

借：发出商品	58 000	
贷：库存商品		58 000

②20×7 年 12 月 25 日，同意 C 公司退货：

借：库存商品	58 000	
贷：发出商品		58 000

（2）假定销售合同约定交款提货，销售退回非资产负债表日后事项。

①20×7 年 12 月 15 日，乐宝公司收到货款，向 C 公司开具发票、提货单：

借：银行存款—应收账款（C 公司）	81 200	
贷：主营业务收入		70 000
应交税费—应交增值税（销项税额）		11 200

同时，结转销货成本

借：主营业务成本	58 000	
贷：库存商品		58 000

②20×7 年 12 月 25 日，同意 C 公司退货，货款还未退：

借：主营业务收入	70 000	
应交税费—应交增值税（销项税额）	11 200	
贷：应收账款—C 公司		81 200
借：库存商品	58 000	
贷：主营业务成本		58 000

（3）假定 C 公司在 20×8 年 1 月 5 日要求退货，属于资产负债表日后事项。

借：以前年度损益调整	70 000	
应交税费—应交增值税（销项税额）	11 200	
贷：应收账款—C 公司		81 200
借：库存商品	58 000	
贷：以前年度损益调整		58 000
借：应交税费—应交所得税	［12 000×25%＝］3 000	
贷：以前年度损益调整		3 000
借：利润分配—未分配利润	9 000	
贷：以前年度损益调整		9 000

四、批发企业商品储存的核算

（一）商品销售成本的核算和结转

1. 商品销售成本的核算

在数量进价金额核算法下，批发企业可采用个别计价法、先进先出法、加权平均法、移动加权平均法和毛利率法计算商品的销售成本。批发企业常见采用毛利率法，本节只介绍毛利率法，其他方法不再赘述。

毛利率 =（销售收入净额 - 销售成本）÷销售收入净额 ×100%

销售收入净额 = 销售收入–销售退回与折让

本月商品销售毛利 = 本月商品销售收入净额 × 上季度实际毛利率

本月商品销售成本 = 本月商品销售收入净额–本月商品销售毛利

上季度的实际毛利率不一定等于本季度的实际毛利率，采用毛利率法计算销售成本不够准确。为了提高季度商品销售成本计算的正确性，一般只用毛利率法计算一个季度前两个月的商品销售成本，在第三个月用加权平均法等相对正确的方法计算季度销售成本，再倒挤出第三个月的销售成本，以此调整本季度的商品销售成本。

【例 7 -15】 乐宝公司每季度前两个月份用上季度实际毛利率法计算商品的销售成本，第三个月用加权平均法计算全季度销售成本后进行计算调整。20 ×7 年第二季度的，该公司冰淇淋类目账和明细账见表 7 -2、表 7 -3 和表 7 -4。上季度实际毛利率为 20%，本季度三个月的实际商品销售额分别为 15 万元、17 万元和 20 万元。

表 7 -2 **库存商品类目账**

类别：冰淇淋类

20 ×7		凭证字号	摘要	借方	贷方	借或贷	余额
月	日						
4	1	略	上月结转			借	30 000
4	9	略	购进	100 000		借	130 000
4	30	略	结转销售成本		120 000（1）	借	10 000
5	10	略	购进	200 000		借	
5	31	略	结转销售成本		136 000（2）	借	74 000
6	7	略	购进	250 000		借	
6	30	略	结转销售成本		258 365（5）	借	65 635（3）
6	30	略	合计	550 000		借	65 635

表 7 -3 **库存商品明细账**

品牌：多喜欢 单位：件

20 ×7		凭证字号	摘要	收入			发出			结存		
月	日			数量	单价	金额	数量	单价	金额	数量	单价	金额
4	1	略	上月结转							200	50	10 000
4	9	略	购进	1 250	48	60 000				1 450		

续表

20×7		凭证字号	摘要	收入			发出			结存		
月	日			数量	单价	金额	数量	单价	金额	数量	单价	金额
4	30	略	销售				1 280			170		
5	10	略	购进	2 000	60	120 000				2 170		
5	31	略	销售				1 450			720		
6	7	略	购进	3 200	50	160 000				3 920		
6	30	略	销售				3 000			920	53（3）	48 760
6	30		合计	6450		340 000	5 730					48 760

表7-4　　库存商品明细账

品牌：美人鱼　　单位：件

20×7		凭证字号	摘要	收入			发出			结存		
月	日			数量	单价	金额	数量	单价	金额	数量	单价	金额
4	1	略	上月结转							500	40	20 000
4	9	略	购进	1 000	40	40 000				1 500		
4	30	略	销售				1 375			125		
5	10	略	购进	1 600	50	80 000				1 725		
5	31	略	销售				1 150			575		
6	7	略	购进	2 000	45	90 000				2 575		
6	30	略	销售				2 200			375	45（3）	16 875
6	30		合计	4 600		210 000	4 725					16 875

（以下计算保留至个位）

（1）4月份冰淇淋类商品销售成本＝150 000×（1－20%）＝120 000（元）

在类目账上结转4月份商品销售成本，则：

借：主营业务成本　　120 000

　　贷：库存商品—冰淇淋类　　120 000

（2）5月份冰淇淋类商品销售成本＝170 000×（1－20%）＝136 000（元）

在类目账上结转5月份商品销售成本，则：

借：主营业务成本　　136 000

　　贷：库存商品—冰淇淋类　　136 000

（3）6月份用加权平均法计算本季度冰淇淋类商品销售成本。

①计算两个品牌冰淇淋的加权平均进货单价：

“多喜欢”平均单价＝（10 000＋340 000）÷（200＋6 450）＝53（元）

“美人鱼”加权平均单价＝（20 000＋210 000）÷（500＋4 600）＝45（元）

②计算每种和大类库存商品的期末结存金额：

“多喜欢”季末结存金额＝920×53＝48 760（元）

“美人鱼”季末结存金额＝375×45＝16 875（元）

冰淇淋类商品的季末结存金额＝48 760＋16 875＝65 635（元）

(4) 计算本季度冰淇淋类商品应该结转的商品销售成本：

冰淇淋类商品销售成本＝30 000＋340 000＋210 000－65 635＝514 365（元）

(5) 计算6月份冰淇淋类商品应该结转的商品销售成本：

6月份冰淇淋类商品销售成本＝514 365－120 000－136 000＝258 365（元）

在类目账上结转6月份冰淇淋类商品的销售成本，并编制如下会计分录：

借：主营业务成本　　258 365

　　贷：库存商品—冰淇淋类　　258 365

2. 商品销售成本的结转

除了经营品种单一、商品整批进出并能分清批次的企业以及制度明确规定采用按日结转外，批发企业一般采用按月定期结转，少数按季度结转。

商品销售成本的结转方式有分散结转和集中结转两种。分散结转是按每一库存商品明细账户逐户计算出商品销售成本，然后加总为类目账结转商品销售成本。采用这种方法，账簿记录清楚完整，有利于加强对各种商品的经营业绩进行分析考核，但工作量较大。

集中结转是期末在每一库存商品明细账上只结出期末结存金额，再按类目加总后作为类目账的期末结存金额，然后在类目账上计算并结转商品销售成本。集中结转简化了计算和记账手续，但账簿记录不够完整，只能按商品类别来考核业绩。

（二）商品削价的核算

商品削价和商品调价不同，商品调价后的新售价不低于商品进价，削价商品的新售价低于商品进价。商品削价分两种情况，一种是残损变质商品削价，由运输、装卸不当或者包装保管不善造成；另一种是滞销商品削价，由花色、品种或质量不符合消费市场需求引致。商品削价造成的损失，应采用备抵法，逐月按以进价计算的库存商品的期末余额的一定比例提取“存货跌价准备”，计入库存商品”的备抵账户。

第二节
零售企业特殊业务会计

一、零售企业特殊业务概述

（一）零售企业业务特点

相较于批发企业，零售企业的经营特点有：（1）经营商品品种繁多，规格型号复杂多样；（2）交易次数频繁，数量一般不多，销售对象是广大消费者；（3）一般是现货交易，成交迅速，无须订立正式合同或协议；（4）销售部门对其所经销的商品物资负有保管责任。

（二）零售企业业务核算方法

与批发企业有所不同，零售企业的经营特点决定了零售商品难以进行数量核算，无法实施永续盘存制。零售企业业务核算方法有售价金额核算法与进价金额核算法两种。为了简化核算工作，小型零售企业一般采用售价金额核算法。实务中，受益于电脑普及，大型零售企业采用进价金额核算法已经十分常见。而对于经营鲜活商品的企业则适宜采用进价金额核算法。进价金额核算法与批发企业的数量进价金额和算法类似，本节将主要基于售价金额核算法对零售企业特殊业务核算进行讲解，同时兼顾鲜活商品核算。

1. 售价金额核算法

售价金额核算法，又称“售价记账、实物负责制”，指平时商品的购入、加工、收回、销售均按售价记账，售价与进价差额通过“商品进销差价”科目核算。

小贴士

商品进销差价

“商品进销差价”账户是资产类账户（图7－1），是“库存商品”账户的备抵账户，用以反映售价金额核算发下库存商品售价金额与进价金额之间的差额。商品购进、溢余及调价增值发生差额时，计入贷方；结转已销商品进销差价和商品短缺、削价及调价减值等而核销差价时，计入借方；余额在贷方，表示期末库存商品的进销差价。期末“库存商品”账户余额减去“商品进销差价”账户余额，就是库存商品的进价金额。

商品进销差价	
	期初余额
①购进商品的含税售价小于进价的差额	①购进商品不含税售价大于进价的差额
②核销已销商品应分摊的进销差价	②应向购买者收取的增值税销项税额
③转销短缺、削价或调价减值的差价	③溢余及调价增值发生的差额
④加工或出租转销应分摊的差价	④其他原因增加的进销差价
	期末余额

图7－1　“商品进销差价”账户

售价金额核算法特点有：（1）建立实物负责制。企业将所经营的全部商品按品种、类别及管理的需要划分为若干实物负责小组，确定实物负责人负经济责任；（2）售价记账、金额控制。库存商品总账和明细账都按商品的含增值税的销售价格记账，只记售价金额不记实物数量；（3）设置“商品进销差价”科目。库存商品售价与进价之间的差额通过“商品进销差价”科目核算，并在期末计算和分摊已售商品的进销差价；（4）定期实地盘点商品。通过实地盘点，对库存商品的数量及价值进行核算，并检查实物负责人经济责任的履行情况。

售价金额核算法主要适用于零售企业。优点是把品类繁多的大量库存商品明细账归并为按实物负责人来分户的少量明细账，简化核算工作。缺点是账面上不能提供各种商品的进销存数量，不便于确定商品溢缺和货款长短的性质和原因。

2. 进价金额核算法

进价金额核算法，又称“进价记账、盘存记销”，是指仅以进价金额反映库存商品的进销存情况的一种核算方法。其特点有：（1）商品购进时，库存商品明细账，只记进价金额，不记数量；（2）商品销售时，按实际取得的销售收入，贷记“主营业务收入”账户，平时不结转商品销售成本；（3）期末进行实地盘点，查明实存数量，用最后进价法计算期末库存余额，并结转商品销售成本。

经营鲜活商品的零售企业一般采用进价金额核算法。鲜活商品包括鱼、肉、禽、蛋、蔬菜和水果等。这是由鲜活商品的特点所决定的：首先，鲜活商品在经营过程中，一般分等分级，按质论价；其次，随着商品鲜活程度的变化，容易产生早晚不同的时价；第三，鲜活商品交易频繁，且数量零星；第四，鲜活商品容易腐烂变质，损耗数量难以掌握。因此，在会计核算时难以控制其数量，一般只核算其金额。

【实务链接】

王府井（600859）库存商品核算

王府井（600859）2016年报中披露：

“存货取得和发出的计价方法：购入库存商品实行进价核算，并以各种商品的实际成本入账；销售库存商品采用先进先出法核算。”

二、零售企业商品购进的核算

（一）商品购进一般业务的核算

1. 结算单证与购进商品同时达到

结算单证和购进商品同时达到，货款结算与验货入库可同时完成。“库存商品”按含税售价金额入账，售价金额与不含税进价金额之间的差额贷记“商品进销差价”科目。“商品进销差价”实际包含了两部分：一是不含税售价大于不含税进价的差额，二是未来应向购买者收取的增值税销项税额。

借：库存商品　　　　¥ = 含增值税售价
　　应交税费—应交增值税（进项税额）　　¥ = 进价的增值税额
　　贷：银行存款（或应付票据）　　¥ = 含增值税进价
　　　　商品进销差价　　¥ = 含增值税售价–不含增值税进价

为了简化核算，零售小企业在购买商品过程中发生的进货费用，计入“销售费用”账户。

【例7－16】 夏天百货是一家从事商品零售的企业，商场设有电器、日用、食品三个柜组。20×7年3月5日从上海春兰公司购进电吹风400台，每台单价200元，春兰公司代垫运费1 100元（含10%增值税）。3月10日，托收凭证已到，增值税专用发票上注明货款8万元，增值税税额12 800元，商品已经验收入库，货款及运费93 900元以转账付讫。电吹风含增值税售价300元/台。

增值税进项税额 = 12 800 + 1 100 ÷ 1.10 × 10% = 12 900（元）

借：库存商品—电吹风　　[300 × 400 =] 120 000
　　应交税费—应交增值税（进项税额）　　12 900
　　销售费用—运杂费　　1 000
　　贷：银行存款　　[80 000 + 12 800 + 1 100 =] 93 900
　　　　商品进销差价—电器柜　　40 000

2. 结算单证先到，购进商品后入库

结算单证先到，按凭证所列的货款借记"在途物资"科目，按增值税金额借记"应交税费—应交增值税（进项税额）"科目，按价税合计贷记"银行存款"或"应付票据"等科目。

借：在途物资　　¥ = 不含增值税进价
　　应交税费—应交增值税（进项税额）　　¥ = 进价的增值税额
　　贷：银行存款（或应付票据）　　¥ = 含增值税进价

商品达到验收入库后，根据实物负责人送来的商品验收入库凭证符合无误后，按售价金额借记"库存商品"科目，按进价金额贷记"在途物资"科目，售价与进价之间的差额贷记"商品进销差价"科目。

借：库存商品　　¥ = 含增值税售价
　　贷：在途物资　　¥ = 不含增值税进价
　　商品进销差价　　¥ = 含增值税售价-不含增值税进价

【例7-17】 沿用【例7-16】资料，假设托收凭证已到，公司开出面值为93 900元的6个月银行承兑汇票进行货款结算，电吹风未运达。3月10日，收到商品并验收入库，含增值税售价300元/台。

（1）收到增值税发票账单时。

借：在途物资—电吹风　　80 000
　　应交税费—应交增值税（进项税额）　　12 900
　　销售费用—运杂费　　1 000
　　贷：应付票据—上海春兰公司　　93 900

（2）商品到达并验收入库。

借：库存商品—电吹风　　[300 × 400 =] 120 000
　　贷：在途物资—电吹风　　80 000
　　　　商品进销差价—电器柜　　40 000

3. 商品先入库，结算单证后到

商品先到并验收入库，但结算单证未到，平时可以暂不入账。月终，对于尚未收到发票账单的入库商品，需要按照应付供应商货款暂估入账，下月初再用红字冲回。单证到达后，按单证和商品同时到达的情形进行会计核算。

【例7-18】 沿用【例7-16】资料，假设20×7年3月底相关结算凭证仍未到达，根据商品购销合同，作会计分录：

借：库存商品—电吹风　　120 000
　　贷：应付账款—上海春兰公司　　80 000
　　　　商品进销差价—电器柜　　40 000

4 月初，再用红字冲回：

借：库存商品—电吹风　　[120 000]
　　贷：应付账款—上海春兰公司　　[80 000]
　　　　商品进销差价—电器柜　　[40 000]

如果 4 月 10 日收到相关结算凭证，并以转账支付，则会计分录：

借：库存商品—电吹风　　120 000
　　应交税费—应交增值税（进项税额）　　12 900
　　销售费用—运杂费　　1 000
　　贷：银行存款　　93 900
　　　　商品进销差价—电器柜　　40 000

（二）拒付货款和拒收商品的核算

异地商品购进，由于结算单证的传递与商品运送的渠道不同，支付货款与商品验收入库的时间往往不一致，导致未能及时发现购销合同不符、重复托收以及货款或运费多付等情况。企业因此必然拒付货款和拒收商品，会出现三种情形：先拒收后拒付、先拒付后拒收、先承付后拒收。

对于先拒收后拒付的情形，商品到达验收后，发现与合同在商品品种、规格等不符，可以全部拒收，将拒收商品转入“代管商品物资”备查簿，而后待银行转来托收凭证再拒付，无需做账务处理。

对于先拒付后拒收的情形，若一开始先收到银行转来的托收凭证，发现增值税专用发票与合同不符，可以拒付，只需将拒收商品转入“代管商品物资”备查簿，也无需做账务处理。

而对于先承付后拒收的情形，款项已经承付，商品验收入库后，发现商品和合同要求不符，可以向当地税务主管机关要求取得开具红字增值税专用发票的通知书并交与供货方，将已经支付的价税转入“应收账款”账户。如果是经常往来的供应商，也可以转入“应付账款”账户，减少日后支付的金额。

借：应收账款（或应付账款）　　¥ = 含增值税进价
　　应交税费—应交增值税（进项税额）　　[¥ = 增值税进项税额]
　　贷：在途物资　　¥ = 不含增值税进价

小贴士

“代管商品物资”

“代管商品物资”是表外账户，用以核算企业受托代管的各项商品、物资及借入的包装物等。收进时记入借方，发出时记入贷方。该账户可同时记数量、金额，也可以只记数量，不记金额。“代管商品物资”账户不与其他账户发生对应关系只作单式记录。

1. 拒收全部商品而拒付全部货款

【例7－19】 20×7年4月5日，夏天百货从深圳KK公司购进台灯500台，单价80元，货款4万元，增值税税额6 400元，接到银行转来的托收凭证和所附增值税专用发票，审核无误后承付货款。4月10日，收到该批台灯，发现型号与合同不符，决定拒收。经双方协定，供货商同意退货。4月15日，收到KK公司退还的款项。

（1）20×7年4月5日，收到托收凭证。

借：在途物资—台灯　　40 000
　　应交税费—应交增值税（进项税额）　　6 400
　　贷：银行存款　　46 400

（2）收到KK公司开具的红字增值税发票，退货款未收到。

借：应收账款—上海KK公司　　46 400
　　应交税费—应交增值税（进项税额）　　[6 400]
　　贷：在途物资—台灯　　40 000

（3）20×7年4月15日，收到退还的款项。

借：银行存款　　46 400
　　贷：应收账款—上海KK公司　　46 400

2. 拒收部分商品而拒付部分货款

【例7－20】 沿用【例7－19】资料，假如4月10日验货时发现其中200台台灯型号与合同不符，决定拒收，其余300台验收入库，台灯含增值税售价150元/台。代垫退货运杂费550元（含10%增值税），由KK公司承担。已经办妥退货手续，收到对方开具的红字增值税专用发票，货款尚未收到。

（1）20×7年4月5日，收到托收凭证。

借：在途物资—台灯　　40 000
　　应交税费—应交增值税（进项税额）　　6 400
　　贷：银行存款　　46 400

（2）20×7年4月10日，验货入库部分商品。

借：库存商品—台灯　　[150×300＝] 45 000
　　贷：在途物资—台灯　　[80×300＝] 24 000
　　　　商品进销差价—电器柜　　21 000

（3）拒收部分商品。

①收到红字增值税专用发票金额＝6 400×200÷500＝2 560（元），运费由KK公司承担，夏天百货不处理运费的增值税。

借：应交税费—应交增值税（进项税额）　　[2 560]
　　应收账款—上海KK公司　　[16 000＋2 560＋550＝] 19 110
　　贷：在途物资—台灯　　16 000
　　　　银行存款　　550

待收到退货款：

借：银行存款　19 110
　　贷：应收账款—上海 KK 公司　19 110

②若办妥退货手续时并未收到对方开具的红字增值税专用发票：

借：应收账款—上海 KK 公司　16 550
　　贷：在途物资—台灯　16 000
　　　　银行存款　550

待收到红字增值税专用发票和全部货款时：

借：银行存款　19 110
　　应交税费—应交增值税（进项税额）　2 560
　　贷：应收账款—上海 KK 公司　16 550

（三）进货退补价的核算

采用售价金额核算的零售企业的库存商品是按照售价记账，当发生退补价时就要考虑是否调整零售销售价格（表 7－5）。

表 7－5　售价金额核算法下的进货退补价

交易事项		会计核算
进货补价	调增进价	若商品还未售出： 借：商品进销差价　￥＝不含增值税的补价 　　应交税费—应交增值税（进项税额）　￥＝补价的增值税 　　贷：应付账款　￥＝补价 若商品已经售出： 借：主营业务成本　￥＝不含增值税的补价 　　应交税费—应交增值税（进项税额）　￥＝补价的增值税 　　贷：应付账款　￥＝补价
	更正售价	需要调增售价，意味着商品还未完全售出： 借：库存商品　￥＝含增值税的调价额 　　贷：商品进销差价　￥＝含增值税的调价额
进货退价	调减进价	若商品还未售出： 借：应收账款　￥＝退价 　　应交税费—应交增值税（进项税额）　￥＝退价的增值税 　　贷：商品进销差价　￥＝不含增值税的退价 若商品已经售出： 借：应收账款　￥＝退价 　　应交税费—应交增值税（进项税额）　￥＝退价的增值税 　　贷：主营业务成本　￥＝不含增值税的退价
	更正售价	需要调减售价，意味着商品还未完全售出： 借：库存商品　￥＝含增值税的调价额 　　贷：商品进销差价　￥＝含增值税的调价额

【例 7－21】 进货补价，调增进价。

20×7 年 5 月 5 日，夏天百货上月从蓝影公司购进的 200 支卷发器已经验收入库，货款已经结清，进价 300 元/支。5 月 25 日，收到蓝影公司情况说明，由于结算失误，发票上误将每支 350 元开成 300 元。现附上销货更正单和增值税专票，应补付货款 1 万元，增值税税额 1 600 元，进货补价款尚未支付。夏天百货卷发器含增值税售价定为 370 元/支。

（1）20×7 年 5 月 5 日，购进 200 支卷发器。

借：库存商品—卷发器　　74 000
　　应交税费—应交增值税（进项税额）　　9 600
　　贷：银行存款　　69 600
　　商品进销差价—电器柜　　14 000

（2）20×7 年 5 月 25 日，进货补价。

①若卷发器还未出售：

借：商品进销差价—电器柜　　10 000
　　应交税费—应交增值税（进项税额）　　1 600
　　贷：应付账款—蓝影公司　　11 600

②若该批卷发器已售：

借：主营业务成本—电器柜　　10 000
　　应交税费—应交增值税（进项税额）　　1 600
　　贷：应付账款—蓝影公司　　11 600

【例 7－22】 进货退价，调减进价。

沿用【例 7－21】资料，若蓝影公司发票误将每台 250 元开成 300 元，则需要开具红字增值税专用发票，夏天百货做退价会计处理。

若卷发器还未出售：

借：应收账款—蓝影公司　　11 600
　　应交税费—应交增值税（进项税额）　　[1 600]
　　贷：商品进销差价—电器柜　　10 000

若该批卷发器已售：

借：应收账款—蓝影公司　　11 600
　　应交税费—应交增值税（进项税额）　　[1 600]
　　贷：主营业务成本　　10 000

【例 7－23】 沿用【例 7－22】资料，如果同时该批卷发器的零售价格由 370 元/支调低至 330 元/支，在财务上如【例 7－22】冲减商品购进额和进项税后，同时应当冲减库存商品的售价金额和进价成本。

（1）商品进价和进项税额。

借：应收账款—蓝影公司　　11 600
　　应交税费—应交增值税（进项税额）　　[1 600]
　　贷：商品进销差价—电器柜　　10 000

(2) 调整该批库存商品的售价金额。

借：库存商品—电器柜 8 000

　　贷：商品进销差价—电器柜 8 000

(四) 购进商品溢余和短缺的核算

购进商品溢缺时，应填制“商品购进溢余（短缺）报告单”，并及时查明原因进行账务处理。采用售价金额核算的企业按实收商品的含税售价计入“库存商品”科目，按溢缺商品的不含税进价金额计入“待处理财产损溢”科目，结转“在途物资”金额，差额计入“商品进销差价”科目。

借：库存商品　　¥ = 实际数量 × 含增值税售价

　　待处理财产损溢　　¥ = 短缺数量 × 不含增值税进价

　　贷：在途物资　　¥ = 票面数量 × 不含增值税进价

　　　　待处理财产损溢　　¥ = 溢余数量 × 不含增值税进价

　　　　商品进销差价　　¥ = 差额

待查明原因，区别情况进行处理“待处理财产损溢”，如上文所述不再赘述。若商品溢余是因为供货单位多发需支付进货补价，其中包括增值税，需要调整“应交税费—应交增值税（进项税额）”；若商品短缺是因为损毁导致，增值税需要作“进项税额转出”的处理。

【例 7－24】 夏天百货 20×7 年 4 月向梅兰公司购进红酒 500 支，每支单价 40 元，货款 2 万元，增值税税额 3 200 元，以委托收款的形式结算，梅兰公司代垫运费 550 元（含 10% 增值税），红酒每支含税售价 70 元。红酒运到，验收发现溢余 20 支，原因待查。

(1) 支付货款时。

借：在途物资—红酒　　[500 × 40 + 500 =] 20 500

　　应交税费—应交增值税（进项税额）　　3 250

　　贷：银行存款　　23 750

(2) 发现溢余 20 支。

借：库存商品—红酒　　[520 × 70 =] 36 400

　　贷：在途物资—红酒　　20 500

　　　　商品进销差价　　15 100

　　　　待处理财产损溢　　[20 × 40 =] 800

(3) 经查，上述溢余系梅兰公司多发，经协商作购进处理，款已汇付。

供货单位多发需支付进货补价，其中包括增值税，需要调整“应交税费—应交增值税（进项税额）”。

借：待处理财产损溢　　800

　　应交税费—应交增值税（进项税额）　　128

　　贷：银行存款　　928

【例 7－25】 沿用【例 7－24】资料，若验收时发现短缺 10 支，经查明系损毁所致，其中 8 支损失由运输单位承担，剩余 2 支作财产损失处理。

（1）发现短缺10支。

借：库存商品—红酒　［490×70＝］34 300

　　待处理财产损溢　［10×40＝］400

　　贷：在途物资—红酒　20 500

　　　　商品进销差价　14 200

（2）经查后作相关账务处理。

商品短缺是因为损毁导致，增值税需要作“进项税额转出”的处理。

借：其他应收款—运输单位　［8×40×1.16＝］371.2

　　营业外支出　［2×40×1.16＝］92.8

　　贷：待处理财产损溢　400

　　　　应交税费—应交增值税（进项税额转出）　［10×40×16%＝］64

三、零售企业商品销售的核算

（一）商品销售核算概述

零售企业的商品销售收入，除少数企事业单位采取转账结算外，主要是收取现金。为简化手续，零售企业平时在“主营业务收入”账户反映含税的销售额。售价金额核算法下，库存商品是按售价反映的，因此库存商品也先行按售价结转。

借：银行存款　¥＝含增值税的销售额

　　贷：主营业务收入　¥＝含增值税的销售额

借：主营业务成本　¥＝含增值税的销售额

　　贷：库存商品　¥＝含增值税的销售额

月末应该通过一定的演算求得含税销售额里的增值税额，借记“主营业务收入”科目，贷记“应交税费—应交增值税（销项税额）”科目。

售价金额核算法在每月月末，需计算转销本月已销商品应分摊的商品进销差价，将主营业务成本调整为不含税进价。

【例7－26】20×7年4月30日，夏天百货各柜组商品销售和货款收入见表7－6。信用卡结算手续费为1%。

表7－6　商品销售和货款收入汇总表

20×7年4月30日　单位：元

柜组	现金销售	信用卡签单销售	转账支票销售	现金溢缺	销售额合计
电器柜	38 000	82 630	9 800		130 430
日用柜	45 786	23 056	5 305		74 147
食品柜	75 363	65 871	17 065		158 299
合计	159 149	171 557	32 170		362 876

（1）根据各柜组缴款。

借：库存现金　159 149

　　银行存款　［171 557×0.99＋32 170＝］202 011.43

财务费用—手续费　　1 715.57
贷：主营业务收入—电器柜　　130 430
—日用柜　　74 147
—食品柜　　158 299

(2) 月末计算已销商品的销项税额。

销项税额 = 362 876 ÷ (1 + 16%) × 16% = 50 051.86 (元)

借：主营业务收入—电器柜　　[130 430 ÷ 1.16 × 16% =] 17 990.34
—日用柜　　[74 147 ÷ 1.16 × 16% =] 10 227.17
—食品柜　　[158 299 ÷ 1.16 × 16% =] 21 834.34
贷：应交税费—应交增值税（销项税额）　　50 051.86

(3) 结转销售成本。

借：主营业务成本—电器柜　　130 430
—日用柜　　74 147
—食品柜　　158 299
贷：库存商品—电器柜　　130 430
—日用柜　　74 147
—食品柜　　158 299

(4) 转销分摊的商品进销差价见【例 7 - 27】

(二)"商品进销差价"的转销

1. 综合差价率法

差价率，是指商品进销差价与售价的比率。综合差价率法，是指按全部商品计算一个综合差价率，再按全部商品的存销比例，推算本期已售商品应分摊的进销差价的方法。综合差价率法计算简便，但各种商品进销差价不一，各种商品销售比重不尽相同，因此综合差价率法不够精确，不适合经营品种繁多的企业。

$$\text{综合差价率（含税）} = \frac{\text{调整前“商品进销差价”月末余额}}{\text{“库存商品”月末余额} + \text{“受托代销商品”月末余额} + \text{“主营业务收入”本月贷方发生额}} \times 100\%$$

分摊的商品进销差价 = 综合差价率 × 当月"主营业务收入"

由于"商品进销差价"包含了增值税销项，因此公式中"库存商品""主营业务收入"和"受托代销商品"均是含增值税的售价。

【例 7 - 27】 沿用【例 7 - 26】资料，夏天百货 20×7 年 4 月末的"库存商品"总账余额为 773 000 元、"商品进销差价"总账余额（分摊前）为 161 740 元，4 月份"主营业务收入"科目的贷方发生额为 362 876 元。则：

综合差价率 = 161 740 ÷ (773 000 + 362 876) = 14%

4 月份已销商品应分摊的进销差价 = 362 876 × 14% = 50 803 (元)

借：商品进销差价　　50 803
贷：主营业务成本　　50 803

2. 分类差价率法

分类差价率法，指按照商品大类或分柜组分别计算差价率。其计算方法和综合差价率类似，其计算公式为：

$$\text{某类商品差价率（含税）}=\frac{\text{某类商品调整前“商品进销差价”月末余额}}{\text{某类库存商品月末余额}+\text{某类受托代销商品月末余额}+\text{某类商品本月销售额}}\times 100\%$$

某类商品分摊的进销差价 = 某类商品差价率 × 某类商品当月销售额

分类差价率法计算结果相对于综合差价率较为准确，但仍忽视了同类（或同柜组）不同商品的差价率可能不一致的情况。

3. 实际进销差价法

实际进销差价法，又称盘存商品实际进销差价法，指先计算出期末商品的进销差价再倒算出已销商品进销差价的一种方法。具体做法是在期末由各营业门市部通过商品盘点，编制“库存商品盘存表”和“受托代销商品盘存表”，根据各种商品的实存数量，分别乘以销售含税单价和购进不含税单价，根据以下公式计算出实际库存商品期末商品进销差价：

$$\text{期末库存商品进销差价}=\text{期末库存商品含税售价金额}-\text{期末库存商品不含税进价金额}+\text{期末受托代销商品售价金额}-\text{期末受托代销商品进价金额}$$

已销商品进销差价 = 结转前商品进销差价账户余额–期末库存商品进销差价

【例 7 – 28】 夏天百货公司采用盘点商品实际差价率计算法，20×7 年 12 月 31 日各柜组的盘存表和受托代销商品的盘存表从略。根据各营业柜组的库存商品盘存表和受托代销商品盘存表编制商品盘存汇总表，如表 7 – 7 所示。

表 7 – 7　　商品盘存汇总表　　单位：元

柜组	库存商品售价金额 ①	库存商品进价金额 ②	受托代销商品售价金额 ③	受托代销商品进价金额 ④	盘存商品进销差价 ⑤ = ① – ② + ③ – ④
电器柜	1 253 230	1 020 730	765 840	532 500	465 840
日用柜	2 753 684	2 142 131	682 103	540 072	753 584
食品柜	3 780 964	3 430 530	425 103	121 697	653 840
合计	7 787 878	6 593 391	1 873 046	1 194 269	1 873 264

根据上述资料编制商品进销差价计算分摊表，如表 7 – 8 所示：

表 7 – 8　　零售商品进销差价计算分摊表
20×7 年 12 月 31 日　　单位：元

柜组	结转前商品进销差价①	盘存商品进销差价②	本期销售商品应结转的商品进销差价③ = ① – ②
电器柜	573 250	465 840	107 410
日用柜	942 280	753 584	188 696
食品柜	862 350	653 840	208 510
合计	2 377 880	1 873 264	504 616

借：商品进销差价—电器柜　107 410
　　　　　　　—日用柜　188 696
　　　　　　　—食品柜　208 510
　贷：主营业务成本—电器柜　107 410
　　　　　　　　—日用柜　188 696
　　　　　　　　—食品柜　208 510

盘存商品实际进销差价法的计算结果虽然准确，但是计算的工作量很大，一般只适用经营商品品种少的企业，或在企业需要反映其期末库存商品实际价值时才采用。在实际工作中，往往平时采用分类差价率计算法，到年末才采用此法，以保证整个会计年度核算资料的准确性。

（三）受托代销商品销售的核算

数量进价金额核算法核算代销商品在批发企业中涉及，本节将重点阐述售价金额核算法下受托代销商品销售。

1. 视同买断方式

视同买断方式代销商品还分包销式视同买断方式、非包销式视同买断方式两种情况。对于包销式视同买断方式，委托代销企业视同销售、受托代销企业视同购进。对于非包销式视同买断方式，受托代销企业按含税售价金额借记“受托代销商品”科目，按不含税进价金额贷记“受托代销商品款”科目，差额计入“商品进销差价”科目。

【例 7-29】 20×7 年 4 月 1 日夏天百货收到为久西公司代销的球鞋 200 双，每双含税进价 116 元，夏天百货自行定价为含税零售价 174 元。4 月为其代销 150 双。假设“商品进销差价—代销商品”期初余额为零。

（1）收到受托代销商品时。

借：受托代销商品—球鞋　[200 × 174 =] 34 800
　贷：受托代销商品款　[200 × 116 ÷ 1.16 =] 20 000
　　　商品进销差价　14 800

（2）售出 150 双，则按含税售价计入“主营业务收入”，同时结转销售成本。

借：银行存款　[150 × 174 =] 26 100
　贷：主营业务收入　26 100

同时，

借：主营业务成本—代销商品成本　26 100
　贷：受托代销商品—球鞋　26 100

（3）向久西公司开具代销清单，收到对方开来的增值税专用发票。

借：受托代销商品款　[150 × 116 ÷ 1.16 =] 15 000
　　应交税费—应交增值税（进项税额）　[150 × 116 ÷ 1.16 × 16% =] 2 400
　贷：应付账款—久西公司　[150 × 116 =] 17 400

（4）与委托方结算代销商品款。

借：应付账款—久西公司　17 400
　贷：银行存款　17 400

(5) 月末，计算并结转代销商品的销项税额。

销项税额 =26 100 ÷ (1 +16%) ×16% =3 600 (元)

借：主营业务收入　　3 600

　　贷：应交税费—应交增值税 (销项税额)　　3 600

(6) 转销商品进销差价。

"受托代销商品" 期末库存含税售价金额 =50 ×174 =8 700 (元)

"受托代销商品" 期末库存不含税进价金额 =50 ×100 =5 000 (元)

"商品进销差价" 本期转销额 =14 800 –(8 700 –5 000) =11 100 (元)

借：商品进销差价　　11 100

　　贷：主营业务成本　　11 100

2. 收取手续费方式

采用收取手续费方式代销的商品不属于本企业的商品销售范畴，取得的收入不能计入"主营业务收入"，而应计入"应付账款"。也因不属于本企业销售，月末不存在结转销售成本的问题，也就不存在分配商品进销差价的问题，与数量进价金额核算法无异，按不含税指定售价借记"受托代销商品"科目、贷记"受托代销商品款"科目。

【例 7 –30】 20 ×7 年 4 月 3 日夏天百货接受宇森公司的委托，代销台式电风扇 200 台，每台含税售价 174 元。本月共售出 120 台，按委托代销合同约定，代销手续费为不含增值税销售收入的 20%，每个月末结算一次。

(1) 收到受托代销商品时。

电风扇不含税售价 =174 ÷1. 16 =150 (元)

借：受托代销商品—台式风扇　　[150 ×200 =] 30 000

　　贷：受托代销商品款—宇森公司　　30 000

(2) 售出 120 台。

借：银行存款　　[120 ×174 =] 20 880

　　贷：应付账款—宇森公司　　[120 ×150 =] 18 000

　　　　应交税费—应交增值税 (销项税额)　　2 880

同时，注销已出售的受托代销商品：

借：受托代销商品款—宇森公司　　18 000

　　贷：受托代销商品—台式风扇　　[120 ×150 =] 18 000

(3) 向宇森公司开具代销清单，收到对方开来的增值税专用发票。

借：应交税费—应交增值税 (进项税额)　　2 880

　　贷：应付账款—宇森公司　　2 880

(4) 月末，收取手续费 3 600 元，余款支付代销商品款。

借：应付账款—宇森公司　　[18 000 +2 880 =] 20 880

　　贷：其他业务收入　　[18 000 ×20% =] 3 600

　　　　银行存款　　17 280

四、零售企业商品储存的核算

（一）库存商品溢缺的核算

采用售价金额法进行核算零售企业，库存商品明细分类账是按实物负责人进行分类管理和核算的，库存商品总账平时只反映和掌握各营业柜组或者门市部商品的进、销、存的售价金额，不反映和掌握各种商品的结存数量。故此，只有通过实地盘点，逐项计算各种商品的总售价，再与当天的“库存商品”总账账户余额进行核对，才能了解和控制各种商品的实存数量，确保账实相符。

如果发现库存商品溢余：

借：库存商品　　　　¥ = 溢余数量 × 含增值税售价

　　贷：待处理财产损溢　　　　¥ = 差额

　　　　商品进销差价　　　　¥ = 溢余数量 × 含增值税售价 × 综合或分类差价率

如果发现库存商品短缺：

借：待处理财产损溢　　　　¥ = 差额

　　商品进销差价　　　　¥ = 溢余数量 × 含增值税售价 × 综合或分类差价率

　　贷：库存商品　　　　¥ = 短缺数量 × 含增值税售价

待查明原因后，“待处理财产损溢”参照存货期末清查的会计处理。

【例 7－31】 夏天百货 20×7 年 4 月末进行盘点，食品柜实际库存金额小于账目结存金额 1 700 元，按照上月末本柜组差价率 15% 计算，进销差价金额 255 元，增值税税率为 16%，原因待查。

（1）商品短缺。

借：商品进销差价　　　　255

　　待处理财产损溢—待处理流动资产损溢　　　　1 445

　　贷：库存商品—食品柜　　　　1 700

（2）经查，库存商品短缺原因是，其中 300 元为营业员工作失职造成；其余部分为管理不善导致，计入“管理费用”。

借：其他应收款—某营业员　　　　300

　　管理费用　　　　1 376.2

　　贷：待处理财产损溢—待处理流动资产损溢　　　　1 445

　　　　应交税费—应交增值税（进项税额转出）　　　　[1 445 × 16% =] 231.2

（二）库存商品调价的核算

商品调价，指商品流通企业根据国家物价政策或市场情况，对某些正常商品的价格进行适当的调高或者调低。

【例 7－32】 夏天百货 20×7 年 4 月 8 日起对莱芝电饭煲的零售价格进行调整，甲实物负责小组经过盘点后，编制“商品调价差额调整单”如表 7－9 所示。

表 7－9 商品调价差额调整单

填报部门：电器柜　　20×7 年 4 月 8 日　　金额单位：元

品名	单位	盘存数量	零售单价		调整单位差额		调高金额	调低金额
			新价	原价	增加	减少		
莱芝电饭煲	个	150	990	890	100		15 000	
合计		150					15 000	

企业财会部门收到调价单复核无误后，应作如下账务处理：

借：库存商品—电器柜　　15 000

　　贷：商品进销差价—电器柜　　15 000

（三）库存商品削价的核算

商品削价，指对库存中滞销、残损和变质的商品所作的一次性的降价处理措施。商品削价后的可变现净值（不含增值税的新售价减去预计的销售费用后的金额）若高于进价，则根据削价减值的金额借记“商品进销差价”账户，贷记“库存商品”账户；若低于进价，除作上述分录外，还需要将其低于原进价的部分以“存货跌价准备”进行弥补。

【例 7－33】 夏天百货发现日用柜的 200 双男士皮鞋式样过于陈旧，原含税零售价格为 232 元/双，经批准削价处理 116 元/双（含税），该皮鞋的进价为 110 元/双，估计销售费用 3 元/双，增值税税率 16%。销售削价的男士皮鞋 140 双，收入现金 16 240 元。

（1）皮鞋削价，根据削价减少的售价金额调整其账面价值。

借：商品进销差价—日用柜　　[（232－116）×200＝] 23 200

　　贷：库存商品—日用柜　　23 200

（2）计提存货跌价准备。

男士皮鞋削价后不含增值税新售价＝116×200÷1.16＝20 000（元）

男士皮鞋的可变现净值＝20 000－(3×200）＝19 400（元）

男士皮鞋可变现净值低于进价的差额＝19 400－110×200＝2 600（元）

借：资产减值损失—存货减值损失　　2 600

　　贷：存货跌价准备　　2 600

（3）销售削价的男士皮鞋 140 双。

借：库存现金　　[140×116＝] 16 240

　　贷：主营业务收入—日用柜　　16 240

（4）结转销售成本。

借：主营业务成本—日用柜　　16 240

　　贷：库存商品—日用柜　　16 240

（5）转销其计提的存货跌价准备。

借：存货跌价准备　　[2 600×140÷200＝] 1 820

　　贷：主营业务成本　　1 820

（6）确认增值税销项税额。

借：主营业务收入　　[140×16＝] 2 240

贷：应交税费—应交增值税（销项税额） 2 240

(7) 转销商品进销差价。

实际进销差价/双 =(232 −110)−116 =6（元/双）

借：商品进销差价 [140 ×6 =] 840

贷：主营业务成本 840

五、零售企业鲜活商品的核算

商品流通企业经营的零售商品有一部分是属于农副业的鲜活商品，包括鱼、肉、禽、蛋、蔬果等。鲜活商品依其新鲜程度不同导致早晚不同价，因此难以控制其售价；又因为容易腐烂变质，损耗数量难以掌控，所以难以控制其数量。鲜活商品不宜采用售价金额核算，一般采用进价金额核算法。进价金额核算法又称“进价记账，盘存计销”，通过定期进行实地盘点，查明实存数量，期末用倒挤的方法计算并结转商品销售成本，其计算公式如下：

$$\text{本期商品销售成本}=\text{期初结存商品金额}+\text{本期购入商品金额}-\text{本期非销售发出商品金额}-\text{期末结存商品金额}$$

其中本期非销售发出商品金额包括由于责任事故造成的商品毁损和短缺。商品在经营过程中，发生损耗、升溢、等级变化和售价变化时，不作账务处理。如发生事故损失，则应查明原因经批准后作相应处理。对于鲜活商品采用进价金额核算法，平时随时可以调整商品售价，便于销售也简化了核算手续。但是，由于期末用倒挤的方法计算出销售成本，不易发现企业在经营管理中存在的问题和漏洞，对日常损耗或责任事故只能事后补救，所以经营鲜活商品的企业必须加强进货验收制度和销货管理制度。

【例 7 −34】 夏天百货食品柜 20×7 年 4 月初库存鲜活商品 1 700 元，4 月份向大海公司进货 35 000 元，增值税税额 3 500 元，货款已转账支付，商品尚未验收入库。4 月份含税销售收入 58 200 元，销货款存入银行。4 月 30 日盘存库存商品 2 900 元，其中海鲜类本期非销售发出商品金额为 1 270 元。

(1) 购进商品时。

借：在途物资—大海公司 35 000

应交税费—应交增值税（进项税额） 3 500

贷：银行存款 38 500

(2) 营业柜组转来的“收货单”，财会部门审核后登记入账。

借：库存商品—食品柜 35 000

贷：在途物资—大海公司 35 000

(3) 取得销售收入时，将销项税从销售收入中分离。

鲜活商品销项税额 =58 200 ÷1. 10 ×0. 10 =5 290. 91（元）

鲜活商品不含税销售收入 =58 200 −5 290. 91 =52 909. 09（元）

借：库存现金 58 200

贷：主营业务收入—食品柜 52 909. 09

应交税费—应交增值税（销项税额） 5 290. 91

(4) 月末根据盘存结果，计算并结转商品销售成本。

本期销售成本 =1 700 +35 000 -1 270 -2 900 =32 530 (元)

借：主营业务成本—食品柜　　32 530

　　贷：库存商品—食品柜　　32 530

第三节 连锁企业特殊业务会计

一、连锁企业特殊业务概述

连锁经营是指若干同行业或同业态的店铺，以同一商号、统一管理或授予特许经营权方式组织起来的，共享规模效益的一种经营组织形式，主要经营模式有直营连锁、自愿连锁和特许连锁三种。

（一）连锁企业经营特点

连锁企业的经营特点有：(1) 多门店经营规模化。通过集中采购，获得议价权，议价权是连锁经营的核心竞争力。通过总部建立统一的配送中心，并选择最有利的运输工具和路线，实现合理库存，降低运营成本。通过众多店铺形成的巨大网络体系，形成规模优势，扩大市场占有率；(2) 管理方式规范化。连锁经营企业的实质是把现代化大生产的原理有效地应用到传统商业中，对连锁经营管理过程予以规范化和标准化，例如门店装修、广告宣传、店员服装、采购配送、定价等；(3) 信息传递电子化。计算机技术的迅速发展为连锁经营信息传递电子化提供了强有力的技术支持，使复杂的经营和事务管理得以迅速地进行和处理。

（二）连锁企业经营的会计核算方法

以直营连锁为例，连锁商店在商品采购和商品配送环节都是大批量进行的，具有批发企业的经营特征，而门店销售则属于零售，连锁商店的商品流通业务实现了批发、零售一体化。

一般情况下，对采购和配送环节，大中型批发企业大多采用的“数量进价金额核算法”，而对门店销售环节，又需要针对门店所经营商品的特点，以确定适宜的核算方法：对于经营商品品种繁多的门店，适宜采用“售价金额核算法”；对于经营商品专业性强、品种规格较少，或者经营贵重商品的门店，一般采用“数量进价金额核算法”或“数量售价金额核算法”；对于经营鲜活商品的门店，适宜采用“进价金额核算法”。

在计算机联网管理的情况下，对总部（配送中心）和分店可以同时采用“单品进价核算制”。单品进价核算制，是更为精细化管理的数量进价核算法，以商品的单品为核算对象，反映商品购进、销售、储存的数量、进价金额等多种信息的商品核算方法。

二、连锁企业特殊业务核算

（一）直营连锁经营的核算

直营连锁又称正规连锁，是连锁经营单位最为基本的组织形式，是由公司总部直接经营、投资、管理各个连锁店的经营形态。总部采取纵深式的管理方式，直接下令掌管所有的连锁店，各连锁店也必须完全接受总部指挥。各连锁店经营的商品相同，其形象、进货、定价、配送等方面实行统一管理。总部对各连锁分店拥有全部的所有权和经营权，并实现统一核算，统负盈亏，其主要的管理方式有“总部—分店”和“总部—地区总部—分店”两种。

1. 实行“总店—分店”管理方式的核算

（1）总部采用“数量进价核算制”核算，分店不作购进核算。总部向分店配送商品时，不做销售，分店不作购进，只作内部移库处理；分店销售时，将销售收入全部上交总部，总部作销售收入账务处理；分店的日常费用开支采用“定额备用金制”，定期向总部报账，分店不能坐支销货款项。

【例 7－35】百家购物中心 20×7 年 3 月发生下列经济业务：

1）1 日，总部配送中心集中采购商品。

①购进商品 70 万元，增值税 112 000 元，以银行存款支付。

借：在途物资	700 000	
应交税费—应交增值税（进项税额）	112 000	
贷：银行存款		812 000

②商品验收入库时。

借：库存商品—配送中心	700 000	
贷：在途物资		700 000

2）3 日，配送中心向各分店配送商品：六花分店 29 万元，七花分店 14 万元，八花分店 27 万元。

借：库存商品—六花分店	290 000	
—七花分店	140 000	
—八花分店	270 000	
贷：库存商品—配送中心		700 000

3）15 日，各分店销售商品，款项已经存入银行。通过计算机网络传回总部财务部的销售收入和销售成本如表 7－10 所示。

表 7－10　　销售收入和销售成本汇总表　　单位：元

分店名称	含税销售收入	销项税额	不含税销售收入	销售成本
六花分店	17400	2400	15 000	12 000
七花分店	53360	7360	46 000	38 700
八花分店	38 744	5344	33 400	24 070
合计	109 504	15 104	94 400	74 770

①总部确认销售收入。

借：银行存款　　109 504

　贷：主营业务收入—六花分店　　15 000

　　　　　　　　　—七花分店　　46 000

　　　　　　　　　—八花分店　　33 400

　　应交税费—应交增值税（销项税额）　　15 104

②结转销售成本。

借：主营业务成本—六花分店　　12 000

　　　　　　　　—七花分店　　38 700

　　　　　　　　—八花分店　　24 070

　贷：库存商品—六花分店　　12 000

　　　　　　　—七花分店　　38 700

　　　　　　　—八花分店　　24 070

4）百家购物中心总部给六花分店核定的定额备用金为8万元，20×7年3月发生下列经济业务。

①2日，开出现金支票，将定额款项拨付给六花分店。

借：其他应收款—六花分店　　80 000

　贷：银行存款　　80 000

②28日，六花分店核算员报来相关费用凭证，列明维修费7 000元，安装费1 000元，经审核无误，即以现金补足定额备用金。

借：管理费用—维修费　　7 000

　　　　　　—安装费　　1 000

　贷：库存现金　　8 000

（2）总部采用“数量进价金额核算法”，分店采用“售价金额核算法”。由于总店和分店的核算方法不同，其记录库存商品的价格也不同，该差价通过“商品进销差价”核算。

【例7-36】沿用【例7-35】资料，若配送中心库存商品采用计算机管理系统管理，实行“数量进价金额核算法”，分店采用“售价金额核算法”。

1）1日，配送中心集中采购商品，购进商品70万元，增值税112 000元，以银行存款支付。会计处理与上例同，略。

2）3日，配送中心向各分店送货，送货汇总表如表7-11所示。

表7-11　　送货汇总表　　单位：元

分店名称	进价金额	售价金额	商品进销差价
六花分店	290 000	450 000	160 000
七花分店	140 000	300 000	160 000
八花分店	270 000	500 000	230 000
合计	700 000	1 250 000	550 000

借：库存商品—六花分店　　450 000
　　　　　—七花分店　　300 000
　　　　　—八花分店　　500 000
　贷：库存商品—配送中心　　700 000
　　　商品进销差价—六花分店　　160 000
　　　　　　　　—七花分店　　160 000
　　　　　　　　—八花分店　　230 000

3）各分店销售商品，销货款存入银行，报送回总店。总店确认销售收入并结转销售成本，并用含税售价结转各分店销售成本。财务部门需计算并结转含税销售收入中的销项税额，按分类差价率法等计算各分店实现的进销差价并作相应分录。

2. 实行“总部—地区总部—分店”管理方式的核算

总部下设若干地区总部，总部和地区总部均设置会计机构，配备会计人员，分别独立设账，独立计算盈亏。总部统一采购，总部配送中心向地区总部下属的各门店统一配送商品，总部作商品销售处理，地区总部作购进处理。地区总部所属门店销售商品后，作为地区总部的销售收入，期末地区总部按规定结转盈亏。

【例7－37】欢购电器实行“总部—地区总部—分店”管理方式，总部下设厦门、福州、泉州三个地区总部，地区总部下设若干门店。总部配送中心及地区总部所属门店均用计算机系统管理，库存商品均采用单品进价核算制。20×7年6月发生如下经济业务：

（1）总部购进飞利浦吹风机300台，进货单价200元/台，增值税率16%，货款用银行存款支付。

借：在途物资　　60 000
　　应交税费—应交增值税（进项税额）　　9 600
　贷：银行存款　　69 600

商品验收入库时，

借：库存商品—配送中心　　60 000
　贷：在途物资　　60 000

（2）总部向厦门地区总部的中山店和金山店配送商品共150台，货款未算（表7－12）。

表7－12　　**商品配送单**

发货单位：欢购电器配送中心　　单位：元

收货单位	品名	单位	数量	配送单价	配送金额	增值税
中山店	飞利浦吹风机	台	70	280	19 600	3 136
金山店	飞利浦吹风机	台	80	280	22 400	3 584
合计	飞利浦吹风机	台	150	280	42 000	6 720

（3）总部财务部确认销售收入并结转成本。

借：应收账款—厦门地区总部　　48 720
　贷：主营业务收入　　42 000

应交税费—应交增值税（销项税额）　　6 720

借：主营业务成本　　30 000

　　贷：库存商品—配送中心　　30 000

（4）厦门地区总部作商品购进。

借：在途物资　　42 000

　　应交税费—应交增值税（进项税额）　　6 720

　　贷：应付账款—欢购总部　　48 720

商品验收入库时：

借：库存商品—中山店　　19 600

　　　　　　—金山店　　22 400

　　贷：在途物资　　42 000

（5）中山店和金山店销售商品，款项已经存入厦门地区总部开户银行账户。销货清单如表7－13所示。

表7－13　　商品销货清单　　单位：元

销货单位	品名	单位	数量	含税零售单价	含税销售收入	增值税	不含税销售收入
中山店	飞利浦吹风机	台	50	464	23 200	3 200	20 000
金山店	飞利浦吹风机	台	55	464	25 520	3 520	22 000
合计	飞利浦吹风机	台	105	464	48 720	6 720	42 000

厦门地区总部确认商品销售收入：

借：银行存款　　48 720

　　贷：主营业务收入—中山店　　20 000

　　　　　　　　　　—金山店　　22 000

　　应交税费—应交增值税（销项税额）　　6 720

同时，结转销售成本：

借：主营业务成本—中山店　　[50×280＝] 14 000

　　　　　　　　—金山店　　[55×280＝] 15 400

　　贷：库存商品—中山店　　14 000

　　　　　　　　—金山店　　15 400

（二）自愿连锁经营的核算

自愿连锁又称为自由连锁，指在龙头企业的统领下，各零售企业通过自愿加盟的方式组成经营联合体。总部和各门店独立核算，自负盈亏，具有很大的经营自主权。

总部统一订货送货、制定销售策略，统一使用物流及信息设施。总部向门店配送商品作销售处理，门店作购进处理，门店按销售额的一定比例向总部支付服务费时，总部作“其他业务收入”处理，门店作“管理费用”处理。

（三）特许连锁经营的核算

特许连锁又称加盟连锁，即各零售企业是以加盟店的方式与总部达成契约进行连锁经营的组织形式。总部对加盟店拥有经营权和管理权，加盟店具有法人资格，实行独立核算。在特许连锁方式下，总部拥有先进的技术和管理经验，通过特许经营的方式建立连锁经营体系，并将其丰富的技术经验传授给各加盟店，按协议向加盟店收取加盟费和特许权使用费。加盟店可向总部按商品销售量或者销售额的一定比例收取返点收入。总部将返点支出视为非资产负债表日后事项的销售折让；加盟店将返点收入视同已售商品的含税进货退价。

加盟费是双方签订协议后，加盟店支付给总部的保证金。有两种处理方式，特许连锁加盟费和特许权使用费会计处理方式如表 7－14 所示。

表 7－14　　特许连锁加盟费和特许权使用费核算方式

项目	性质	加盟期限后总部是否退回	总部账务处理	加盟店账务处理
加盟费	加盟代价	否	“其他业务收入”	“管理费用”
加盟费	押金	是	“其他应付款”	“其他应收款”
特许权使用费	加盟代价	否	“其他业务收入”	“管理费用”

【例 7－38】如意桥头面包店和如意集团总部签订加盟连锁协议，由总部向如意桥头面包店供应商品，如意桥头面包店向总部进货 30 万元及以上时，总部按销售额的 5% 给予返利。20×7 年末，如意桥头面包店进货额达 50 万元，总部返利 25 000 元给如意桥头面包店，增值税税率 16%。

（1）如意桥头面包店。

当期应冲减的进项税额＝当期取得的返还资金/（1＋所购货物适用的增值税税率）×所购货物使用的增值税税率

＝25 000/（1＋16%）×16%＝3 448.28（元）

借：银行存款　　25 000

　应交税费—应交增值税（进项税额）　　3 448.28（红字）

　贷：主营业务成本　　21 551.72

（2）20×7 年末，总部根据开出的红字增值税发票冲减销售收入和增值税销项税额。

借：主营业务收入　　21 551.72

　贷：银行存款　　25 000

　　应交税费—应交增值税（销项税额）　　3 448.28

课后习题

一、思考题

1. 批发企业商品流转核算特点有哪些？
2. “商品进销差价”账户反映什么经济内容？
3. 零售企业为什么要调整商品的销售成本？如何调整？
4. 连锁企业经营使用的会计核算方法有哪些？

5. 批发企业和零售企业的受托代销商品销售的核算有何异同？

二、单项选择题

1. 小型批发流通企业通常采用的商品核算方法是（　　）。

A. 数量进价金额核算法　　B. 数量售价金额核算法

C. 进价金额核算法　　D. 售价金额核算法

2. 期末库存商品的金额比较接近市场价值的计价方法是（　　）。

A. 先进先出法　　B. 个别计价法

C. 月末一次加权平均法　　D. 毛利率法

3. 鼎新批发公司自秋盈公司购进奶锅 1 000 只，每只进价 25 元，现收到秋盈公司的更正发票，奶锅单价应为 20 元/只，该笔业务属于（　　）。

A. 购进商品溢余　　B. 进货退出

C. 进货退价　　D. 进货补价

4.《企业会计准则》中没有提及但零售企业常在使用的销货成本计算方法是（　　）。

A. 毛利率法　　B. 先进先出法

C. 个别计价法　　D. 加权平均法

5. 使用售价金额核算方式的应该是（　　）。

A. 工业企业　　B. 大中型批发企业

C. 零售商业企业　　D. 施工企业

6. 进价金额核算法适用于是（　　）。

A. 农副产品收购企业　　B. 经营鲜活商品的零售企业

C. 工业品批发公司　　D. 专业性零售企业

7. 采用售价金额核算法的企业在销售的同时，将库存商品按售价金额转入“主营业务成本”账户是为了（　　）。

A. 准确核算销货成本

B. 及时反映各营业柜组经营商品的库存额

C. 月末计算和结转已销商品进销差价

D. 及时反映各营业柜组的经济责任

8. 鲜活商品零售企业采购商品时发生的进货费用一般计入（　　）。

A. 销售费用　　B. 管理费用

C. 在途物资　　D. 库存商品

9. 连锁店的门店均为独立法人，各自的资产所有权关系不变，独立经营，自负盈亏，在总部的指导下共同经营的连锁形式属于（　　）。

A. 直营连锁　　B. 自愿连锁

C. 加盟连锁　　D. 特许连锁

10. 采取特许连锁形式时，当加盟店支付给总部特许权使用费时，加盟店记作（　　）。

A. 其他业务支出　　B. 管理费用

C. 销售费用　　D. 其他应收款

三、多项选择题

1. 批发企业对异地销售商品时，可采用的结算方式有（　　）。

A. 银行本票　　B. 委托收款

C. 商业汇票　　D. 托收承付

2. 下列说法属于包销式视同买断的有（　　）。

A. 受托方有定价权

B. 商品是否出售、是否盈利都与委托方无关

C. 委托方则在收到代销清单时才确认收入

D. 委托方应于发出商品时确认收入

3. 商品流通企业的进货费用包括（　　）。

A. 采购商品过程中发生的运输费、包装费

B. 采购商品过程中发生的装卸费、保险费

C. 其他可归属于存货采购成本的费用

D. 运输途中的合理损耗和入库前的挑选整理费

4. 进货过程中，由于商品货物性质、购销地点及运输条件等不同，商品货物的交接方式也不同，可以选择的货物交接方式有（　　）。

A. 提货制　　B. 购货制

C. 送货制　　D. 发货制

5. 售价金额核算法下，以含税售价核算的账户有（　　）。

A. 在途物资　　B. 商品进销差价

C. 库存商品　　D. 主营业务收入

E. 主营业务成本

6. 在售价金额核算法下，已销商品的进销差价的计算方法包括（　　）。

A. 盘存商品实际进销差价法　　B. 分类差价率法

C. 综合差价率法　　D. 月末一次加权平均推算法

7. 进价金额核算法的缺点是（　　）。

A. 工作核算量大

B. 虚增销售成本

C. 难以发现商品管理中存在的问题

D. 无法准确了解商品存放过程的实际损耗

8. 采用售价金额核算法的零售企业购进商品发生退价，同时更正零售价格核算时，采用的账户包括（　　）。

A. 应付账款

B. 应收账款

C. 应交税费—应交增值税（进项税额）

D. 主营业务成本

E. 商品进销差价

9. 购进商品发生拒付货款和拒收商品一般会出现下列（　　　）情况。

A. 先拒收，后拒付　　B. 先拒付，后拒收

C. 先商品验收入库，后拒付　　D. 先承付，后拒收

10. 特许加盟费有（　　　）两种处理方式。

A. 作为加盟代价，不退回　　B. 作为押金

C. 作为预付款　　D. 作为销售费用

四、判断题

1. 向外单位购进专供本单位自用的商品不属于商品购进的范围。（　　）

2. 在库商品销售和直运商品销售均属于商品销售，在核算上二者没有区别。（　　）

3. 分期收款销售方式下，销货方将商品交付给购货方，销货方应于收到最后一期货款时确认销售收入（　　）

4. 企业在预付账款时，不能作为商品的购进，只有在收到商品时才能确认为商品购进。（　　）

5. 进价金额核算方法适用于一般鲜活商品，对一些质量较为稳定，等级变化不大而又无需随时调整售价的，也可采用售价金额核算。（　　）

6. 库存商品发生短缺，不论是自然损耗还是责任事故，经领导批准由企业列支时，均列入“销售费用”账户。（　　）

7. 零售企业采用收取手续费方式代销商品，月末和视同买断代销方式一样需要结转商品销售成本。（　　）

8. 零售商品的调价和削价不是同一概念，前者是对残次冷背商品进行价格上的调整。（　　）

9. 跨地区连锁企业采用“总部—地区总部—门店”的管理方式时，总部向地区总部所属门店配送商品，实际上是直运商品业务。（　　）

10. 连锁经营企业由总部、门店和配送中心组成，其门店的主要职责是市场调研和促销策划。（　　）

五、业务核算题

1. 彩虹公司是一家从事商品批发的企业，20×7 年 3 月发生如下经济业务：

（1）8 日，从龙韵公司购入茶叶 5 000 斤，每斤进价 100 元，增值税是税款 80 000 元，货款未付，发生运费 2 200 元（含 10% 增值税，金额较小直接计入当期损益），运费付讫。

（2）11 日，茶叶运到，验收入库，实收 5 200 斤，溢余 200 斤，原因待查。

（3）15 日，系供应商多发，公司同意购进，16 日收到龙韵公司补来的增值税专用发票。

（4）28 日，转账付讫龙韵公司货款。

2. 上海君涵商场为零售业增值税一般纳税人，采用售价金额核算法。20×7 年 1 月电器柜组发生如下经济业务。

（1）2 日，从香港星星批发公司购进洗脸机 300 台，每台洗脸机进价 200 元，含税零售价为 348 元，星星公司代垫运费 2 200 元，货款当即用转账支票支付。

（2）5 日，将 2 日购进的洗脸机验收入库，实收 295 台，短缺 5 台，原因待查。

（3）6 日，接受上海佳佳公司的委托，代销美容仪 400 个，含税接收价为 139.2 元/个，君涵商场零售定价为 208.8 元，视同买断。

（4）14 日，查明短缺的 5 台洗脸机系损毁所致，由运输公司承担赔偿责任。

（5）25 日，代销售出美容仪 300 个，同时结转销售成本。

（6）26 日，向上海佳佳公司开具代销清单，收到上海佳佳公司开具的增值税专用发票，并与其转账结算代销商品款。

（7）31 日，计算并结转代销商品的销项税额、商品进销差价。

第八章
公用事业行业特殊业务会计

引导案例

微信冲击传统电信业务

当中国手机网民在2012年首次超过传统PC网民的时候，就宣告了一个移动互联网时代的到来。新型传播媒介微信迅速赢得了用户的青睐。2013年10月，微信注册用户达到了6亿。

- 传统电信业务受到严重冲击

微信咄咄逼人地蚕食中国电信运营商的重要收入来源——语音通话和短信服务。以短信业务和语音通话业务为代表的传统电信业务逐步走向衰落。

据工信部数据，2012年中国手机用户共发送8 973亿条短信达到峰值。之后中国手机用户发送的短信数量开始下降，且降幅越来越大。2013年短信数量降1%，2014年短信数量降14%，2015年短信数量已经下降至6 992亿条。

从2015年财报数据上看，三大电信运营商2015年在营收和利润上都表现平平。中国移动2015年实现营收6 683.4亿元，同比增长2.6%，净利润1 085.4亿元，同比下降0.6%；中国电信2015年营收3 312.02亿元，同比增长2.1%，净利润200.54亿元，同比增长13.4%；中国联通2015年营收2 770.5亿元，同比下降2.7%，净利润105.6亿元，同比下降12.4%。如果扣除2015年三大电信运营商都向铁塔公司出售铁塔资源的收益，三大运营商的净利润增长均为负值。

- 战略转型的契机

在“用户饱和、OTT冲击、提速降费、营改增”等众多因素的影响下，运营商的增长放缓甚至下滑已大势所趋。三家运营商开始谋求战略转型。以中国移动为例，虽然营收数据不乐观，但2015年中移动收入实现了结构性的翻转：数据业务收入达3 034.25亿元，首次超过语音业务收入（2 618.96亿元），占通信服务收入的比重上升至52%，而语音业务收入则同比下降了16.5%。

当前手机用户大多都安装使用了微信等社交工具，在冲击传统电信业务的同时，也给电信运营商带来流量收入的增长。电信运营商面临的选择，是与微信等互联网服务商合作向数据流量业务转型，还是与其一争高下？

- 创新业务：流量后向经营

流量后向经营是电信运营商流量经营业务的重大创新点。流量后向业务，是指通信运营商以流量作为合作资源，与合作方在全国或部分省市范围内协同开展合作，由合作方购买流量并按照一定的规则赠送其用户，流量费用全部由合作方支付。为顺应移动互联网新的流量分发模式、寻找新的利益增长点，中国联通、中国电信、中国移动三家运营商均已启动流量后向经营。流量后向经营业务的营收规模在2016年得到了快速提升，三大电信运营商的后向经营业务收入总规模超过100亿元。

在我国经济转轨时期，加之新公共管理运动兴起，公用事业部门的各个领域都在经历着深刻的变革。

【学习目标】了解电力企业、电信企业和邮政企业的业务经营特点；了解电力企业、电信企业和邮政企业业务核算的特殊性；掌握电力企业、电信企业和邮政企业特殊业务的主要账务处理。

【关键概念】公用事业、内部往来、拨付所属资金、上级拨入资金、专项应付款、营业款结算、待转业务成本、收支差额、共同费用。

公用事业，指具有各企业、事业单位和居民共享的基本特征的，服务于城市生产、流通和居民生活的各项事业的总称，包括水电煤气供应、公共交通、邮政电信、环境卫生等。公共事业行业的经营活动具有外部经济性、网络性、规模经济性、产业管制性等特征。我国公用事业行业的经营管理方式根据公用事业的性质有所差异：自来水、电力、煤气、供热和公共交通事业，归市政府所属的公用事业部门领导，由独立的专业公司经营；邮政电信等采取营业性的经营方式，由独立核算企业负责经营；城市环境卫生则由城市维护费开支。本章将阐述电力企业、邮政企业和电信企业的特殊业务核算问题。

第一节 电力企业特殊业务会计

一、电力企业特殊业务概述

（一）电力行业概述

电力行业是国民经济的基础产业，电力行业中的企业类型多，包括发电企业、供电企业、建筑施工企业、设备制造企业等。电力企业按照生产活动可以分为电力生产企业和电力销售企业两大类。电力生产企业即发电企业，电力销售企业即是供电企业。发电企业根据发电能量分为水利发电、火力发电、核能发电、风力发电、可再生能源发电等企业。发电企业的生产过程就是发电，发电环节是在电厂完成的；而供电企业的生产经营过程包括输电和配电。

我国于2002年对电力系统进行体制改革，将国家电力公司管理的资产划分为发电和电网两类。发电环节分为中国能源集团公司、中国大唐集团公司、中国华电集团公司、中国国电集团公司、中国电力投资集团公司5个全国性的独立发电公司。输电和配电环节由国家电网公司、中国南方电网有限公司经营。本教材发电、售电等环节核算均有涉及。

（二）电力企业生产经营特点

1. 电力企业没有中间产品和库存商品

电力产品的生产、销售过程是同时进行并且同时完成不能中断，没有中间产品和库存商品。电力作为广泛利用的二次能源，与其他能源不一样，一般不能大规模储存。电力供应千家万户，其用电时间和用电量虽然有一定规律，但很难准确预测。为了满足电力用户的电能需求，一方面发电设备需要配备有相应的备用容量，另一方面可通过建抽水蓄能电站利用电力负荷低谷时的电能抽水至上水库，在电力负荷高峰期再放水至下水库发电。

2. 电力产品的生产、销售是分别由发电企业和供电企业协同完成

电能的生产、输送、分配、使用几乎是在同时进行的，电力产品的生产、销售是分别由发电企业和供电企业协同完成。发电厂、电力用户通过电力线路和变电站互相连接成电网进行生产和使用，电网是一个不可分割的整体。

3. 电力企业是技术和资金密集型企业

电力生产工业技术具有相当的复杂性。电力系统内的发电、供电和用电设备在电磁上相互连接，相互耦合。任何一点发生故障或任何一个设备出现问题，都会瞬间影响和波及全系统。正常情况下随时保持电力供需平衡；出现故障时，按照调度迅速处理事故，使事故的影响限制在最小范围内，以减少事故损失。

生产技术的复杂性决定了技术装备的先进性，电力企业现代化技术装备程度非常高。现代化技术装备程度高必然占用大量资金，导致电力工业企业需要巨额的资金投入，属于典型的资金密集型企业。2017年国家电网公司发布的《2016年社会责任报告》提出，国家电网公司2017年承诺发展总投入5 871亿元，固定资产投资4 848亿元，电网投资4 657亿元等。

（三）电力企业会计核算的特殊性

1. 系统内往来拨付业务

（1）内部往来业务核算。内部往来，是指内部实行收支两条线核算的电力企业，其公司本部与所属非独立核算的基层单位之间由于生产经费、电费缴拨和本年利润结转等引起的账务往来。只适用于企业内部非独立核算上下属单位之间的业务往来，如区域电网公司、省（市）级电力公司与所属内部核算发电和供电企业之间往来；独立发电公司与所属内部核算电厂之间的往来。与内部往来有关的会计核算，都应当向对方单位发送盖章的列账通知，或将盖章的记账凭证副联及有关单证送对方单位代作列账通知。除银行收付款业务和不涉及对方单位的差错更正外。

（2）内部拨付资金核算。内部拨付资金，是指企业与内部非独立核算的下属单位之

间拨付的各种长期资金。电力企业设置“拨付所属资金”和“上级拨入资金”核算内部拨付资金。拨付所属资金，是指企业拨付给内部非独立核算的下属单位的各种长期资金。上级拨入资金，是指非独立核算的单位收到的上级单位拨入的各种长期资金。

2. 收入核算的特殊性

电力企业主要分为发电企业和供电企业两大类。发电企业的主营业务收入是指售电收入，售电给供电企业。供电企业的主营业务收入包括售电收入、输电收入、高可靠性供电收入、自备电厂系统备用容量费收入、可中断电价收入、农网还贷资金返还收入、受托运行维护收入、尚未并入电价单独确认的农村电网维护费收入、临时接电收入、可再生能源电价附加收入、留用加价电费收入等。

此外，还有电力配套服务企业，其主营业务收入包括技术收入、勘测设计收入、工程结算收入、节能服务收入、充换电服务收入、租赁收入、监理收入、监造收入、招投标收入等。

3. 成本费用核算的特殊性

成本费用，指企业为生产产品、提供劳务而发生的各种耗费。发电企业成本费用主要指发电成本。发电成本，是以发电厂或发电机组为核算对象，核算发电企业为发电所发生的各种成本费用。发电成本一般包括燃料费、购入电力费、水费、材料费、工资、职工福利费、社会保险费、折旧费、修理费、财产保险费、研究开发费、电量转移补偿费、其他运营费用等。目前我国5大国有发电企业的电包销给两大国有供电企业，因此不存在销售费用核算的问题。这些电力企业管理费用比重很少，甚至不单独核算管理费用，将当期为生产、输送电力产品而发生的各项成本费用全部计入当期生产成本。电力行业发展关乎国计民生，传统上一直由政府直接经营。随着我国深化电力体制改革，民营资本进入电力行业，销售费用与管理费用区别核算将是必然的选择。

【实务链接】

大唐发电（601991）的销售费用

大唐发电（601991）经营产业以发电为主，同时涉及煤炭、交通、循环经济等领域，已由单一的发电公司发展为综合能源公司。在大唐发电（601991）的合并利润表中仍然核算销售费用和管理费用。但在其母公司个别利润表中，销售费用为0，管理费用占营业收入比重仅为7%左右。

供电企业成本费用一般包括购电成本和输配电成本。购电成本，指为了销售而购入电量，按规定或约定的价格支付的购电费用，包括购入电力费、可再生能源电价附加补贴和支付给电厂的未并入电价的脱硫、脱硝补贴成本等。输配电成本，是指为输送和提供电能在输配环节所发生的成本费用。输配电成本一般包括输电费、折旧费、自营材料费、外包材料费、外包检修费、委托运行维护费、职工薪酬、低值易耗品摊销、财产保险费、研究开发费、其他运营费用等。

电力配套服务企业主营业务成本包括技术成本、勘测设计成本、工程施工成本、节能服务成本、换电服务成本、监理服务成本、监造服务成本、招投标服务成本等。

4. 专项应付款核算的特殊性

作为公用事业的典型代表，作为技术与资金密集型企业，电力企业大量资金需要依靠政府投入。

1998年以来，中央政府为了扩大内需、拉动经济增长，通过增发国债专项用于加大基础设施建设等方面投入的资金。国债专项资金分为两类：一类列入中央预算支出，用于中央建设和补助地方项目建设；一类转贷给地方政府和中央部门，用于地方和中央部门项目建设，由地方政府和中央部门还本付息。电力企业有相当一部分建设资金来自于国债转贷资金，通过财政部转贷给省级政府，省政府再转贷给电力企业，用于电力企业项目建设。电力企业设置“专项应付款”科目核算国债转贷资金的收支与结余的情况。

二、电力企业系统内往来拨付业务核算

（一）内部往来业务的核算

1. 内部往来的科目设置

电力企业应设置“内部往来”科目，核算内部核算单位之间的各种往来款项，属于资产负债共同类账户。“内部往来”科目借方核算内部应收款金额，贷方核算内部应付款金额。期末的借方余额表示应收未收的往来款项，期末的贷方余额表示应付未付的往来款项。企业本部按内部核算单位名称设置二级明细科目，进行明细核算；内部核算单位按照资金类别和业务性质，可按生产经费、上交电费、上缴折旧、损益结转、增值税等设置明细科目，进行明细核算。

内部往来账务应当按月核对一致。企业编制的母公司会计报表中，所属内部核算单位之间的内部往来项目应相互抵销，不得留有余额。

2. 内部往来的账务处理

（1）上级拨付下属单位生产经费。上级单位向下属各单位拨付生产经费时，借记“内部往来”科目，贷记“银行存款”科目；下属单位收到上级单位拨付的生产经费时，做反方向分录。

【例8-1】省电力公司下拨给非独立核算的市供电公司资金100万元。

省电力公司：

借：内部往来—市供电公司　　　　1 000 000

　　贷：银行存款　　　　1 000 000

市供电公司：

借：银行存款　　　　1 000 000

　　贷：内部往来—省电力公司　　　　1 000 000

（2）下属单位上缴电费。下属单位将电费收入上交上级单位时，借记“内部往来”科目，贷记“银行存款”科目；上级单位收到下属单位上缴的电费收入时，做反方向分录。

【例8-2】某市供电公司将本月电费收入230万元上缴省电力公司。

市供电公司：

借：内部往来—省电力公司　　　　2 300 000

贷：银行存款　　2 300 000

省电力公司：

借：银行存款　　2 300 000

贷：内部往来—市供电公司　　2 300 000

(3) 下属单位上缴基金。下属单位按照规定上缴国家重大水利工程建设基金、可再生能源发展基金、农网还贷资金（“一省多贷”及“一省一贷”）、水库移民后期扶持基金等代收款项时，借记“其他应交款”科目，贷记“内部往来”“银行存款”科目；上级单位收到时，借记“内部往来”“银行存款”科目，贷记“其他应交款”科目。

【例 8-3】 某省电力公司收到下属非独立核算的市供电公司上缴的国家重大水利工程建设基金 200 000 元。

市供电公司：

借：其他应交款　　200 000

贷：内部往来—省电力公司　　200 000

或银行存款

省电力公司：

借：内部往来—市供电公司　　200 000

或银行存款

贷：其他应交款　　200 000

(4) 折旧上缴

电力企业的所得税一般都是由上级单位汇总清缴的，下属单位一般都不交所得税。当下属单位因上级单位调拨而增加固定资产的时候，贷方计入“上级拨入资金”科目，所以下属单位账面的固定资产，其所有权在上级单位。下属单位计提固定资产折旧时，应通过内部往来把相当于固定资产折旧额的金额上缴给上级公司。下属单位转账上缴折旧时，借记“上级拨入资金”科目，贷记“内部往来”科目；上级单位根据转来的列账通知，借记“内部往来”科目，贷记“拨付所属资金”科目。

【例 8-4】 省电力公司收到非独立核算的市供电公司上缴折旧 30 万元。

市供电公司：

借：上级拨入资金　　300 000

贷：内部往来—省电力公司　　300 000

省电力公司：

借：内部往来—市供电公司　　300 000

贷：拨付所属资金　　300 000

(5) 损益结转。下属单位损益的结转方式有两种：一是下属单位将损益类账户直接转入“内部往来—上级单位”，再转出；二是下属单位正常结转利润后将本年利润的余额转入“内部往来—上级单位”。

下属单位直接将损益类账户转出时，每月月末，下属单位将当月实现的收入结转上级单位，借记“主营业务收入—主营业务收入转出”“其他业务收入—其他业务收入转出”“投资收益—投资收益转出”“营业外收入—营业外收入转出”等科目，贷记“内部往来”科目；将当月发生的主营业务成本支出等结转上级单位，借记“内部往来”科目，贷记“主营业务成本—主营业务成本转出”“其他业务成本—其他业务成本转出”“财务费用—财务费用转出”“营业外支出—营业外支出转出”等科目。同时，上级单位借记“内部往来”科目，贷记“本年利润”对应收入类明细科目；借记“本年利润”对应费用类明细科目，贷记“内部往来”科目。

下属单位每月结转利润后将本年利润的余额转出时，下属单位只把本年利润余额结转当月实现本年利润至上级单位，借记“本年利润”科目，贷记“内部往来”科目。同时，上级单位作相反会计分录。

【例8－5】某省电力公司所属的市供电公司将本月实现的损益结转省供电公司，该市的损益类科目的余额：主营业务收入500万元，其他业务收入60万元，营业外收入3万元，主营业务成本378万元，其他业务成本52万元，财务费用4万元，营业外支出45 000元。

第一种核算法：下属单位直接结转

（1）市供电公司。

①结转收入类科目。

借：主营业务收入—主营业务收入转出	5 000 000	
其他业务收入—其他业务收入转出	600 000	
营业外收入—营业外收入转出	30 000	
贷：内部往来—省电力公司		5 630 000

②结转成本费用类科目。

借：内部往来—省电力公司	4 385 000	
贷：主营业务成本		3 780 000
其他业务成本		520 000
财务费用		40 000
营业外支出		45 000

（2）省电力公司。

①结转收入类科目。

借：内部往来—市供电公司	5 630 000	
贷：本年利润—主营业务收入		5 000 0000
—其他业务收入		600 000
—营业外收入		30 000

②结转成本费用类科目。

借：本年利润—主营业务成本	3 780 000	
—其他业务成本	520 000	
—财务费用	40 000	
—营业外支出	45 000	
贷：内部往来—市供电公司		4 385 000

第二种核算法：下属单位结转本年利润

(1) 市供电公司。

①结转收入类科目。

借：主营业务收入　　5 000 000
　　其他业务收入　　600 000
　　营业外收入　　30 000
　　贷：本年利润　　5 630 000

②结转成本费用类科目。

借：本年利润　　4 385 000
　　贷：主营业务成本　　3 780 000
　　　　其他业务成本　　520 000
　　　　财务费用　　40 000
　　　　营业外支出　　45 000

③差额 1 245 000 元结转。

借：本年利润　　1 245 000
　　贷：内部往来—省电力公司　　1 245 000

(2) 省供电公司。

借：内部往来—市供电公司　　1 245 000
　　贷：本年利润　　1 245 000

(二) 拨付所属资金、上级拨入资金的核算

1. 会计科目设置

电力企业应设置“拨付所属资金”科目，核算企业拨付给下属非独立核算单位的各种长期资金的增减、结余情况，借方反映下拨数，贷方反映下属单位上移或缴回数，期末借方余额反映拨付下属单位各项长期资金的余额。本科目应按单位设置明细科目进行明细核算；拨付所属资金的种类、项目较多的，还应当对每一个单位按拨款类别或项目进行明细核算。

下属企业应设置“上级拨入资金”科目，核算其收到上级单位拨付的各种长期资金的增减、结余情况，借方反映上缴数，贷方反映下拨数，期末贷方余额反映上级单位拨入各项长期资金的余额。本科目应当按拨款类别或项目进行明细核算。

2. 主要账务处理

(1) 拨付下属单位资金。拨付下属单位折旧资金、财政性资金以及用其他自有资金安排的基建拨款等资金时，借记“拨付所属资金”科目，贷记“银行存款”科目。收到上级单位拨入折旧资金、财政性资金以及用其他自有资金安排的基建拨款等资金时，借记“银行存款”科目，贷记“上级拨入资金”科目。

【例 8-6】某省电力公司拨付下属 A 市供电公司折旧资金 60 万元，基建拨款 2 000 万元。

省电力公司：

借：拨付所属资金　　20 600 000
　　贷：银行存款　　20 600 000

A 市供电公司：

借：银行存款　　20 600 000

　　贷：上级拨入资金　　20 600 000

（2）折旧资金的上缴和收到。收到下属单位上缴集中折旧资金时，借记“内部往来”科目，贷记“拨付所属资金”科目。下属单位上缴集中折旧资金时，借记“上级拨入资金”科目，贷记“内部往来”等科目，见【例 8－4】所示。

（3）下属单位相互调拨固定资产。收到下属单位相互调拨固定资产的有关手续及列账通知时，按资产净值借记“拨付所属资金—资产调入”科目，贷记“拨付所属资金—资产调出”科目。调入方按资产原价，借记“固定资产”科目，按已提折旧金额，贷记“累计折旧”科目，按已提资产减值准备，贷记“固定资产减值准备”科目，按资产账面价值，贷记“上级拨入资金”科目；调出方按资产账面价值，借记“上级拨入资金”科目，按资产原价，贷记“固定资产”科目，按已提折旧金额，借记“累计折旧”科目，按已提资产减值准备，借记“固定资产减值准备”科目。

【例 8－7】 某省电力公司的下属 A 市供电公司把不需要使用的一台设备无偿调出给 B 市使用。该设备原始价值 23 万元，累计折旧 5 万元。

A 市供电公司：

借：上级拨入资金　　180 000

　　累计折旧　　50 000

　　贷：固定资产　　230 000

B 市供电公司：

借：固定资产　　230 000

　　贷：累计折旧　　50 000

　　　　上级拨入资金　　180 000

省电力公司：

借：拨付所属资金—资产调入（B 市供电公司）　　180 000

　　贷：拨付所属资金—资产调出（A 市供电公司）　　180 000

（4）下属单位由于其他途径转入增加权益性资金。收到下属单位由于其他途径转入增加权益性资金的列账通知及相关资料时，借记“拨付所属资金”等科目，贷记“资本公积”科目。将接受由于其他途径增加的权益性资金结转上级单位列账时，借记有关资产科目或负债科目，贷记“上级拨入资金”科目等。收到上级单位分配和下拨任意盈余公积时，借记“银行存款”科目，贷记“上级拨入资金”科目。

【例 8－8】 某市供电公司收到由于其他途径转入增加权益性资金的列账金额 50 万元。

市供电公司：

借：有关资产科目　　500 000

　　贷：上级拨入资金　　500 000

省电力公司：

借：拨付所属资金—某县供电公司　　500 000

　　贷：资本公积　　500 000

(5) 将银行转来的建设期借款利息分摊给各下属使用单位。将银行转来的建设期借款利息分摊给各下属使用单位时，借记“拨付所属资金”科目，贷记“应付利息”等科目。接到上级单位分摊的建设期借款利息列账通知时，借记“在建工程”科目，贷记“上级拨入资金”科目。如果该项长期借款由下属单位承担还款义务，上缴上级单位用于归还长期借款的资金时，借记“上级拨入资金”科目，贷记“银行存款”科目。

【例8－9】某省电力公司将借入的长期借款1 000万元，利息50万元分摊给所属A、B市供电公司各承担50%。

省电力公司：

借：拨付所属资金—A市供电公司	250 000	
—B市供电公司	250 000	
贷：应付利息		500 000

A、B市供电公司：

借：在建工程	250 000	
贷：上级拨入资金		250 000

三、电力企业收入核算

（一）收入核算的会计科目设置

1. 发电企业

发电企业设置“主营业务收入”核算发电企业按照国家电价政策和抄见电量向电网公司或电力用户收取的全部电费收入，并设置“主营业务收入—售电收入”二级科目，进行明细核算。

2. 供电企业

供电企业设置“主营业务收入”科目，核算供电企业主营业务收入的确认和结转情况，并设置“售电收入”、“输电收入”、“高可靠性供电收入”、“自备电厂系统备用容量费收入”、“可中断电价收入”、“农网还贷资金返还收入”、“受托运行维护收入”、“农村电网维护费收入”、“临时接电收入”、“可再生能源电价附加收入”、“留用加价电费收入”等明细科目进行明细核算。电力配套服务企业应在“主营业务收入”科目下，设置“技术收入”、“勘测设计收入”、“工程结算收入”、“节能服务收入”、“充换电服务收入”、“留用加价电费收入”、“其他主营业务收入”等明细科目进行明细核算。

“其他业务收入”科目，核算供电企业和电力配套服务企业确认和结转的其他业务收入。按其他业务收入的类别进行明细核算，包括“出租固定资产”、“出租无形资产”、“出租包装物和商品”、“投资性房地产”、“利库物资处置收入”、“培训收入”、“并网接电技术服务收入”、“户表安装收入”、“校表收入”、“充值卡包销服务收入”、“充值卡代销服务收入”、“智能电表补换卡收入”、“通信收入”、“代建用户工程”、“手续费收入”等。

（二）主要账务处理

1. 售电收入的核算

电力企业的营销部门根据电费发行记录，按户逐笔进行明细核算，财务根据营销集成数据信息进行总账核算，电费收入借记“应收账款—应收售电收入（电费）”科目，贷记“主营业务收入—售电收入（电费）”科目；随同电费一并代征的各项基金附加和农村电网维护费，同售电收入。应缴纳的增值税，贷记“应交税费—应交增值税（销项税额）”科目。

【例8-10】 某市供电公司财务根据营销集成数据信息记录本日应收电费收入85万元，增值税136 000元。

借：应收账款　　994 500
　贷：主营业务收入—售电收入（电费）　　850 000
　　　应交税费—应交增值税（销项税额）　　136 000

2. 代征的各类基金附加从主营业务收入中转出

财务按集成信息每日将代征的各类基金附加从主营业务收入中转出，借记“主营业务收入—售电收入（国家重大水利工程建设基金）”等，贷记“其他应交款—国家重大水利工程建设基金/农网还贷资金/水库移民后期扶持基金/差别电价/可再生能源附加/城市公共事业附加/惩罚性电价收入”等科目。

【例8-11】 某市供电公司财务根据营销集成数据信息，代征的国家重大水利工程建设基金20万元，农网还贷资金6万元，水库移民后期扶持基3万元转出。

借：主营业务收入—售电收入（国家重大水利工程建设基金）　　200 000
　　主营业务收入—售电收入（农网还贷资金）　　60 000
　　主营业务收入—售电收入（水库移民后期扶持基金）　　30 000
　贷：其他应交款—国家重大水利工程建设基金　　200 000
　　　其他应交款—农网还贷资金　　60 000
　　　其他应交款—水库移民后期扶持基金　　30 000

3. 月末账务处理

月末计算农网还贷资金（一省多贷）、农网还贷资金（一省一贷）、水库移民后期扶持基金、差别电价收入、可再生能源附加、城市公用事业附加等代收收入应缴纳的城建税、教育费附加、地方教育费附加（国家重大水利工程建设基金免征）、地方水利建设基金等税费，借记“税金及附加”科目，贷记“应交税费—应交城市维护建设税”、“应交税费—应交教育费附加”、“应交税费—应交地方教育费附加”、“应交税费—地方水利建设基金”等科目。

四、电力企业成本费用核算

（一）成本费用核算的会计科目设置

电力企业应在“生产成本”科目下设置“发电成本”、“购电成本”、“输配电成本”等明细科目，按照成本项目进行明细核算。借方反映成本发生数，贷方反映结转数或转出数，月末企业应将发电成本、购电成本、输配电成本结转到“主营业务成本”科目，月末无余额。

1. 发电企业

发电企业应设置“主营业务成本—电厂售电成本”、“其他业务成本”科目。“主营业务成本—电厂售电成本”科目，核算发电企业从事主营业务而发生的成本，借方反映从“生产成本”等科目结转的实际成本，贷方反映结转到“本年利润”科目的成本期末结转后无余额。

“其他业务成本”科目，核算发电企业确认的除主营业务活动以外的其他经营活动所发生的支出，本科目设置参照供电企业其他业务成本科目。

2. 供电企业

供电企业应设置“主营业务成本”、“其他业务成本”科目。“主营业务成本”科目，核算供电企业从事主营业务而发生的成本，借方反映从“生产成本”等科目结转的实际成本，贷方反映结转到“本年利润”科目的成本，期末结转后无余额。“主营业务成本”科目应按主营业务的种类设置“输配电成本”、“购电成本”明细科目，进行明细核算。

电力配套服务企业应在“主营业务成本”下，设置“技术成本”、“勘测设计成本”、“工程施工成本”、“节能服务成本”、“充换电服务成本”“其他主营成本”等明细科目，进行明细核算。

“其他业务成本”科目，核算供电企业和电力配套服务企业确认的除主营业务活动以外的其他经营活动所发生的支出，应按其他业务的种类设置“出租固定资产”、“出租无形资产”、“出租包装物”等明细科目。

（二）主要账务处理

1. 成本核算

（1）发电企业。发电企业财务部门根据发生的燃料费、材料、水费、外购动力费，根据有关部门编制、审核的费用结算单，借记“生产成本—发电成本（水费）”“生产成本—发电成本（购入电力费）”、“应交税费—应交增值税（进项税额）”等科目，贷记“银行存款”、“应付账款”等科目。

【例8－12】某发电企业财务部门根据发生的燃料费、材料、水费、外购动力费，根据有关部门编制、审核的费用结算单，本月的燃料费3 685 000元（不含16%增值税），材料费986 000元（不含16%增值税），水费325 000元（不含10%增值税）。燃料费和材料已经支付，水费暂欠。

燃料费的增值税＝3 685 000×16%＝589 600（元）

材料费的增值税＝986 000×16%＝157 760（元）

水费的增值税＝325 000×10%＝32 500（元）

借：生产成本—发电成本（燃料费）	3 685 000	
—发电成本（材料费）	986 000	
—发电成本（水费）	325 000	
应交税费—应交增值税（进项税额）	779 860	
贷：银行存款		5 418 360
应付账款		357 500

发电企业发生共同费用时，借记“生产成本—共同成本”科目，贷记“银行存款”、“库存现金”、“长期待摊费用”、“应交税费”等科目；期末将共同费用选择合理的分配方法（可按资产、电量、上年标准等）分摊计入输配电和其他成本，借记“生产成本—

发电成本”、“生产成本—其他成本”科目，贷记“生产成本—共同成本”科目。

（2）供电企业。供电企业发生购电费时，借记“生产成本—购电成本（水电）/（火电）/（核电）/（系统内购电）”、“应交税费—应交增值税（进项税额）”等科目，贷记“应付账款—应付购电费”、“银行存款”等科目。

供电企业支付输电费时，借记“生产成本—输配电成本（输电费）”、“应交税费—应交增值税（进项税额）”科目，贷记“应付账款—应付输电费”、“银行存款”等科目。发生折旧、摊销费时，借记“生产成本—输配电成本（折旧费）”、“生产成本—输配电成本（低值易耗品摊销）/（长期待摊费用摊销）/（无形资产摊销）”等科目，贷记“累计折旧”、“低值易耗品”、“长期待摊费用”、“累计摊销”等科目。

电力配套服务企业根据本月发生的实际成本，借记“主营业务成本—技术成本/勘测设计成本/工程施工成本/合同毛利/节能服务成本/充换电服务成本”、“主营业务成本—其他主营成本（租赁支出/（监理服务）/（监造服务）/（招投标服务）”等科目，贷记“生产成本—生产成本结转”、“主营业务收入—工程结算收入”等科目。

非主营业务涉及资产的折旧、摊销不能计入生产成本，而是计入“其他业务成本”。“其他业务成本”核算的内容有：供电企业出租固定资产的折旧额、出租无形资产的摊销额、采用成本模式计量投资性房地产的折旧额、处置利库物资取得其他业务收入的实际成本、发生培训成本、发生并网接电技术服务成本、户表安装成本、校表支出、发生的手续费支出等。账务处理时，借记“其他业务成本—出租固定资产”、“其他业务成本—出租无形资产”等科目，贷记“累计折旧”、“累计摊销”、“银行存款”等科目。

【例8-13】某供电公司本月购入水电2 300万元，火电6 900万元，增值税进项税额为16%，款项已经支付。

进项税额=(23 000 000+69 000 000)×16%=14 720 000（元）

借：生产成本—购电成本（水电）	23 000 000	
生产成本—购电成本（火电）	69 000 000	
应交税费—应交增值税（进项税额）	14 720 000	
贷：银行存款		106 720 000

【例8-14】某供电公司本月发生输电费4 200万元，增值税税率16%，款项未付。

借：生产成本—输配电成本（输电费）	42 000 000	
应交税费—应交增值税（进项税额）	6 720 000	
贷：应付账款—应付输电费		48 720 000

【例8-15】某供电公司本月发生折旧56万元、低值易耗品摊销费287 000元，其他运营费用165 000元。

借：生产成本—输配电成本（折旧费）	560 000	
生产成本—输配电成本（低值易耗品摊销）	287 000	
生产成本—输配电成本（其他运营费用）	165 000	
贷：累计折旧		560 000
低值易耗品		287 000
银行存款		165 000

2. 月末成本结转

用于电力企业生产的产品是无形的电力产品，不能被储存，只要生产出来即使没有被使用也会消耗掉，不存在库存商品，所以生产成本账户不能转入库存商品账户。因此，月末企业应将发电成本、购电成本、输配电成本、其他成本结转到主营业务成本，四个科目月末无余额。

发电企业根据本月销售电力产品的实际成本，计算应结转的主营业务成本，借记“主营业务成本—电厂售电成本”科目，贷记“生产成本—发电成本”科目。

供电企业根据本月购电的实际成本，借记“主营业务成本—购电成本”科目，贷记“生产成本—购电成本”科目。

供电企业根据本月销售电力产品的实际成本，计算应结转的主营业务成本，借记“主营业务成本—输配电成本”科目，贷记“生产成本—输配电成本”科目。

【例 8 – 16】 承【例 8 – 12】，结转发电的主营业务成本。

借：主营业务成本—电厂售电成本　　4 996 000
　贷：生产成本—发电成本（燃料费）　　3 685 000
　　　　　　　—发电成本（材料费）　　986 000
　　　　　　　—发电成本（水费）　　325 000

【例 8 – 17】 某市供电公司本月购电的实际成本 365 万元，售电成本 243 000 元结转。

借：主营业务成本—购电成本　　3 560 000
　　　　　　　　—输配电成本　　243 000
　贷：生产成本—购电成本　　3 560 000
　　　　　　　—输配电成本　　243 000

【例 8 – 18】 某市发电厂本月销售电力产品的实际成本为 800 万元。

借：主营业务成本—电厂售电成本　　8 000 000
　贷：生产成本—发电成本　　8 000 000

五、电力专项应付款核算

（一）会计科目设置

电力企业应当设置“专项应付款”科目，核算各种专项应付款的收支和结余情况，借方反映核销金额，贷方反映拨款金额，期末贷方余额，反映企业尚未转销的专项应付款。“专项应付款”主要包括：国债转贷资金和其他专项贷款。国债转贷资金是由国家增发一定数量的国债，通过财政部转贷给省级政府，用于地方的经济和社会发展建设项目的资金。省级人民政府根据建设项目的特点，决定和落实还款资金的来源，在本省范围内统借、统筹、统还。省级财政部门作为省级政府的债权、债务人的代表，负责对财政部的还本付息工作。“专项应付款”科目按“国家专项拨款”“其他专项应付款”明细科目进行核算。

（二）主要账务处理

电力企业上级单位收到省财政部门的国债转贷资金本金时，借记“银行存款”，贷记“专项应付款—国家专项拨款”，拨付下属单位，借记“长期应收款—应收国债转贷”，贷记“银行存款”。下属单位收到上级单位拨付的国债转贷本金，借记“银行存款”科目，贷记“长期借款—国债转贷本金”科目。

下属单位计提国债转贷利息及归还上级单位国债转贷本金比照长期借款进行处理，上级单位收回下属单位归还的国债转贷本息，借记“银行存款”科目，贷记“长期应收款—应收国债转贷”科目。

上级单位归还财政国债转贷本息时，借记“专项应付款—国家专项拨款”科目，贷记“银行存款”科目。企业承接财政专项研发项目按照无形资产有关规定进行会计处理。

【例8-19】 某市供电公司收到省电力公司拨付的国债转贷本金400万元。

借：银行存款　　4 000 000

　　贷：长期借款—国债转贷本金　　4 000 000

【例8-20】 省电力公司偿还财政国债转贷本息5 200 000元。

借：专项应付款—国家专项拨款　　5 200 000

　　贷：银行存款　　5 200 000

第二节 邮政企业特殊业务会计

一、邮政企业特殊业务概述

（一）邮政企业邮政业务分类

1998年中国邮电体制改革后，邮政和电信分营，邮政成为国民经济体系的一个独立经营的部门。2007年，中国邮政集团公司与国家邮政局挂牌成立，中国邮政政企分离。中国邮政集团公司是依照《全民所有制工业企业法》组建的大型国有企业，依法经营邮政专营业务，承担邮政普遍服务义务，受政府委托提供邮政特殊服务，对竞争性邮政业务实行商业化运营。

邮政企业主要经营的邮政业务划分为十大类专项业务：（1）函件业务，指邮政企业为客户传递书面通信、各种文件和印刷品等实物信息的专门业务；（2）包裹寄递业务，指邮政部门根据有关规则接受用户委托把物品包裹寄递到用户的指定地点并投交给收件人的业务；（3）报刊发行业务，指邮政企业向社会提供报刊发行服务的一项业务是邮政企业经营的主要业务之一；（4）机要通信业务，指一种特殊的邮件种类，有专门途径保障其安全，是保守国家机密、维护国家安全和利益、确保国家秘密载体保密、安全地传递的重要手段；（5）集邮业务，指主要包括新邮预售、企业年册、邮票零售等重点业务；（6）邮政汇兑业务，指汇款人委托邮政企业把款项汇往异地收款人的一种个人资金结算业务；（7）特快专递业务，指邮政企业利用特快专递渠道为客户传送信函、包裹的邮递业务；（8）邮政物流业务，指充分利用中国邮政在实物流、资金流、信息流合一优势基础上发展的现代物流业务，包括一体化物流、功能性物流、中邮快货物流、货物代理、代收货款业务；（9）分销配送业务，指以服务“三农”为宗旨，充分依托邮政品牌优势和网络优势，利用邮政网点组织开展农业生产资料、消费品和农产品销售和配送的邮政业务；（10）代办业务，指邮政企业运用信息平台或现有资源提供的代理服务，包括代理金融、代办电信、代销商品、代理票务等业务。

除了以上主营的邮政业务之外，邮政企业还出售信封、邮政编码簿、包装物等邮品，出租设备、音像制品，出售音像制品、礼仪商品等其他邮政业务。此外，中国邮政集团旗下还成立了邮储银行、中邮证券、中邮保险等从事金融业务，金融业务核算不在本节涉及范畴。

（二）邮政企业经营业务特点

1. 邮政企业提供公用性的服务，具有外部经济性

作为特殊的服务业，邮政企业不生产产品，而是按照客户的要求，利用邮政系统把邮件传递到收件人的手中，从而实现邮件的空间位移，来满足社会公众的需求。作为社会的基础设施，邮政企业是由国家开办和管理，为全社会提供传递附有信息的实物的服务。邮政企业通过提供公用性服务，可以为整个社会节省大量人力和物力，加速资金周转和商品流通，产生客观的社会正面效应，具有很强的外部经济性。

2. 邮政企业业务经营具有全程全网、联合作业的特点

为了实现附有信息的实物传递，邮政部门建立了实物传递和运送网络。由于信息、邮件的传递是根据双方的不同地区之间的需求进行业务联系，因此需要两个或两个以上的邮政局、所共同作业才能完成，具有全程全网、联合作业的特点。

3. 邮政企业提供服务过程也是用户消费过程，两者不可分离

邮政企业一旦接受客户的邮件投递，经营过程就开始，邮政企业提供服务过程就开始了，同时客户的消费过程也开始了。当邮件达到收件人手中，服务过程结束，消费过程也随之结束。邮政企业的服务过程与销售过程一并完成，不需要工业企业的生产、加工、储藏等多个环节。

（三）邮政企业会计核算的特殊性

1. 没有设置与产品生产有关的会计科目

由于邮政企业服务过程就是消费过程，没有产品的存储，没有实物形态的“在产品”和“产成品”，因此邮政企业没有设置“原材料”、“在产品”和“产成品”科目，但设置了“周转材料”核算包装物、低值易耗品等消耗性物资。

2. 业务收入具有全程全网性

邮政企业的服务至少涉及两个或者两个以上的邮政局、所才能完成，属于全程全网、联合作业，导致其业务收入具有全程全网性，每一个局、所实现的收入都不能作为自己的收入，而是属于参与作业的全程全网资费收入。

3. 成本费用计算具有专业性

邮政企业按照经营业务划分为十个专业，每个专业都作为一个成本计算对象来核算成本，各项费用按照专业进行分摊。各核算单位的营业收入、成本费用一般不相互结转。

4. 计算收支差额

中国邮政集团公司作为一个国有企业统一计算利润和纳税，各省、市、县邮政局不单独计算利润，只计算收支差额。由于邮政企业的业务收入都是全程全网收入，单个邮政局的收支差额并不是该邮政局的利润（或亏损），只有汇总的全国邮政系统所实现的收支差额总额，才是全国邮政企业的利润或亏损。

二、邮政企业业务收入核算

（一）收入核算的账户设置

邮政企业根据十大业务，在“主营业务收入”下设置了“函件业务收入”“包裹业务收入”“报刊发行业务收入”等10个二级科目。在各二级科目下，按具体业务收入分类进一步设置明细账。以“函件业务收入”为例，下设“国内普通函件收入”“国内商业函件收入”“国际及港澳台函件收入”和“其他收入”等三级明细科目。

邮政企业各支局、所营业部门的营业缴款和报账，一般不能同步反映到市、县局，因此市、县局应设置“营业款结算”科目来核算邮政企业所属各营业部门、邮政分支机构应缴和已缴的营业收入款。

（二）营业缴款核算

“营业款结算”科目核算企业营业部门、分支机构应交和已交的营业收入款项。期末一般应无余额，如有借方余额，反映企业未达的在途款项。

邮政企业营业部门填写或系统自动生成“营业日报单”，财务部门收到款项和“营业日报单”核对无误，借记“库存现金”、“银行存款—收入户”科目，贷记“营业款结算”科目。

月末财务部门根据营业部门提供的“营业日报单汇总表”审核对无误后结转营业款，借记“营业款结算”科目，属于当期主营业务收入的贷记“主营业务收入”科目，属于原确认应收账款回收的贷记“应收账款”科目，属于预收的款项贷记“预收账款”科目，属于应付其他当事方的款项贷记“应付账款”、“其他应付款”科目。

【例8－21】 20×7年11月5日，某市邮政局财务部门收到营业部门缴来营业款现金3万元及银行进账单12万元，“营业日报单”显示甲支局3万元、乙支局5万元、丙支局4万元、集邮柜台3万元。

借：库存现金	30 000	
银行存款	120 000	
贷：营业款结算—甲支局		30 000
—乙支局		50 000
—丙支局		40 000
—集邮柜台		30 000

【例8－22】 20×7年12月末，某市邮政局财务部门收到各营业点的营业日报单，经审核无误后，编制“主营业务收入汇总表”。20×7年12月，由营业班组缴交营业款为641 744元，集邮柜台缴款134 560元，甲支局缴款112 416元，乙支局缴款111 144元，丙支局缴款144 936元。

主营业务收入包含了以下内容：函件收入237 520元，包裹收入169 040元，汇兑收入20 960元，特快专递收入198 960元，机要通信收入144 160元，代办收入25 600元。

其他业务收入包括：出租设备收入2 400元，出售邮品收入54 400元，其他劳务作业收入8 000元。

另有属于用户欠费的回收款13 200元，收到用户预订报刊款73 600元，应付代办电信业务款96 000元，应付代销商品款20 800元。

借：营业款结算—营业班组　　641 744
　　—集邮柜台　　134 560
　　—甲支局　　112 416
　　—乙支局　　111 144
　　—丙支局　　144 936
　贷：主营业务收入—函件业务收入　　237 520
　　—包裹业务收入　　169 040
　　—汇兑业务收入　　20 960
　　—特快专递业务收入　　198 960
　　—机要通信业务收入　　144 160
　　—代办业务收入　　25 600
　　其他业务收入—出租业务收入　　2 400
　　—出售邮品收入　　134 560
　　—其他劳务作业收入　　8 000
　　应收账款—用户欠费　　13 200
　　预收账款—预收报刊发行费　　73 600
　　应付账款—XX电信公司（代办电信业务款）　　96 000
　　—YY公司（代销商品款）　　20 800

（三）涉及预收账款的收入核算

1. 报刊发行业务收入

邮政企业报刊发行业务的订销局营业部门销售报刊订阅卡、专用单收订报刊应按日填写营业日报单或系统自动生成日报单和缴款单向财务部门缴款报账。财务部门收到款项并审核营业日报单审核无误后进行账务处理同上述的收款业务。由于报刊发行所涉及款项是用户未来一年报刊的预缴款，属于企业的负债。只有当邮政企业逐月履行了配送报刊的服务后才能确认相应收入，借记“预收账款—预收报刊发行费”科目，贷记“主营业务收入—报刊发行收入”科目。

【例8－23】沿用【例8－22】资料，20×7年12月，某市邮政局已确认了预收报刊发行费收入73 600元。20×8年1月，该局报刊发行收入为6 100元。

借：预收账款—预收报刊发行费　　6 100
　贷：主营业务收入—报刊发行业务收入　　6 100

对于长期订阅报刊的固定客户，年底电话征询客户意见后，按应收报刊预订款借记“应收账款”科目，贷记“预收账款”科目。待收到订阅款，如上述对收款业务先借记“银行存款”科目，贷记“营业款结算”科目，月末再借记“营业款结算”科目，贷记

“应收账款”科目。

【例8-24】20×7年12月5日，某市邮政局向市财政局、税务局、工商局、公检法等政府部门发出收款通知单，应收的下一个年度的《某市日报》共计8 400元。20×7年12月15日，收到订阅款的转账通知。20×7年12月底，结转“营业款结算”，冲销“应收账款”。20×8年1月底，预收账款结转为营业收入。

（1）20×7年12月5日。

借：应收账款　　8 400

　　贷：预收账款—预收报刊发行费　　8 400

（2）20×7年12月15日。

借：银行存款　　8 400

　　贷：营业款结算　　8 400

（3）20×7年12月底。

借：营业款结算　　8 400

　　贷：应收账款　　8 400

（4）20×8年1月。

借：预收账款—预收报刊发行费　　700

　　贷：主营业务收入—报刊发行业务收入　　700

2. 集邮业务收入

【拓展阅读】

邮政业营改增

2014年1月1日之前邮政部门销售集邮商品征收营业税。

《财政部　国家税务总局关于将铁路运输和邮政业纳入营业税改征增值税试点的通知》财税〔2013〕106号文件规定，从自2014年1月1日起，邮政业纳入营改增，故邮政局出售邮票，应当按11%缴纳增值税，2018年5月1日以后其调整为10%。

邮政企业地市局收到省公司下发的集邮邮票、纪特邮资封片、小型张、首日封等，先入库后，在向省公司支付印制费、特许权费等款项。

借：其他应付款—省内往来（应付集邮票品款）

　　贷：其他应收款—省内往来—应收调度款（资调存款）

　　　　或银行存款—基本户

【例8-25】某市邮政局收到纪特邮资封片一批，发票价20万元，增值税2万元，计划售价30万元。核对无误后向省邮政公司支付上述纪特邮资封片的支付印制费、特许权费等22 000元。

（1）纪特邮资封片入库。

借：集邮票品—纪特邮资封片（进价）　　200 000

　　应交税费—应交增值税（进项税额）　　20 000

贷：其他应付款—省内往来（应付集邮票品款） 220 000

若采用售价金额核算法

借：集邮票品—纪特邮资封片（售价） 300 000

应交税费—应交增值税（进项税额） 20 000

贷：集邮票品—纪特邮资封片（进销差价） 100 000

其他应付款—省内往来（应付集邮票品款） 220 000

（2）支付款项。

借：其他应付款—省内往来（应付集邮票品款） 22 000

贷：银行存款 22 000

营业部门收款按日提供“营业日报单”、“缴款单”向财务部门缴款报账，财务部门审核无误后进行账务处理：

借：银行存款—收入户

贷：营业款结算

邮政企业销售集邮邮票、纪特邮资封片，在实际销售同时收取款项或取得索取款项凭据时，按应取得的销售额确认收入；预订集邮邮票、纪特邮资封片于发行日按发行数量与发行单价计算后确认收入，如预订资金不足，则在实际补足款项时确认收入；只收取押金而未全额收取预订款的，在用户领取时确认收入。月末，财务部门根据“营业日报单汇总表”、结转收入、用户欠费、预收款项等进行账务处理：

借：营业款结算

应收账款—用户欠费

贷：主营业务收入—集邮业务收入

应交税费—应交增值税（销项税额）

预收账款—集邮预订款

其他应付款—保证金及押金

其他应付款—暂收或代收款项（捐赠支出）

月末，财务部门根据业务部门提供的收入报表、销售报表、进销存报表及营业日报单，结转预订收入。

借：预收账款—集邮预订款

贷：主营业务收入—集邮业务收入（集邮邮票）

应交税费—应交增值税（销项税额）

三、邮政企业业务成本核算

（一）成本核算的账户设置

邮政业务成本，是指邮政企业在市场经营过程中，为取得邮政业务收入而实际发生的与生产有直接关系的各项支出。其具体包括邮政企业直接从事生产人员的薪酬、固定资产的折旧费、修理费、固定资产租赁费、邮政运输费、周转材料摊销等各项与生产有关的业务费用。

邮政企业的“主营业务成本”按照业务类型设置了“函件业务成本”、“包裹业务成本”、“报刊发行业务成本”等10个二级科目，再按照费用设置职工薪酬、折旧费、邮件运输费、修理费、周转材料摊销、业务费等明细科目核算具体成本项目。同时设置“待转业务成本”二级科目对上述10项业务需共同负担的费用进行归集和分配。

（二）直接业务成本核算

【例8－26】某市邮政局20×7年10月函件业务发生下列费用：职工薪酬856 000元、折旧费38万元、邮件运输费32万元、修理费145 000元、周转材料摊销63 000元、业务费97 000元。运输费、修理费和业务费用银行存款支付。

借：主营业务成本—函件业务成本（职工薪酬）　856 000
　　—函件业务成本（折旧费）　380 000
　　—函件业务成本（运输费）　320 000
　　—函件业务成本（修理费）　145 000
　　—函件业务成本（周转材料摊销）　63 000
　　—函件业务成本（业务费）　97 000
　贷：应付职工薪酬　856 000
　　累计折旧　380 000
　　原材料　63 000
　　银行存款　562 000

（三）待转业务成本核算

“待转业务成本”借方归集几个业务共同负担的成本费用，每月终了时按各项费用测定比例分摊至各项业务，分摊后“待转业务成本”应无余额。

【例8－27】某邮政局支付20×7年12月铁路运费40万元。月末对本月发生的铁路运费按照测定的业务比例进行分摊（表8－1）。

表8－1　铁轮运输费分摊计算表　单位：元

业务	分摊比例（%）	分摊金额
函件	20	80 000
包裹	30	120 000
汇票	10	40 000
特快专递	20	80 000
机要通信	2	8 000
报刊发行	18	72 000
合计	100	400 000

借：主营业务成本—待转业务成本（邮件运输费）　400 000
　贷：银行存款　400 000
借：主营业务成本—函件业务成本（邮件运输费）　80 000
　　—包裹业务成本（邮件运输费）　120 000
　　—汇票业务成本（邮件运输费）　40 000
　　—特快专递业务成本（邮件运输费）　80 000

—机要通信业务成本（邮件运输费） 8 000
—报刊发行业务成本（邮件运输费） 72 000
贷：主营业务成本—待转业务成本（邮件运输费） 400 000

四、邮政企业收支差额核算

（一）收支差额的构成

收支差额，是指邮政企业在一定时期内，生产经营活动取得的全部收入用于补偿全部支出和上缴税费后的差额。收大于支称为“收差”，支大于收称为“支差”。由于邮政具有全程全网、联合作业的生产特点，每个邮政局的业务收入都是全程全网收入，因此每个邮政企业收支差额并不是该企业的利润（或亏损），只有国家邮政局汇总的全国邮政企业实现的收支差额总额，才是全国邮政企业的利润或亏损。各省附属企业的利润或亏损由省局汇入全市利润表，邮政总局附属企业由邮政总局汇入全国利润表。

邮政业务收支差额 = 邮政业务收入 – 邮政业务支出 – 税金及附加①

邮政营业收支差额 = 邮政业务收支差额 + 其他业务收入 – 其他业务成本 – 管理费用 – 财务费用

收支差额总额 = 邮政营业收支差额 + 投资收益 + 营业外收入 – 营业外支出 + 附属企业利润

收支差额净额 = 收支差额总额 – 所得税

（二）收支差额的核算

年终结转企业收支差额时，借记“主营业务收入”、“其他业务收入”、“营业外收入”等科目，贷记“收支差额”科目；贷记“主营业务成本”、“税金及附加”、“其他业务成本”、“管理费用”、“财务费用”、“营业外支出”等科目，借记“收支差额”科目；并将“投资收益”科目的净收益转入“收支差额”科目，借记“投资收益”科目，贷记“收支差额”科目，若为投资损失，则作相反分录。

年度终了时，应将“收支差额”科目的余额全部转入“收支差额分配—未分配收支差额”科目，结转后没有余额。结转时，若为收差借记“收支差额”科目，贷记“收支差额分配—未分配收支差额”科目；若为支差，则借记“收支差额分配—未分配收支差额”科目，贷记“收支差额”科目。

【例 8 – 28】 某市邮政局 20 × 7 年实现的邮政业务收入 6 500 万元，邮政业务成本 5 000 万元，税金及附加 552 500 元，其他业务收入 60 万元，其他业务成本 48 万元，管理费用 78 万元，财务费用 54 000 元，营业外收入 8 万元，营业外支出 62 000 元。

（1）年终结转损益类账户

借：主营业务收入 65 000 000
其他业务收入 600 000
营业外收入 80 000
贷：收支差额 65 680 000

① 全面试行“营业税改征增值税”后，“营业税金及附加”科目名称调整为“税金及附加”科目。

借：收支差额	51 928 500	
贷：主营业务成本		50 000 000
税金及附加		552 500
其他业务成本		480 000
管理费用		780 000
财务费用		54 000
营业外支出		62 000

（2）收支总差额 = 65 680 000 - 51 928 500 = 13 751 500（元）

借：收支差额	13 751 500	
贷：收支差额分配—未分配收支差额		13 751 500

第三节
电信企业特殊业务会计

一、电信企业特殊业务概述

（一）电信企业经营业务概述

【拓展阅读】

中国电信业重组

继 1998 年邮电体制改革，邮政、电信分家后，中国电信业在 2008 年进行重组，由原来的多家企业整合为中国移动、中国电信和中国联通三家运营商。中国电信收购中国联通 CDMA 网，中国联通 G 网与中国网通合并，中国卫通的基础电信业务并入中国电信，中国铁通并入中国移动。

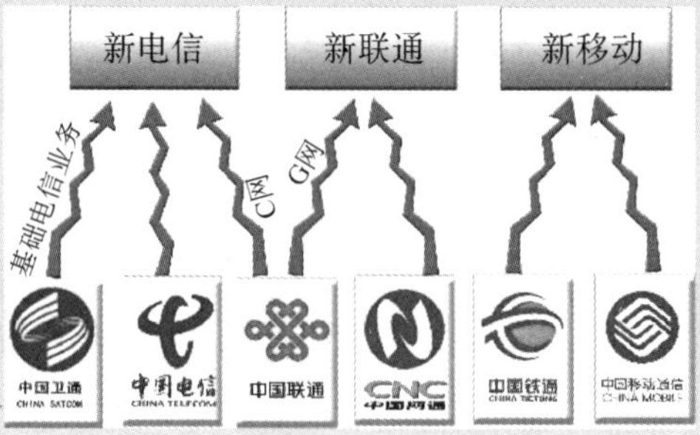

电信业，指利用有线、无线的电磁系统或者光电系统等各种通信网络资源，提供语音

通话服务，传送、发射、接收或者应用图像、短信等电子数据和信息的业务活动，包括基础电信服务和增值电信服务。基础电信服务，是指利用固网、移动网、卫星、互联网，提供语音通话服务的业务活动，以及出租或者出售带宽、波长等网络元素的业务活动。增值电信服务，是指利用固网、移动网、卫星、互联网、有线电视网络，提供短信和彩信服务、电子数据和信息的传输及应用服务、互联网接入服务等业务活动。国家对电信业务经营实行许可制度。经营电信业务，必须取得国务院信息产业主管部门或者省、自治区、直辖市电信管理机构颁发的电信业务经营许可证。

电信企业的主营业务包括基础电信业务、增值电信业务及电信企业之间网间互联电信业务。2002 年财政部颁布的《电信企业会计核算办法》将电信业务按通信网络组网的特点及其业务功能分为 7 类：固定本地电话网业务、长途电话网业务、数据通信网业务、移动通信网业务、卫星通信网业务、无限寻呼网业务、专用通信网业务。随着信息产业日新月异的发展，各电信企业均根据各自业务特点自行调整业务分类。

【实务链接】 三大电信企业业务分类

据中国电信（00728，HK）、中国移动（00941，HK）、中国联通（600050，SH）2016 年报披露的营业收入构成的信息如表 8－2 所示。

表 8－2　　三大电信企业业务分类

中国电信（00728，HK）	中国移动（00941，HK）	中国联通（600050，SH）
• 语音业务 • 互联网业务 • 信息及应用服务业务 • 通信网络资源服务及网络设备出租业务 • 其他业务	• 通信服务业务 ■ 语音业务 ■ 数据业务 ■ 其他业务 • 销售产品及其他业务	• 主营业务 ■ 通话及月租费业务 ■ 增值业务 ■ 宽带、数据及互联网业务 ■ 网间结算业务 ■ 电路及网元租赁业务 ■ 信息与通信技术服务业务 ■ 其他业务 • 其他业务：销售通信产品

（二）电信企业经营业务特点

1. 经营过程是传递信息，不具有实物性

电信企业通过使信息空间位移为消费者提供服务。电信产品不具实物形态，只是提供一种服务，电信产品本身是向用户提供的是一种体验，这是一种可以满足其心理需要的体验，电信产品的无形性。

2. 提供服务的过程就是用户的消费过程

电信的生产过程也是消费过程，电信产品交付与消费同时出现，并且客户与电信产品提供者的接触程度较低，电信产品的生产与消费在时间上的等一性。

3. 全程全网联合作业

电信是全程全网联合作业。电信产品的价值实现需要全网全程协作，电信运营业是网络经济，必须在全国范围内有统一的电信网络，保证各部分网络的互联互通，一个地理区域内的电信部门需要全网的配合，才能完成网上的全部信息的传递。由于信息传递一般都由两个以上网络通过互联互通完成，因而也必须有一个完善的运营商网间结算的方案。

（三）电信企业会计核算的特殊性

1. 没有设置与产品生产有关的会计科目

由于电信企业以为消费者提供信息传递服务为主要经营业务，与邮政企业类似，电信企业没有未完成的“在产品”。提供信息传递服务一旦开始，就直至结束，所以没有未完成的“在产品”。

2. 收入核算的特殊性

电信业务也具有全程全网、联合作业的特点，单个电信企业网间互联电信业务需要进行结算。本企业用户利用其他电信企业的电信网络服务完成通讯业务，应根据双方确认的结算金额结付给其他电信企业。其他电信企业利用本企业电信网络的服务，也应按双方确认的结算金额划给本企业。

与邮政企业类似，电信企业设置“营业款结算”核算营业部门、分支机构应交和已交的营业收入款项。

3. 成本核算的特殊性

电信企业属于服务业，不创造实物产品，其营业成本构成中，不包括构成产品实体的直接材料费用。电信企业的存货主要核算内容是手机及其他通信终端、SIM 卡及预付电话卡、备品备件和低值易耗品等。折旧及摊销、运行维护费用和人工成本占电信企业营业成本比重达 80% 以上。

类似邮政企业的“主营业务成本—待转业务成本”，电信企业设置“共同费用”对由各通信网业务成本和管理费用、其他业务支出等共同承担的修理费、动力费、房屋租赁费和业务费等各项开支进行归集和分配。

4. 需要核算利润

2002 年财政部颁布的《电信企业会计核算办法》已经将原《邮电通信企业会计制度（1993）》的“收支差额”核算改为“利润”核算；期末将各损益类科目的余额转入“本年利润”科目。三大电信企业作为上市公司遵循企业会计准则核算利润是必然的要求。网间业务核算也为核算利润提供了可能。邮政企业正是由于没有核算网间业务所以地区性邮政局只能计算收支差额，无法核算利润。

二、电信企业业务收入核算

（一）收入核算的账户设置

电信企业“主营业务收入”科目核算其经营的基础电信业务和增值电信业务所取得的资费收入，以及电信企业之间网间互联电信业务的结算收入。《电信企业会计核算办法（2002）》规定，“主营业务收入”科目下按七大业务分类设置“固定本地电话网业务收入”、“长途电话网业务收入”、“数据通信网业务收入”等 7 个二级明细科目；“其他业务收入”科目下设指“出售通信商品收入”、“出租通信商品收入”、“代办业务收入”以及“其他收入”4 个二级明细科目。实务中，各电信企业根据实际电信经营业务分类设置二级明细科目。

与邮政企业类似，电信企业设置“营业款结算”科目核算营业部门、分支机构应交和已交的营业收入款项。“营业款结算”科目应按营业部门和分支机构设置明细科目，并定期核对。

（二）营业缴款核算

电信企业收到营业部门和分支机构交款时，借记“现金”或“银行存款”科目，贷记“营业款结算”科目。

月末根据“营业报告单”或“营业收入汇总表”的收方转账时，借记“营业款结算”科目，贷记“主营业务收入”、“应收账款—用户欠费”、“预收账款—用户预存款”“其他业务收入—销售通信商品收入”等科目。根据“营业报告单”或“营业收入汇总表”的付方转账时，借记“主营业务收入—退费”、“应收账款”、“预收账款”、“应付账款”等科目，贷记“营业款结算”科目。

“营业款结算”科目应按营业部门和分支机构设置明细账进行明细核算，并要定期核对。对于出售各种电话卡的数量和金额还应在营业报告单上注明。“营业款结算”科目期末一般应无余额，如有借方余额，反映企业未达的在途款项。

【例 8－29】某市电信公司收到下属营业部门的缴款 5 000 元。

借：库存现金　　5 000
　　贷：营业款结算—某营业部门　　5 000

【例 8－30】某市电信公司财务部门根据本日的“营业收入汇总表”所列收方的金额确认的收入为 5 万元，用户欠费的回收 3 000 元。

借：营业款结算　　53 000
　　贷：主营业务收入　　50 000
　　　　应收账款—用户欠费　　3 000

【例 8－31】某市电信公司财务部门根据“营业收入汇总表”的付方，应该退回客户的费用 2 000 元。

借：主营业务收入—退费　　2 000
　　贷：营业款结算　　2 000

（三）主营业务收入核算

电信企业核算主营业务收入时，应注意各项主营业务收入的计量金额的确定：(1) 企业为用户提供了电信业务服务后，根据计费系统出具的收费账单的金额确认收入；(2) 企业出租、出售通信网络元素业务，应按企业与用户签订的合同或协议金额确认收入；(3) 企业网间互联业务，根据双方确认的结算金额作为结算收入；(4) 企业已经确认收入的电信业务发生退费，应当冲减当期的收入。

主营业务收入通过“营业款结算”科目进行核算，根据“营业报告单”登记账目。按“营业报告单”的收方，借记“营业款结算”科目，贷记“主营业务收入”科目及相关明细科目；按“营业报告单”的付方，借记“主营业务收入—退费”科目及相关明细目，贷记“营业款结算”科目。也可以根据“营业报告单”先登记“营业收入汇总表”，月终根据“营业收入汇总表”转账。

【例 8－32】某市电信分公司月末确认收入业务：

(1) 本月根据营业柜台的“营业报告单”一共收到款项300万元。

借：银行存款　　3 000 000

　　贷：营业款结算　　3 000 000

(2) 根据当月计费系统出具的“营业收入汇总表”提供了电信服务应确认的收入为800万元，其中还未收取款项的收入为200万元，已经预收款项应确认的收入为600万元。

借：应收账款　　2 000 000

　　预收账款　　6 000 000

　　贷：主营业务收入　　8 000 000

(3) 根据各营业单位的“营业收入汇总表”，本月营业款结算所收到的款项中应确认为当期收入的金额为200万元，预收款项为100万元。

借：营业款结算　　3 000 000

　　贷：主营业务收入　　2 000 000

　　　　预收账款　　1 000 000

(四) 网间业务结算

已经收到的营业缴款，根据《电信企业会计核算办法（2002）》规定，对于可由一个电信企业的单个通信网完成的通信业务，可直接作为收入核算；对于需要由单个电信企业的两个或两个以上的通信网，或者两个以上的电信企业共同完成的通信业务，应先将其作为收入入账，借记“营业款结算”科目，贷记“主营业务收入—××业务收入”科目，再进行网间业务结算。

因电信网间业务结算，需要结付给其他电信企业的，借记“主营业务收入”科目，贷记“应付账款”科目。对于其他电信企业利用本企业电信网络的服务，也应按双方确认的结算金额借记“应收账款”科目，贷记“主营业务收入”科目。

【例8-33】 A市电信公司根据“财务中心”出具并确认的与本市联通分公司的“企业网间结算收入明细表”收方项目金额为72万元，需要确认的企业网间结算收入。

借：应收账款—中国联通　　720 000

　　贷：主营业务收入　　720 000

【例8-34】 A市电信公司根据“财务中心”出具并确认的与本市联通分公司的“企业网间结算收入明细表”付方项目金额为89万元，需要转出给本市联通分公司的收入。

借：主营业务收入　　890 000

　　贷：应付账款—中国联通　　890 000

网间业务结算需分割到企业内部其他通信网的部分，在各通信网业务收入相关明细科目的借方冲转。

【例8-35】 A市电信公司根据“企业内网间结算明细账”所列数据，本月需要转出给B市电信公司的数据通信网业务收入为80万元。

借：主营业务收入—数据通信网业务收入（A市电信公司）　　800 000

　　贷：主营业务收入—数据通信网业务收入（B市电信公司）　　800 000

三、电信企业业务成本核算

(一) 成本核算的账户设置

《电信企业会计核算办法（2002）》规定，电信企业“主营业务成本”下按业务分类设置“固定本地电话网业务成本”、“长途电话网业务成本”、“数据通信网业务成本”等7个二级明细科目。实务中，各电信企业根据实际电信经营业务分类设置二级明细科目。二级科目下按成本项目设置的“折旧费”、“职工薪酬”、“修理费”等三级明细科目。

【例8－36】某市电信公司本月发生的各种成本费用如表8－3所示，修理费系领用原材料，业务费与电路及网元租赁费已经以银行存款支付：

表8－3　　主营业务成本明细表

20×6年9月　　单位：元

费用项目	固定本地电话网	长途电话网	数据通信网	移动通信网	卫星通信网	无线寻呼网	专用通信网	合计
职工薪酬	259 865	107 252	63 247	653 264	86 920	—	86 492	1 257 040
折旧费	320 000	23 500	58 000	92 780	98 732		49 000	642 012
修理费	28 000	36 000	64 500	76 200	26 000		61 300	292 000
周转材料摊销	12 500	16 500	38 200	41 200	138 900		30 400	277 700
业务费	88 092	165 300	53 200	236 000	21 650		43 820	608 062
电路及网元租赁费	82 000	103 000	32 000	156 000	43 500		7 020	423 520
合计	790 457	451 552	309 147	1 255 444	415 702		278 032	3 500 334

借：主营业务成本—固定本地电话网　　790 457
　　　　—长途电话网　　451 552
　　　　—数据通信网　　309 147
　　　　—移动通信网　　1 255 444
　　　　—卫星通信网　　415 702
　　　　—专用通信网　　278 032
　贷：应付职工薪酬　　1 257 040
　　　累计折旧　　642 012
　　　原材料　　292 000
　　　周转材料—周转材料摊销　　277 700
　　　银行存款　　1 031 582

(二) 共同费用核算

电信企业设置“共同费用”科目，核算应由各通信网业务成本和管理费用、其他业务支出等共同承担的修理费、动力费、房屋租赁费和业务费等各项开支。凡能直接计入各通信网业务成本或相关费用、支出的，不通过本科目核算。

发生共同费用时，先在“共同费用”科目归集，借记“共同费用”科目相关明细科目，贷记“现金”、“银行存款”、“库存商品”、“低值易耗品”、“其他应付款”等科目。

月终按规定方法和标准，分摊本月发生的共同费用。分摊修理费时，借记“主营业务成本—××网业务成本（修理费）”、“管理费用”、“其他业务支出”、“在建工程”等科目，贷记“共同费用—修理费”科目；分摊其他各项共同费用时，借记“主营业务成本—××网业务成本（业务费）”、“管理费用”、“其他业务支出”、“在建工程”等科目，贷记“共同费用”科目相关明细科目。月末结转后应无余额。

【例 8－37】某市电信企业本月发生的共同费用共计 36 万元，要求分别按照 20%、25%、25%、30% 的比例分配计入固定本地电话网、长途电话网、数据电话网和移动电话网。

借：主营业务成本—固定本地电话网	72 000	
—长途电话网	90 000	
—数据通信网	90 000	
—移动通信网	108 000	
贷：共同费用		360 000

课后习题

一、思考题

1. 电力企业业务经营特点是什么？会计核算特殊性何在？设置有哪些特殊的会计科目？

2. 电力企业的内部往来业务主要有哪些？是怎样核算的？

3. 电力企业的生产成本的设置和核算。

4. 邮政企业业务经营的特点是什么？会计核算特殊性何在？设置有哪些特殊的会计科目？

5. 电信企业业务经营的特点是什么？会计核算特殊性何在？设置有哪些特殊的会计科目？

6. 邮政企业和电信企业特殊业务中类似的内容有哪些？

二、单项选择题

1. “内部往来”属于（　　）账户。

A. 资产类　　B. 负债类

C. 所有者权益类　　D. 资产负债共同类

2. 下属单位因上级单位调拨而增加固定资产的时候，贷方计入（　　）科目，所以下属单位账面的固定资产，其所有权在上级单位。

A. 上级拨入资金　　B. 内部往来

C. 拨付所属资金　　D. 应付账款

3. 根据现有会计制度，电力企业发生的共同费用先在（　　）核算，期末再将共同费用选择合理的分配方法进行分摊。

A. 管理费用　　B. 共同费用

C. 生产成本—共同成本　　　　D. 待转业务成本

4. 下列不属于邮政企业开办的业务（　　）。

A. 包裹　　　　B. 电报

C. 集邮　　　　D. 特快专递

5. 根据邮政企业的特点，非独立核算的地方邮政企业在会计上没有使用的科目是（　　）。

A. 营业款结算　　　　B. 预收账款

C. 收支差额　　　　D. 本年利润

6. （　　）账户核算邮政和电信企业所属营业部门、分支机构应交和已交的营业收入款。

A. 银行存款　　　　B. 营业款结算

C. 收支差额　　　　D. 主营业务收入

7. 邮政企业一定时期生产经营活动取得的全部收入扣掉全部支出和费用、税金后的差额称为（　　）。

A. 利润总额　　　　B. 净利润

C. 收支差额　　　　D. 营业利润

8. 邮政企业收支差额净额等于收支差额总额减去（　　）。

A. 营业税　　　　B. 增值税

C. 所得税　　　　D. 城市维护建设税

9. 邮政企业的共同成本设置（　　）科目核算。

A. 生产成本　　　　B. 制造费用

C. 主营业务成本　　　　D. 待转业务成本

10. 电信企业应由各通信网业务成本和管理费用、其他业务支出等共同承担的修理费、动力费、房屋租赁费和业务费等各项开支，在（　　）科目核算。

A. 共同费用　　　　B. 管理费用

C. 生产成本—共同成本　　　　D. 待转业务成本

三、多项选择题

1. 电力企业系统内部往来账户核算的内容有（　　　）。

A. 上级拨付下级的生产经费

B. 下属单位上缴基金

C. 下属单位上缴折旧

D. 损益结转

E. 下属单位上缴电费

2. 电力企业非独立核算的下属单位损益的结转方式有（　　　）。

A. 下属单位将损益类账户直接转入"内部往来—上级单位"，再转出

B. 下属单位仅核算收支差额

C. 下属单位正常结转利润，后将本年利润的余额转入"内部往来—上级单位"

D. 通过合并财务报表方式合并下属单位利润

3. 供电企业的生产成本账户月末要结转计入主营业务成本的有（　　）二级科目。

A. 发电成本　　B. 购电成本

C. 输配电成本　　D. 其他成本

4. 邮政企业的经营业务特点有（　　）。

A. 具有外部性

B. 业务经营具有全程全网、联合作业

C. 服务过程与销售过程不可分离

D. 计算收支差额

5. 电信企业会计核算的特殊性有（　　）。

A. 具有外部性

B. 生产过程也是消费过程

C. 没有设置与产品生产有关的会计科目

D. 成本核算的特殊性

6. 关于电力企业国债转贷资金核算说法正确的是（　　）。

A. 电力企业上级单位收到省财政部门的国债转贷资金本金时，借记“银行存款”，贷记“专项应付款—国家专项拨款”

B. 电力企业上级单位拨付下属单位，借记“长期应收款—应收国债转贷”，贷记“银行存款”

C. 电力企业上级单位下属单位收到上级单位拨付的国债转贷本金，借记“银行存款”科目，贷记“长期借款—国债转贷本金”科目

D. 下属单位计提国债转贷利息及归还上级单位国债转贷本金比照长期借款进行处理

E. 上级单位收回下属单位归还的国债转贷本息，借记“银行存款”科目，贷记“长期应收款—应收国债转贷”科目

7. 下列（　　）属于邮政企业主要经营的邮政业务。

A. 邮件业务　　B. 包裹业务

C. 机要通讯业务　　D. 集邮业务

8. 电力企业的专项应付款用来核算（　　）。

A. 国债转贷资金　　B. 其他专项贷款

C. 银行长期借款　　D. 企业发行的债券

9. 电信企业的主营业务包括（　　）。

A. 基础电信业务

B. 增值电信业务

C. 电信企业之间网间互联电信业务

D. 售卡业务

10. 电信企业收到营业部门和分支机构交款时，借记“现金”或“银行存款”科目，贷记“营业款结算”科目。月末根据“营业报告单”或“营业收入汇总表”的收方转账时，借记“营业款结算”科目，贷记的科目可能是以下哪几种（　　）。

A. 主营业务收入
B. 预收账款—用户预存款
C. 应收账款—用户欠费
D. 其他业务收入—销售通信商品收入

四、判断题

1. 电力企业的生产与销售是由发电厂完成的。 （ ）
2. 因电信网间业务结算，需要结付给其他电信企业的，借记“主营业务收入”科目，贷记“应付账款”科目。 （ ）
3. 电力企业的生产成本账户月末结转至主营业务成本账户，结转后没有余额。 （ ）
4. 订销局收到用户订阅的报刊款时，应增加主营业务收入。 （ ）
5. 邮政企业“营业款结算”科目核算营业部门、邮政分支机构应交和已交的营业收入款项。 （ ）
6. 邮政企业提供劳务的过程和消费过程不可分离。 （ ）
7. 电信企业月末根据“营业报告单”或“营业收入汇总表”的收方转账时，借记“主营业务收入——退费”、“应收账款”、“预收账款”、“应付账款”等科目，贷记“营业款结算”科目。 （ ）
8. 电信企业和邮政企业一样不需要核算利润，只需要计算收支差额。 （ ）
9. 电信企业的需要设置“共同成本”来核算间接成本。 （ ）
10. 电信企业也需要设置“营业款结算”来核算营业部门、分支机构的交款。 （ ）

五、业务核算题

1. 某供电企业本月发生向下列单位购电的业务，要求编制会计分录：
（1）向火电厂购买火电 2 000 千度，买价 188 元/千度，增值税 16%，款项已经支付；
（2）发生输电费 50 万元，增值税 8 万元，用银行存款支付；
（3）计提折旧费 362 000 元，低值易耗品摊销费 28 000 元；
（4）发生运维检修费用 15 000 元，已经支付；
（5）发生职工薪酬等 58 万元。

2. 2015 年 12 月 31 日某市电信分局收到下属营业部门的缴款 5 万元，当日本月的“营业收入汇总表”收方列示的本月固定电话收入 325 000 元，长途电话收入 23 万元，移动电话收入 762 000 元，其他业务收入 42 万元。付方所列的长途电话费收入 168 000 元，移动电话费 31 万元。要求编制会计分录。

3. 某邮政局 2015 年实现邮政收入 8 00 万元、其他业务收入 752 000 元，营业外收入 36 000 元，发生邮政成本 625 万元，其他业务成本 598 000 元，营业税金及附加 463 856 元，管理费用 45 万元，财务费用 86 000 元，营业外支出 23 000 元。年终结转收支差额。

参考文献

[1] 包志伟："物业服务企业营改增后相关账务处理的探讨"，《财经界》2016 年第 19 期。

[2] 财政部：《企业会计准则第 14 号——收入》，2017 年 7 月 5 日。

[3] 财政部会计司：《企业会计准则讲解》，人民出版社 2010 年版。

[4] 陈保郎，陈燕华等：《普华永道国际财务报告准则实务指引系列（第十六册）：第八章——保险合同，第三十四章——公允价值》，中国财政经济出版社 2015 年版。

[5] 程昔武，纪纲："油气资产确认的特殊性及其会计视角"，《山西财经大学学报》2007 年第 2 期。

[6] 丁元霖：《旅游餐饮服务企业会计》，北京交通大学出版社 2013 年版。

[7] 傅胜，梁爽：《行业比较会计》，东北财经大学出版社 2014 年版。

[8] 龚光明：《石油天然气资产会计论》，石油工业出版社 2002 年版。

[9] 谷亚芹，王春雨："矿区权益和井及相关设施资产减值会计核算"，《财会通讯》2010 年第 11 期。

[10] 郭建强：《电力企业会计》，人民交通出版社 2012 年版。

[11] 国家电网公司财务资产部：《国家电网公司会计核算办法》，中国电力出版社 2014 年版。

[12] 黄启国：《行业会计比较》，高等教育出版社 2014 年版。

[13] 李玲：《油气会计若干问题研究》，东北财经大学硕士学位论文，2007 年。

[14] 林金高，龚光明："石油天然气财务会计的三大难题"，《会计研究》，2000 年第 12 期。

[15] 蒋晓凤：《行业会计比较》，人民邮电出版社 2012 年版。

[16] 金玉琳：《油气储量资产的计量和披露问题研究》，西安石油大学硕士学位论文，2011 年。

[17] 靳能泉，王娟：《物业服务企业会计》，西南财经大学出版社 2015 年版。

[18] 刘品呈，涂申清："消耗性生物资产成本核算——以养猪场为例"，《财会月刊》2013 年第 5 期。

[19] 刘晓峰，蔡璐：《行业会计核算实务》，金盾出版社 2014 年版。

[20] 刘文辉，黄毅勤：《行业会计特点与核算》，经济科学出版社 2012 年版。

[21] 刘志翔，赵艳玲：《行业会计比较》，首都经济贸易大学出版社 2014 年版。

[22] 卢德湖，陈德洪：《商品流通企业会计》，东北财经大学出版社 2013 年版。

[23] 柯耀波："果树生产性生物资产折旧方法初探——以火龙果为例"，《市场论坛》2011 年第 9 期。

[24] 企业会计准则编审委员会：《企业会计准则案例讲解》，立信会计出版社 2016 年版。

[25] 平准：《酒店会计核算与纳税实务》，人民邮电出版社 2014 年版。

[26] 盛立中："物业管理业营改增问题梳理与政策解读（之二）"，《行业智库》，2016 年第 5 上期。

[27] 盛立中："物业管理业营改增问题归集与最新政策解读（之三）"，《行业智库》，2016 年第 5 上期。

[28] 石道金：《我国林地与森林生物资产会计研究》，中国林业出版社 2008 年版。

[29] 史玉光：《商品流通企业会计》，电子工业出版社 2016 年版。

[30] 唐棠：《行业会计》，上海财经大学出版社 2010 年版。

[31] 王国生：《商品流通企业会计》，首都经济贸易大学出版社 2009 年版。

[32] 王琳，孙梅：《石油天然气开采会计》，知识产权出版社 2013 年版。

[33] 许家林：《行业会计》上海人民出版社 2012 年版。

[34] 薛洪岩，孙加丽："论我国生物资产准则实施效果"，《会计之友》2012 年第 9 期。

[35] 严玉康，董兆明：《物流企业会计》，立信会计出版社 2014 年版。

[36] 杨园园，胡志方，李薇，庞建功，赵玉欣："油气储量价值评估方法及应用"，《河南石油》，2006 年第 3 期。

[37] 尹桂凤，马媛：《行业比较会计》，清华大学出版社 2016 年版。

[38] 余浩，肖秋莲：《行业特殊业务会计》，天津大学出版社 2012 年版。

[39] 张流柱：《行业会计比较》，高等教育出版社 2014 年版。

[40] 张心灵：《生物资产会计计量模式研究》，中国财政经济出版社 2008 年版。

[41] 赵选民：《石油上市公司会计政策研究》，中国社会科学出版社 2009 年版。

[42] 赵同剪：《商品流通企业会计实战》，中国人民大学出版社 2016 年版。